남북한
어문
규범의
변천과
과제

남북한 어문 규범의 변천과 과제

이관규

KU PRESS
고려대학교
출판문화원

추천의 말

우리나라가 일제 강점기에서 벗어나 광복을 맞으며 곧바로 남북으로 나뉘어 거의 단절 상태로 지내온 지가 벌써 3/4세기를 지나고 있다. 그 간에 남과 북은 정치 사회적으로 매우 다른 체제 속에서 살아오면서 일상 언어에도 적지 않은 차이가 생겼다. 우리나라의 언어에는 원래 그 이전에도 중부 지방을 경계로 남과 북이라는 방언적 차이가 있었다. 여기에 분단 상태로 지내온 70여 년 동안 각자의 언어 규범에 따라 언어 차이를 벌리었고 사회상이 반영되는 언어적 특성이 가미되어 언어 사용 양상에서도 다른 점이 많아졌다.

오늘날 우리는 남과 북의 우리말이 더 이상 급격하게 벌어지는 것에 많은 우려를 하는데, 이 시점에 우리나라의 남과 북에서 사용하는 국어의 남북 어문 규범을 비교 고찰한 연구서가 나왔다. 이와 성격이 비슷한 논저가 이전에도 없지는 않았지만 남과 북의 어문 규범을 전면적으로 매우 면밀하게 비교하며 연구한 저술은 이번이 처음인 듯하다. 양쪽의 어문 규범에 대해 그 실태는 물론 사상적 배경과 변천 과정을 살피고 한글 맞춤법의 원리도 규명하였으며, 이를 바탕으로 앞으로의 해결 과제를 논의하였다.

어떠한 문법 체계나 현상을 설명하기 위해선 그것의 바탕을 이루는 원리 그리고 역사적 배경과 변천 등을 선제적으로 폭넓고 깊이 있게 고찰해야 한다. 그러나 지금까지 남북 언어에 대한 비교 연구는 오늘날의 현상적인 차이만을 위주로 들고 향후 대책을 직관적으로 제안하는 경우가 많았다. 이러한 제안은 정작 양쪽의 언어에서 현실적으로 통합이나 통일을 모색하고자 할 때에는 여러 면에서 한계점을 갖는다.

이 책의 저자는 남과 북의 언어 실태나 교과서 등에 관해 오랫동안 연구를 많이 해 왔고, 이 책도 그 축적의 성과물로 나타난 것으로 생각된다. 저자는 이전의 연구에서도 남북의 언어를 고찰할 때에 항상 적절하고 치밀한 전거를 들며 그에 따라 분석하면서 앞으로의 해결 과제를 제시하였는데, 이러한 방식은 이 책에서도 잘 나타난다. 남쪽에서 구하기 어려운 북쪽의 언어 자료들을 충실하게 수집하여 살핀 노고가 매우 돋보인다. 이 연구에서 보인 남북 어문 규범의 변천과 과제를 근거로 남북 우리말의 통합 논의가 더 실질적으로 진행될 수 있으리라 기대한다.

필자는 10여 년 동안《겨레말큰사전》남북 공동 편찬을 위해 북쪽 학자들과 만나며 양측의 어문 규범과 표기 방식 등을 논의해 왔다. 남과 북의 언어 규범이나 실태는 결코 이질적이지 않으며, 서로 다르거나 차이가 있는 내용들은 얼마든지 통합하여 하나의 우리말을 이루어나갈 수 있으리라 확신한다. 국어학자를 포함한 국민 모두가 믿음과 의지 그리고 정성을 가지고 우리말의 미래 발전적 통합에 마음을 모아야 할 것이다. 그것은 우리나라의 남북통일을 앞당기는 역할을 하며, 이러한 과정에서 이 책은 많은 기여를 할 것이다.

2021년 3월 20일

홍종선

겨레말큰사전 남북공동편찬위원회 편찬위원장
고려대학교 국어국문학과 명예교수

머리말

언어는 인간을 특징짓는 중요한 요소이다. 언어를 통해서 말하는 사람의 마음이 듣는 사람에게 전달되며 그것을 통해 서로 간의 뜻을 확인하기도 한다. 말이 통하면 안 되는 일이 없다고 할 정도로 언어는 우리들 인생살이에 중요한 요소이다. 말뿐이 아니라 특히 요새 같은 시대에는 간절히 쓴 편지글 하나가 상호 간의 마음을 녹여 주고 하나로 이어 주는 역할을 하기도 한다. 말과 글로 대표되는 언어는 정말 인간을 인간되게 하는 소중한 것이다.

같은 언어를 사용하는 남한과 북한은 역시 근본적으로 같은 지향점을 가지고 있다고 믿는다. 남한도 그렇고 북한도 그렇고 통일이라고 하는 단어를 떠올리면 가슴이 뛰는 경험들을 하고 있다. 흔히들 '국어사랑 나라사랑'이라는 말을 하곤 하는데, 한국어 혹은 조선어라고 불리는 같은 언어를 함께 사용하는 남한과 북한은 하나의 한민족이라는 데에 토를 달 사람은 아무도 없다. 남북한 따로 존재하는 현실이 자의에 의해서가 아니고 타의에 의해서 만들어진 것을 누구나 알고 있다. 그 언젠가는 진짜 하나의 나라, 통일된 나라가 이루어지리라 기대하면서 남북한 모두 살아가고 있다.

통일의 꿈은 누구나 꿀 수 있지만 구체적인 방법을 생각해 보면 그리 녹록하지 않다는 걸 우리는 안다. 남북한이 함께 동의할 수 있는 것, 공감대를 이룰 수 있는 것, 그것은 바로 국어사용에 대한 것이다. 남북한이 각각 한국어와 조선어라고 하지만, 학교 교육에서는 '국어'라는 동일한 이름으로 교수·학습되고 있다. 이 국어가 바로 남북한의 기초적인 공통분모이다. 우리말 우리글이라고 흔히 말하듯이, 남북한에서도 '우리말 우리글'이라는 표현을 같은 의미로 사용할 것을 기대한다. 이 국어를 사용하는 방법은 여러 가지가 있을 텐데, 말할 때, 글을 쓸 때 어떻게 말하고 어떻게 표기할 것인지 그 규범이 남북한 통일된다면 정말 금상첨화일 것이다.

다행히도 남한과 북한이 갖고 있는 각각의 어문 규범은 공통점이 무척 많다. 특히 맞춤법, 띄어쓰기법, 문장부호법 같은 것을 보면 그런 특징을 볼 수 있다. 간혹 이질적인 것이 발견되지만 그리 심각하지는 않다. 예컨대 북한에서는 두음법칙이 적용이 되지 않은 '리발관'을 사용한다. 즉 북한에서는 단어의 첫소리에서 'ㄹ' 발음을 하니까 그대로 표기한다는 것이다. 이것은 틀림의 문제가 아니라 다름의 문제일 뿐이다. 또한 띄어쓰기가 남한은 띄어 쓰고 북한은 대체로 붙여 쓰는 경향이 있다고 한다. 이 문제도 절대적인 것이 아니다. 글을 쓸 때 얼마큼 띄느냐의 문제는 얼마나 잘 읽히느냐의 문제로 파악하면 된다. 사실 남한이나 북한이나 원칙이 있고 또 필요에 따라 허용이라고 하는 열쇠도 존재한다.

남북한의 어문 규범에 이질성보다는 공통점이 훨씬 많은 것은 일제강점기 때 우리의 조선어학회에서 만든 〈한글 마춤법 통일안〉(1933) 덕분이다. 개화기 때 국어학자이면서 한글운동가였던 주시경 선생이 한글 강습소를 통해서 제자들을 양성하게 된다. 주시경 선생의 수제자라고 불리는 김두봉과 조선어학회의 대표를 지낸 이극로가 북한의 초기 어문 규범 정책에 큰 영향력을 끼치게 된다. 그러니 주시경 선생의 제자들을 중심으로 만들어진 조선어학회에서 발표한 〈한글 마춤법 통일안〉(1933)의 내용이 남북한의 공통적인 것 아니었겠는가? 실제로 남북 분단 직후에는 한글 맞춤법을 공동으로 사용하여 이미 통일되어 있던 셈이었다.

남한에서는 조선어학회의 맞춤법이 그대로 이어져 왔고 이 내용을 국가 차원에서 1988년에 〈한글 맞춤법〉으로 공포하게 된다. 이 속에는 띄어쓰기법과 문장부호법도 들어가 있다. 〈외래어 표기법〉(1986)과 표준 발음법을 포함한 〈표준어 규정〉(1988)이 조선어학회 안이 골격을 이루고 있는 것은 물론이다. 북한에서도 분단 직후에는 조선어학회의 것을 그대로 쓰다가 몇 차례 규범이 변화를 했지만 기본 골격은 큰 흔들림은 없었다. 《조선말규범집》(1966) 이후에는 커다란 변화 없이 지금에 이르고 있다. 지금도 《조선말규범집》(2010)이 사용되고 있는데, 이 속에 〈맞춤법〉, 〈띄여쓰기규범〉, 〈문화어발음법〉, 〈문장부호법〉이 들어가 있다. 어문 규범 가운데 가장 중요한 맞춤법 차원에서 볼 때 남북한은 형태주의라고 하는 큰 원칙하에서 공통점을 지니고 있다. 이것이 본래 조선어학회의 〈한글 마춤법 통일안〉(1933) 덕분인 것은 물론이다.

북한에서도 〈외국말적기법〉(2001)이라는 이름으로 외래어 표기법이 존재하며, 〈조선어의 라틴문자표기법〉(1992, 2012)이라고 하여 로마자 표기법이 존재한다. 외래어 표기법은 남북한이 초창기에 각각 소련과 미국의 영향하에 있어서 차이점들이 발견되곤 하며 시간이 흐름에 따라 꽤 많은 변화를 겪게 된다. 특히 북한에서는 〈외국말적기법〉이라 하여 외래어가 아니라 '외국말'이라고 말하고 있다. 남한의 〈외래어 표기법〉과는 용어 차이가 있지만, 결국 남북한의 실제적인 차이를 발견하긴 쉽지 않다. 이 책에서 필자는 〈외래어 표기법〉의 불필요성을 주장하게 될 것이다.

'로마자 표기법'도 남북한은 각자 변화를 겪게 된다. 1980년대 중반 국제표준화기구(ISO)에서 남북한에 한글의 로마자 표기법을 요구하게 된다. 그리하여 1992년에 남북한은 학자들 차원에서 합의된 로마자 표기법을 도출하기도 하였다. 북한에서는 발음대로 로마자를 적는 전사법과 표기대로 적는 전자법을 구분하고 있다. 남한에서는 여러 변화 과정을 겪으면서 현재는 대개 전사법과 전자법을 혼합한 방법을 지니고 있다. 현재 남북한의 차이는 있지만 이미 한 번 단일안에 합의해 본 경험이 있는 만큼 통일 로마자 표기법도 모색할 수 있을 것이다.

이 책에서는 남북한의 맞춤법, 띄어쓰기법, 발음법, 문장부호법, 외래어 표기법, 로마자 표기법 같은 모든 어문 규범들의 역사적 변천 과정을 꼼꼼하게 살피도록 한다. 각각의 원칙이 어떻게 변화해 왔는지, 그 실제적인 용례들은 어떠한지 등을 자료를 기반으로 해서 살피도록 한다. 그래서 통일 어문 규범의 방안은 무엇인지 모색해 보도록 한다. 그동안 어문 규범을 다룬 책들은 실용적인 성격에 머무른 감이 없지 않다. 필자는 남북한이 현재 사용하고 있는 어문 규범뿐만이 아니라, 역사적으로 어문 규범들이 변천해 온 역사를 자세히 살피면서, 이론적이면서도 실용적인 차원에서 논의를 전개해 나가도록 했다. 요컨대 이 책은 남북한의 어문 규범 논의를 학문적인 차원으로 끌어올리면서, 동시에 남북한 어문 규범의 통일을 모색하는 데에 이바지하리라 기대한다.

언어가 의사소통의 수단이라고 한다. 그렇다면 어문 규범은 그 의사소통을 잘 이루게 하는 구체적인 방법이라고 할 수 있다. 남북한이 상호 의사소통을 잘 하기 위해서는 서로의 어문 규범을 이해하고, 나아가서는 통일된 어문 규범을 함께 가질 때 우리의 통일은 더욱 가까이 다가설 것이다. 아니 그때는 이미 남북이 통일된 상태나 마찬가지일 것이다. 이 책이 남북이 서로 더욱 가까이 다가설 수 있는 작은 디딤돌이 되기를 소원한다.

2021년 3월 10일
안암동산에서 저자 적음

차례

제3장 남북한 어문 정책의 사상적 배경과 어문 규범 변천 및 과제

제4장 남북한 한글 맞춤법의 원리와 변천 및 과제

제7장 남북한 표준어와 발음법의 변천과 과제

제8장 남북한 외래어 표기법의 변천과 과제

제9장 남북한 로마자 표기법의 변천과 과제

제10장 결론

제1장

서론

1.1 연구의 목적과 필요성

1945년 일제 강점기에서 벗어나 광복의 기쁨을 누리기도 전에 우리나라는 다시 남북한 분단의 시기로 접어들게 된다. 일제 조선총독부는 우리말과 우리글을 압제하는 정책을 써서 한민족의 얼과 혼을 없애고자 여러 시도를 했다. 창씨개명을 비롯하여 학교에서 조선어 과목을 없애고, 민족지를 폐간시키는 등 소위 내선일체를 부르짖으면서, 결국 한민족 말살 정책을 시행했다. 민족의 얼은 곧 언어에 있음을 인식하고 조선어학회 사건을 조작하여 조선어 연구와 교육의 실천을 근본 말살하려고도 했다.

주지의 사실이다시피 조선어학회에서는 1933년에 〈한글 마춤법 통일안〉을 제정하고 교육하고 보급하는 등 한민족의 얼을 되살리는 일들을 꾸준히 해 왔다. 1936년에는 〈사정한 조선어 표준말 모음〉을 발표하고 1940년에는 〈외래어표기법통일안〉을 발표하는 등 한민족의 숙원인 우리말사전을 만드는 데 필요한 선제 작업을 해 왔다. 살아있는 언어가 정비되어 조선어 사전으로 존재해야만 한민족의 정신도 보존되고 이는 곧 민족 회복, 국권 회복의 길로 가는 지름길이라는 믿음이 있었던 것이다.

특히 조선어학회의 〈한글 마춤법 통일안〉(1933)에는 맞춤법, 띄어쓰기법, 문장 부호법, 표준어 규정 등 거의 모든 어문 규범들이 포함되어 있어서, 현재의 남한의 《한국 어문 규정집》과 북한의 《조선말규범집》 내용의 근간이 되기도 한다. 실제로 그때의 맞춤법 통일안으로 말미암아 지난 75년간의 남북 분단 기간에도 불구하고 말이며 글이며 남북은 의사소통에 큰 지장 없이 통할 수가 있었다.

그러나 남북한 분단 기간이 점점 길어지면서 상호 교류도 잘 이루어지지 못하는 가운데 양쪽의 어문 규범은 조금씩 이질화의 길을 걷게 된다. 남한은 미국 등 자본주의 진영들과 교류를 많이 하고 북한은 중국, 러시아 등 공산주의 진영들과 교류를 많이 하면서 서로 지향하는 방향도 다르고, 특히 말과 글 문제에서도 접하는 언어들이 많이 다르다보니까 외래어 표기법 등 이질화의 길을 걷기도 했다. 국제 문자로서 로마자 표기법 같은 경우도 차이점이 발생하고 있기도 하다. 사이시옷 표기와 두음 법칙 표기 등 맞춤법이나 띄어쓰기법 같은 경우도 남북은 차이를 보이고 있다.

이런 남북한 언어의 이질화를 그냥 그대로 두기보다는 남북한의 상호 이해와 궁극적으로는 통일을 대비하는 방편으로라도 남북언어의 통일화 방안을 모색할 필요가 있게 됐다. 그 첫 번째 작업으로 남북한의 어문 규범들에 대해서 그 공통점과 차이점을 면밀히 살필 필요가 있다. 남북한의 어문 규범들이 어떤 변천 과정을 겪었는지, 그리고 남북한 어문 규범들의 공통점과 차이점은 과연 무엇인지, 나아가 통일시대를 준비하면서 어떤 방향으로 어문 규범들이 나아가면 좋을지 이

책에서 밝히고자 한다.

1.2 연구의 내용

현재 남한에는 《한국 어문 규정집》(2018) 속에 〈한글 맞춤법〉(1988, 2014), 〈표준어 규정〉(1988, 2017), 〈외래어 표기법〉(1986), 〈국어의 로마자 표기법〉(2000)이 들어가 있다. 4대 어문 규범은 공포된 연도가 각각 다르며, 약간씩 수정된 내용들이 연도마다 차이가 있기는 하다. 여하튼 현재로는 위의 4대 어문 규범이 실제 언어생활에서 사용되고 있는 실정이다.

이에 비해 북한에는 《조선말규범집》(2010) 한 권에 〈맞춤법〉, 〈띄여쓰기규정〉, 〈문장부호법〉, 〈문화어발음법〉이 모두 들어가 있다. 그리고 북한에도 로마자 표기법과 외래어 표기법이 있는데, 이 책 속에는 들어가 있지 않다. 후자 두 개는 많이 알려져 있지 않은 상태인데, 이 책을 통해서 구체적으로 그 내용이 다루어질 것이다.

앞서도 말했듯이 남북한의 어문 규범은 조선어학회의 〈한글 마춤법 통일안〉(1933)을 기본으로 하고 있기 때문에 말도 그렇고 표기도 절대적인 차이를 보이지는 않고 있다. 그러나 75년의 시간 흐름이 보여주듯이 남북한 언어는 물론이고 이것을 표기하고 발음하는 어문 규범도 차이를 보인다. 그것들 가운데 몇 가지를 어문 규범별로 제시해 보면 다음과 같다.

〈1〉 북한의 어문 규범 사용 표현 1

ㄱ	며칠 굶은 구렝이가 바위우를 기여가고있었습니다. 먹을것이 없나 이리저리 살피던 구렝이는 바위아래쪽에서 새새끼들이 우는 소리를 들었습니다.	《소학교 국어 5-2》 (2016: 135)
ㄴ	(저… 저 할아버지가 그럼 나?!…) • 누구의 말입니까? • 대화입니까 속생각입니까?	《소학교 국어 3-1》 (2014: 63)
ㄷ	❖ 이음토를 리용하여 두개 문장을 하나의 문장으로 만들어보자요.	《소학교 국어 4-2》 (2016: 38)

〈1〉에 제시된 예문들은 모두 북한의 소학교에서 지금 사용되는 국어 교과서 속 표현들이다. 〈1ㄱ〉을 보면 '구렝이'가 나오는데 이것은 남한에서는 '구렁이'에 해당한다.[1] '바위우'는 남한에서는 '바위 위' 처럼 띄어서 써야 하고 또 '우'가 아니라 '위'로 써야 한다. '먹을것', '바위아래쪽', '새새끼'도 모두 남한에서는 '먹을 것', '바위 아래쪽', '새 새끼'처럼 띄어 써야 한다. '기여가고있었습니다'는 띄어쓰기는 물론 맞춤법도 남북한 차이를 보이는 예이다. 남한에서라면 '기어가고 있었습니다'로 띄어서 써야 한다. 결국 우리는 〈1ㄱ〉을 통해서, 표준어, 띄어쓰기에서 남북한의 차이를 발견할 수 있다.

〈1ㄴ〉에서는 문장 부호가 특이하게 사용된 모습을 볼 수 있다. "?!…" 이렇게 세 가지가 동시에 쓰이고 있다. 남한의 〈한글 맞춤

1 북한의 《조선말대사전》(2017)에서는 '구렝이'에 대해서 다음과 같이 풀이를 하고 있다.

구렁이 [명] → 구렝이

구렝이 [명] 독없는 뱀의 한가지. 우리 나라 뱀가운데서 제일 큰데 몸길이는 150~190cm이다. 우리 나라 여러 지역의 산지, 부침땅과 집근처, 낟가리밑, 낡은 건물 등에서 살면서 쥐, 작은 새, 새알, 개구리를 잡아먹는다.

법〉(1988, 2014)의 부록에 제시된 '문장 부호' 법에는 이런 예를 볼 수가 없다. 뒤에서 더 자세히 보겠지만, 북한에서는 '겹부호'라는 명칭을 사용하여 이런 문장 부호를 설정하고 있다. 〈1ㄷ〉에서 눈에 띄는 것은 '리용하여'라는 표현이다. 남한에서는 두음 법칙을 적용하여 '이용하여'라고 해야 한다. 북한의 〈문화어발음법〉 규범에 따라서 어두 'ㄹ'을 발음하며 맞춤법에도 그대로 반영하는 것이다. 사실 두음 법칙은 북한 평양말에서는 적용되는 것이 아니다. 남한 입장에서 볼 때 '리용'이라는 표현은 지역 방언의 하나로서 맞다 틀리다 할 사항이 아니다. 하여튼 북한에서는 발음법이 맞춤법에 적용된 당연한 결과이다. 북한 입장에서 '이음토'라는 고유어 문법 용어를 사용하고 있는 것도 주목된다. 문맥상 여기서의 '이음토'는 남한이라면 연결 어미 혹은 전성 어미에 대당한다. 또한 '두개'라는 표현은 남한이라면 '두 개'로 띄어 써야 할 것이다.

지금까지 〈1〉의 예를 통해서, 맞춤법, 발음법, 띄어쓰기법, 문장 부호법, 즉 남북한의 어문 규범 차이를 확인하여 보았다. 그런데 이들 어문 규범으로 설명할 수 없는 북한의 특이한 표현이 있다. 〈1ㄷ〉에서 사용된 '만들어보자요'라는 표현이다. 이런 표현은 북한에서는 일반적으로 사용되지만 남한에서는 사용되지 않는다. 오류 표현으로 본다는 말이다. 남한에서라면 그냥 '만들어 보자' 혹은 '만들어 봅시다'로 표기하면 그만이다. 물론 '만들어보자'로 보조 용언 '보다'를 본용언 뒤에 붙여 쓸 수는 있다. 그렇지만 보조사 '요'를 '만들어보자요'에서처럼 붙여 쓰지 않는다. 이런 남북한의 언어 표현의 문제는 앞서 제시한 어문 규범으로는 설명할 수가 없다. 문장의 법칙 혹은 담화의 법칙 차원에서나 설명할 수 있을 것이다. 즉 남북한 모두의 어문 규범의 빈칸을 보여 주고 있는 셈이다.

〈2〉 북한의 어문 규범 사용 표현 2

ㄱ	그다음 철혁이는 자전거와 반짐차, 뻐스를 갈아 타면서 평양으로 줄곧 달리고 또 달렸습니다.	《소학교 국어 3-1》 (2014: 77)
ㄴ		《로동신문》 2011년 2월 16일

앞서 말한 것처럼 북한의《조선말규범집》(2010)에는 외래어 표기법과 로마자 표기법이 들어가 있지 않다. 〈2ㄱ〉의 '뻐스'는 남한이라면 '버스'로 표기해야 한다. 북한에서는 외래어에서 된소리 발음과 표기를 인정하고 있다는 말이다. 북한에서는 〈외국말적기법〉(2001)이라 하여 남한의 〈외래어 표기법〉(1986)에 해당하는 규범이 존재하는데, 소위 전사법 차원에서 표기한다. 〈2ㄴ〉의 예시를 보면 두음 법칙 관련하여 '로동신문' 표기도 있지만, 영어 로마자 표기인 'Rodong.Rep.KP'라는 표현이 보인다. 이처럼 북한에서도 조선어를 로마자로 표기할 필요가 생기는데, 일정한 어문 규범을 지니고 있다. 로마자 표기법은 국제적으로 통용되어야 하기 때문에 남한과 북한이 함께 사용하는 동일한 언어에 대하여 로마자 표기를 다르게 할 수는 없는 노릇이다. 유엔에서는 남한과 북한에 공통적으로 사용할 로마자 표기를 요청하고 있는 실정이다. 이런 문제에 대해서도 뒤에서 자세히 다루어 보도록 하겠다.

1.3 연구의 방법과 자료

1.3.1 방법

남북한 어문 규범의 변천을 살피는 데 있어서 몇 가지 방법적인 면을 미리 제시해 두도록 한다.

첫째, 우리는 남북한의 어문 규범이 근본적으로 조선어학회의 〈한글 마춤법 통일안〉(1933)의 정신을 잇고 있다는 데서 그 이질화를 극복할 수 있는 방안을 찾을 수 있다고 본다. 이는 남한이나 북한이나 개화기 주시경 선생의 말글 사랑, 민족 사랑이라는 의식을 계승한 학자들에 의해서 남북 분단 초기 어문 규범 정책이 이루어졌고, 그 의식이 지금까지도 이어지고 있기 때문이다. 남한에서는 최현배, 정인승 등 조선어학회(현 한글학회) 회원들의 역할이 지대했으며, 북한에서는 김두봉과 이극로 등 역시 주시경 선생의 뜻을 이어받은 언어학자들의 역할이 지대했기 때문이다.

〈3〉 북한의 언어에 대한 인식[2]

ㄱ. 언어는 민족을 특징 짓는 공통성가운데서 가장 중요한것의 하나입니다. 핏줄이 같고 한령토안에서 살아도 언어가 다르면 하나의 민족이라고 말할수 없습니다./조선인민은 피줄과 언어를 같이하는 하나의 민족입니다.

김일성(1964: 350)

ㄴ. 지금 남조선사람들이나 북조선사람들이나 다 같은 말을 하고 있으며 같은 문자를 쓰고 있습니다./그런데 만일 우리가 그들의 주장대로 문

2 이 책에서 제시하는 인용글의 표기는 모두 원문에 충실히 한 것임을 밝힌다. 이하 마찬가지이다.

자개혁을 한다면 어떻게 되겠습니까? 남북조선사람들이 서로 다른 글자를 쓰게 되면 편지를 써보내도 모르게 되고 신문, 잡지를 비롯한 출판물들도 서로 알아 볼수 없게 될것입니다. 이것은 조선인민의 민족적 공통성을 없애며 결국은 민족을 갈라 놓는 엄중한 후과를 가져 오게 될것입니다. 그들은 자기의 문자개혁만 보고 민족이 갈라 지는것은 보지 못하였습니다. 우리 공산주의자들은 자기민족을 갈라 놓는 그 어떠한 문자개혁도 절대로 허용할수 없습니다.

김일성(1964: 350-351)

북한에서는 모든 정책이 그렇지만 어문 정책에서도 김일성의 주체 이론이 깊숙이 들어가 있다. 언어라고 하는 것이 민족의 특성이고 "조선인민은 핏줄과 언어를 같이하는 하나의 민족"이므로, 같은 말을 하고 같은 문자를 쓰는 남북한 사람들은 결국 하나라는 인식을 〈3ㄱ〉에서 볼 수 있다. 〈3ㄴ〉에서는 1950년대 새로운 한글 문자를 만드는 등 문자개혁을 시도했던 김두봉 등 일부 학자들에 대해서 비판을 하면서 "이것은 조선인민의 민족적 공통성을 없애며 결국은 민족을 갈라 놓는 엄중한 결과를 가져오게 될 것"이라고 강하게 말하고 있다.[3]

여기서의 문자개혁은 조선어학회의 〈한글 마춤법 통일안〉(1933)에서 제시된 맞춤법 내용에 대해서 새로운 여섯 문자 추가 설정 등 한글 표기의 방법으로 그야말로 개혁적으로 바꾸는 일을 말한다(3.3.2. 참조). 김일성의 민족과 언어에 대한 이런 사상은 지금까지도 북한의

---

3 남한은 특정한 개인의 사상이 물리력으로 지배를 하고 있지는 않다. 그렇지만 국가 차원에서 나온 〈국어기본법〉(2005)에서는 기본 이념을 다음과 같이 제시하고 있어서, 결국 국어가 민족문화의 제일의 유산임을 박히고 있다.

제2조(기본 이념) 국가와 국민은 국어가 민족 제일의 문화유산이며 문화 창조의 원동력임을 깊이 인식하여 국어 발전에 적극적으로 힘씀으로써 민족문화의 정체성을 확립하고 국어를 잘 보전하여 후손에게 계승할 수 있도록 하여야 한다.

어문 정책에 강력한 영향을 끼치고 있다. 따라서 이 책에서의 연구 방법 첫 번째는 조선어학회의 〈한글 마춤법 통일안〉(1933)의 정신을 지속적으로 살피는 것이다.

둘째, 이 책에서는 철두철미 구체적인 자료에 근거하여 귀납적인 연구 방법을 취한다. 이 말은 남북한 어문 규범의 실체를 역사적 변천 시대순으로 구체적으로 살핀다는 것을 뜻한다. 그러면서 남북한 어문 규범의 통일이라는 것을 염두에 두고 당시 남북한 언어생활에 밀접한 영향을 끼쳤던 어문 규범 자료들을 규정이라는 차원에서 살피도록 하겠다.

셋째, 우리는 남북한에서 사용하는 어문 규범 관련 용어들에 대해서 먼저 검토를 하고자 한다. 남한에서는 '어문 규범'과 '어문 규정' 용어가 혼용되고 있고, 북한에서는 '언어 규범'이라는 용어가 사용되고 있다. 각각이 지니는 함의는 차이가 분명히 있어 보인다. 이들 용어들을 용법에 따라 정비하면서 그 다음으로 남한과 북한의 어문 규범의 종류들을 하나하나 검토하고자 한다. 물론 어문 규범 정책이 시행되는 데 있어서 깔려 있는 남북한의 사상적 배경을 먼저 살필 필요가 있다.

넷째, 이런 정비를 한 후에 이 책에서는 한글 맞춤법, 띄어쓰기법, 문장 부호법, 표준어 및 발음법, 외래어 표기법, 로마자 표기법을 순서대로 그 내용 하나하나 〈4〉의 순서로 살피기로 한다. 이런 앞 네 가지 분류는 다분히 북한의《조선말규범집》의 내용을 의식한 것이며, 뒤 부분의 외래어 표기법과 로마자 표기법은 남한에서의《한국 어문 규정집》의 내용을 의식한 것이다. 더불어서 뒤에서 자세히 논의하겠지만, 이 책에서 사용하는 어문 규범은 제도적 차원의 협의의 의미로 사용될 것이다.

〈4〉 이 책의 차례

제1장 서론

제2장 남북한 어문 규범의 개념과 범위

제3장 남북한 어문 정책의 사상적 배경과 어문 규범 변천 및 과제

제4장 남북한 한글 맞춤법의 원리와 변천 및 과제

제5장 남북한 띄어쓰기법의 변천과 과제

제6장 남북한 문장 부호법의 변천과 과제

제7장 남북한 표준어와 발음법의 변천과 과제

제8장 남북한 외래어 표기법의 변천과 과제

제9장 남북한 로마자 표기법의 변천과 과제

제10장 결론

[부록] 어문 규범 연구 논저 목록

참고문헌

찾아보기

1.3.2 자료

남한과 북한의 어문 규범 변천을 비교 대조해 본다고 하면, 기본적으로 남북한의 어문 규범 자료를 살펴보아야 할 것이다. 남북한의 어문 규범 변천을 연구 차원에서 전체적으로 살핀 결과물은 현재로선 찾기 힘든 상황이다. 이 책은 바로 그것을 하기 위해서 집필됐다.

이 책에서 남북한 어문 규범의 비교 대조 대상이 된 주된 자료들은 〈5〉~〈7〉과 같다. 시대순으로 나열된 이 자료들 말고도 《로동신문》 등 수많은 자료들이 사용됐다. 이 책 집필에서 사용된 구체적인 자료들은 맞춤법, 띄어쓰기법, 문장 부호법, 표준어와 발음법, 외래어 표기

법, 로마자 표기법 등 항목에 따라서 보다 자세하게 나누어서 개략적인 특징을 제3장에서 적어 두었다.

〈5〉 남북 분단 이전의 자료[4]

정인지·안지·권제(1447)[1445 지음], 〈용비어천가〉

세종(1447), 〈월인천강지곡〉

조선 집현전(1459), 《훈민정음 해례본》

최세진(1527), 《훈몽자회》

지석영(1905), 《신정국문》

대한제국 국문연구소(1909), 〈국문연구의정안〉

조선총독부(1912), 〈보통학교용 언문철자법〉

조선총독부(1921), 〈보통학교용 언문철자법대요〉

조선총독부(1930), 〈언문철자법〉

조선어학회(1933), 〈한글 마춤법 통일안〉

조선어학연구회(1934), 〈조선어학연구회 취지서〉

조선어학회(1936), 〈사정한 조선어 표준말 모음〉

조선어학회(1937), 〈한글 마춤법 통일안(고친판)〉

조선어학회(1940), 〈(개정한) 한글 맞춤법 통일안(새판)〉

조선어학회(1941)[1940 공포], 〈외래어표기법통일안〉

〈6〉 남한의 어문 규범 관련 자료

조선어학회(1946), 〈(개정한) 한글 맞춤법 통일안(한글 판)〉

문교부(1948), 〈한글을 로오마 자로 적는 법〉

---

4 분단 이전의 어문 규범 자료들은 이것들 이외에도 엄청 많다. 여기 제시된 것들은 이 책에서 살핀 것들만이다.

문교부(1948), 〈들온말 적는 법〉

문교부(1954), 〈한글간소화방안〉

문교부(1958), 〈로마 자의 한글화 표기법〉

한글학회(1958), 〈(개정한) 한글 맞춤법 통일안(용어 수정판)〉

문교부(1959), 〈한글의 로마자 표기법〉

문교부(1964), 〈교정편람〉

국어국문학회(1971), 〈국어정서법안〉

한글학회(1980), 〈한글 맞춤법〉

문교부(1984), 〈국어의 로마자 표기법〉

문교부(1986), 〈외래어 표기법〉

문교부(1988), 〈한글 맞춤법〉

국어연구소(1988), 〈한글 맞춤법 해설〉

문교부(1988), 〈표준어 규정〉

문교부(1990), 〈표준어 모음〉

문화관광부(2000), 〈국어의 로마자 표기법〉

문화체육관광부(2001, 2018), 《한국 어문 규정집》

문화체육관광부(2014), 〈한글 맞춤법(일부 개정안)〉('문장 부호' 개정)

문화체육관광부(2018), 《한글 맞춤법, 표준어 규정 해설》

〈7〉 북한의 어문 규범 관련 자료

조선어학회(1946), 〈(개정한) 한글 맞춤법 통일안(한글 판)〉

조선 어문 연구회(1950)[1948 공포], 《조선어 신철자법》[5]

5 "조선 어문 연구회(1950)[1948 공포]"에서처럼 연도 표시를 '(1950)[1948 공포]'로 한 것은 앞 연도가 출판된 연도이고 뒤 연도가 공포된 시기를 뜻한다. 이 책에서는 특별한 이유가 없을 경우 '조선 어문 연구회(1950)'로 해서 출판된 시기만을 표시

조선어 및 조선문학연구소(1954), 《조선어 철자법》

조선어 및 조선문학연구소(1956), 《조선어 외래어 표기법》

과학원 언어문학연구소(1958), 〈외래어표기법〉

국어사정위원회(1966), 《조선말규범집》

국어사정위원회(1969), 〈영어문자에 의한 조선어표기법〉, 《외국문자에 의한 조선어표기법》

국어사정위원회(1969), 〈외국말적기법〉

국어사정위원회(1982), 〈외국말적기법(수정증보)〉

국어사정위원회(1985), 〈조선말라틴자적기법〉, 《외국말적기법》

국어사정위원회(1988)[1987 공포], 《조선말규범집》

외국어번역용어 통일 및 급수사정위원회(1992), 〈조선어의 라틴문자표기법〉

국어사정위원회(2000), 〈조선말 띄여쓰기규범〉

국어사정위원회(2001), 〈외국말적기법〉

국어사정위원회(2003), 〈띄여쓰기규정〉

국어사정위원회(2010), 《조선말규범집》

Democratic People's Republic of Korea(2012), *The Rules of Latin Alphabetic Transcription of Korean Language*, Tenth United Nations Conference on the Standardization of Geographical Names, United Nations.

하도록 한다. 〈외래어표기법통일안〉(1941), 《조선어 신철자법》(1950), 《조선말규범집》(1988)이 모두 출간된 연도를 표기한 것이며, 이들은 본래 각각 1940년, 1948년, 1987년에 해당 내용이 공포된 것이다. 이 책에서는 모두 출간된 연도만을 제시하도록 한다. 이하 마찬가지이다.

제2장

남북한 어문 규범의 개념과 범위

2.1 들어가기

남북한의 어문 규범에 대해서 비교 대조하기 전에 어문 규범의 개념에 대하여 정확한 정의를 내릴 필요가 있다. 그것은 '어문 규범'이라는 용어와 '어문 규정'이라는 용어가 현재 혼재되어 있기 때문이다. 다음 〈1〉은 사전에서 정의 내리고 있는 개념이다.

〈1〉 어문 규범과 어문 규정에 대한 현재 사전의 정의

ㄱ. 어문 규범(語文規範)《표준국어대사전》

『언어』 언어생활에서 따르고 지켜야 할 공식적인 기준. 한글 맞춤법, 표준어 규정, 외래어 표기법, 국어의 로마자 표기법을 아우르는 말이다.

ㄴ. 어문 규정(語文規程)《우리말샘》

『언어』 언어생활에서 따르고 지켜야 할 공식적인 기준. 한글 맞춤법, 표

준어 규정, 외래어 표기법, 국어의 로마자 표기법을 아우르는 말이다. 비슷한말: 어문^규범(語文規範)

남한의 《표준국어대사전》에서는 '어문 규범'에 대하여 언어생활에서 따르고 지켜야 할 공식적인 기준이라고 정의 내리고 있다(〈1ㄱ〉). '어문 규정'에 대해서는 특별한 정의를 내리고 있지 않으나 〈1ㄴ〉에서 보듯이 역시 국립국어원에서 제시하는 개방형사전인 《우리말샘》에서 '어문 규정'에 대하여 글자 하나 다르지 않게 동일한 개념 정의를 내리고 있다. 비슷한말로 '어문 규범'을 제시하고 있는 것은 물론이다.[1]

이는 남북한 어문 규범에 대해서 살피기 전에 먼저 어문 규범과 어문 규정, 좀 더 자세히 말하면 '규범'과 '규정'이 어떤 관계에 있는지 그 개념 정의를 확실히 짚고 넘어가야 한다는 것을 뜻한다. 결론적으로는 우리는 '어문 규범'이라는 용어가 본 저서에서 사용하는 데 적절하다고 본다. 이를 해결한 후에 '어문 규범'에는 어떤 것들이 있는지 그 범위가 정해지게 될 것이다.

---

1 실제로 '어문 규범'과 '어문 규정'이라는 용어가 아래 ①, ②에서처럼 둘 다 혼란스럽게 사용되고 있는 실정이다. 2001년부터 나오고 최근 2018년에 제4판으로 나온 국립국어원의 책은《한국 어문 규정집》이라고 제목이 붙어 있으며, 2021년 현재는 국립국어원 누리집에 '한국어 어문 규범'이라는 큰 제목이 나와 있고, 그 아래에는 또 '어문 규정'이라 하여 '한글 맞춤법', '표준어 규정', '외래어 표기법', '국어의 로마자 표기법'이 제시되어 있다.

① 어문규범/한국어 어문 규범/국어 어문 규범/어문 규범 이유/어문규범 사례/어문규범의 교육 방향 탐색/어문규범의 특징/어문규범 문제/국어의 어문 규범/한국어문규범

② 어문규정/국어 어문 규정집/국어 어문규정/한국어 어문 규정/국립국어원 어문규정/어문규정집/배미진 어문규정/한국어문규정/현대문법 어문규정/한국 어문 규정집/모음축약 어문규정/국어어문규정집/어문규정오류

2.2 규범의 개념과 종류

2.2.1 규범과 규정의 개념

앞서도 말했듯이 어문 규범과 어문 규정은 동일한 의미로 함께 사용되고 있는 경향이 있다. 그러나 '규범'과 '규정'만 보면 그 의미 차이가 분명하게 드러난다.

〈2〉 남한, 《표준국어대사전》

ㄱ. 규범(規範): 인간이 행동하거나 판단할 때에 마땅히 따르고 지켜야 할 가치 판단의 기준.≒전경.

행동 규범./도덕적 규범을 따르다./우리 조상들은 충효를 가장 중요한 생활 규범으로 삼아 왔다./그는 사회적 윤리 규범을 나름대로 지키면서 살아왔다고 자부했다.

ㄴ. 규정(規定): 규칙으로 정함. 또는 그 정하여 놓은 것.≒규제.

부표제어: 규정-되다, 규정-하다.

맞춤법 규정./대회의 규정에 따라 금지 약물을 복용한 선수는 탈락하였다./본을 서로 받을 건 없습니다. 업무 규정 내에서 살림살이도 해야 될 테니까요.《황석영, 무기의 그늘》

「비슷한말」 규정(規程), 한정(限定)

〈2〉를 보면 '규범'은 '인간이 행동하거나 판단할 때에 마땅히 따르고 지켜야 할 가치 판단의 기준'이라 하여, 흔히 '행동 규범', '도덕적 규범', '생활 규범', '사회적 윤리 규범'에서처럼 무척 폭넓게 사용되고 있다. 이에 비하여 '규정'은 '규칙으로 정함. 또는 그 정하여 놓은 것'이라 하여, '맞춤법 규정', '대회의 규정', '업무 규정'에서처럼 아주 구체적으로 사용되고 있음을 알 수 있다. 흔히들 규범은 'norm'으로, 규정은 'rule'로 나타내곤 하는데, 전자는 넓은 의미, 후자는 좁은 의미로 사용되곤 한다. 후자는 구체적인 항목 하나하나를 지칭할 때를 일컫곤 한다.[2]

〈3〉 북한, 《조선말대사전》(2017)[3]

ㄱ. 규범(規範) [명] 의무적으로 지켜야 할 규칙이나 질서.// 도덕~. 행동~. 생활~. 규칙과 ~. 문법의 ~에 맞다.

ㄴ. 규정(規定) [명]

위대한 수령 김일성동지께서는 다음과 같이 교시하시였다.《규정이라는것은 다름아닌 집단생활을 하는 성원들이 공동으로 지켜야 할 행동준칙입니다.》(《김일성전집》 제43권 111페지) ① 집단의 성원들이 생활에서 공동으로 지켜야 할 행동준칙.|규정은 실천행동에서 얻은 경험을 종합하여 만든것이다. ② 규칙으로 정한 것.// 맞춤법의 ~. 조선말규범집의 ~. ③ 어떤 내용, 성격, 본질 등을 뚜렷하게 밝혀서 결정한것.// 혁명의 성격에 대한 ~. **규정하다**[동](타) **규정되다**[동](자)

---

2 규범과 규정을 영어로 나타내 보면 그 개념 차이가 확실히 느껴진다. '규범(規範)'은 'standard, norms; (기준) criterion (criteria); (본보기) model, example, pattern'으로 나타내어 기준 혹은 본보기 의미를 보여 준다. 이에 비해 '규정(規定)'은 'rule, regulation, code, provide (that), stipulate (that), (formal) prescribe'로 나타내어 규칙 의미를 보여 준다. 이러한 개념은 네이버 영어사전에서 제시되고 있는 것들이다.

3 북한의《조선말대사전》은 1992년에 2권으로 처음 나왔다. 이후 2006~2007년에 4권으로 보완되어 나왔고, 다시 2017년에 4권 증보판으로 나왔다.

이와 같은 개념 차이는 북한사전에서도 마찬가지다. 〈3〉은 북한의 《조선말대사전》에 제시된 규범과 규정의 개념 차이를 보여 준다. 규범은 '의무적으로 지켜야 할 규칙이나 질서'를 뜻하며, '도덕 규범', '행동 규범', '생활 규범', '규칙과 규범', '문법의 규범'에서처럼 사용된다. 이에 비해 '규정'은 '② 규칙으로 정한 것'이라는 의미로 해서, '맞춤법의 규정', '조선말규범집의 규정'에서처럼 사용되고 있다. 규범은 포괄적 의미, 규정은 구체적 내용 혹은 항목을 가리킨다고 볼 수 있다.[4]

〈2ㄴ〉과 〈3ㄴ〉에서 나와 있듯이 '규정하다', '규정되다'라고는 쓰면서도 '규범하다', '규범되다'라고는 사용하지 않는다. 더욱이 〈3ㄴ〉의 북한 용례를 보면 '조선말규범집의 규정'이라는 표현이 나오는데, 이는 곧 북한의 어문 규범집에 있는 구체적인 어떤 규정을 말하는 데에서도 그런 의미 폭을 볼 수 있다. 규범이 일반성을 띠고 있다면, 규정은 구체성을 띠고 있다고 말할 수 있다. 나중에 결론적으로도 보겠지만, 한글 맞춤법, 표준어 규정, 외래어 표기법, 국어의 로마자 표기법 등은 모두 '어문 규정'보다는 '어문 규범'으로 묶어서 부르는 게 일반성을 띤 적합한 용어라는 것이다.[5] 좀 더 구체적으로 말하면 '어문 규

---

4 북한의 《조선말대사전》(2017)에서는 '규범사전'을 올림말로 해서 다음과 같이 풀이 및 예시를 보이고 있다.

○**규범사전** [명] (언어) 해당 언어의 규범에 따라 올림말을 선택하고 뜻풀이를 하는 사전. 언어규범의 요구대로 사회의 언어생활을 바로잡고 이끌어주기 위한 사전이다. 모든 사람들이 사전의 올림말과 형태와 맞춤법대로 쓰게 하고 발음규범대로 발음하게 하며 거기에 풀이되여있는 의미내용대로 그 단어의 뜻을 똑같이 리해하고 쓸것을 요구한다.

5 《고려대 한국어대사전》(2009)에서도 규범과 규정을 구분하여 다음과 같이 제시하고 있다.

ㄱ. **규범**[1]〔規範〕 명 ①마땅히 따라야 하거나 따를 만한 본보기. ¶행동 규범/강제적인 규범은 개인의 창의력을 말살할 위험이 있다. [유의]규모(規模), 규준(規準), 모범

범'은 각각의 규범들 전체를 일반적으로 함께 아울러서 사용할 수 있고, '어문 규정'은 전체를 아우를 때는 사용하지 말고 개별 어문 규범들을 하나하나 지칭할 때 사용 가능하다는 말이다. 또한 어문 규정은 각각이 담고 있는 개별 조항 또는 그 내용을 뜻하기도 한다.

〈4〉 규범과 규정의 실제 사용 예[6]

ㄱ. **규범**, 사회규범, 규범적, 규범윤리학, 어문규범, 한국어 어문규범, 사회적 규범, 규범적 욕구, 규범곱창, 규범표기, 규범형성, 젠더화된 규범, 보편 규범, 사회규범의 종류, 규범문법과 기술문법, 규범력, 규범적 방향성, 규범성, 규범 듯, 규범화, 도덕규범, 규범적 정의, 규범문화, 규범적 접근방법, 규범해석규칙, 규범해석규칙, 범규성 없음, 규범을, 규범적 몰입, 규범적 접근, 규범주의, 구체적 규범통제, 자치규범, 윤리규범, 국어 어문규범, 종교규범, 이론규범윤리학, 교육의 규범적 정의, 기업행동의 규범적 체계, 사회규범 준수, 조직수권규범, 길 규범, 단체협약의 규범적 효력, 현대건설 12대 안전규범

ㄴ. **규정**, 국가공무원 복무규정, 공무원 여비규정, 여권사진 규정, 퇴직금지급규정, 소비자보호법 환불규정, 교육공무원 복무규정, 주민등록증

(模範), 모표(模表), 모해(模楷), 승구(繩矩), 전경(典經), [참고]의절(儀節)

ㄴ. **규정**[1]〔規定〕 명 ①규칙으로 정함. 또는 규칙으로 정한 조항. ¶창호는 학교 규정에 따라 정학 처분을 받았다./우리 헌법에는 공무원의 정치적 중립을 보장하는 규정이 있다. [유의] 규제(規制), 규칙(規則), 방칙(方則), 한정(限定). ②어떤 것의 성격, 내용, 의미 등을 밝혀 정함. 또는 그것을 정해 놓은 것. ¶예술을 한마디로 규정을 짓기는 어렵다./일상에서 사용하는 말 중에도 개념 규정이 제대로 이루어지지 않은 것이 있다.

6 여기에 제시된 용례는 인터넷에서 '규범', '규정'을 쳤을 때 제시되어 있는 것들이다.

사진규정, 사회복무요원 복무관리규정, 법인카드 사용규정, 공무원보수규정, 지방공무원 보수규정, 공무원수당 등에 관한 규정, CCTV설치안내문 규정, 소비자보호원 환불규정, 임원 퇴직금 규정, 공무원 특별휴가규정, 공무원 가족수당 지급 규정, 학원비 환불규정, 공무원 복무규정, 연차지급규정, 막다른 도로규정, 안전보건관리규정, 운전면허증사진규정, 공무원 채용 신체검사 규정, 공무원 휴가규정, 아파트선거관리위원회규정, 진에어 수화물 규정, 노사협의회 규정, 연월차규정, 지방공무원 여비규정, 경조사 휴가규정, 민증 사진 규정, 사무관리규정, 외국환거래규정, 근로기준법 퇴직금지급 규정, 학업성적관리규정, 교육공무원 승진규정

〈4〉는 규범이 일반성, 규정이 구체성을 띤다는 필자의 견해를 더욱 뒷받침하기 위해서 좀 더 실제적인 용례를 보인 것이다. 〈4〉에 있는 표현들은 모두 인터넷 매체에서 각각 '규범'과 '규정'을 입력했을 때 자동적으로 딸려 나온 것들이다. '규범'은 일반성, 추상성을 띠고 있음에 비해서 '규정'은 구체성, 실제성을 띠고 있다.

'사회규범', '규범윤리학', '도덕규범', '윤리규범', '종교규범' 등 언어 표현들이 일반성과 추상성을 대변해 준다. 이에 비해 '국가공무원 복무규정', '퇴직금 지급규정', '학원비 환불규정', '학업성적관리규정' 등을 보면 해당 규정들이 세부적 내용을 담고 있음을 볼 수 있다. 즉 구체성, 실제성을 띠고 있다는 말이다. 이와 같은 특성을 고려하여 이 책에서는 '어문 규범'과 '어문 규정'을 다음 〈5〉와 같이 개념 정의를 내리도록 한다.

〈5〉 어문 규범과 어문 규정의 개념

ㄱ. 어문 규범: 언어생활에서 따르고 지켜야 할 공식적인 기준의 일반적 명칭. 주로 말을 하고 글을 쓸 때 사용하는 공식적 기준으로 일반성과 추상성을 띰. 흔히 말하는 맞춤법, 표준어와 발음법, 띄어쓰기법, 문장 부호법, 외래어 표기법, 로마자 표기법 등을 포괄하여 부를 때 사용함.

ㄴ. 어문 규정: 언어생활에서 따르고 지켜야 할 공식적인 기준의 구체적 명칭. 주로 말을 하고 글을 쓸 때 사용하는 공식적 기준으로 구체성과 실제성을 띰. 흔히 말하는 맞춤법, 표준어와 발음법, 띄어쓰기법, 문장 부호법, 외래어 표기법, 로마자 표기법 등을 하나하나 부를 때 사용하거나, 각 어문 규정들이 담고 있는 개별 조항 혹은 그 내용을 뜻하기도 함.

2.2.2 규범의 종류

규범을 〈2ㄱ〉에서처럼 '인간이 행동하거나 판단할 때에 마땅히 따르고 지켜야 할 가치 판단의 기준'으로 정의를 내릴 때, 〈4〉에서처럼 수많은 규범이 존재하게 된다. 이들 가운데 자주 언급되는 것은 사회 규범이다. 여기서는 사회 규범과 언어 규범에 대하여 살펴보도록 한다.

〈6〉 사회 규범의 개념과 종류

ㄱ. 사회의 질서를 유지하고 사회생활을 바람직하게 이끄는 여러 규범. 법률, 도덕, 종교, 관습 따위가 있다.

ㄴ. 기술적 규범(descriptive norm)과 명령적 규범(injunctive norm)

〈6ㄱ〉에 있는 것은《표준국어대사전》에서 제시하고 있는 사회 규범에 대한 정의이다. 즉 '사회의 질서를 유지하고 사회생활을 바람직하게 이끄는 여러 규범'을 사회 규범이라고 하는데, 법률, 도덕, 종교, 관습 따위를 지칭하곤 한다. 일반적으로 사회 규범은 사회구성원들이 사회생활을 하면서 지켜야 하는 준칙(準則)인 관습, 도덕 및 법 규범을 총칭한다(이영환 · 김홍범, 2015: 15). 이 가운데 관습과 도덕에 기반을 둔 규범이 여기서 말하는 사회 규범을 구성한다고 한다.

〈6ㄴ〉은 사회 규범을 그 성격에 따라서 나눈 것이다. 기술적 규범과 명령적 규범이 바로 그것이다. 기술적 규범은 무엇이 행해졌는지를 명시하여 행위를 '알리는' 규범을 뜻하며, 명령적 규범은 무엇이 행해져야 하는지를 명시적으로 어떤 행위를 '하거나 하지 못하게 하는' 규범을 뜻한다. 흔히 전자를 '이다(is)' 규범이라고 하고, 후자를 '해야 한다(ought)' 규범이라고 한다(Cialdini, Kallgren & Reno, 1991).[7]

사회 규범들 중에는 관습 규범처럼 기술적 규범도 있지만, 법률처럼 명령적 규범도 있다는 것이다. 법률은 분명히 해야만 하는 혹은 하지 말아야만 하는 명령적 규범인 것이 분명하다. 그러나 관습은 분명히 있는 그대로를 제시해 놓은 기술적 규범인 것 같은데, 부정적 관습과 긍정적 관습이 있어서 명령적 관습 성격은 전혀 없느냐 하면 꼭 그렇지만은 않다. 관습을 사전적으로 '어떤 사회에서 오랫동안 지켜 내려와 그 사회 성원들이 널리 인정하는 질서나 풍습'이라고 해서 액면 그대로만 본다면 분명히 기술적 규범일 텐데, 극복해야 할 인습(因襲)이라는 의미로 해석한다면 분명 문제가 생길 수 있기 때문이다. 여하튼

7 여기에 제시된 내용은 노하늘 · 신희성(2019: 1283)에서 재인용한 것이다. 이 논문에서도 어문 규범이 따라야 하는 규범으로서의 명령적 규범 범주에 속한다고 보고 있다.

인습이든 전통(傳統)이든, 현존하는 상황을 기술했다는 측면에서 기술적 규범으로 본다.[8]

〈7〉 언어 규범

ㄱ. 남한,《우리말샘》[9]

○언어 규범(言語規範): 말을 할 때에 따르고 지켜야 할 기준.

○특히 문제는 한창 언어 규범을 배우는 초등학생들까지도 이런 혼란한 언어에 노출되고 있다는 점이다.《한국일보 2001년 2월》

ㄴ. 북한,《조선말대사전》(2017)

○언어규범 [명] 한 언어집단안에서 사회적으로 공인된 언어수단들과 그 표현수법들의 사용규칙.

○언어규범에는 언어의 발전법칙을 반영하는 객관적측면과 언어가 사회에 복무함에 있어서 보다 적합하고 합리적이라고 인정되는 언어적수단들에 대한 사회적평가과정을 반영하는 사람들의 의식적작용의 측면이 있다. 언어규범에서 이 두 측면을 고려하여 언어수단들의 사용규칙과 규정들을 정하고 사회에 보급일반화한다.

이런 점에서 보면 '언어 규범'은 기술적 규범이 아니라 명령적 규범에 속하는 것 같다. 〈7〉은 남북한의 사전에서 정의 내리고 있는 '언어

---

8 규범(norms)은 여러 기준에서 다양하게 분류된다. Hee Sun Park & W. Smith(2007: 194-218)에서는 행동 의도에 따라서 주관적 규범(subjective norms), 개인적 기술·명령적 규범(personal descriptive and injunctive norms), 사회적 기술·명령적 규범(societal descriptive and injunctive norms)으로 나누기도 한다. 이러한 분류를 되짚어보면, 주관적과 객관적, 개인적과 사회적, 기술적과 명령적 규범들로 유형화할 수 있다는 뜻도 된다.

9 '언어 규범'에 대해서는《표준국어대사전》과《고려대 한국어대사전》에서 표제어로 올라와 있지 않다. 단지 개방형사전인《우리말샘》에서만 언급하고 있다.

규범'에 대한 개념이다. 〈7ㄱ〉의 '말을 할 때에 따르고 지켜야 할 기준'이라는 정의나 〈7ㄴ〉의 '한 언어집단안에서 사회적으로 공인된 언어수단들과 그 표현수법들의 사용규칙'이라는 정의는 모두 명령적 규범으로서의 개념을 보인다.

〈8〉 언어 규범에 대한 다양한 정의들

ㄱ. Saussure(1967): 개인 발화 생산에 대한 일종의 평균

Coseriu, et al.(1970): 일반적인 것(normal)으로 받아들여지는 발화 유형 및 구조, 발화 공동체 내에서 보통 어떤 방식으로 말해지는가를 의미

Batsch(1982): 규칙에 대한 사회적 평범성의 기준, 발화 공동체 내에서 평범한 것으로 인지되는 규칙.

Hanks(2013): 일상 언어의 평범한 사용 유형

ㄴ. Paul(1880): 구어 규범과 문어 규범 두 형태의 표준 언어

Havranek(1964): 언어 사용에 있어서 의무적인 것들로 구성된 것

Kauhanen(2006): 발생론적인 관점에서 언어의 규범은 표준에 선행하며, 문자 언어가 없는 공동체에서는 오직 규범만이 존재 가능함

Locher & Stässler(2008): 표준은 일반적으로 가장 정확하며 수용 가능한 형식을 의미

그렇다고 해서 모든 학자들이 언어 규범을 명령적 규범으로 보고 있는 것은 아니다. 〈8〉은 언어 규범을 바라보고 있는 여러 학자들의 입장을 정리한 것이다. 〈8ㄱ〉에서는 언어 규범을 일반적으로 사용되는 평범한 발화 유형 정도로 보아서, 결국 기술적 규범 성격을 언어 규범이 지닌다고 보고 있다. 이에 비해 〈8ㄴ〉에서는 표준적이고 의무적이

며 가장 정확하며 수용 가능한 형식으로 보고 있어서, 결국 언어 규범이 명령적 규범 성격을 지닌다고 할 수 있다. 이런 점을 살펴서 노하늘·신희성(2019: 1285)에서는 "언어 규범에도 언어 사용에 있어서 의무성 및 강제성을 갖는 표준 언어의 개념과 일반적으로 혹은 평균적으로 행해지는 발화 행위의 개념이 공존하는 것을 확인할 수 있다"라고 말하고 있다. 이런 해석은 어문 규범이 명령적 규범에 속하지만, 결국 수의적 성격을 지닌 명령적 규범일 수 있다는 의미를 띤다.[10]

요컨대 본래 맞춤법, 로마자 표기법 등 어문 규범들이 평균적인 언어생활을 기술하는 목적을 갖고 있는 게 아니라 사람들이 지켜야 할 규정들을 담고 있다는 측면에서 〈6〉의 정의에 따라서 어문 규범이 명령적 규범, 더 정확히는 수의적 성격을 지닌 명력적 규범에 속해야 한다고 바라보아야 할 것이다.

2.3 언어 규범과 어문 규범의 개념

지금까지 규범과 규정의 차이점, 규범의 개념과 종류를 살펴보았다. 그런 가운데 언어 규범이라는 용어와 어문 규범이라는 용어가 비슷한 의미로 사용되고 있음을 보았다. 병렬적으로 사용되는 '언어 규범'이라는 용어는 지금 북한에서 사용되고 있기도 하는 등 나름대로 그 타당성을 확보하고 있다. 그렇다면 남한에서 사용하고 있는 어문 규범

---

10 이관규 외(2014: 139-140)에서는 〈한글 맞춤법〉의 법적 지위 수준의 적절성에 대하여 각계 전문가들의 의견을 물은 적이 있다. 그때 고시(告示)라고 하는 현재의 정도가 적절하다는 의견이 73.6%나 차지하고 있었다. 그것은 법적 지위가 강제할 정도는 아니라는 뜻을 포함한다. 수의적 성격을 띤 명령적 규범이어야 한다는 의미를 함의하고 있다.

이라는 용어는 어떤 위치를 갖고 있어야 하는가? 남북한의 언어 관련 규범을 비교 대조해 보는 이 책에서는 용어 통일이 이루어져야 하기 때문이다.

〈9〉 언어 규범의 개념

ㄱ. 북한,《조선말대사전》(2017)

○언어규범: 한 언어집단안에서 사회적으로 공인된 언어수단들과 그 표현수법들의 사용규칙.

○언어규범화: 사람들의 목적의식적인 작용으로 보다 전형적이고 인민적인 언어규범을 확정하고 언어사용규칙과 규정을 세워나가는 과정. 여기에서는 언어요소들의 정리에 기초하여 규범적인 언어요소와 방언과의 호상관계, 언어변종들가운데서 전형성 등을 확정하는 사업이 진행된다. 언어규범화는 사람들의 언어에 대한 목적의식적 작용에서 중요한 자리를 차지하며 이 사업을 잘하는것은 언어발전과 인민들의 언어생활개선에 크게 이바지한다.

ㄴ. 남한,《우리말샘》

○언어 규범(言語規範): 말을 할 때에 따르고 지켜야 할 기준.

○OOO 교수도 "언어 규범의 면에서 인터넷 통신에 유통되는 많은 말들이 문제 덩어리로 간주되지만 우리말의 어휘를 크게 확충해 주는 긍정적 기능도 분명히 있다."라고 말했다.《동아일보 2003년 11월》

ㄷ. 남한,《표준국어대사전》

○어문 규범(語文規範): 언어생활에서 따르고 지켜야 할 공식적인 기준. 한글 맞춤법, 표준어 규정, 외래어 표기법, 국어의 로마자 표기법을 아우르는 말이다.

일반적으로 사회 규범이라는 용어가 사용된다고 하면 '언어 규범'이라는 용어가 말글의 규범이라는 점에서 타당하다고 생각할 수 있다. 본래 인간이 사회 속에서 언어를 사용하여 의사소통을 한다고 말하곤 한다. 인간, 사회, 언어 이 세 가지는 함께 가기 때문이다. 〈9ㄱ〉에서 북한에서 사용하고 있는 '언어 규범'은 '사회적으로 공인된 언어수단들과 그 표현수법들의 사용규칙'이라 하여 매우 구체적으로 그 개념이 제시되고 있다. 이 표현이 일반적인 언어 규범을 뜻하는지 아니면 북한의 《조선말규범집》에 나오는 규범을 뜻하는지 구체적으로 단언하기는 어렵다.

〈10〉 북한의 '조선어 규범' 관련 저서 차례

ㄱ. 김동찬(2005), 《조선어규범리론》, 사회과학출판사.

제1장. 언어규범의 본질

제2장. 조선어규범화의 원칙과 경험

제3장. 조선어의 어음론적규범화

제4장. 조선어의 어휘—의미론적규범화

제5장. 조선어의 형태론적규범화

제6장. 조선어의 문장론적규범화

ㄴ. 최정후·김성근(2005), 《조선어규범변천사》, 사회과학출판사.

제1편. 조선어글말규범의 변화발전

제1장. 훈민정음의 창제와 15세기 문헌자료에 반영된 글말규범

제2장. 16~20세기초의 글말규범

제3장. 20세기초~조국광복전의 글말규범

제4장. 광복후 공화국북반부에서의 글말규범

제2편. 조선어발음규범의 변화발전

제1장. 발음규범과 글말규범

제2장. 15~20세기초까지의 조선어발음규범의 변화발전

제3장. 20세기초부터 조국이 광복될 때까지의 발음규범의 변화발전

제4장. 광복후 문화적인 발음규범을 세우기 위한 조치와 조선어발음규범의 변화발전

〈10〉은 북한에서 '언어 규범'이라는 용어가 무엇을 뜻하는지 짐작하게 해 준다. 〈10ㄱ〉에서는 '언어 규범'이 《조선말규범집》에 나오는 '맞춤법, 띄여쓰기규정, 문장부호법, 문화어발음법'만을 가리키는 것이 아님을 알 수 있다. "어음론적규범화, 어휘-의미론적규범화, 형태론적규범화, 문장론적규범화"라는 표현이 그것을 잘 보여 준다. 그뿐만 아니라 〈10ㄴ〉을 보면, 《조선어규범변천사》라는 제목의 책에서는, "조선어글말규범, 조선어발음규범"이라는 표현을 통해서 북한에서의 '언어 규범'이 무척 폭넓게 사용되고 있음을 확인할 수 있다. 정리하면 북한에서 쓰이는 '언어 규범' 용어 속에는 말과 글을 포함하는 언어의 규범을 뜻하는 광의의 의미가 들어가 있다. 물론 뒤에서 자세히 살피겠지만, 북한의 언어 규범이 문맥에 따라서는 《조선말규범집》 속에 나오는 '맞춤법' 등 구체적인 규범을 협의로 뜻하는 경우도 있다. 사실 〈9ㄱ〉에서의 "언어사용규칙" 같은 표현에는 분명 그러한 뜻이 들어가 있다 할 것이다.

한편, 남한에서는 '언어 규범'이라는 용어가 생소하게 느껴진다. 《표준국어대사전》에서는 아예 '언어 규범'이라는 표제어가 올라가 있지 않다. 단지 〈9ㄴ〉에서처럼 개방형사전인 《우리말샘》에서 "말을 할 때에 따르고 지켜야 할 기준"이라고 되어 있어서 음성 언어 차원만 표

시되고 문자 언어 차원은 언급되고 있지 않다. 물론 이때 '말'이 언어를 뜻한 것이라고 주장할지는 모르겠지만, 최소한 문자적으로 볼 때 '언어 규범'이라는 용어에 대해서 깊은 관심을 기울이고 있지 않다는 건 분명하다. 따라서 언어 규범이 말과 글을 모두 포함한다는 점에서 "말을 하고 글을 쓸 때에 따르고 지켜야 할 기준"으로 개념 설명이 수정되어야 할 것이다.

〈11〉 어문 규범의 개념

ㄱ.《표준국어대사전》: 언어생활에서 따르고 지켜야 할 공식적인 기준. 한글 맞춤법, 표준어 규정, 외래어 표기법, 국어의 로마자 표기법을 아우르는 말이다.

ㄴ. 이 책에서의 개념(〈5ㄱ〉): 언어생활에서 따르고 지켜야 할 공식적인 기준의 일반적 명칭. 주로 말을 하고 글을 쓸 때 사용하는 공식적 기준으로 일반성과 추상성을 띰. 흔히 말하는 맞춤법, 표준어와 발음법, 띄어쓰기법, 문장 부호법, 외래어 표기법, 로마자 표기법 등을 포괄하여 부를 때 사용함.

남한은《표준국어대사전》에서 공식적으로 〈11ㄱ〉에서처럼 '어문 규범'이라는 용어가 사용되고 있다.[11] "언어생활에서 따르고 지켜야 할 공식적인 기준"이라 하여 한글 맞춤법, 표준어 규정, 외래어 표기법, 국어의 로마자 표기법을 아우르는 말로서 '어문 규범'이라는 용어

11 여기서 '어문(語文)'이라는 말은 사전적 정의로 '말과 글을 아울러 이르는 말'이다. 음성 언어로서의 말과 문자 언어로서의 글을 포함한다. 흔히 '어문 정책', '어문 교육'이라는 용어를 사용하곤 한다. '어문'을 이렇게 보는 것은 북한에서도 마찬가지인데,《조선말대사전》에서는 '언어와 글자'로 풀이하고 있다.

를 사용한다. '어문 규범'이 무척 좁은 의미로 사용되고 있는 것이다. 〈11ㄴ〉에서는 '어문 규범'에 대하여 일반성과 추상성을 띠고 있다는 점을 부각하여서 진술한 것으로 구체성과 실제성을 띤 '어문 규정'이라는 용어와의 차이점을 보인 것이다(〈5ㄱ, ㄴ〉).

사실 남한에서 나온 어문 규범 관련 저서들 대부분에서는, 단순히 이 네 가지 협의의 어문 규범들을 소개하고 있을 뿐이다.

〈12〉 남한의 '어문 규범' 관련 주요 저서 및 차례[12]

ㄱ. 이주행(2013),《어문 규범의 이해(개정판)》, 보고사.

제1장 표준어 사정 원칙/제2장 한글 맞춤법/제3장 외래어 표기법/제4장 표준 발음법/제5장 국어의 로마자 표기법/제6장 근대 한국어 표기법에 대한 형태론적 해석

ㄴ. 양순임(2016),《한국어 어문규범 연구》, 태학사.

I. 어문규범과 학교문법, 사전/II. 한글 맞춤법/III. 표준어 규정/IV. 외래어 표기법/V. 국어의 로마자 표기법/VI. 표준 언어 예절

12 〈12〉에 제시된 것들 이외에도 4대 어문 규범을 다루고 있는 저서들은 무수히 많다. 그것들 가운데 몇 가지를 제시하면 다음과 같다: 우형식 편(1995),《국어 정서법》, 부산외국어대학교 출판부; 김봉모(2001),《국어 정서법 강의》, 세종출판사; 김정우(2006),《국어 어문규범 365》, 경남대학교출판부; 김진규(2011),《국어 정서법의 이해》, 공주대학교출판부; 강희숙(2011),《국어 정서법의 이해(개정판)》, 역락; 정영벽·김진호(2012),《생활 속 글쓰기의 어문규범》, 박이정; 서상준·손춘섭(2013),《한국어 어문 규범》, 역락; 박숙희(2014),《국어 어문 규범》, 역락; 허철구(2015),《우리말 규범의 이해》, 역락; 조형일(2017),《한국어 어문 규범》, 박이정; 최윤곤(2017),《한국어문규정입문》, 한국문화사; 강미영·김수정·임지영(2019),《쉽게 풀어쓴 한국어 어문 규범》, 박문사; 국립국어원(2018),《한국 어문 규정집》, 국립국어원; 이은정(1992),《남북한 어문 규범 고찰》, 백산출판사; 이은정(1992),《남북한 어문 규범 어떻게 다른가》, 국어문화원.

ㄷ. 한재영 · 박지영(2019), 《한국어 교사를 위한 한국어 어문 규범》, 신구문화사.

I. 총론/II. 한글 맞춤법/III. 표준어 규정/IV. 외래어 표기법/V. 국어의 로마자 표기법

ㄹ. 나찬연(2020), 《벼리 국어 어문 규범》, 월인.

I 표준어 규정/II 한글 맞춤법/III 외래어 표기법/IV 국어의 로마자 표기법

ㅁ. 민현식(1999), 《국어정서법 연구》, 태학사.

1. 문자, 발음, 표기/2. 한글 맞춤법론/3. 한글 띄어쓰기론/4. 문장부호론/5. 표준어론/6. 외래어와 외래어 표기법론/7. 로마자 표기법론/8. 오용언어와 국어순화론/9. 문자정책론/10. 21세기 어문정책론/부록. 어문 규정

ㅂ. 이선웅 · 이승희 · 정희창(2015), 《한국어 정서법》, 사회평론.

I 총론/II 한국어 표기법의 역사/III 한글 맞춤법/IV 표준어 규정/V 외래어 표기법/VI 로마자 표기법/VII 부록 1. 표준 발음법 2. 흔히 틀리는 말과 표기

ㅅ. 이희승 · 안병희 · 한재영(2015), 《보정 한글 맞춤법 강의》, 신구문화사.

I. 한글 맞춤법/II. 표준어 규정/III. 표준어 모음/IV. 외래어 표기법/[부록] 국어의 로마자 표기법

〈12ㄱ~ㄹ〉에 제시된 저서들은 '어문 규범'이라는 이름을 갖고서 남한에서 출판된 것들 가운데 몇 가지이다. '어문 규범'이라는 명칭을 띠고 있지만, 결국 '한글 맞춤법', '표준어 규정', '외래어 표기법', '국어의 로마자 표기법'에 관한 내용을 다루고 있을 뿐이다. 이는 결국 '어문 규범'이 협의의 의미로 사용되고 있음을 뜻한다.

한편 〈12ㅁ, ㅂ〉의 책은 '어문 규범'이라는 말 대신에 '정서법'이라는 용어를 사용하고 있으며, 〈12ㅅ〉에서는 '맞춤법'이라는 용어를 사용하고 있다. 그러나 이들도 역시 〈12ㄱ~ㄹ〉에서처럼 주로 4대 어문 규범 내용들을 다루고 있다. '정서법', '맞춤법'이라는 용어를 사용하고는 있지만 '표준어 규정' 안의 '표준 발음법'도 다루고 있다. 〈12ㄷ〉은 한국어 교사를 위한 한국어 어문 규범을 다룬다고 제목에는 되어 있으나, 역시 4대 어문 규범 내용을 다루고 있다. 사실 〈12〉에 제시된 대부분의 저서들은 단순히 남한의 4대 어문 규범 내용을 소개하는 데 집중되어 있다.[13]

지금까지 〈9〉~〈12〉를 통해서 북한에서 사용하는 '언어 규범'은 일반적인 광의의 의미를 띠는 경우가 많고, 어떤 필요한 맥락에서는《조선어규범집》에 들어 있는 '맞춤법', '문장부호법' 등 구체적인 규범을 가리키는 협의의 의미를 띠는 경우도 있음을 확인했다. 또한 〈11〉과 〈12〉를 통하여 남한에서 사용되는 '어문 규범'이라는 용어가 대개 '한

---

13 〈12ㅁ〉은 이들 어문 규범 내용들을 매우 깊이 있게 이론적으로 분석 및 비판적으로 접근하는 데서 나아가 대안 제시까지 하고 있어서 다른 것들과 양적 및 질적 차이를 보인다. 실제로 오용언어와 국어순화론, 문자정책론, 어문정책론 같은 내용도 다루고 있다. 한편 〈12ㅅ〉은 일찍이 1949년에 이희승 선생이《한글 맞춤법 강의》라는 제목으로 초판을 냈으며, 이후 1994년에 이희승·안병희 두 사람 이름으로 해서《고친판 한글 맞춤법 강의》라는 제목으로, 2010년에는 이희승·안병희·한재영 세 사람 이름으로 해서《증보판 한글 맞춤법 강의》라는 제목으로 이미 나온 바 있다.

글 맞춤법, 표준어 규정, 외래어 표기법, 국어의 로마자 표기법' 4대 어문 규범을 가리키는 협의의 의미로 사용되는 경향이 있음을 확인했다.

또 한 가지, 북한에서 사용하는 '언어 규범'의 '언어'는 말과 글이 포함되어 있다는 점도 알 수 있었다. 이는 〈10ㄴ〉에서 '글말규범'과 '발음규범'을 모두 '언어규범'(구체적으로는 '조선어규범')이 포함하고 있음에서 확인할 수 있다. 이것은 새로운 시각을 우리에게 던져 준다. 즉 남한에서 사용하는 '어문 규범'이라는 용어는 본래 '어(語)'가 음성 언어, '문(文)'이 문자 언어를 뜻하기 때문에, 결국 '어문 규범'이 음성 언어와 문자 언어를 포함하는 규범이라는 사실이다. 이는 결국 북한의 '언어 규범'이라는 용어와 남한의 '어문 규범'이라는 용어가 서로 공통점을 지니고 있음을 뜻한다. 이 책에서는 '어문 규범'이라는 용어를 사용하여 남북한의 해당 내용들을 비교 대조해 보려고 한다.[14]

2.4 남북한 어문 규범의 범위와 종류

북한에서는 '언어 규범', 남한에서는 '어문 규범'이라는 용어가 사용되어 왔다. 이 둘은 말과 글의 규범이라는 측면에서 공통점을 가지며, 언어 규범이 좀 더 광범위한 의미를, 어문 규범이 상대적으로 좁은 의미를 띠는 것으로 대개 사용되어 왔다. 그러나 이 둘은 본질적으로 한

---

14 전문적 차원에서 사용되곤 하는 '어문 규범'이라는 용어보다 일반적 차원에서 사용될 수 있는 '언어 규범'이라는 용어에 대한 주목을 앞으로 해야 한다고 본다. 굳이 통일 규범을 들먹이지 않더라도 지금처럼 모든 것이 변화하는 시점에서는 가능한 한 용어의 일반화도 필요하다고 보기 때문이다.

국어의 규범을 뜻한다는 점에서 동일하게 사용되어 왔다고 볼 수 있다. 이 책에서는 단지 남한에서 '어문 규범'이라는 용어가 주로 사용된다는 점에서, 특히 한글 맞춤법 등 4대 어문 규범을 지칭하는 경우가 많다는 이유에서 '어문 규범'이라는 용어를 사용하도록 한다.

2.4.1 남북한 어문 규범의 범위

어문 규범이라는 용어는 크게 두 가지 의미를 가진 것으로 이해할 수 있다. 하나는 일반적인 언어의 규범이라는 광의의 의미이고 또 하나는 구체적이고 법제적인 규칙으로서 협의의 의미이다. 우리는 이 책에서 후자의 의미로, 즉 좁은 의미로 어문 규범이라는 용어를 사용하겠지만, 일단 학문적인 측면에서 그것들이 지니는 외연적 및 내면적 의미를 검토해 보도록 한다.

〈13〉 어문 규범의 범위

ㄱ. 협의: 맞춤법, 표준어 규정, 띄어쓰기법, 문장 부호법, 로마자 표기법, 외래어 표기법[15]

ㄴ. 광의: 한국어의 전반적인 언어 규범

우리는 이 책을 집필하면서 어문 규범의 범위를 〈13ㄱ〉으로 내렸지만, 남북한 학자들은 이들을 이론적 측면에서 먼저 검토한 바 있다.

15 남한의《한국어 어문 규정집》에는 '한글 맞춤법', '표준어 규정', '외래어 표기법', '국어의 로마자 표기법'이 들어가 있고, 북한의《조선말규범집》에는 '맞춤법', '띄여쓰기규정', '문장부호법', '문화어발음법'이 들어가 있다. 북한의 로마자 표기법과 외래어 표기법도 따로 있지만,《조선말규범집》에는 들어가 있지 않다.

〈14〉(남한의 언어 규범 인식)와 〈15〉(북한의 언어 규범 인식)를 통해서 남한과 북한의 주목되는 견해를 살펴보도록 한다.

〈14〉 민현식(2003), 〈언어 규범 정책의 방향〉, 《국어교육연구》 12, 서울대 국어교육연구소.

ㄱ. 언어 규범이라 하면 흔히 단어 표기를 위한 표기 4법(한글 맞춤법, 표준어 규정, 외래어 표기법, 국어의 로마자 표기법)을 가리킨다. 언어 규범의 개념을 넓혀 본다면 '문법'도 언어 규범으로 볼 수 있다.

ㄴ. ① 좁은 개념: 단어 차원에서의 바른 표기(맞춤법, spelling) 문제만을 다룬다. 흔히 4표기법이라는 것이다. 현재의 대중적 인식이 그러하다.

② 넓은 개념: 바른 발음법(正音法), 바른 단어 사용법(正書法), 바른 문장 작성법(正文法), 바른 대화 능력(正話法), 바른 문체 구성 능력(正體法) 등을 모두 포함하는 개념이다. 언어 단위의 관점에서는 다음 ①–③에서처럼 단어–문장–담화 차원을 포괄하는 개념으로 정립하여야 한다. 아울러 이들 규범과 국어 사용 능력이 어떻게 관련되는가를 관련지어 표시하여 본다.

① 단어 규범 → 어휘력/② 문장 규범 → 문장력/③ 담화 규범 → 담화력

〈14ㄱ〉에서는 '언어 규범'이라는 용어를 사용하면서 한글 맞춤법 등 표기 4법 이외에 '문법'도 언어 규범으로 볼 수 있다는 견해를 피력하고 있다. 그리하여 〈14ㄴ①〉에서는 좁은 개념으로 단어 차원의 현행 남한의 4표기법을 주로 보고 있으면서, 동시에 〈14ㄴ②〉에서는 넓은 개념으로 "바른 발음법, 단어 사용법, 문장 작성법, 바른 대화 능력, 바른 문체 구성 능력" 등을 모두 포함하는 입장을 말하고 있다.

그런데, 엄밀히 보면, 〈14ㄴ①〉은 바른 표기, 즉 맞춤법(spelling) 차

원의 규범만을 뜻하고, 표준 발음법은 제외가 된 상태이다. 발음, 단어, 문장, 담화 관련 모든 능력은 〈14ㄴ②〉에서 다루고 있는 셈이다. 결국 〈14〉의 견해를 단순화한다면, 단어를 다루는 규범인지, 아니면 발음, 단어, 문장, 담화 모두를 다루는 규범인지로 나눌 수도 있을 것이다. 결국 '언어 규범'의 범위를 좁게 아니면 넓게 보느냐로 귀결될 것이다.

그러나 이러한 이분법은 그리 만만해 보이지 않는다. 왜냐하면 단어 규범만을 지칭한다고 해도 발음 규범 혹은 문장 규범이 완전히 배제되는 것이 아니기 때문이다. 단어에도 발음 문제가 들어가 있고 문장에도 역시 발음 문제가 들어가 있다. 단어 표기라고 하지만, 로마자 표기법이나 외래어 표기법도 단어나 음운으로 정확히 나누어지는 것은 아니기 때문이다. 우리가 보기에는 일반 현행《한국 어문 규정집》에 속하는 '한글 맞춤법, 표준어 규정, 외래어 표기법, 국어의 로마자 표기법'을 협의의 어문 규범으로 설정하고, 이것들을 포함한 그 이상의 것들, 즉 문장 혹은 담화 차원으로까지 넓힌 범위를 광의의 어문 규범으로 보는 게 나을 듯하다. 그래야만 이 책에서 전자, 즉 협의의 어문 규범 논의를 할 수 있을 것이기 때문이다. 〈13〉에서의 분류가 바로 그런 뜻을 나타낸다.

〈15〉 김동찬(2005),《조선어규범리론》, 사회과학출판사.

ㄱ. 언어규범은 입말의 규범과 글말의 규범으로 나누어지게 되였다./입말의 규범에서 중요한 자리를 차지하는것은 발음규범이다. 이것은《표준발음법》으로 묶이여진다./글말의 규범은《맞춤법》과《띄여쓰기》,《문장부호법》에서 집중적으로 나타난다. 그러나《어휘규범》은 그 어떤《규범집》이 따로 필요한 것이 아니라 국가적으로 승인되고 사회적으

로 인정을 받는《사전》의 형태로 나타나게 된다./이와 마찬가지로 단어의 형태변화의 규칙과 단어들이 결합하여 문장을 이루는데 필요한 규칙들은《규범집》이라는 얄팍한 책으로써는 다 담을수 없고 국가적으로 인정되는《문법》책으로써만 나타낼수 있다. 물론 기본적인것만을 담는다.

ㄴ. 언어사용은 주어져있는 언어체계를 필요에 따라 그 일부를 통신수단으로 리용하는것이다./《언어사용규범》도 언어와 관련된 규범으로서 넓은 의미에서《언어규범》의 범주에 속한다./그러나《언어사용규범》은 객관적으로 존재하는 언어의 내재적인 규칙이 아니라 언어의 기능을 발휘하며 사람들이 언어를 사용하는데서 지켜야 할 언어외적규범이며 언어수단들가운데서 보다 맞다고 인정하는것을 선택하는 규범이다.

〈15〉는 언어 규범을 '입말규범'과 '글말규범'으로 나누어 진술한 것이다. 입말의 규범으로 '표준 발음법'(문화어발음법)을 들고 있고, 글말의 규범으로 '맞춤법', '띄여쓰기', '문장부호법'을 들고 있다. 그리고 어휘 규범은 사전으로 제시될 수 있다고 말하고 있다. 사전 말고 앞의 네 가지는 모두《조선말규범집》에 들어가 있는 것들이다. 즉 이것들은 앞서 〈14ㄱ〉에서처럼 협의의 규범에 속한다고 할 수 있다. 그러나 이것들 말고도 단어들 혹은 단어와 단어들이 보이는 문장 차원의 규칙들은《조선말규범집》에서 모두 다룰 수는 없다고 말하고 있다. 나아가서 〈15ㄴ〉에서는 '언어사용규범'이라는 용어를 사용하면서 실제 언어생활에서 사용될 수 있는 규범도 설정할 수 있다고 말하고 있다. 이것은 사실 〈14ㄴ②〉에서 제시한 '담화 규범'에 속하는 것이다.

〈14〉와 〈15〉를 통틀어서 보게 되면 결국 대체로 현재 존재하고 있는 남한의《한국어 어문 규정집》과 북한의《조선어규범집》내용을 어문 규범으로 보는 협의의 어문 규범과, 그 이외의 문장 혹은 담화 차원의 규범까지 포함하는 광의의 어문 규범으로 나눌 수가 있을 것이다. 그렇지만 남북한의 현행《한국 어문 규정집》과《조선말규범집》에서 담고 있는 것들이 서로 다르기 때문에 결국 어문 규범의 범위는 〈13ㄱ, ㄴ〉에서처럼 협의 및 광의로 보아야 할 것이다. 앞서도 말했지만, 우리는〈13ㄱ〉의 협의 어문 규범 개념을 가지고 이 책을 집필해 나가고자 한다.

2.4.2 남북한 어문 규범의 종류

우리는 어문 규범의 개념을 협의로 보아서 그 구체적인 범위를 현행 남북한에서 사용하고 있는 어문 규범들에 한정을 하고 기술하고자 한다. 먼저 남한의 어문 규범에 대해서 구체적으로 제시하면 다음과 같다.

〈16〉《한국 어문 규정집》[16]

ㄱ.〈한글 맞춤법〉(1988, 2017)

제1장 총칙/제2장 자모/제3장 소리에 관한 것/제4장 형태에 관한 것/제5장 띄어쓰기/제6장 그 밖의 것/ㅁ부록 문장 부호

ㄴ.〈표준어 규정〉(1988, 2017)

제1부 표준어 사정 원칙

16 어문 규범을 넓은 의미로 본다면 국립국어원에서 낸《표준 언어 예절》(2010)도 포함할 수 있다. 특히 언어 예절 관련 규범이기 때문에 담화 규범의 하나로 볼 수 있을 것이다. 이 책에서는 이에 대해서는 자세히 다루지 않도록 한다.

제1장 총칙/제2장 발음 변화에 따른 표준어 규정/제3장 어휘 선택의 변화에 따른 표준어 규정/[붙임] 새로 추가된 표준어 목록

제2부 표준 발음법

제1장 총칙/제2장 자음과 모음/제3장 음의 길이/제4장 받침의 발음/제5장 음의 동화/제6장 경음화/제7장 음의 첨가

ㄷ. 〈외래어 표기법〉(1986, 2017)

제1장 표기의 기본 원칙/제2장 표기 일람표/제3장 표기 세칙/제4장 인명, 지명의 원칙

ㄹ. 〈국어의 로마자 표기법〉(2000, 2014)

제1장 표기의 기본 원칙/제2장 표기 일람/제3장 표기상의 유의점/부칙

〈16〉은 현행 남한의 어문 규범 4가지와 각각의 차례를 제시한 것이다. 〈한글 맞춤법〉(〈16ㄱ〉)은 1988년에 정부 차원에서 처음 발표가 됐으며, 그동안 소소한 용례 등이 추가 혹은 삭제되고 나서 2017년 3월에 문체부 고시 제2017-12호로 나온 것이다. 이 가운데 부록으로 제시된 '문장 부호'는 2014년에 그 내용이 완전히 바뀌었기 때문에 처음 1988년 것과는 다른 모습을 띠고 있다. 뒤에서 보겠지만, 남한에서는 '띄어쓰기'가 하나의 장(제5장)으로 배당되어 있지만 북한에서는 독립적으로 '띄여쓰기규정'으로 제시되어 있다. 남한에서는 '문장 부호'가 부록으로 제시되고 있음에 비해서, 북한에서는 '문장부호법'이라 하여 '맞춤법'과 대등한 위상으로 제시되고 있다.

〈표준어 규정〉(〈16ㄴ〉) 역시 1988년에 제정됐는데, 약간의 용례 수정만을 거치고 2017년 3월에 문체부 고시 제2017-13호로 나온 것이다. 사실 표준어를 규정하고 선정하는 것은 사전의 표제어를 정하고

자 하는 의도로 만들어진 것이다. 일제 강점기 조선어학회에서 우리말 대사전을 만드는 과정에서 표준어를 선정하게 된 것이다. 우리가 주목할 것은 제2부로 제시된 '표준 발음법'이다. 〈16ㄴ〉의 제1부 [붙임]에서는 새로 추가된 표준어 목록을 제시하고 있는데, 2011년에 39개, 2014년에 13개, 2015년에 15개, 2016년에 6개, 2017년에 5개 항목을 추가로 제시하고 있다. 〈16〉에 제시된 어문 규범들 가운데 〈표준어 규정〉(〈16ㄴ〉)의 제2부 '표준 발음법'은 유일하게 음성 언어 차원에서 발음법을 다루고 있는 부분이다. 뒤에서 보겠지만, '표준 발음법'은 일제 강점기 조선어학회의 표준어 관련 규정에는 없었던 것이다. 북한에서는 일찍이 1954년부터 표준 발음법을 기술했고, 공식적으로 1966년에 '표준 발음법'(이후 '문화어발음법')이 제정됐다.

〈외래어 표기법〉(〈16ㄷ〉)은 1986년에 제정됐다. 이후 여러 차례에 걸쳐 추가적으로 각 나라의 인·지명 외국어를 한글로 표기하는 방법을 보이고 있다. 지금 현재는 문체부 고시 제2017-14호로 공포된 것을 쓰고 있다. 외래어 표기법은 해당 외래어가 과연 국어의 하나로서 널리 쓰이는 외래어인지 아니면 외국어인지가 논란이 된다. 왜냐하면 여기에 용례로 제시된 것들 가운데 반 이상이 외래어가 아닌 외국어이기 때문이다. 뒤에서 보겠지만 북한에서는 〈외국말적기법〉이라 하여 국어의 하나가 아닌 외국말을 표기하는 방법을 제시하고 있기 때문이다.

〈국어의 로마자 표기법〉(〈16ㄹ〉)은 여러 차례에 걸쳐서 변천을 해왔다. 한글의 로마자 표기법인지 국어의 로마자 표기법인지에 따라서 큰 차이가 있었다. 특히 로마자 이외의 다른 부호를 사용하느냐 여부가 큰 쟁점으로 있었지만, 현행 2000년 및 2014년 것은 로마자로만 표기를 하게 되어 있다. 뒤에서 보겠지만, 북한에서는 전사법으로 하느냐 전자법으로 하느냐에 따라서 두 가지 방법이 있다고 말하고 있다.

〈17〉《조선말규범집》(2010)

ㄱ. 〈맞춤법〉(2010)

총칙/제1장. 조선어자모의 차례와 그 이름/제2장. 형태부의 적기/제3장. 말줄기와 토의 적기/제4장. 합친말의 적기/제5장. 앞붙이와 말뿌리의 적기/제6장. 말뿌리와 뒤붙이(또는 일부 토)의 적기/제7장. 한자말의 적기

ㄴ. 〈띄여쓰기규정〉(2010)

〈총칙〉 단어를 단위로 띄여쓰는것을 원칙으로 하되 글을 읽고 리해하기 쉽게 일부 경우에는 붙여쓴다.

제1항 토뒤의 단어나 품사가 서로 다른 단어는 띄여쓴다.

제2항 하나의 대상이나 행동, 상태를 나타내는 말마디들은 토가 끼이였거나 품사가 달라도 붙여쓴다.

제3항 고유한 대상의 이름은 붙여쓰되 마디를 이루면서 잇달리는것은 매 마디마디 띄여쓴다.

제4항 수사는 백, 천, 만, 억, 조단위로 띄여쓰며 수사뒤에 오는 단위명사와 일부 명사는 붙여쓴다.

제5항 불완전명사(단위명사 포함)는 앞단어에 붙여쓰되 그뒤에 오는 단어는 띄여쓰는것을 원칙으로 한다.

제6항 단어들사이의 맞물림관계를 고려하여 뜻을 리해하기 쉽게 띄여쓰기를 할수 있다.

ㄷ. 〈문장부호법〉(2010)

총칙/제1장~제20장

ㄹ. 〈문화어발음법〉(2010)

총칙/제1장 모음의 발음/제2장 첫소리 자음의 발음/제3장 받침자모와 관련한 발음/제4장 받침의 이어내기현상과 관련한 발음/제5장 받침의 끊어내기현상과 관련한 발음/제6장 된소리현상과 관련한 발음/제7장 《ㅎ》과 어울린 거센소리되기현상과 관련한 발음/제8장 닮기현상이 일어날 때의 발음/제9장 소리끼우기현상과 관련한 발음/제10장 약화 또는 빠지기현상과 관련한 발음/내려쓰기

ㅁ. 《조선어 외래어 표기법》(1956), 〈외국말적기법〉(2001)

ㅂ. 〈조선어의 라틴문자표기법〉(1992)

The Rules of Latin Alphabetic Transcription of Korean Language(2012)

〈17〉은 북한에서 현재 사용되고 있는 어문 규범들을 나열한 것이다. 이 가운데 〈17ㄱ~ㄹ〉은 《조선말규범집》(2010)에서 제시되고 있는 4가지 규범들이고, 〈17ㅁ, ㅂ〉은 북한에서 대내외적으로 현재 사용하고 있는 외국말적기법과 라틴문자 표기법이다.

남한에서와 마찬가지로 북한에서도 가장 주목되는 어문 규범은 〈맞춤법〉(2010)이다. 남한은 조선어학회의 〈한글 마춤법 통일안〉(1933) 이후 정부 차원에서는 유일무이하게 '한글 맞춤법'(1988) 하나로 지금도 사용되고 있지만, 북한은 그동안 수차례에 걸쳐서 맞춤법이 변화를 해 왔다. 1966년부터는 《조선말규범집》 안에서 안정적

으로 자리를 차지하고 있다. 뒤에서 보겠지만 근본 원리는 형태주의를 공개적으로 표방하고 있다.

〈띄여쓰기규정〉(〈17ㄴ〉)은 남북한에서 주목할 만하게 그 중요도 처리가 차이 있는 규범이다. 남한은 〈16ㄱ〉에서도 보았지만 단지 하나의 장으로 처리하고 있으나, 북한에서는 맞춤법과 대등한 위상을 가지고 따로 위치를 차지하고 있다. 더욱이 뒤에서 자세히 살펴보겠지만 여러 차례에 걸쳐서 〈띄여쓰기규정〉이 변천을 겪게 되는데, 전체적으로 보면 남한에서 띄어 쓰는 것보다 상대적으로 붙여 쓰는 경향이 많다.

〈문장부호법〉(〈17ㄷ〉)도 〈띄여쓰기규정〉처럼 북한에서는 중요하게 다루어지고 있다. 〈맞춤법〉, 〈띄여쓰기규정〉, 〈문장부호법〉이 모두 대등한 위상을 지니고 있다. 역시 《조선말규범집》에서 4대 규범으로 자리를 잡으면서 안정적으로 유지된다. 〈문화어발음법〉(〈17ㄹ〉)은 남한에 비하여 북한에서 일찍이 제정된 규범이다. 사실 《조선어 철자법》(1954)의 제6장에서 등장한 이후 《조선어 문법 1》(1961)에서도 '표준 발음법'이라는 이름으로 제시된다. 《조선말규범집》(1966)에서 〈표준발음법〉으로, 이후 《조선말규범집》(1988, 2010)에서는 〈문화어발음법〉이라는 이름으로 독립적으로 하나의 규범으로 존재하고 있다. 남한 것이 1988년에, 그것도 〈표준어 규정〉의 제2부에 '표준 발음법'으로 등장한 것에 비하면 북한에서는 매우 일찍이 제정됐음을 알 수 있다.

흔히 북한의 어문 규범으로 〈17ㄱ~ㄹ〉의 것들만 떠올리기 쉽다. 그것은 1966년부터 《조선말규범집》이라는 단행본으로 해서 〈맞춤법〉, 〈띄여쓰기규정〉, 〈문장부호법〉, 〈문화어발음법〉으로 제시되어 오고 있기 때문이다. 그러나 남한에서처럼 북한에서도 외국에서 들어온 말을 한글로 적는 방법이 필요했고, 또 조선어를 외국 문자, 특히 로마자로 적는 방법이 필요했다. 〈외국말적기법〉(2001)(〈17ㅁ〉)은 외국에서 새로운 말, 특히 인명이나 지명이 들어올 때, 다시 말하면 외국 인·지명을 한글로 적을 때 적는 방법을 제시한 것이다. 북한에서는 초창기에는《조선어 외래어 표기법》(1956)이라고 했으나 지금은 〈외국말적기법〉(2001)이라고 부르고 있다. 뒤에서 자세히 보겠지만, 외국말을 한글로 적을 때는 철저히 원지음주의 원칙을 유지하고 있다. 이는 남한도 마찬가지이다.

〈조선어의 라틴문자표기법〉(1992)(〈17ㅂ〉)은 조선어를 로마자로 적는 방법을 제시한 것이다. 근본적으로 조선어와 라틴문자는 음운 혹은 문자가 서로 다르기 때문에 정확하게 조선어를 로마자로 표기하기 어려운 난점이 있다. 이에 북한에서는 전자법으로 적는 방법과 전사법으로 적는 방법, 즉 이원화 방침을 제시하고 있다. *The Rules of Latin Alphabetic Transcription of Korean Language*(2012)(〈17ㅂ〉)는 북한에서 유엔에 보고한 조선어의 로마자 표기 원칙이다. 영문으로 되어 있지만, 기본적으로 〈조선어의 라틴문자표기법〉(1992)과 그 내용이 동일하다. 사실 로마자로 우리말을 적는다는 것은 남한이든 북한이든 다를 이유가 전혀 없다. 동일한 언어인 한국어 혹은 조선어를 로마자로 표기하는 데 무슨 차이가 필요할 것인가? 그런데 로마자 이외의 다른 기호를 사용할 것인지 아닌지의 문제가 남북한 간 첨예하게 대립되어 있는 상태이다.

〈16〉과 〈17〉에 제시된 남북한의 여러 어문 규범들은 많은 공통점이 있다. 더불어서 차이점도 있을 수 있다. 이 책에서는 이들에 대해서 비교 혹은 대조를 하려고 한다. 왜 남북한의 어문 규범에 차이가 나타나게 됐는지 그 근본 이유를 각각의 변천 과정을 통해서 확인해 보고, 가능하다면 그 틈을 줄일 수 있는 방안이 무엇이 있는지, 그리고 고민 혹은 해결해야 할 과제들은 무엇이 있는지 살펴보도록 한다.

2.5 나가기

지금까지 규범과 규정, 언어 규범과 어문 규범이 개념상 어떤 차이가 있는지 먼저 살펴보았다. 그 이유는 남한에서 규범과 규정이 혼재되어 쓰이고 있는 혼란상을 정비할 필요가 있기 때문이었고, 또 남한에서 주로 사용되고 있는 어문 규범이라는 표현과 북한에서 주로 사용되고 있는 언어 규범이라는 표현이 주는 차이를 정비할 필요가 있기 때문이다. 나아가서는 이 책에서 추구하고 있는 남북한의 어문 규범의 실체가 비교 대조적 관점에서 드러나고 어문 규범의 통일을 위한 과제들을 도출할 필요가 있기 때문이다.

〈18〉 이 책에서 사용할 일부 용어들의 개념과 범위

ㄱ. 규범(norms): 인간이 행동하거나 판단할 때에 마땅히 따르고 지켜야 할 가치 판단의 기준.

ㄴ. 규정(rules): 규칙으로 정함. 또는 그 정하여 놓은 것.

ㄷ. 어문 규범: 언어생활에서 따르고 지켜야 할 공식적인 기준. [협의] 일반성과 추상성을 띰.

ㄹ. 어문 규정: 언어생활에서 따르고 지켜야 할 공식적인 기준. [협의] 구체성과 실제성을 띰.

ㅁ. 언어 규범: 언어생활에서 따르고 지켜야 할 공식적 및 비공식적 기준. [광의]

ㅂ. 어문 규범의 범위

① 협의: 맞춤법, 표준어 규정, 띄어쓰기법, 문장 부호법, 외래어 표기법, 로마자 표기법

② 광의: 한국어의 전반적인 언어 규범.≒언어 규범

〈18〉은 이 책에서 사용할 용어들에 대한 잠정적인 개념 정의이다. 규범은 일반성, 추상성을 띠며, 규정은 구체성, 실제성을 띤다. 따라서 흔히 말하는 맞춤법, 문장 부호법 등은 '규범'이라는 용어로 일반화되며, 각각의 어문 규범에 들어가 있는 세부적인 항목들은 '규정'이라는 용어로 구체화될 수 있을 것이다.

'어문 규범'은 말과 글, 즉 음성 언어로서의 '어(語)'와 문자 언어로서의 '문(文)'이 지니는 규범을 뜻한다. 협의의 '어문 규범'은 남한의 공식적인《한국 어문 규정집》에 있는 규범들과 북한의《조선말규범집》에 있는 규범들과 '외국말적기법', '조선어의 라틴문자 적기법'을 통틀어 지칭할 것이며, 광의의 '어문 규범'은 한국어의 전반적인 공식적 및 비공식적 언어 규범을 지칭할 것이다.

요컨대 이 책에서는 남북한의 어문 규범에 대해서 비교 대조해 보려고 하는데, 결국 협의의 '어문 규범' 차원에서 검토해 보려고 하는 것이다.

제3장

남북한 어문 정책의 사상적 배경과 어문 규범 변천 및 과제[1]

3.1 들어가기

남북한의 어문 규범 변천을 살피기 전에 남북한의 어문 정책이 어떠한 사상적 배경에서 이루어지고 있는지 먼저 검토할 필요가 있다. 이는 구체적인 어문 규범들이 나오게 되는 데에는 그 사상적 배경이 절대적 역할을 하기 때문이다. 잘 알다시피 북한에서는 주체 이론에 따른 언어관이 있을 정도로 김일성 주체사상이 언이정책에도 깊이 관여하고 있다. 남한은 국가 차원에서 만들어진 국어기본법 등을 통해서 언어정책에 대한 사상적 배경을 살펴볼 수 있을 것이다.

일반적 개념의 언어정책을 이 책에서의 어문 규범과 관련하여 '어문 정책' 개념으로 살피도록 한다. 대개 '어문 정책'이라 하면 크게 두 가지 범주를 떠올린다. 한글 맞춤법, 표준어 규정, 외래어 표기법, 국어의 로마자 표기법과 같은 소위 4대 어문 규범을 떠올리고, 또 한글 전용 혹은 한자 교육, 국어 순화 운동, 국어사전 등과 같은 실제 언어

1 여기에 있는 내용의 일부는 이관규(2015; 2016)에서 다루어졌음을 밝힌다.

생활과 관련된 측면을 떠올린다. 전자는 제도적인 성격을 띠고 후자는 실천적인 성격을 띤다.

남북한 어문 정책의 동질성 회복이라 할 때도 제도적인 측면의 각종 어문 규범을 검토하여 그 동질성을 추구해 본다는 것과 문자 생활이나 국어 순화와 관련된 실제 국어 생활적인 사항을 살펴서 그 동질성을 추구해 본다는 것을 떠올린다. 여기서는 전자, 즉 제도적인 측면에서 남북한 어문 규범들을 통시적 및 공시적으로 살펴서 남북한 어문 규범 정책의 동질성을 회복하는 방안을 모색해 보도록 한다.

북한 어문 정책의 핵심은 역시 각각의 어문 규범에 있다. 남한은 1988년에 발표된 〈한글 맞춤법〉과 〈표준어 규정〉이 현행 제도적 어문 정책의 기준이 된다. 북한은 2010년에 발표된《조선말규범집》속에 있는 〈맞춤법〉, 〈띄여쓰기규정〉, 〈문장부호법〉, 〈문화어발음법〉이 현행 제도적 어문 정책의 기준이라 할 수 있다. 이러한 남북한 어문 규범의 세부 항목은 이질적인 점이 있기는 하지만 큰 틀에서 보면 1933년에 나온 조선어학회의 〈한글 마춤법 통일안〉에 그 기본을 두고 있다. 다시 말하면 남북한 어문 규범은 태생적으로 이질성보다는 동질성을 더 많이 지니고 있다는 말이다.

〈1〉에서 보다시피 조선어학회가 1933년에 발표한 〈한글 마춤법 통일안〉에는 맞춤법, 표준어, 띄어쓰기, 문장 부호 등 남북한이 공통으로 중요하게 다루고 있는 어문 규범들이 들어가 있다.[2] 따라서 남북한

2 현행 남한의 어문 규범에는 〈외래어 표기법〉(1986)과 〈국어의 로마자 표기법〉(2000)도 들어 있으며, 북한에도《조선어 외래어 표기법》(1956)을 필두로 최근에는 〈외국말적기법〉(1992, 2001)이 제시되어 있다. 북한의 로마자 표기법은《조선어 외래어 표기법》(1956)의 부록에 간략히 제시되어 있다. 최근 것으로 유엔에 제출된 2012년 것을 새로이 볼 수 있다. 그렇지만 북한 어문 규범의 주요 사항은《조선말규범집》(2010)에서 볼 수 있듯이 맞춤법, 띄어쓰기, 문장 부호, 발음법 등이다.

어문 규범 정책의 동질성 회복 방안을 모색하기 위해서는 남북한 어문 규범의 근간이 되는 〈한글 마춤법 통일안〉(1933)을 염두에 두고서 남북한 각각이 벌여 온 어문 규범의 변천 양상을 고찰하고, 현재의 남북한 어문 규범들을 살필 필요가 있다. 여기서는 통시적 및 공시적 남북한 어문 규범을 고찰함으로써 동질성 회복 방안을 모색해 보고자 한다.

〈1〉 조선어학회의 〈한글 마춤법 통일안〉(1933) 차례

總論

各論

第一章 字母

第二章 聲音에 關한것

第三章 文法에 關한것

第四章 漢字語

第五章 略語

第六章 外來語 表記

第七章 띄어쓰기

附錄

一. 標準語

二. 文章 符號

3.2 남북한 어문 정책의 사상적 배경

3.2.1 남한 어문 정책의 사상적 배경

어문 정책을 구체적으로 실현하는 데에는 그 사상적 배경을 알아보

는 것이 필요하다. 어문 정책은 국가 차원에서 이루어지기 때문에 통치자의 의지나 집권자의 뜻이 스며들기 마련이다. 특히 국가 차원에서 언어를 어떻게 바라보고 있는지(언어관)를 알아볼 필요가 있다. 남북한은 일제 강점기를 거치면서 우리말 우리글에 대해 남다른 애착을 지니고 있었다. 특히 광복 후 남북한에서 활동한 주요 어문학자들이 1933년 조선어학회의 〈한글 마춤법 통일안〉 제작에 직·간접적으로 참여했기 때문에 국어에 대한 사랑과 실천적 의식을 공유했다. 특히 민족과 국어의 밀접한 관련성을 의식하고 있었고 민족 및 국가의 발전과 국어의 발전을 동일시하곤 했다.

〈2〉 남한 어문 정책의 사상적 배경

ㄱ. 이 법은 국어의 사용을 촉진하고 국어의 발전과 보전의 기반을 마련하여 국민의 창조적 사고력의 증진을 도모함으로써 국민의 문화적 삶의 질을 향상하고 민족문화의 발전에 이바지함을 목적으로 한다.

〈국어기본법〉(2005) 제1조 목적

ㄴ. 국가와 국민은 국어가 민족 제일의 문화유산이며 문화 창조의 원동력임을 깊이 인식하여 국어발전에 적극적으로 힘씀으로써 민족문화의 정체성을 확립하고 국어를 잘 보전하여 후손에게 계승할 수 있도록 하여야 한다.

〈국어기본법〉(2005) 제2조 기본 이념

ㄷ. 국어는 대한민국의 공용어로서 사고와 의사소통의 도구이자 문화 창조와 전승의 기반이다. 학습자는 국어를 활용하여 자아를 인식하고 타인과 교류하며 세계를 이해한다.

〈국어과 교육과정〉(2015) 총론

ㄹ. 국립국어원은 국어의 발전과 국민의 언어생활을 향상하는 연구 사업을 추진하고 체계적인 정책 수립의 기반을 마련하는 기구입니다. 합리적인 국어 정책 추진에 필요한 체계적 조사와 연구를 하며, 언어 규범을 보완·정비하고 국가 언어 자원을 수집하여 통합 정보 서비스를 강화함으로써 국민 언어생활의 편익을 증진합니다. 또한 국민이 원활하게 의사소통할 수 있도록 국어 사용 환경을 개선하고 한국어교육의 질을 높이는 기반을 조성하고자 설립되었습니다.

국립국어원 설립 목적(2021)

남한은 1948년에 〈한글에 관한 전용 법〉을 국가 차원에서 발표했으며, 2005년에는 〈국어기본법〉을 제정하여 어문 정책의 기초와 방향을 함께 마련했다. 〈2ㄱ, ㄴ〉에서 보듯이 국어기본법은 국어의 사용 촉진과 발전 및 보전의 기반을 마련토록 하고 있는바, 이는 국어 자체의 가치를 인정함은 물론 사용으로써 국어의 가치를 또한 높이고 있다. 곧 국어를 민족과 국가와 연결하고 있다고 할 것이다. 〈2ㄷ〉에서 보듯이 국어과 교육과정에서도 사고와 의사소통의 도구이자 문화 창조와 전승의 기반으로서 국어의 가치를 존중하고 있다. 이는 결국 국어를 사상을 전달하는 도구이면서 동시에 그 자체가 내용을 지니고 있는 것으로 파악하는 입장이라 할 수 있다. 국어에 대해서 언어 도구관 입장과 언어 일체관 입장을 두루 인정하고 있는 셈이다.[3]

3 언어의 본질을 어떻게 보는가 하는 관점이 언어관이며, 이것이 언어 연구의 성격을 규정짓는 근본적인 바탕이 된다. 이에 의하면 언어관은 언어 도구관, 언어-사상 일체관, 언어-사상 형성관으로 나뉜다. 첫째, 언어 도구관은 언어가 사회적 교섭을 위한 사고의 도구라는 관점으로 언어는 다만 전달의 매개체라는 뜻을 지닌다. 둘째, 언어-사상 일체관은 사고와 언어가 일원적이어서 언어가 의미를 낳는 동시에 의미가 사고의 모습을 형성한다는 뜻이 된다. 셋째, 언어-사상 형성관은 사고가 언어에서 생겨난

국어기본법을 가장 충실하게 수행하는 기관이라 할 수 있는 국립국어원에서는 〈2ㄹ〉에서 보듯이 국어의 발전과 국민의 언어생활 향상을 위한 사업을 추진하고 있다. 궁극적으로 국민의 원활한 의사소통 증대와 국민의 언어생활 편익을 증진하고자 여러 사업을 집행하고 있다. 이러한 제반 일들도 결국 국어를 국민들의 의사를 소통하게 하는 매개체로 보는 도구관 입장과, 국어의 발전이 곧 국민의 발전이라는 차원에서 일체관 입장이 반영된 것이라 할 수 있다. 요컨대 남한에서는 국어를 민족과 국가와 일체적으로 보는 언어 일체관 입장과 의사소통 매개체로 보는 언어 도구관 입장이 받아들여진다고 할 수 있다.

3.2.2 북한 어문 정책의 사상적 배경

북한은 광복 직후부터 소련과 중국의 사상을 많이 받아들이기 시작했다. 특히 언어학 분야에서는 초기에 소련의 마르 이론을 소개하다가 1950년대 이후 레닌과 스탈린 이론을 적극 받아들이기 시작했다. 이에 대해서는 북한의 조선 어문 연구회의 《조선어 연구》에 그 이론들이 소개되어 있다.

〈3〉 북한 어문 정책의 사상적 배경 1

ㄱ. H. Я. 마르는 야페트 學說의 創始者인 바, 뒤에 이르러 마르 자신이 이 學說을 加하여 "新 言語 理論"이라 改稱하였다. (…) 야페트 學說(新 言語 理論)의 性格에 대하여 H. Я. 마르는 1930年에 다음과 같이 말하였

것이어서 언어는 의지나 감정도 지배한다. 다시 말하면, 도구관은 언어가 사고의 도구라고 보지만, 일체관에서는 사고가 곧 언어라고 보며, 형성관에서는 언어가 곧 사고라고 보는 관점이다(김민수, 1985: 98-99 참조).

다. "야페트 學說은 오늘날의 發展段階에 있어 맑스주의와 전적으로 融合되여 있다. 야페트 學說은 맑스주의의 有機的 部分으로 되여 있으며, 또한 어느 면에 있어서는 맑스주의의 一般的 命題를 具體化시키는 데 不可缺의 役割을 놓고 있다."

H. Я. 마르, 《선집》 제1권[김수경 역(1949) 재인용]

H. Я. 마르는 말하기를 "낡은 言語理論은 言語行爲를 思惟와 떠나서 硏究하였기 때문에 思惟를 專門對象으로 삼지 않았던 것은 極히 當然하다. 그곳에는 語音學의 法則-語音 現象의 法則은 存在하나 意味論의 法則-어떠한 意味의 發生法則, 言語行爲 및 그 部分(이곳에 語도 包含된다)의 有意味性의 法則은 存在하지 않는다. 語의 意味는 아무러한 이데올로기적 基礎도 얻지 못하고 있다.

H. Я. 마르, 《선집》 제3권[김수경 역(1949) 재인용]

ㄴ. 언어는 사회가 존재하는 전 기간을 통하여 작용하는 사회적 현상의 하나이다. 언어는 사회의 발생 발전과 함께 발생 발전한다. 또한 언어는 사회의 사멸과 함께 사멸한다. 사회를 떠나서는 언어가 없다. 언어는 사람들이 서로 교제하고 사상을 교환하며 호상간의 리해를 달성하는 수단이며 도구이다.

이. 쓰딸린(1950)[김민수(1985: 105) 재인용]

북한에 들어온 초기 이론인 마르 이론은 〈3ㄱ〉에서 보듯이 야페트 학설이라 하여 유물론적인 초기 소련 언어학을 대표했다. 사유(관념)를 중시하고 형식을 경시하는 입장을 취하여, 언어의 차별을 인정하는 언어의 계급성을 주장했다. 이러한 입장은 언어 형성관이라 할 만하다. 그러나 곧 이어 1950년대 소련에서 스탈린이 득세를 하면서, 급격히 마르의 언어 이론은 비판의 대상이 된다. 곧 모든 언어는 계급성을 띠고 있는 것이 아니라 단지 인민들의 의사소통의 수단, 즉 도구로서 기능할 뿐이라는 것이었다. 〈3ㄴ〉에서 보듯이 스탈린은 언어가 사람들이 서로 교제하고 사상을 교환하면서 서로 이해할 수 있게 하는 수단이고 도구라고 보고 있다. 스탈린은 언어는 사회적 현상의 하나로서 사회를 떠난 언어는 존재할 수 없다고 말하고 있다.[4] 북한에서는 1950년대에 스탈린의 언어 도구관을 학술지《조선어 연구》를 통해서 적극 소개하고 있다.

그러나 1960년대 들어와 소련과 중국의 갈등이 심해지자 어느 한쪽 편만 들기 어려워진 북한은 자기들만의 소위 주체사상을 내세우기 시작했다. 언어 차원에서는 소위 주체 언어 이론이 등장하게 됐고 21세기 지금까지도 어문 정책에 큰 영향력을 끼치고 있다.

〈4〉 북한 어문 정책의 사상적 배경 2

ㄱ. 우리 민족이 자기의 고유한 말과 글을 가지고 있다는것은 우리의 큰 자랑이며 커다란 힘입니다. (…) 오늘도 우리의 말과 글은 우리 나라의 경제와 문화, 과학과 기술의 발전에서, 사회주의건설의 모든 분야에서 힘 있는 무기로 되고 있습니다.

김일성(1964: 354)

---

4 한편 소련 건국의 아버지인 레닌도 언어에 대하여 도구관 입장을 보이고 있었다. "언어는 인간 교제의 가장 중요한 수단이다. 언어의 통일과 그 자유로운 발전은 현대 자본주의에 상응하는 진실로 자유롭고 광범한 상품 유통과 모든 개별적 계급에로의 주민의 자유롭고 광범한 집결의 가장 중요한 조건의 하나다"[레닌(1914), 〈민족 자결에 관하여〉].

ㄴ. 그리고 성이나 다른 기관들에서 새말을 되는대로 만들어내지 못하게 하며 모든 기관들이 공문이나 출판물들에서 정확한 조선말을 쓰도록 강하게 통제하여야 하겠습니다./어문학연구소가 우리 말을 정리하며 새말을 만들어내는것을 통제하는 기관으로 되여야 합니다. 동무들은 그전의 말을 잘 다듬는데 그치지 말고 좋은 말을 많이 만들어내야 합니다.

김일성(1964: 361)

ㄷ. 우리는 우리 혁명의 참모부가 있고 정치, 경제, 문화, 군사의 모든 방면에 걸치는 우리 혁명의 전반적전략과 전술이 세워 지는 혁명의 수도이며 요람지인 평양을 중심지로 하고 평양말을 기준으로 하여 언어의 민족적특성을 보존하고 발전시켜 나가도록 하여야 하겠습니다. 그런데 《표준어》라는 말은 다른 말로 바꾸어야 하겠습니다. 《표준어》라고 하면 마치도 서울말을 표준하는것으로 그릇되게 리해될수 있으므로 그대로 쓸 필요가 없습니다. 사회주의를 건설하고 있는 우리가 혁명의 수도인 평양말을 기준으로 하여 발전시킨 우리 말을 《표준어》라고 하는 것보다, 다른 이름으로 부르는것이 옳습니다./《문화어》란 말도 그리 좋은것은 못되지만 그래도 그렇게 고쳐 쓰는것이 낫습니다.

김일성(1966: 503-504)

중·소 틈바구니에서 김일성은 소위 주체 이론을 만들어서 어문 정책 분야에서 주체 언어 이론을 제시하게 된다. 김일성은 1964년에 언어학자들과 첫 번째 간담회를 하면서 자신의 주체 언어 이론을 설파하게 된다. 기본적으로 〈4ㄱ〉에서 보듯이 우리말 우리글은 큰 자랑이며 커다란 힘이라고 말하면서 사회주의 건설의 힘 있는 무기라고 단언하고 있다. 매우 강력한 언어 형성관의 성격을 보여 주고 있으며 또한 민족과 국어를 긴밀하게 연결한 언어 일체관 성격도 띤다고 하겠다. 이때에 김일성은 문자 개혁, 한자 교육, 말다듬기 운동, 외래어 문제, 띄어쓰기 등 각종 구체적인 어문 정책 내용을 언급하기도 한다. 특히 〈4ㄴ〉에서 보듯이 어문학연구소에서 각종 어문 정책 관련 내용을 통제해야 한다고 말하기도 했다.

1966년에는 언어학자들과 두 번째 간담회를 하면서 담화를 발표하게 된다. 1964년 때와 큰 차이는 없으나, 〈4ㄷ〉에서 보듯이 소위 혁명의 수도라고 불리던 평양 말을 기준으로 한 '문화어'를 주창하고 있다. 평양 말을 기준으로 하여 언어의 민족적 특성을 보존하고 발전시켜 나가도록 하자고 말하고 있다. 남한에서는 서울 중심의 표준어, 북한에서는 평양 중심의 문화어를 주창하게 되어, 결과론적인 말이지만 남북한의 언어 이질화가 본격적으로 나타나는 계기가 됐다.

요컨대 현재 북한 어문 정책의 언어 사상적 배경은 언어를 사회주의 건설의 힘 있는 무기로 보는 언어 형성관과 민족과 국어를 동일선상에서 보는 언어 일체관 입장이 견지되고 있다고 할 수 있다. 정도의 차이는 있지만 근본적으로 남한과 북한이 민족과 국어를 함께 의식하는 언어 일체관을 공통적으로 지니고 있다. 물론 북한에서 국어를 사회주의 건설의 힘 있는 무기로 보는 언어 형성관 입장을 주로 지니고 있고, 남한에서 의사소통의 도구로 보는 언어 도구관 입장을 지니고 있는 차이점이 있기는 하다. 그렇다고 해서 남한에서는 언어 형성관 입장이 없느냐 하면 그렇지는 않다. 광복 후에 있었던 각종 국어 운동 등을 볼 때 분명히 언어 형성관 입장도 어느 정도는 있다.[5]

5 고영근(2006: 15)에서는 소위 통일 언어 철학을 제시하고 있다. "우선 공통된 언어를 바탕으로 하여 갈라진 '민족의 핏줄'을 하나되게 하고 민족문화 창조에 협동하는

3.3 남북한 어문 규범 정책의 변천

남북한이 언어 일체관 차원에서 동질성을 지니고 있다는 것은 남북한 어문 정책의 변천 및 현 상황을 이해하는 데 큰 도움이 된다. 이는 곧 동질성 회복의 근거가 되기까지 할 것이다. 현행 남한에서는 〈한글 맞춤법〉(1988, 2017), 〈표준어 규정〉(1988, 2017), 〈외래어 표기법〉(1986, 2017), 〈국어의 로마자 표기법〉(2000, 2014)의 네 가지 어문 규범을 두고 있으며 북한에서도 이런 내용들을 어문 규범으로 두고 있다. 최근의 《조선말규범집》(2010)에서는 그 속에 〈맞춤법〉, 〈띄여쓰기규정〉, 〈문장부호법〉, 〈문화어발음법〉 네 가지로 나누어서 어문 규범을 제시하고 있다. 북한에서도 남한과 마찬가지로 외래어 표기법과 로마자 표기법이 존재한다. 우리는 이것들에 대해서 구체적으로 살필 것인데, 일단 여기서는 이러한 각각의 어문 규범들이 어떻게 변천해 왔는지 간략하게 살펴보려고 한다.

3.3.1 남한 어문 규범 정책의 변천

전술한 바, 현행 남북한 한글 맞춤법의 공통된 시작은 조선어학회의 〈한글 마춤법 통일안〉(1933)이다. 결론적으로 남한의 어문 규범들은 이것을 크게 벗어나지 않은 상태로 지금까지 존재하고 있다고 해도 과언이 아니다. 남북한 어문 규범들을 변천 차원에서의 비교를 이 책에서 목적으로 하고 있기 때문에 여기서는 맞춤법, 띄어쓰기, 문장 부

방향으로" 지향할 수 있다고 말하고 있다. 이는 곧 일제 때나 광복 후 우리 민족은 남한이나 북한이나 할 것 없이 "언어를 민족형성의 징표로 본다거나 언어를 문화의 민족적 형식을 결정짓는 중요한 요소로 보는 입장"을 반영한 것이다.

호, 표준어 규정, 외래어 표기법, 로마자 표기법 순서로 간략히 변천 내용을 살피도록 한다.

〈5〉 남한의 '한글 맞춤법' 변천

ㄱ. 조선어학회(1933), 〈한글 마춤법 통일안〉

ㄴ. 조선어학회(1946), 〈한글 맞춤법 통일안(일부 개정)〉

ㄷ. 한글학회(1980), 〈한글 맞춤법〉

ㄹ. 문교부(1954), 〈한글간소화방안〉

ㅁ. 국어국문학회(1971), 〈국어정서법안〉

ㅂ. 문교부(1988, 2017), 〈한글 맞춤법〉

우리말의 어문 규범 가운데 가장 중요한 것은 한글 맞춤법 규범이다. 앞서 〈1〉에서도 보았듯이 〈5ㄱ〉의 〈한글 마춤법 통일안〉(1933)에는 온갖 현재의 어문 규범들이 부분적으로 거의 다 들어가 있었다. 그것들 가운데도 한글을 소리대로 적을 것인지 형태대로 적을 것인지 하는 "소리대로 적되 어법에 맞도록" 한다는 말은 〈5ㄱ〉과 〈5ㅂ〉, 즉 한글 맞춤법의 처음과 끝이라고 해도 과언이 아니다. 한글 글자를 적는 한글 맞춤법의 원리가 어떻게 구체적으로 적용되는지를 규정해 둔 것이 〈5〉 맞춤법 변천의 핵심이다. 4장에서 자세히 살피겠지만, 〈5ㄹ, ㅁ〉이 음소주의 입장을 띠고 있음에 비하여 〈5ㄱ, ㄴ, ㄷ, ㅂ〉은 형태주의 입장을 띤다.

〈6〉 남한의 '띄어쓰기' 변천

ㄱ. 조선어학회(1933), 〈한글 마춤법 통일안〉 제61항~제65항

ㄴ. 조선어학회(1946), 〈한글 맞춤법 통일안(일부 개정)〉 제61항~제63항

ㄷ. 한글학회(1980), 〈한글 맞춤법〉 제50항~제53항

ㄹ. 국어국문학회(1971), 〈국어정서법안〉 제36항

ㅁ. 문교부(1988, 2017), 〈한글 맞춤법〉 제41항~제50항

〈7〉 남한의 '문장 부호' 변천

ㄱ. 조선어학회(1933), 〈한글 마춤법 통일안〉 附錄二 文章 符號

ㄴ. 문교부(1988), 〈한글 맞춤법〉 부록 문장 부호

ㄷ. 국립국어원(1998), 〈문장 부호 개정안〉

ㄹ. 문화체육관광부(2010), 〈문장 부호 규정 개정의 정책 효과 연구〉

ㅁ. 문화체육관광부(2014), 〈한글 맞춤법 일부 개정안〉 고시('문장 부호' 개정)
국립국어원(2014), 〈문장 부호 해설〉

〈6〉과 〈7〉은 각각 남한의 '띄어쓰기'와 '문장 부호' 규범의 변천을 간략히 보인 것이다. 〈6〉 '띄어쓰기' 규범은 〈5〉 '맞춤법' 규범 안에

몇 개의 항으로 존재하고 있다. 전반적으로 단어별로 띄어 쓴다는 기본 원리가 내재되어 있으나, 〈6ㄹ〉에서만 어절별 띄어쓰기를 언급하고 있다. 〈7〉 '문장 부호'는 〈5〉 '한글 맞춤법' 규범의 '부록'으로 들어가 있는 것들이다. 〈7ㄷ, ㄹ〉에서처럼 국가 차원에서 부단한 연구를 했고, 그 처음인 〈7ㄱ〉을 기본으로 하여서 〈7ㄴ〉이 오랫동안 국가 규정으로 존재했고, 최근 〈7ㅁ〉에서 현실성을 반영하여 수정하여 입법화했다. 현행의 〈7ㅁ〉은 특히 부록 '문장 부호'만을 개정하여 전체 〈한글 맞춤법〉(2014)이 일부 개정안으로 등장하게 된다.

〈8〉 남한의 '표준어 규정'(표준어와 발음법) 변천

ㄱ. 조선어학회(1933), 〈한글 마춤법 통일안〉 附錄一 標準語

ㄴ. 조선어학회(1936), 〈사정한 조선어 표준말 모음〉

ㄷ. 문교부(1988), 〈표준어 규정〉 제1부 표준어 사정 원칙 제2부 표준 발음법
국어연구소(1988), 〈표준어 규정 해설〉 제1편 해설 제2편 어휘 목록

ㄹ. 문교부(1990), 〈표준어 모음〉 1. 어휘 선택 2. 발음

ㅁ. 국립국어원(2018), 《한글 맞춤법, 표준어 규정 해설》

조선어학회에서 〈한글 마춤법 통일안〉(1933)(〈1〉, 〈5ㄱ〉)을 만든 것은 우리말 대사전을 만들 위한 사전 작업이었고 〈8ㄱ〉의 부록에 '표준어' 항목을 둔 것도 마찬가지 이유였다. 특히 〈사정한 조선어 표준말 모음〉(〈8ㄴ〉)을 낸 것 역시 사전의 올림말을 선정하기 위한 사전작

업이었다. 그런 점에서 보면 〈표준어 모음〉(〈8ㄹ〉) 발간도 우리말 대사전 편찬과 무관하지 않다. 결국 〈표준어 규정〉이라 하면 대표적으로 〈8ㄷ〉을 든다. 이후 《표준국어대사전》(1999)의 기반이 되는 것은 당연하다. 〈8ㅁ〉은 1988년에 나온 〈한글 맞춤법〉과 〈표준어 규정〉을 상세히 해설해 놓은 책이다. 한편 〈8ㄷ〉의 제2부에 있는 '표준 발음법'은 소리를 어떻게 내느냐 하는 유일한 어문 규범인데, 남한에서는 2021년 지금도 〈8ㄷ〉을 그대로 사용하고 있다. 뒤에서 보겠지만, 북한에서는 〈문화어발음법〉(2010)이 4대 어문 규범의 하나로서 독립적인 위치를 차지하고 있다.

〈9〉 남한의 '외래어 표기법' 변천

ㄱ. 조선어학회(1933), 〈한글 마춤법 통일안〉, 第六章 外來語 表記

ㄴ. 조선어학회(1941), 〈외래어표기법통일안〉

ㄷ. 문교부(1948), 〈들온말 적는 법〉

ㄹ. 문교부(1958), 〈로마 자의 한글화 표기법〉

ㅁ. 문교부(1986), 〈외래어 표기법〉

외래어 표기법도 본래 조선어학회의 〈한글 마춤법 통일안〉(1933)의 제6장 '외래어 표기'라는 명칭으로 설정됐다. 그러다가 조선어학회에서는 오랜 기간 연구 결과로 〈외래어표기법통일안〉(1941)(〈9ㄴ〉)을 발표했다. 이것은 총칙과 세칙, 부록까지 총 2장 3절 17항으로 구성되어 있는데, 부록으로 '1. 일어음 표기법, 2. 조선어음 라마자 표기법, 3. 조선어음 만국음성기호 표기법'이 수록됐다. 부록 가운데 '일어음 표기법'은 당시 일본어를 한글로 표기하는 방법을 보여 주는데, 철두철미 표음주의 원칙을 따르고 있다. 현행 외래어 표기법 규정인 〈9ㅁ〉에서도 원지음주의 입장에서 표음주의를 따른다. 〈9ㄷ〉은 최현배 안으로 불리는 것으로 고어 표기를 사용하고 있는 특징을 보인다. 외래어 표기법은 남한의 어문 규범들 가운데 가장 자주 수정을 겪어온 규범이다. 이 책 제8장에서 자세히 살피도록 한다.

〈10〉 남한의 '로마자 표기법' 변천

ㄱ. 조선어학회(1941), 〈외래어표기법통일안〉 附錄二 朝鮮語音羅馬字表記法

ㄴ. 문교부(1948), 〈한글을 로오마 자로 적는 법〉

ㄷ. 문교부(1959), 〈한글의 로마자 표기법〉

ㄹ. 문교부(1984), 〈국어의 로마자 표기법〉

ㅁ. 문화관광부(2000, 2014), 〈국어의 로마자 표기법〉

조선어학회의 〈한글 마춤법 통일안〉(1933)에서 담지 못한 것이 바로 이 로마자 표기법이다. 조선어학회에서는 〈외래어표기법통일안〉(1941)(〈10ㄱ〉) 가운데 부록2로 '조선어음 라마자 표기법'을 대조표로 제시하여 두었다. 당시 선교사들이 만든 매큔-라이샤워 표기법이 많이 사용되고 있었고 이를 우리말의 로마자화에 맞게 제시한 것이다. 로마자 표기법은 국어의 로마자 표기법이냐 아니면 한글의 로마자 표기법이냐 해서 전사법과 전자법 논쟁이 일어나기도 했다. 우리말을 로마자로 적는 방법이니만큼 전사법이 원칙이라고 대개 알려져 있다. 그런데 현행 〈국어의 로마자 표기법〉(〈10ㅁ〉)은 컴퓨터 시대 부가기호 사용을 안 하다 보니, 전자법에 가까운 결과를 보이고 있다. 로마자 표기법은 국제표준화조직(ISO)에서 남북한 단일안을 요청해 와서 남북 단일안 모색에 다다르기도 한 경험이 있다. 이 책 제9장에서 자세히 살펴보기로 한다.

3.3.2 북한 어문 규범 정책의 변천

근본적으로 북한의 어문 규범 정책도 남한과 마찬가지로 1933년 〈한글 마춤법 통일안〉에 그 기본을 두고 있다고 볼 수 있다.[6] 그것은 광복 직후에 남북한 공히 〈11ㄱ〉에서처럼 조선어학회의 〈한글 맞춤법 통일안〉(1946) 내용을 보급했기 때문이다.[7] 김두봉과 이극로와 같은 조선어학회와 관련된 사람들이 북한에서 정치적으로 활동을 했고 이윤재의 사위인 김병제 같은 사람은 관 주도의 언어학연구소 소장을 역임하기도 했음을 통해서 미루어 짐작해 볼 수 있다. 그러니까 광복 직

6 북한에서 나온《주체의 조선어연구 50년사》(1996)에 실린 '언어규범연구사'(박재호, 1996: 87)에서는 "해방후 우리 나라에서는 1945년 9월에《한글맞춤법통일안》(1933)을 다시 간행하여 그에 준하여 언어생활을 진행하"였다고 말하고 있다.

7 실제로 광복 직후 북한에서는 김용진이 1947년에 엮은 〈한글 맞춤법 통일안 해설〉이 많이 사용됐는데, 이것은 조선어학회의 〈한글 맞춤법 통일안〉(1946)을 해설한 것이다. 이 해설은 처음에는 1946년에 등사로 발행됐다가 이듬해인 1947년에 책자로 일부 수정 및 발간됐다고 한다. 그 내용은《한글》제2권 제8호의 〈한글 맞춤법 통일안 해설〉과 같은 책 제6권 제1호~제8권 제3호까지 연재됐던 〈한글 맞춤법 통일안 강의〉를 기초로 하여 김용진이 엮은 것이다(김민수 편, 1991: 284-286 참조).

후 몇 년은 어문 규범 정책에서 남북한 공동 시기였다고 볼 수 있을 것이다.

북한의 '맞춤법'도 광복 직후 〈11ㄱ〉의 것이 남한과 공유되곤 했는데, 당시 북한에서 김일성대학 총장으로서 정치적 영향력을 강하게 갖고 있던 김두봉의 생각이 많이 들어간 《조선어 신철자법》(〈11ㄴ〉)이 1948년에 완성됐고 1950년에 책으로도 출간됐다. 여기에는 〈11ㄱ〉에서와는 다른 새로운 문자 6개가 추가되어서 사뭇 독특한 표기가 등장했다. 이에 북한 자체 내에서도 남북한 불통의 원인이 되는 신 6자모에 대한 우려의 목소리가 커졌고, 1950년대 중반 김두봉의 실각 후 〈11ㄴ〉 견해는 사라지고 《조선어 철자법》(〈11ㄷ〉)이 새로이 등장했다. 다시 말하면 남북한 맞춤법의 급속한 이질화가 다시 원래대로 동질화되게 된 것이다.[8]

〈11〉 북한의 '맞춤법' 변천 양상

ㄱ. 조선어학회(1946), 〈한글 맞춤법 통일안〉

ㄴ. 조선 어문 연구회(1950)[1948 공포], 《조선어 신철자법》

ㄷ. 조선어 및 조선문학연구소(1954), 《조선어 철자법》

ㄹ. 국어사정위원회(1966), 《조선말규범집》(맞춤법/띄여쓰기/문장부호법/표준발음법)

---

8 북한에서 나온 《조선로동당언어정책사》(정순기 외, 2005: 131)에 따르면 〈11ㄴ〉은 "국가적인 승인도 없이 내돌리였다"라고 한다. 그러니까 책으로는 나왔지만 일반화되지 못했다는 사실을 알 수 있다. 이와 관련된 자세한 사항은 정순기 외(2005: 129–133)에 자세히 서술되어 있다.

ㅁ. 국어사정위원회(1988)[1987 공포], 《조선말규범집》(맞춤법/띄여쓰기/문장부호법/표준발음법)

ㅂ. 국어사정위원회(2010), 《조선말규범집》(맞춤법/띄여쓰기규정/문장부호법/표준발음법)

이후 1964년과 1966년 두 차례에 걸친 김일성의 언어학자들과 나눈 담화 이후에 나온 〈11ㄹ~ㅂ〉의 《조선말규범집》은 남한의 '맞춤법'과 동질성이 무척 큰 것이다. 뒤에서 자세히 다루겠지만 북한의 맞춤법 원리는 굳건한 형태주의이다. 남한에서도 맞춤법 원리가 형태주의 원칙 및 음소주의 허용으로 이해되고 있어서 남북한이 근본적 차이는 그리 크지 않다고 할 수 있다. 요컨대 남북한의 현행 맞춤법은 조선어학회의 〈한글 마춤법 통일안〉(1933)이 그 기본을 이루고 있다고 말할 수 있다.

〈12〉 북한 '띄어쓰기' 규범의 변천 양상

ㄱ. 조선어학회(1946), 제7장 띄어쓰기, 〈한글 맞춤법 통일안〉

ㄴ. 조선 어문 연구회(1950), 제5장 제1절 띄여 쓰기 제61항~제63항, 《조선어 신철자법》

ㄷ. 조선어 및 조선문학연구소(1954), 제7장 띄여 쓰기 제45항~제55항, 《조선어 철자법》

ㄹ. 국어사정위원회(1966), 〈띄여쓰기〉, 《조선말규범집》

ㅁ. 국어사정위원회(1988), 〈띄여쓰기〉, 《조선말규범집》

ㅂ. 국어사정위원회(2000), 〈조선말 띄여쓰기규범〉

ㅅ. 국어사정위원회(2003), 〈조선말 띄여쓰기규정〉

ㅇ. 국어사정위원회(2010), 〈띄여쓰기규정〉, 《조선말규범집》

북한의 어문 규범들 가운데 주목되는 것은 띄어쓰기 규범이다. 앞서 〈6〉에서 보았다시피 남한에서는 전체 한글 맞춤법 규범 가운데 일부 몇 개 항으로 띄어쓰기 내용이 들어가 있었다. 북한에서도 1940년대~1950년대에는 그런 방식을 취했다(〈12ㄱ~ㄷ〉). 그러나 1960년대 중반에 나온 《조선말규범집》에서부터는 〈띄여쓰기〉라는 하나의 독립적 범주를 이루게 된다. 그리하여 〈맞춤법〉, 〈문장부호법〉, 〈문화어발음법〉과 대등한 위상을 차지하면서 커다란 영향력을 끼치게 된다. 심지어 〈조선말 띄여쓰기규범〉(〈12ㅂ〉), 〈조선말 띄여쓰기규정〉(〈12ㅅ〉)에서처럼 그야말로 단독으로 소개되기도 한다. 북한은 남한에 비해서 단어를 띄기보다는 붙여서 쓰는 경향이 있다. 명사와 명사를 이어 쓴다든가 용언과 용언, 그리고 의존 명사 구성을 이어 쓰는 경향이 있다. 그러나 〈12ㅂ〉에서는 의존 명사는 붙이고 용언과 용언은 띄는 등 각 규정들마다 약간씩 차이를 보인다. 뒤의 제5장에서 자세히 다룬다.

〈13〉 북한 '문장 부호법'의 변천 양상

ㄱ. 조선어학회(1946), 부록2 부호, 〈한글 맞춤법 통일안〉

ㄴ. 조선 어문 연구회(1950), 제5장 제2절 符號,《조선어 신철자법》

ㄷ. 조선어 및 조선문학연구소(1954), 제8장 문장 부호,《조선어 철자법》

ㄹ. 국어사정위원회(1966), 〈문장부호법〉,《조선말규범집》

ㅁ. 국어사정위원회(1988), 〈문장부호법〉,《조선말규범집》

ㅂ. 국어사정위원회(2010), 〈문장부호법〉,《조선말규범집》

북한의 문장 부호법도 띄어쓰기 규범처럼 독립적으로 범주화되어 있어서 그 중요도를 가늠할 수 있다.《조선어 신철자법》(〈13ㄴ〉)에서는 제5장 제2절에서 보듯이 절 단위에서 다루다가《조선어 철자법》(〈13ㄷ〉)에서는 제8장, 즉 장 단위에서 다루고 있다. 그러다가 어문 규범이 완전히 체계를 갖춘 〈13ㄹ~ㅂ〉에 와서는《조선말규범집》안에서 맞춤법, 띄어쓰기, 발음법 등 다른 규정들과 어깨를 나란히 한 독립적인 지위를 차지하게 된다. 남한에서는 앞서 〈7〉에서 보았듯이 맨 처음이나 지금이나 〈한글 맞춤법〉의 부록으로 들어가 있어서, 북한의 문장 부호법 처리 방식이 남한과는 큰 차이를 보여 준다.

〈14〉 북한의 '문화어발음법' 규범의 변천 양상

ㄱ. 조선어학회(1946), 제2장 성음에 관한 것, 〈한글 맞춤법 통일안〉

ㄴ. 조선 어문 연구회(1950), 제2장 어음에 관한 것,《조선어 신철자법》

ㄷ. 조선어 및 조선문학연구소(1954), 제6장 표준 발음법 및 표준어와 관련된 철자법 제32항~제44항,《조선어 철자법》

ㄹ. 국어사정위원회(1966), 총칙, 제1항~제11항, 〈표준발음법〉,《조선말규범집》

ㅁ. 국어사정위원회(1988), 총칙, 제1항~제10항, 〈문화어발음법〉,《조선말규범집》

ㅂ. 국어사정위원회(2010), 총칙, 제1항~제10항, 〈문화어발음법〉,《조선말규범집》

북한의 어문 규범들 변천을 살피면서 가장 주목되는 것은 〈문화어발음법〉이다. 남한에서는 1988년에 〈표준어 규정〉 안에 '표준 발음법'이 처음 들어가서 지금까지 시행되고 있는데, 북한에서는 일찌감치 1966년《조선말규범집》에서 독립된 하나의 범주를 이루어서 설정됐고 지금까지도 이어지고 있다(〈14ㄹ~ㅂ〉). 앞서 〈14ㄷ〉에서도 '표준 발음법'이라는 용어를 사용하여《조선어 철자법》속에서 다루어지기도 했다. 사실 〈14ㄱ, ㄴ〉에서 보다시피 조선어학회의 한글 맞춤법 통일안 규범이나《조선어 신철자법》(1950) 안에서의 성음 혹은 어음에 관한 내용에서 거의 유사하게 발음과 관련된 항목이 존재했었다. 그 발음법을 북한에서는 남한과 달리 그 중요도를 높여서 독립화한 것이다.

한편 북한에는 표준어, 즉 문화어에 대한 규범이 없다. 남한은 〈8〉에서 보았듯이 〈표준어 규정〉 및 〈표준어 모음〉을 통해서 사전에서 들어갈 올림말 확보에 많은 힘을 들였음에 비해서 북한에서는 특별히 그런 자료가 있는지 현재로서는 확인하기 힘들다. 분명한 것은 어문 규범으로서 '문화어 규정' 같은 것은 존재하지 않는 것으로 보인다. 그렇다고 해서 문화어에 대한 연구물이 전혀 없다는 것은 아니다. 단지 공식적인 문서 규범으로는 존재하지 않는다는 것일 뿐이다.[9]

〈15〉 북한의 외래어 표기법의 변천

ㄱ. 조선어학회(1941), 〈외래어표기법통일안〉

ㄴ. 조선어 및 조선문학연구소(1956), 《조선어 외래어 표기법》[10]

ㄷ. 과학원 언어문학연구소(1958), 〈외래어표기법〉

ㄹ. 국어사정위원회(1969), 〈외국말적기법〉

ㅁ. 국어사정위원회(1982), 〈외국말적기법(수정증보)〉

ㅂ. 국어사정위원회(2001), 〈외국말적기법〉

북한에서는 광복 직후엔 특별히 다른 외래어 표기법이 없었고 1956년에 와서야 《조선어 외래어 표기법》(〈15ㄴ〉)이 공포됐다. 이곳에는 〈조선어 외래어 표기법〉[11]과 〈외국 자모에 의한 조선어 표기법〉

---

9 북한에서는 2005년에 《조선어학전서》 50권을 냈다. 거기에 보면 《조선문화어건설리론》(리호경, 2005)이 등장한다. 문화어에 대한 논의는 무척 많다.

10 〈15ㄴ〉은 1956년에 공포된 《조선어 외래어 표기법》 안에 있는 세 가지 내용 중 하나이다. 그 세 가지는 순서대로 〈조선어 외래어 표기법〉, 〈외국 자모에 의한 조선어 표기법〉, 〈조선어의 어음 전사법〉이다.

11 여기에는 '제II장 조선어 자모에 의한 로시야어 자모의 대조에 관한 일반적 규칙'과 '제III장 조선어 자모에 의한 만국 음성 기호의 대조에 관한 일반적 규칙'의 두 가지 내용이 소개되어 있다.

이 모두 들어가 있다. 〈15ㄹ, ㅁ, ㅂ〉에서는 〈외국말적기법〉이라 하여 외래어가 아닌 외국말이라는 표현을 사용하고 있다. 남한에서는 외래어와 외국어의 용어 사용 차이가 뚜렷이 구분된다고 하지만, 정작 〈외래어 표기법〉(〈9ㅁ〉) 규범에서는 용례를 통해 볼 때 반 이상이 외래어가 아닌 외국어를 사용하고 있어서 용어의 모호한 상태에 놓여 있다. 이에 비해 북한에서는 〈15ㄹ〉 이후로는 '외국말'이라는 용어를 사용함으로 해서, 확실하게 그 쓰임 범위를 제시해 주고 있다.

〈16〉 북한의 로마자 표기법의 변천[12]

ㄱ. 조선어학회(1941), 附錄二 朝鮮語音羅馬字表記法, 〈외래어표기법통일안〉

ㄴ. 조선어 및 조선문학연구소(1956), 제III장 로마 자모에 의한 조선어 표기에 관한 일반적 규칙, 〈외국 자모에 의한 조선어 표기법〉, 《조선어 외래어 표기법》

ㄷ. 국어사정위원회(1969), 〈영어문자에 의한 조선어표기법〉, 《외국문자에 의한 조선어표기법》

ㄹ. 국어사정위원회(1985), 〈조선말라틴자적기법〉, 《외국말적기법》

ㅁ. 외국어번역용어 통일 및 급수사정위원회(1992), 〈조선어의 라틴문자 표기법〉[13]

12 주로 〈16ㄴ〉은 정순기 외(2005: 144, 270), 〈16ㄷ〉은 정순기 외(2005: 270), 〈16ㄹ〉은 리호경(2005: 127–129)과 박재수(1999: 42–43)를 통하여 확인한 것이다.

13 이런 서지사항은 박재수(1999: 43–44)에 의한 것이다. 하빛나(2017)에서도 이를

ㅂ. Democratic People's Republic of Korea(2012), *The Rules of Latin Alphabetic Transcription of Korean Language*, Tenth United Nations Conference on the Standardization of Geographical Names, United Nations.

북한의 로마자 표기법은 〈16ㄴ〉에서 보듯이 《조선어 외래어 표기법》(1956) 안에 들어 있다. "제III장 로마 자모에 의한 조선어 표기에 관한 일반적 규칙"이 바로 그것인데, 기본적으로 발음대로 적는 전사법을 따르고 있다. 이러한 방식은 〈16ㄱ〉 조선어학회의 방법과 동일하다. 외래어 표기법 안에다가 넣은 것도 그렇고 전사법을 따르는 것도 마찬가지이다.

그런데 〈16ㄷ〉에서는 〈영어문자에 의한 조선어표기법〉(1969)과 〈16ㄹ〉의 〈조선말라틴자적기법〉(1985)에서는 전자법을 따르고 있다. 1990년대 초반 유엔에서는 남북한 모두에 로마자 표기법을 요청했고 이에 북한에서 제시한 것이 〈16ㅁ〉이다. 이것은 로마자 표기법이 전사법으로 이루어져 있다. 〈16ㅂ〉 2012년용 로마자 표기법은 유엔 회의 때 공식적으로 사용된 북한의 로마자 표기법인데, 그 내용이 1992년 것(〈16ㅁ〉)과 동일하다.

이처럼 북한은 로마자 표기법에서 전자법과 전사법을 오가고 있다. 한글을 표기할 때는 전자법, 우리말을 표기할 때는 전사법으로 한다는 원리를 따르는 것 같다. 그러나 국제사회에서 한국어를 로마자로 표기하는 방법이 두 가지일 수는 없을 것이다. 이에 의하면 전자법

따르고 있다. 유엔에서의 자료는 다음의 것이다. 영어로만 되어 있을 뿐 그 내용은 동일하다.

Democratic People's Republic of Korea(1992), *GUIDELINE FOR THE ROMANIZATION OF KOREAN*, Pyongyang. [Sixth United Nations Conference on the Standardization of Geographical Names, United Nations. (New York, 25th August-3 September, 1992)]

이든 전사법이든 하나의 로마자 표기법이 있을 뿐이다. 과연 '한글의 로마자 표기법'이 옳은가 아니면 '국어의 로마자 표기법'이 옳은가? 제9장에서 더욱 자세히 살펴보도록 하자.

3.4 남북한 어문 규범 정책의 동질성 회복을 위한 과제

3.4.1 남북한 어문 규범 정책 선도자들의 사상과 실제

한반도에 사는 남북한 사람들은 모두 같은 언어를 쓰는 같은 민족이다. 오랫동안 한자 문자 살이를 해 오다가 6세기 전에 세종 임금이 훈민정음을 창제하고 난 후 21세기 지금은 한글이라는 우리 민족에 맞는 글자를 함께 국자로 사용하고 있다. 이 한글을 표기하는 맞춤법을 어떻게 정할 것인지가 어문 규범 정책의 핵심이다. 예를 들어서 사이시옷 표기를 어떻게 할지, 띄어쓰기는 어떻게 할지 등 여러 표기와 관련된 문제들이 남북한 어문 정책의 동질성 회복의 관건이라고 할 수 있다.[14]

전술한 바 어문 규범 차원에서의 남북한 어문 정책은 일제 강점기인 1933년에 나온 조선어학회의 〈한글 마춤법 통일안〉에 근거를 하고 있다. 실제로 주시경의 영향을 받은 어문학자들이 남한과 북한에서 어문 규범을 정할 때 많은 역할을 했다.

---

14 문장 부호나 발음과 관련된 규범들도 어문 정책에 포함되겠지만 이것들은 크게 논란이 없는 것들이다. 문장 부호는 세계적으로 어느 정도 보편적으로 사용되는 것이 있으니 그에 따르면 되고 발음은 지역에 따른 차이가 늘 나는 것이니 그대로 인정할 수 있다.

〈17〉 새로 발족한 조선 어문 연구회에는 남북 조선의 어학계의 권위가 집결되여 있다. 조국 해방을 위하여 왜적과 총칼을 겨누어 싸우시면서도, 이국(異國)땅에서 풍찬로숙(風餐露宿)의 생활을 하시면서도 오히려 해방후의 조국의 문화 건설을 앞내 보시고 조선 어문에 대한 연구를 꾸준히 계속하여 오신 공화국에 오직 한분이신 언어학 박사 김 두봉 선생을 비롯하여 공화국 북 반부의 여러 학자들이 모여있다. 여기에 공화국 남 반부에서 세계 여러 나라 어문에 정통하신 넓고 깊은 학식과 조국을 사랑하는 열렬한 투지를 가지고 혹독한 왜정하에서 조선어 학회를 끝끝내 령도하시다가 드디여 6년의 혹형을 받고 령어(囹圄)의 생활을 하신 리 극로 선생을 비롯하여 어문학계의 권위자가 다수 참가하여 있다.

조선 어문 연구회(1949), 《조선어 연구》 창간호

〈17〉에서 북한 초창기 어문 정책을 이끌던 조선 어문 연구회에서 중요하게 활동하던 사람들을 소개하고 있는데, 특히 주시경의 수제자였던 김두봉과 조선어학회 대표를 지낸 이극로를 들고 있으며 조선 어문 연구회가 남북한 어학계의 권위자들이 모인 곳이라고 말하고 있다. 요컨대 남한과 북한의 어문 규범 정책을 이끌던 사람들은 1933년 〈한글 마춤법 통일안〉을 제정할 때의 기본 정신을 공유하고 있었던 것이다.

현재 남한에서는 4개의 어문 규범을 갖고 있다. 〈한글 맞춤법〉(1988, 2014), 〈표준어 규정〉(1988, 2017), 〈외래어 표기법〉(1986), 〈국어의 로마자 표기법〉(2000)이 그것들이다. 북한에서는 《조선말규범집》(2010) 속에 〈맞춤법〉, 〈띄여쓰기규정〉, 〈문장부호법〉, 〈문화어발음법〉 4개를 나누어서 제시하고 있다. 앞의 3개는 남한에는 〈한글 맞춤법〉에서 다루고 있고, 뒤의 1개는 〈표준어 규정〉에서 다루고 있다. 많이 알려져 있지 않지만 북한에도 외래어 표기와 로마자 표기에 관한 규정이 있다. 〈외국말적기법〉(1985, 2012)에서 외래어 표기를 다루고 있고, 〈조선어의 라틴문자표기법〉(1992)에서 로마자 표기를 다루고 있다.

〈18〉 남북한 어문 규범의 종류

규정	〈한글 마춤법 통일안〉 (1933)	〈한글 맞춤법〉 (1988)	《조선말규범집》 '맞춤법' (2010)
목차	總論 / 各論 第一章 字母 第二章 聲音에 關한것 第三章 文法에 關한것 第四章 漢字語 第五章 略語 第六章 外來語 表記 第七章 띄어쓰기 附錄 一. 標準語 二. 文章 符號	제1장 총칙 제2장 자모 제3장 소리에 관한 것 제4장 형태에 관한 것 제5장 띄어쓰기 [부록] 문장 부호	총칙 제1장. 조선어자모의 차례와 그 이름 제2장. 형태부의 적기 제3장. 말줄기와 토의 적기 제4장. 합친말의 적기 제5장. 앞붙이와 마뿌리의 적기 제6장. 말뿌리와 뒤붙이(또는 일부 토)의 적기 제7장. 한자말의 적기
비고	〈외래어표기법통일안〉 (1940)	〈표준어 규정〉(1988, 2017) 〈외래어 표기법〉(1986) 〈국어의 로마자 표기법〉 (2000)	〈띄여쓰기규정〉(2010) 〈문장부호법〉(2010) 〈문화어발음법〉(2010) 〈조선어의 라틴문자표기법〉 (1992) 〈외국말적기법〉(1985, 2012)

결국 남한이나 북한이나 다루고 있는 어문 규범 종류는 대동소이하다고 할 수 있다. 이러한 내용들은 사실 이미 1933년의 〈한글 마춤법 통일안〉에서 다뤘던 것이다. 〈18〉에서 보다시피 맞춤법, 표준어, 띄어쓰기, 문장 부호, 외래어 등 거의 모든 내용이 들어 있었다. 로마자 표기 관련 내용은 1933년에는 다루어지지 않았다. 그것은 당시에 로마자로 우리 것을 표기할 긴박성이 없었기 때문으로 생각된다. 근본적으로는 〈한글 마춤법 통일안〉(1933)이 나온 배경이 우리말 대사전을

만들어야겠다는 일념이었기 때문이기도 하리라. 이와 함께 북한에서 로마자 표기법이 1956년에 제시되고, 이후 1992년에 〈조선어의 라틴 문자표기법〉이라 하여 있기는 하지만 북한 사회의 비국제성 때문인지는 몰라도 일반 국민들에게는 거의 사용되지 않았다.

요컨대 남북한 어문 규범 정책을 이끈 주요 어학자들이 기본적으로 주시경 선생의 영향을 받은 조선어학회와 직간접적으로 관련이 있는 사람들이었고, 그래서인지 일제 강점기의 한글 맞춤법 사상, 예컨대 형태주의 표기법 원칙에 동의하고 있었고 그 사상이 현재의 맞춤법에까지도 반영되고 있다. 즉 남북한 어문 규범 정책의 동질성 회복의 근거는 이미 존재하고 있었던 것이다.

3.4.2 남북한 어문 규범 정책의 동질성 회복을 위한 과제

분단 75년이 지난 지금 남북한의 어문 정책, 특히 어문 규범 정책에서 여러 가지 이질화가 발견되고 있다. 사이시옷 표기, 띄어쓰기, 두음 법칙, 문장 부호 등등 맞춤법 생활과 관련하여 차이가 있다. 그러나 북한에서 두음 법칙 표기를 반영하지 않는 것은 평안도 방언의 특징을 문화어 표기에 반영한 것일 뿐이며, 문장 부호 같은 것은 전 세계적으로 대체로 일치하는 경향이 있기 때문에 그리 걱정할 것이 아니다. 여기서는 맞춤법 원칙과 띄어쓰기 원칙을 예로 들어서 남북한 어문 규범 정책의 동질성 회복 방안을 모색해 보기로 한다.[15]

---

15 남북한의 사이시옷 표기가 무척 다른 양상을 보인다. 이에 대해서는 다른 데서 검토해 보도록 한다.

〈19〉 남북한 한글 맞춤법 원칙

ㄱ. 남한의 한글 맞춤법 원칙

한글 맞춤법은 표준어를 소리대로 적되, 어법에 맞도록 함을 원칙으로 한다.

〈한글 맞춤법〉(1988, 2014) 총칙

ㄴ. 북한의 맞춤법 원칙

조선말맞춤법은 단어에서 뜻을 가지는 매개 부분을 언제나 같게 적는 원칙을 기본으로 하면서 일부 경우 소리나는대로 적거나 관습을 따르는 것을 허용한다.

《조선말규범집》(2010) 〈맞춤법〉 총칙

〈19ㄱ, ㄴ〉은 2021년 현행 남한과 북한의 맞춤법 원칙을 각각 보인 것이다. 남한 맞춤법 원칙을 밝힌 〈19ㄱ〉에서는 자칫 표준어를 적는 맞춤법이라는 해석을 하게 하기 때문에 문제점을 드러낸다. 이에 정경일(2016)에서 지적한 바와 같이 '표준어' 대신 '국어'를 사용해야 할 듯하다. 왜냐하면 한글 맞춤법은 표준어에 한정된 표기법이 아니라 국어를 표기하는 법칙이 되어야 하기 때문이다.[16] 또 한 가지 '소리대로 적되'와 '어법에 맞도록'의 위상 문제가 있다. 〈19ㄱ〉대로 하면 음소주의가 기본 원칙인지 형태주의가 기본 원칙인지 헷갈린다. "한글 맞춤법은 국어를 어법에 맞도록 하고 소리대로 적는 경우도 있다. 정도로 해 주는 게 타당할 수 있다. 이렇게 해 두면 형태주의가 원칙이고

16 한글 맞춤법에서 '표준어를'이라는 표현을 넣은 것은 의도적으로 방언 등을 제외한 것이라는 의견이 있을 수 있다. 그러나 방언 등을 표기할 규정이 따로 필요한지도 의문이고 또한 북한과의 동질성 회복이라는 점을 염두에 두더라도 '표준어'는 '국어'로 바꾸는 게 낫다고 본다.

음소주의가 허용이라는 대 원칙이 드러난다.

〈19ㄴ〉은 북한의 맞춤법 원칙을 나타낸다. 조선말 맞춤법이기 때문에 조선말을 적는 법이라는 것이 전제되어 있다. 그러나 한글 맞춤법은 외래어를 적는 방안도 포함할 수 있기 때문에 여기서는 구체적으로 적시해 두는 게 좋을 것이다. 왜냐하면 한글로 적는 것은 외래어 표기법도 포함하기 때문이다. 하여튼 〈19ㄴ〉에서는 뜻을 나타내는 단어 부분을 같게 적는다는, 즉 형태를 동일하게 적는다는 형태주의를 기본 원칙으로 하고 이어서 소리 나는 대로 적는 음소주의를 허용하는 경우를 말하고 있다. 〈19ㄱ〉에서는 압축적으로 표현하고 있으며, 〈19ㄴ〉에서는 풀어서 표현하고 있다. 결국 맞춤법 원칙을 통해서 볼 때 남북한 동질성 회복 방안으로 다음과 같이 구체적인 원칙을 제시해 볼 수 있다.

〈20〉 남북한 통일 맞춤법 원칙

한글 맞춤법은 국어에 대해서 형태를 밝혀 적는 것을 원칙으로 하고 경우에 따라 소리대로 적는 것을 허용한다.

남북한 어문 규범 정책의 동질성 회복을 위한 방안으로 쉽게 생각할 수 있는 것으로 띄어쓰기 원칙을 또한 들 수 있다. 〈21ㄱ〉과 〈22ㄱ〉에서 보듯이 남북한 모두 단어마다 띄어 쓰는 것을 원칙으로 하고 있다. 또한 〈21ㄴ〉과 〈22ㄴ〉에서 확인할 수 있듯이 허사인 조사를 앞 단어에 붙여 쓰는 것도 똑같다.

〈21ㄷ〉과 〈22ㄷ〉에서 보듯이 의존 명사를 띄어 쓰느냐 마느냐 하는 데서 남북한이 차이가 난다. 남한은 띄어 쓰고 북한은 붙여 쓴다. 〈22ㄹ〉에서 보듯이 북한에서는 기본적으로 의미 차원에서 "하나의 대상, 행동, 상태"를 나타내는 경우에 붙여 쓰도록 하고 있다. 즉 단어마다 띄어 쓴다고 원칙은 제시하고 있으나, 기본적으로 의미 차원을 먼저 고려한다는 것이다. 이런 점에서 의존 명사를 붙여 쓰고 있는 것이다. 〈21ㄱ〉에서 보듯이 남한에서는 "띄어 씀을"에서처럼 두 본용언이 이어질 때 띄어 쓰지만, 〈22ㄴ〉에서 보듯이 북한에서는 "띄여쓴다"에서처럼 붙여 쓰고 있다.

〈21〉 남한, 〈한글 맞춤법〉(1988, 2014)의 띄어쓰기 원칙

ㄱ. 제2항 문장의 각 단어는 띄어 씀을 원칙으로 한다.

제1장 총칙

ㄴ. 제41항 조사는 그 앞말에 붙여 쓴다.

제5장 띄어쓰기

ㄷ. 제42항 의존 명사는 띄어 쓴다.

제5장 띄어쓰기

〈22〉 북한 《조선말규범집》(2010)의 띄어쓰기 원칙

ㄱ. 단어를 단위로 띄여쓰는것을 원칙으로 하되 글을 읽고 리해하기 쉽게 일부 경우에는 붙여쓴다.

총칙

ㄴ. 제1항. 토뒤의 단어나 품사가 서로 다른 단어는 띄여쓴다.

ㄷ. 제5항. 불완전명사(단위명사 포함)는 앞단어에 붙여쓰되 그뒤에 오는

단어는 띄여쓰는것을 원칙으로 한다.

ㄹ. 제2항. 1) 하나의 대상이나 행동, 상태를 나타내는 말마디들은 토가 끼이였거나 품사가 달라도 붙여쓴다.

2) 토를 가지고 이루어져 하나의 대상, 행동, 상태를 나타내는 경우

또 한 가지 남북한이 단어 단위로 띄어 쓴다고 했지만, 근본적인 문제는 단어가 무엇인지를 파악하는 단어관이 남북한이 다르다는 데 있다. 〈22ㄷ〉의 "그뒤에"에서 보듯이 북한에서는 '그뒤'를 통째로 하나의 단어로 보고 있다. 남한이라면 '그 뒤에'처럼 '그'는 관형사, '뒤'는 명사, '에'는 조사로 각각 단어로 인정된다. 조사는 앞말에 붙여 쓰니까 괜찮은데, '그'는 관형사이니까 띄어 쓴다는 것이다.

결국 남북한이 단어를 띄어쓰기 단위로 동일하게 인정하지만, 단어를 무엇으로 보느냐 또 어떻게 보느냐에 따라서 이질적 측면이 엿보인다. 그러나 대국적으로 볼 때 형태주의 맞춤법을 공통분모로 하고 있듯이 단어별 띄어쓰기라는 공통분모를 적극 활용하여 남북한 동질성 회복의 초석으로 삼아야 할 것이다.

3.5 나가기

지금까지 남북한 어문 규범 정책의 동질성 회복을 위하여, 양쪽의 어문 규범 정책의 변천 양상을 살펴보았고 그 동질성 회복의 가능성을 엿보았다. 1940년대 중반 광복 초기에는 남북한 어문 규범 정책이 거의 차이를 보이지 않았다. 그것은 기본적으로 남북한 모두 조선어학

회의 〈한글 마춤법 통일안〉(1933) 내용을 준수했고 실제로 어문 규범 정책을 주도적으로 이끌던 사람들이 조선어학회와 직·간접적으로 관련되어 있었기 때문이었다. 이는 또한 남북한의 언어관이 각각 도구관과 형성관으로 차이가 있지만, 일체관 입장을 공통분모로 지니고 있다는 데에도 관련이 있을 듯하다. 이 두 가지는 향후 통일 어문 규범 정책을 수립할 때 깊이 유념해 두어야 할 사실이다.

2021년 현재 남북한의 어문 규범은 1933년의 맞춤법 정신과 큰 차이가 없다. 조선어학회의 〈한글 마춤법 통일안〉(1933)이 현행 〈한글 맞춤법〉(1988, 2014)의 기초가 되고 있다. 북한은 맨 처음에 1946년 맞춤법을 남한과 공유했고, 이후 1948년, 1954년, 1966년, 1987년, 2010년에 걸쳐서 어문 규범이 변천을 해 왔다. 향후 남북한 어문 규범 정책의 동질성 회복은 1933년 맞춤법 정신을 회복하는 데서부터 시작해야 할 것이다.

우리말을 표기하는 한글 맞춤법은 기본적으로 모아쓰기를 하는 훈민정음 창제의 기본 원리에 맞추어서 정해져야 할 것이다. 다행히 남북한이 모두 형태주의라고 하는 대원칙을 준수하고 있으며 음소주의를 따르는 몇 가지 예외를 허용하고 있을 뿐이다. 형태주의 원칙은 1933년 맞춤법에서도 그렇고 현행 〈한글 맞춤법〉(1988, 2014)과 《조선말규범집》(2010)의 〈맞춤법〉에서 모두 설정하고 있는 원칙이다. 이는 남북한 어문 규범 정책, 구체적으로는 맞춤법의 동질성 회복에서 중요한 기본 전제이다.

또한 띄어쓰기도 남북한이 단어별 띄어쓰기를 기본 원칙으로 하고 있다. 북한이 조사와 어미를 '토'라고 명명하고 있지만, 그것을 앞말에 붙여 적고 있는 것도 공통적이다. 단지 북한에서는 남한에 비해서 붙여 쓰는 경우가 더 많이 나타난다. 이는 북한에서 의미 차원에서 하나의 단어로 바라보는 경우에 붙여 쓰는 기준에 따른 것이다. 형식적 단어 구분을 우선적으로 할 것인가 실제적 내용 이해를 우선으로 할 것인가라는 남북한 각각의 견해차라고 할 수 있다.

어문 규범 정책이라는 점에서 볼 때 과연 누구를 위한 것일까 하는 물음을 던진다. 기본적으로 남북한 어문 규범 정책의 동질성 회복은 일반인의 편리한 국어생활을 위한 것이어야 한다. 의사소통 매개체로서 일상생활에 유익한 맞춤법이어야 한다는 전제가 필요하다. 이론적으로 타당해야겠지만 실천적으로도 유용한 어문 정책이 남북한 어문 규범 정책 동질성 회복의 기초가 되어야 할 것으로 믿는다.

제4장

남북한 한글 맞춤법의 원리와 변천 및 과제

4.1 들어가기

한글 맞춤법은 언어 공동체의 소통을 가능하게 해주는 중요한 역할을 한다. 자신의 생각을 보다 정확하게 글로 표현하고 글로 적힌 남의 생각을 정확하게 이해하기 위해서, 즉 글자 살이에서 맞춤법이 필요하다. 혹자는 한글 맞춤법이 생산적인 데 기여하기보다는 글 쓰는 사람들을 통제하기 때문에 차라리 없는 게 좋다고 말할 수도 있다. 한글 맞춤법이라는 규정으로 인해서 글을 쓸 때 창의적 사고가 제약을 받기도 하고 너무 신경 쓰다 보니 스트레스를 많이 받는다는 것이다.

〈1〉 식당에서쓰는식당숫가락과젓가락/숫가락과 젓가락이 바쁜 집/순가락과 전가락을 공손히 놓고있는 꿈/동해 쌈밥집 순가락젓가락/아주 작은 나무가지나 나무젖가락을 태워서

〈1〉은 인터넷에서 자유롭게 사용되고 있는 글자 살이 표기들이다.

다른 것들은 제쳐두고 '숟가락'과 '젓가락'의 표기가 '숫가락, 숟가락', '젓가락, 전가락' 제각각인 것을 볼 수 있다. 물론 단어의 형태가 대충 비슷하면 전체 문장이 이해될 것이기 때문에 굳이 미세한 맞춤법을 꼭 알아야 하느냐고 항변할 수도 있다. 그러나 사람들마다 맞춤법 표기가 다르면 각종 공문서는 물론이고 품격 있는 개인 언어생활을 유지하기도 힘들다. 일정한 규정이 있어야 자신의 생각을 잘 나타낼 수 있고, 다른 사람이 자기의 글을 잘 이해할 수도 있게 된다. 우리는 한글 맞춤법의 성격은 무엇이고 또 어떤 원리를 가지고 있는지 먼저 살피도록 한다. 남북한 맞춤법이 어떤 원리를 견지해 왔는지 비교해 보면서 그 변천 과정을 살피도록 한다.

남북한의 한글 맞춤법을 비교한다고 할 때 여러 세부 검토 사항들이 있을 것이다. 그렇지만 한글 맞춤법의 원리를 무엇으로 정할 것인지가 가장 중요하다. 즉 소리대로 적는 음소주의와 형태를 더욱 중시하는 형태주의가 바로 그것이다. 한글 맞춤법의 원리가 음소주의인지 형태주의인지를 구분하는 것은 연철 표기를 하느냐 분철 표기를 하느냐로 나누기도 하고 종성 표기를 어떻게 할 것이냐에 따라 나누기도 한다.

한글 맞춤법의 변천을 살피는 데에는 종성 표기, 즉 받침의 형태를 밝혀 적을지가 중요한 기준이다. 15세기에는 8종성 표기로 한정하는 음소주의가 원칙이었고 또 그것을 연철로 표기하곤 했다. 예외적으로 〈용비어천가〉와 〈월인천강지곡〉에서 다양한 종성 표기가 사용됐지만 역시 연철 표기하는 것이 대세였다. 따라서 맞춤법 정책의 변천을 따지는 데에는 분철과 연철은 변별이 되지 않았으며 결국 종성, 즉 받침 표기를 어떻게 했는지를 살피는 것이 타당하다.

제4장에서는 한글 맞춤법의 원리를 기준으로 하여 한글 맞춤법이

어떻게 변천해 왔는지 훈민정음 창제 때부터 시작해서 2021년 현재까지의 그 과정을 검토해 보도록 한다. 특히 남북한에서 바라보는 한글 맞춤법 원리를 비교 분석하면서 그 동질성 회복의 방안까지도 모색해 보도록 한다. 편의상 다음 〈2〉와 같이 시기를 구분해서 4.3~4.5에서 구체적으로 맞춤법 변천 양상을 살펴보도록 한다.

〈2〉 한글 맞춤법의 변천 시기 구분

1기: 조선 시대(1443~1894)

2기: 개화기 · 대한제국 시기(1894~1910)

3기: 일제 강점기(1910~1945)

4기: 남북 분단기(1945~현재)

4.2 한글 맞춤법의 성격과 원리

4.2.1 한글 맞춤법의 성격

한글 맞춤법은 글을 통해서 필자와 독자의 의사소통이 잘 이루어지게 하는 데 도움을 준다. 필자가 자신의 생각을 글로 나타낼 때 가장 효과적인 방법은 무엇일지, 또 독자가 남의 글을 읽을 때 가장 효과적으로 이해하는 방법은 무엇일지 생각해 보는 것은 중요하다. 무엇에 대하여 쓸 것인지, 효과의 극대화를 위해서 글의 구성은 어떻게 해야 할지 등 여러 가지를 고려해 보아야 한다. 그렇지만 그 무엇보다도 자모 하나하나, 단어 하나하나, 문장 하나하나를 어떻게 쓸 것인지 파악하는 것이 중요하다. 필자와 독자는 물론 제삼자가 이해할 수 있는 한글 표기를 해야 할 것이다. 글을 통한 의사소통을 원활히 하게 하기 위한 한글 맞춤법은 과연 어떠한 성격을 지니고 있어야 할까?

첫째로 한글 맞춤법은 규범적(規範的) 성격을 띠어야 한다. 흔히 한글 맞춤법, 표준어 규정, 외래어 표기법, 국어의 로마자 표기법 등을 묶어서 '어문 규범'이라고 한다. 사전에 따르면, '규범'이란 '인간이 행동하거나 판단할 때에 마땅히 따르고 지켜야 할 가치 판단의 기준'이라는 의미를 지니고 있고, '규범적'이라는 말은 '마땅히 따르고 지켜야 할 본보기가 되는. 또는 그런 것.'이라는 뜻을 지니고 있다. 한글 맞춤법이 규범적인 성격을 지녀야 한다는 것은, 결국 한글로 글을 쓸 때 마땅히 따르고 지켜야 할 기준(혹은 법)으로서 한글 맞춤법이 존재해야 한다는 것을 뜻한다.

'숟가락'은 '숫가락'이나 '술가락'으로 표기하지 말고 오로지 '숟가락'으로만 표기해야 한다고 규정하고 있다. 만약 글 쓰는 사람이 '숫가락, 술가락, 술ㅅ가락'으로 썼다면 그것은 틀린 표기이다. 본래 '규범적'이라는 말은 영어로 'prescriptive'라고 하여서 '미리 처방한다'는 의미를 지니고 있다. 즉 한글 맞춤법이 있음으로 해서 필자든 독자든 잘못 표현하고 잘못 이해할 소지를 없애게, 즉 잘못된 것을 미리 처방하게 한다는 것이다. 이 말은 거꾸로 해석하면 한글 맞춤법이 오류를 판단할 준거로서의 기능을 한다는 것을 뜻한다.

둘째로 한글 맞춤법은 기술적(記述的) 성격을 띠어야 한다. 규범적 성격을 너무 강조하다 보면, 한글 맞춤법이 너무 경직되어 있다는 느낌을 지울 수 없다. 한글 맞춤법이 규범적이어야 한다고 하면 자칫 그 규정이 과거의 것만 반영할 뿐 현재의 국어 실태는 반영하지 않는다고 오해할 수도 있다. 만약 한글 맞춤법이 현재의 국어 실태를 반영하지 못한다고 하면 그것은 큰 문제이다. 결국 한글 맞춤법은 국어 현실을 반영해야 한다는 점에서 '기술적' 성격을 띠어야 할 것이다.

〈1〉에서 나온 "식당에서쓰는식당숫가락과젓가락은"이라는 표현은 음성적으로도 그렇고 실제 표기로도 그렇고 현실적이지 않다. 이것은 현행 띄어쓰기와 표기 규정에 의해 "식당에서 쓰는 식당 숟가락과 젓가락은"으로 고쳐야 한다. 그것이 올바른 한글 맞춤법을 반영한 것이고, 더불어 올바른 글쓰기의 현실을 반영한 것이다. 즉 조사는 앞말에 붙여 쓰고, 띄는 것은 단어별로 한다는 규정을 제대로 반영해야 한다.[1]

우리가 잘 아는 복수 허용 규정들을 보면 한글 맞춤법이 현재의 국어 실태를 반영해야 한다고 되어 있다. '어제그저께, 엊그저께', '기러기야, 기럭아'와 같이 현재 사용되고 있는 본말과 준말을 모두 맞춤법에 맞는다고 규정하고 있는 제32항은 이런 예를 잘 보여 준다. '쏟트리다, 쏟뜨리다', '젖뜨리다, 젖트리다'와 같이 강세의 접미사 '–뜨리–, –트리–'를 둘 다 인정하는 제22항도 이런 국어 현실을 반영하고 있다.

본래 '기술적(descriptive)'이라는 말은 사전에 따르면 '대상이나 과정의 내용과 특징을 있는 그대로 열거하거나 기록하여 서술하는. 또는 그런 것.'이라는 의미를 지니고 있다. 한글 맞춤법이 기술적 성격을 지녀야 한다는 것은 맞춤법이 현행 국어 실태를 반영해야 한다는 의미를 함의한다. '규범적' 성격이 다소 고정적이라 하면 '기술적' 성격은 다소 유동적이라고 할 만하다. 이는 곧 한글 맞춤법이 고정불변의 것이 아니며, 변할 수도 있어야 한다는 것을 뜻한다.

셋째로 한글 맞춤법은 교육적(教育的) 성격을 유지해야 한다. 흔히 맞춤법에 맞게 글을 쓰는 사람들에 대해서 교육을 잘 받았다는 말을 하곤 한다. 한글 맞춤법은 일종의 규범이다. 따라서 그 규범을 배우지

---

1 '숫가락'은 '숟가락'으로 표기하라고 한글 맞춤법 제29항에 나와 있다.

않으면 거기에 맞게 글을 쓸 수가 없다. 그 어떤 사람도 〈1〉을 쓴 사람에 대하여 맞춤법 교육을 잘 받았다고 말하지 않는다. 마찬가지로 이렇게 쓴 사람을 띄어쓰기가 확실하다고 하면서 맞춤법 교육을 받은 사람이라고 한다. 이처럼 한글 맞춤법은 교육적 성격을 지니고 있다.

사전에 따르면, '교육적(pedagogical)'이라는 말은 본래 '지식과 기술 따위를 가르치며 인격을 길러 주는. 또는 그런 것.'이라는 의미를 지니고 있다. 한글 맞춤법이 교육적 성격을 지녀야 한다는 것은 곧 한글 맞춤법이 과거 지향적인 규범이라는 인식에서 벗어나야 할 것을 의미한다. '맞춤법 규정이 이러이러하니까 무조건 이렇게 지켜.' 이런 것이 아니라, '맞춤법을 지키면 이렇게 좋은 효과가 있어.' 하면서 사람을 이끌 수 있어야 한다는 것이다. 어문 규범으로서 한글 맞춤법은 교수 학습이 이루어진다는 것을 전제로 하여 존재한다. 바로 이런 이유로 한글 맞춤법은 교육적인 성격을 띤다고 할 수 있다.

요컨대 한글 맞춤법은 규범적, 기술적, 교육적 성격을 갖추어야 한다. 훌륭한 글 그릇, 즉 기준으로서의 규범적 성격, 일반인의 국어 실태를 정확히 반영하는 반응체로서의 기술적 성격, 미래 지향적인 가치 창조의 운동체로서의 교육적 성격이 한글 맞춤법이 갖추어야 할 바람직한 성격이다. 그래야 살아 있는 한글 맞춤법이 되어서 살아 있는 국어 교육에 기여하며, 나아가 한글을 사용하는 모든 사람들을 훌륭한 의사소통 능력자로 이끌 수 있게 된다.

4.2.2 한글 맞춤법의 원리

4.2.2.1 음소주의와 형태주의

한글 맞춤법의 원리라 하면 누구나 총칙 제1항을 떠올릴 것이다. "소리대로 적되"와 "어법에 맞도록"이라는 두 가지 내용은 뒤에서 다루기로 하고, 흔히 간과되기 쉬운 "표준어를"이라는 말에 대해서 먼저 언급해 보도록 한다. 〈3ㄱ〉에는 "표준어를 소리대로 적되, 어법에 맞도록 함을 원칙으로 한다"라고 하여 소리대로 적되 어법에 맞도록 하는 대상이 '표준어'임을 명시하고 있다. 그러면 표준어가 아닌 방언은 한글 맞춤법의 대상이 되지 않는가?

기본적으로 한글 맞춤법은 우리말을 우리글, 곧 한글로 적는 방법을 규정한 것이어야 할 것이다. 표준어만이 아니라 비표준어, 즉 사회 방언이든 지역 방언이든 모두 소중한 우리말이다. 그렇다면 한글 맞춤법의 대상을 표준어로 못 박아 놓은 것은 명백히 재고의 필요가 있다. 한글 맞춤법은 우리말을 우리글로 적는 방법이어야 하기 때문이다.

물론 〈3ㄱ〉에서처럼, 좁은 의미의 한글 맞춤법이라 하여 표준어를 정확하게 적는 방법으로 '소리대로'와 '어법에 맞도록'이라는 원칙을 정했다고 말할 수도 있다. 그렇다면 사회 방언이나 지역 방언 같은 경우는 따로 원칙을 정할 수도 있을 것 같다. 〈3ㄴ〉처럼 원칙을 정하면 어떨까? 흔히 방언 조사를 하러 가서는 녹음기를 틀어 놓고 나중에 녹음된 것을 전사하는 과정을 거치게 되는데, 이때 한글로 전사하는 경우 소리 나는 대로 적곤 한다.[2]

〈3〉 ㄱ. 한글 맞춤법은 표준어를 소리대로 적되, 어법에 맞도록 함을 원칙으로 한다.

〈한글 맞춤법〉 제1항

ㄴ. 한글 맞춤법은 비표준어를 소리대로 적는 것을 원칙으로 한다.

---

2 물론 구술하는 사람의 소리를 IPA 부호로 전사를 하게 된다. 이때 전사는 발음대로 하는 것이 원칙이다.

ㄷ. 구름 나무 하늘 놀다 달리다

ㄹ. 꽃이 꽃만 꽃밭

ㅁ. 꼬치 꼰만 꼳받

ㅂ. 숟가락[숟까락] 젓가락[전까락]

본래 한글 맞춤법의 원리라 하면 소리를 중시하는 음소주의와 의미를 중시하는 형태주의를 떠올리곤 한다.[3] 〈3ㄱ〉의 "소리대로 적되"라는 문구는 음소주의 원리를 나타내고, "어법에 맞도록"이라는 문구는 형태주의 원리를 나타낸다. 〈3ㄷ〉의 단어들은 소리대로 적은 것들이고, 〈3ㄹ〉의 것들은 어법에 맞게, 곧 형태를 중시하여 적은 것들이다. 〈3ㄹ〉의 것들을 소리대로 적으면 〈3ㅁ〉이 될 텐데, 우리는 그렇게 적지 않고 〈3ㄹ〉처럼 의미를 파악할 수 있게 형태를 밝혀 적는다.[4]

〈3ㅂ〉의 '숟가락, 젓가락'은 각각 [숟까락], [전까락]으로 소리가 난다. 그렇다면 발음을 중시하여 소리대로만 적은 것도 아니고 의미를 나타내는 형태대로만 적은 것도 아닌 듯싶다. 본래 이것들은 각각 '술+가락, 저+가락'에서 온 말이다. 외형적으로만 봐서는 '숟가락'에서는 'ㄹ'이 빠지고 'ㄷ'이 사용됐으며, '젓가락'에서는 '저'와 '가락'

---

3 어법에 맞도록 적는다는 것은 형태음소주의라고 해야 보다 적합할 것이다. 그렇지만 음소주의에 대응하는 표현으로 형태주의라고 흔히 알려져 있어서 여기서는 그대로 사용하도록 한다.

4 발음대로 적으면 음소주의, 형태를 적으면 형태주의라는 것은 일반론적 얘기이다. 예컨대 15세기 〈용비어천가〉에 나오는 "불휘기픈남ᄀᆞᆫ"은 발음대로 적은 것이지만 8종성이 아닌 'ㅍ'을 적고 있기 때문에 형태주의라고 말한다. 결국 표음주의는 음소주의, 표의주의는 형태주의라는 공식은 성립하지 않는다는 말이다. 따라서 본고에서는 받침 표기를 단독으로는 물론이고 연철됐다고 하더라도 본래의 형태가 유지되면 형태주의라고 보도록 한다.

사이에 'ㅅ'을 넣은 것이다. 결국 100% 음소주의도 아니고 100% 형태주의도 아닌 어정쩡한 표기를 하고 있음을 확인할 수 있다.[5]

한글 맞춤법을 정할 때에는 정말 여러 가지 고려해야 할 기준들이 많다. 발음의 문제와 표기의 문제가 일대일 관계가 아니고, 또 어떤 경우는 일대일이 된다고 하더라도 최종적인 한글 표기는 다른 변종을 보이기도 한다. 그래서 나오는 기준이 "원칙으로 한다"이다. 원칙으로 한다는 이 말은 다양한 의미를 지닌다. '소리대로'와 '어법에 맞도록'의 중간 어딘가에서, 또는 제삼의 어느 위치에서 적절한 한글 맞춤법이 정해진다.[6]

사실 음소주의니 형태주의니 하는 것은 개별 글자를 적는 방법은 될지언정, 현행 〈한글 맞춤법〉을 모두 설명할 수 있는 원리라고 할 수는 없다. 소리대로 적되 어법에 맞도록 한다는 것은 결과론적 원리이기 때문이다. 그렇다면 〈한글 맞춤법〉 전체를 설명할 수 있는 원인론적 원리는 무엇일까?

4.2.2.2 사용의 보편성과 설명의 타당성

〈한글 맞춤법〉 규정들을 하나하나 살피다보면 한 가지 중요한 원리를

---

5 '젓가락'은 흔히 '저(箸)+ㅅ+가락' 구성으로 알려져 있다. 15세기에는 '졋가락', 16세기~17세기에는 '져', 19세기에는 '져, 져가락, 젹가락', 20세기에는 '젓가락, 졋가락, 저까락, 저가락, 져ㅅ가락, 적가락' 형태가 사용됐다. '져'는 한자 '箸'의 한자음이라고 생각할 수 있으나 '箸'의 이전 한자음은 '뎌'였고, 16세기 문헌 자료에 '箸'를 '져 뎌'라고 기록하고 있어 '져'가 고유어일 가능성도 있다(이상 21세기 세종계획 최종 성과물 CD 참조).

6 북한의 《조선말규범집》(2010)의 총칙에서는 다음과 같이 맞춤법의 형태주의 원칙을 확실히 밝히고 있다.

> "조선말맞춤법은 단어에서 뜻을 가지는 매개 부분을 언제나 같게 적는 원칙을 기본으로 하면서 일부 경우 소리나는대로 적거나 관습을 따르는 것을 허용한다."

발견하게 된다. 사람들이 일정한 한글 표기를 많이 사용하면 그것을 규정으로 인정한다는 것이다. 이것을 사용의 보편성 원리라고 칭할 수 있을 것이다. 〈4〉의 본말들은 당연히 한글 맞춤법에 맞는 표기들이다. 준말들도 역시 올바른 표기인데, 기본적으로 소리 나는 대로 표기한 것들이다. '그건, 그게, 그걸로, 난, 날, 넌, 널, 뭣을, 무얼, 뭘, 뭣이'는 아주 자연스럽게 구어 상황에서 보편적으로 사용되고 있다.[7]

〈4〉 제33항 체언과 조사가 어울려 줄어지는 경우에는 준 대로 적는다.

본말	준말	본말	준말
그것은	그건	너는	넌
그것이	그게	너를	널
그것으로	그걸로	무엇을	뭣을/무얼/뭘
나는	난	무엇이	뭣이/무에
나를	날		

사용의 보편성 원리란 사람들이 보편적으로 그렇게 사용하니까 그렇게 표기한다는 뜻을 담고 있다. 이런 예는 또한 아래의 〈5〉에서처럼 뚜렷한 까닭 없이 나는 된소리를 그대로 된소리로 표기하는 데서 찾아볼 수 있다. '어깨, 오빠, 으뜸, 아끼다, 기쁘다, 어떠하다, 가끔, 거꾸로, 부썩, 어찌, 이따금'과 '잔뜩, 살짝, 훨씬, 담뿍, 움찔, 몽땅, 엉뚱하다'에서 그런 모습을 볼 수 있다.

물론 '소쩍새, 깨끗하다, 해쓱하다'와 '산뜻하다'에서도 된소리 발음에 따른 된소리 표기 예를 볼 수 있다. 앞에 예로 든 것들과 차이가 있다면 된소리 발음 이외의 요소들도 표기에 관련이 있다는 것뿐이

---

7 보편성 원리로만 본다면 사실 〈4〉에서 '무에'는 어색하게 느껴진다. "무에 그리 급하냐? 급할 것이 무에 있나?" 같은 용례가 떠오르기는 하지만, 어색하게 느껴지는 것은 연구자만의 생각인지 모르겠다.

다. '소쩍새, 깨끗하다, 해쓱하다, 산뜻하다'는 각각 [소쩍쌔], [깨끄타다], [해쓰카다], [산뜨타다]로 발음된다. '깨끗하다, 산뜻하다'에서는 받침 'ㅅ'이 [ㄷ] 대표음으로 발음되고 이어서 뒤의 'ㅎ'과 축약이 되어, 각각 [ㅌ], [ㅋ], [ㅌ]으로 소리가 난다. '해쓱하다'에서도 [ㄱ]과 'ㅎ'이 축약되어 [ㅋ]으로 소리가 난다. [소쩍쌔] 발음은 된소리되기 규칙이 적용된 것인데, 〈5〉 제5항의 '다만' 부분과 관련하여 구체적으로 설명될 것이다.

〈5〉 제5항 한 단어 안에서 뚜렷한 까닭 없이 나는 된소리는 다음 음절의 첫소리를 된소리로 적는다.

1. 두 모음 사이에서 나는 된소리

   소쩍새 어깨 오빠 으뜸 아끼다 기쁘다 깨끗하다 어떠하다 해쓱하다 가끔 거꾸로 부썩 어찌 이따금

2. 'ㄴ, ㄹ, ㅁ, ㅇ' 받침 뒤에서 나는 된소리

   산뜻하다 잔뜩 살짝 훨씬 담뿍 움찔 몽땅 엉뚱하다

   다만, 'ㄱ, ㅂ' 받침 뒤에서 나는 된소리는, 같은 음절이나 비슷한 음절이 겹쳐 나는 경우가 아니면 된소리로 적지 아니한다.

   국수 깍두기 딱지 색시 싹둑(~싹둑) 법석 갑자기 몹시

한편 사용의 보편성 원리 못지않게 중요한 한글 맞춤법 원리가 있다. 그것은 바로 설명의 타당성 원리이다.[8] 〈5〉의 '다만' 항을 보면, '국수, 깍두기, 딱지, 색시, 싹둑, 법석, 갑자기, 몹시'의 후행 자음이 모두 된소리 발음이 나는데도 불구하고 이것들을 된소리로 표기하고 있

---

8 여기서의 '설명의 타당성' 원리는 흔히 '설명적 타당성'이라고 명명해야 할 것이지만, 여기서는 '사용의 타당성' 원리와 계열을 맞추어서 이리 사용하고자 한다.

지 않다. 이것은 음운 변동 가운데 된소리되기 규칙이 적용되기 때문이다. 파열음 앞의 선행 받침 자음이 무성음일 때 자동적으로 후두긴장음이 생성되고 이어서 그 후두긴장음과 후행 파열음이 합해져서 그것이 된소리로 발음된다. 곧 특별히 된소리 표기를 하지 않더라도 된소리로 발음 나기 때문에 굳이 표시를 하지 않는다는 설명이다.[9]

요컨대 음소주의와 형태주의, 사용의 보편성과 설명의 타당성은 〈한글 맞춤법〉 규정을 정할 때 적용되는 중요한 원리들이다. 음소주의와 형태주의는 사용의 보편성과 설명의 타당성 원리가 적용된 뒤에 나타나는 결과론적 원리라고 할 수 있다. 즉 사용의 보편성과 설명의 타당성이 1차 원리이고, 음소주의와 형태주의는 2차 원리라고 할 수 있다. 그렇지만, 흔히 한글 맞춤법의 원리를 논할 때는 음소주의냐 형태주의냐에 초점을 맞추곤 한다. 이는 사용의 보편성과 설명의 타당성 논의보다는 맞춤법 현상을 쉽게 기술할 수 있기 때문이다.

우리는 한글 맞춤법은 형태주의를 원칙으로 하고 음소주의는 허용으로 한다고 판단한다. 그것은 우리말에서 중요한 방점은 앞이 아니라 뒤에 찍히기 때문이고, 보다 적극적으로는 4.3~4.5에서 밝히는 대로 맞춤법 역사를 통해서 볼 때 그런 근거가 구체적으로 나타나기 때문이다. 특히 조선어학회의 〈한글 마춤법 통일안〉(1933)에서의 원리와 북한에서의 맞춤법에 대한 형태주의적 입장이 적극 고려되어야 한

9 이관규(2012)에서는 사용의 보편성과 설명의 타당성 문제에 대하여 각각 공시적 및 통시적 예를 통하여 현행 〈한글 맞춤법〉의 문제점을 구체적으로 제시한 바 있다. 공시적 사용의 보편성 문제로는 종래 '마라'는 맞고 '말아라'는 틀린 것이라는 제18항의 문제점을 지적했었고, 통시적 설명의 타당성 문제로는 제7항과 제29항의 '숟가락, 사흗날' 등 예를 들어서 문제점을 지적한 바 있다. 전자에 대해서는 2021년 현재 〈한글 맞춤법〉에서는 '말아라' 표현의 적법성을 사용의 보편성이라는 측면에서 받아들였다.

다고 믿는다. 그리하여야 남북한 어문 규범의 동질성 회복에 한 발자국 더 쉽게 다가갈 수 있기 때문이다.

4.3 분단 이전 한글 맞춤법의 변천

1443년에 훈민정음이 창제되고 나서 한글을 어떻게 적을 것인지는 중요한 문제였다. 15세기 때 8종성 표기법이 원칙이었고 예외적으로 〈용비어천가〉와 〈월인천강지곡〉에서 다른 종성 표기들이 사용된 적도 있었다. 한글 맞춤법 원리가 형태주의가 원칙인지 음소주의가 원칙인지를 정확히 밝히려면 한글 창제부터 시작하여 맞춤법 규정들의 변천 과정을 통해서 확인할 필요가 있다. 왜냐하면 중세, 근대, 개화기, 현대로 오면서 맞춤법 원리가 변화를 해 왔기 때문이다.

여기서는 〈2〉에서 제시한 대로 한글 맞춤법의 변천 시기를 넷으로 나누어서 4.3~4.5에 걸쳐서 구체적으로 살펴보도록 한다. 그것을 통해서 형태주의가 원칙이고 음소주의가 허용이라는 것을 밝히도록 한다.

4.3.1 〈제1기〉 조선 시대(1443-1894)

1443년에 훈민정음, 곧 한글이 창제됐다. 자주, 애민, 실용 정신을 바탕으로 한 훈민정음 창제는 백성을 위하는 세종의 업적 중 으뜸이었다.[10] 특히 실용 정신을 구현하기 위해서 훈민정음이 창제됐다는 사실은 주목할 만하다.

---

10 흔히들 훈민정음 창제의 목적으로 자주, 애민, 실용 정신을 말하곤 한다. 그러나 이것 외에도 당시 중국 한자음 표기를 위한 수단으로 훈민정음이 창제됐다는 것은 주지의 사실이다. 이런 점에서 훈민정음은 근본적으로 음소 문자로서의 성격을 가지고 있었음을 확인할 수 있다.

〈6〉 조선 시대의 맞춤법 정책 관련 내용

ㄱ. 〈훈민정음 해례본〉(1459, 희방사본)

所以ㆁㄴㅁㅇㄹㅿ六字爲平上去聲之終◦而餘皆爲入聲之終也。然ㄱㆁㄷㄴㅂㅁㅅㄹ八字可足用也。如빗곶爲梨花◦여ᇫ의갗爲狐皮◦而ㅅ字可以通用。故只用ㅅ字。

〈훈민정음 해례본〉 종성해

ㄴ. 〈용비어천가〉(1445), 〈월인천강지곡〉(1447)

① 불휘기픈남ᄀᆞᆫ◦ᄇᆞᄅᆞ매아니뮐ᄊᆡ。곶됴코◦여름하ᄂᆞ니

ᄉᆡ미기픈므른◦ᄀᆞᄆᆞ래아니그츨ᄊᆡ。내히이러◦바ᄅᆞ래가ᄂᆞ니

〈용비어천가〉 제2장

② 닐굽고ᄌᆞᆯ因ᄒᆞ야信誓기프실ᄊᆡ世世예妻眷이ᄃᆞ외시니

〈월인천강지곡〉 제1 기8

15세기에 훈민정음이 창제될 때 팔종성가족용(八終聲可足用)이라는 음소주의 원칙이 있었다. 이것은 〈6ㄱ〉에 있듯이 '팔자가족용(八字可足用)'이라 하여 종성에 'ㄱㆁㄷㄴㅂㅁㅅㄹ' 여덟 개 받침만을 사용하게 한다는 일종의 규정이다. '빗곶, 엿의갗'에 쓰인 'ㅈㅊ' 같은 받침은 'ㅅ'으로 쓴다는 설명을 하고 있다. 본래 훈민정음이 애민, 실용을 중시하는 기본 사상을 전제로 하여 만들어졌는데, 곧 백성들이 쉽게 사용할 수 있도록 하기 위하여 발음을 위주로 받침 정책을 규정한 것이다. 즉 15세기 훈민정음이 창제될 때 기본적인 맞춤법 정책은 음소주의였다는 것이다.

그런데 어찌된 영문인지 훈민정음을 창제한 당사자인 세종은 개인

저작물인 〈월인천강지곡〉(1447)에서 팔종성 이외의 표기를 사용하고 있고 세종의 지시에 의해 만들어진 조선 왕조를 찬양하는 〈용비어천가〉(1445)에서도 예외적인 종성 표기들을 사용하고 있다. 〈6ㄴ①, ②〉에서 보듯이 'ㅍㅈㅊ'(예: 기픈, 곶됴코, 그츨ᄊᆡ, 고ᄌᆞᆯ) 같은 팔종성 이외의 받침들이 사용되고 있다.

우리는 15세기 팔종성가족용이 원칙이고 이외 덧붙여진 종성 표기들은 예외라고 이해하고 있다. 실제로 현재 초·중·고등학교 현장에서도 이렇게 교수 학습되고 있다. 대표음 발음 표기인 여덟 개의 종성 표기만을 사용하는 것이 백성들을 위하는 길이라고 훈민정음 만든 이는 판단했으면서도, 일정한 목적을 위해서는 다양한 종성 표기를 사용하는 것이 특수한 효과를 낼 수 있다고 생각했었는지 모른다.

상대적이기는 하지만 여덟 개 표기를 사용하는 음소주의에 비해서 다른 표기들도 더 사용하는 형태주의는 글을 쓴 사람이 의도하는 의미를 정확히 나타낼 수 있다는 장점이 있긴 하다. 그러나 이에는 상대적으로 고려해야 할 규칙이 좀 더 들어가야 하기 때문에 글자를 모르는 일반 백성이 익히기에는 신경을 더 써야 된다. 일반 백성용으로는 음소주의가 낫고, 정확하게 의도를 나타내기 위해서는 형태주의가 나을 수도 있다. 백성을 위해서는 음소주의가 낫다는 데에 세종이 동의를 했으나 정작 본인은 형태주의의 장점을 포기하지 못했다는 말이다.[11]

음소주의 원칙의 훈민정음이 창제는 됐으나 그 당시 공식적으로 한

11 맞춤법 종성 표기와 관련하여 현존하는 중요 자료로 중종 때 최세진이 지은《훈몽자회》(1527)의 부록으로 제시된 〈언문자모〉가 있다. 거기서는 초종성통용팔자(初終聲通用八字)로 'ㄱ, ㄴ, ㄷ, ㄹ, ㅁ, ㅂ, ㅅ, ㆁ'을 제시하고 있고 또 초성독용팔자(初聲獨用八字)라 하여 'ㅋ, ㅌ, ㅍ, ㅈ, ㅊ, ㅿ, ㅇ, ㆆ'을 제시하고 있다. 이것은 역관이었던 최세진이 당시의 훈민정음 표기법을 정리하여 보인 것이다. 즉 조선 중기에 음소주의가 맞춤법의 원칙이었음을 보여 준다.

자가 차지하고 있던 국자로서의 지위를 대체할 수는 없었다. 하지만 훈민정음은 민중 속으로 스멀스멀 자연스럽게 퍼져 들어갔다. 엄격한 표기 방법은 교수 학습되지 않았으나 자연스럽게 소리 나는 대로 표기하는 방식이 널리 퍼지게 된 것이다. 수 세기 동안 비공식적으로 사용되다가 드디어 갑오개혁 시기를 지나면서 한글은 국가 문자로서의 지위를 확보하게 된다.

4.3.2 〈제2기〉 개화기·대한제국 시기(1894-1910)

청일전쟁 이후 1894년 7월 갑오개혁이 일어나서 일종의 합의기관인 군국기무처(軍國機務處)가 설치됐다. 이 기관은 행정제도, 사법, 교육, 사회 등 전근대적인 제반문제와 정치제도의 개혁을 단행했는데, 특히 개국기원(開國紀元)을 사용하여 청과의 대등한 관계를 유지하려고 시도했다. 1894년 11월 21일에는 학부(學部)에서 칙령을 발표하는데, 제1호에서 '法律勅令總以國文爲本漢文附譯惑混用國漢文'이라 하여, 국문(國文)이 국자로서의 위치를 공식적으로 갖게 됐다.[12]

18, 19세기의 근대 시기에 훈민정음, 곧 한글에 대한 연구가 성운학 차원에서 나온 것들이 꽤 있다. 그러나 본격적으로 한글 맞춤법과 관련한 연구는 드물다. 그나마 독립신문사에서 교열 일을 보고 있던 주

12 갑오개혁에 의해 근대적 교육 제도들이 마련됐고, 이어서 〈교육 입국 조서〉가 1895년에 반포됐다. 〈교육 입국 조서〉는 국가의 부강은 지식의 개명에 달려 있으니, 교육은 실로 국가를 보존하는 근본이라는 내용을 담고 있으며, 이 교육 입국 정신에 따라 정부는 소학교, 중학교, 사범학교, 외국어학교 등 각종 관립학교를 세웠다. 1899년에는 중등 교육 기관인 한성중학교가 세워지고, 의학교, 상공학교, 광무학교 등도 설립됐다. 또 근대적 교육 제도에 따라 《국민 소학 독본》, 《초등 본국 역사》 등 새로운 교과서도 선보였다.

시경이 1896년에 신문사 안에 조직한 국문동식회(國文同式會)에서 한글 맞춤법에 대해 관심을 갖고 고구했다. 그 모임에서 주도적인 역할을 하고 있었던 주시경이 개화기 때 한글 맞춤법 제정의 주역으로 활동한 것은 필연적이었다.

우리가 근대의 여러 표현들에서 보다시피 한글 표기는 소리 나는 대로 하는 것이 일반적이었었는데, 이제 국가의 공식 문자로 한글이 등장하면서, 일정한 규범으로서의 맞춤법이 필요하게 됐다.

〈7〉 개화기·대한제국 시기의 맞춤법 정책 관련 내용

ㄱ. 지석영(1905), 《신정국문》

① 초종성통용팔자(初終聲通用八字)

ㄱ기윽 ㄴ니은 ㄷ디은 ㄹ리을 ㅁ미음 ㅂ비읍 ㅅ시읏 ㅇ이응

ㄱㄴㄷㄹㅁㅂㅅㅇ 八字난 用於初聲

윽은은을음읍읏응 八字난 用於終聲

② 초성독용육자(初聲獨用六字)

지치키티피히

ㅈㅊㅋㅌㅍㅎ

ㄴ. 대한제국 국문연구소(1909), 〈국문연구의정안〉(띄어쓰기는 필자가 함)

① 四. 中聲 中 ㆍ字 廢止 ᆖ字 創製의 當否 (否)

② 五. 終聲의 ㄷㅅ 二字 用法 及 ㅈㅊㅋㅌㅍㅎ 六字도 終聲에 通用 當否 (可)[13]

13 〈국문연구의정안〉(1909)에는 다음과 같은 10제가 제시되어 있다. 이들 각각에 대한 국문연구소의 의견은 아래 괄호 속에 제시된 것과 같다. 띄어쓰기는 필자가 했으며, 괄호 속의 내용은 김민수(1982: 209)에 제시된 것이다.

一. 國文의 淵源과 字體 及 發音의 沿革(可)

二. 初聲 中 ㆁㆆㅿ◇ㅱㅸㆄㅹ 八字의 復用當否(否)

三. 初聲의 ㄲ ㄸ ㅃ ㅆ ㅉ ㆅ 六字 幷書의 書法一定(可, ㆅ은 폐기)

〈7ㄱ〉은 1905년 7월에 의학교 교장이었던 지석영이 국문 개혁안으로 학부에 올린《신정국문》의 일부 내용인데, 공식적으로 황제가 7월 19일에 결재를 하여 공포했다. 〈7ㄱ〉의 신정국문 맞춤법은 받침으로 'ㄱ, ㄴ, ㄷ, ㄹ, ㅁ, ㅂ, ㅅ, ㅇ' 여덟 자를 사용하는 음소주의 원칙을 표방했다. 초성에는 이들 여덟 자와 함께 'ㅈ, ㅊ, ㅋ, ㅌ, ㅍ, ㅎ'을 더 사용하도록 했다. 이런 음소주의는 근본적으로는 〈6ㄱ〉의 훈민정음 창제 당시 맞춤법 원리와 어느 정도 일치한다.

개화기에 한글이 국자로서의 지위를 갖게 되어 많은 이들이 관심을 갖고 연구하기 시작했다. 여러 논의들 가운데 소위 아래아(ㆍ)자를 어떻게 처리해야 할지 의견이 분분했다.[14] 급기야 대한제국에서는 학부 안에 '국문연구소'를 1907년에 만들어서 아래아(ㆍ)를 포함한 여러 가지 논점들에 대해서 연구하고 토론하도록 했다(〈7ㄴ〉). 국문연구소는 1909년 12월까지 23번 회의를 하여서 맞춤법과 관련한 여러 중요한 원칙을 담은 10가지 사항을 〈국문연구의정안〉이라는 이름으로 제출하게 된다.

이 열 가지 중에는 "五. 終聲의 ㄷㅅ 二字 用法 及 ㅈㅊㅋㅌㅍㅎ 六

四. 中聲中 ㆍ 字 廢止 ＝字 創製의 當否(否)
五. 終聲의 ㄷㅅ 二字用法 及 ㅈㅊㅋㅌㅍㅎ 六字도 終聲에 通用 當否(可)
六. 字母의 七音과 淸濁의 區別 如何(五音과 淸音, 激音, 濁音으로 구분)
七. 四聲票의 用否 及 國語音의 高低法(四聲票는 不用, 長音 左肩一點)
八. 字母의 音讀一定 (ㆁ이응 ㄱ기윽 ㄴ니은 ㄷ디읃 ㄹ리을 ㅁ미음 ㅂ비읍 ㅅ시읏 ㅈ지읒 ㅎ히읗 ㅋ키읔 ㅌ티읕 ㅊ치읓 ㅏ아 ㅑ야 ㅓ어 ㅕ여 ㅗ오 ㅛ요 ㅜ우 ㅠ유 ㅡ으 ㅣ이 ㆍ ᄋᆞ)
九. 字順行順의 一定 (初聲 牙舌脣齒喉와 淸激, 中聲「訓蒙字會」순)
十. 綴字法 (訓民正音例義대로 仍舊綴用–모아쓰기)

14 아래아(ㆍ)의 음가를 무엇으로 보느냐가 개화기 때의 주요 논점이었다. 이봉운은 '단음(短音) 아'로 보았고, 주시경은 처음에는 '저음 아'로 설명하다가 이후 'ㅣㅡ' 합음으로 수정했다. 이를 따라서 지석영이 새로운 '＝'를 창안한 것이다(김민수, 1982: 208 참조).

字도 終聲에 通用 當否" 건이 있었는데, 이들 자음 표기를 모두 종성에 사용할 수 있도록 하는 내용이 담겨 있다. 이는 결국 맞춤법 원칙이 소리 나는 대로가 아니라 어법을 중시하는 형태주의로 표기하는 방식이라고 할 수 있다. 국가의 공식적 문자로 사용함에 있어서 원칙에 충실한 정확한 표기 방식이 필요하다고 연구위원들이 생각한 것 같다.

〈국문연구의정안〉 작성에 참여한 사람은 위원장 윤치오를 비롯하여 어윤적, 이능화, 주시경, 권보상, 송기용, 지석영, 이민응, 윤돈구 등이었다. 이들 가운데 주시경은 일찌감치 《독립신문》 제작에 참여를 하면서, 독립신문사 안에 국문동식회(國文同式會)를 조직하여 맞춤법을 많이 연구한 사람이다. 일반인들이 편하게 소리 나는 대로 표기하는 것이 아니라, 정확한 뜻을 전하기 위해서 맞춤법을 연구해 왔다는 것이다. 결국 공식적인 글에서 정확한 뜻을 표현하고 이해하는 데 있어서 형태주의 표기 방식을 택했을 것이다.[15]

결국 개화기의 맞춤법 정책은 지석영의 주청에 따라 황제가 공포한 《신정국문》이 음소주의를 띠고 있었고, 이후 국문연구소의 회의 결과로 나온 보고서인 〈국문연구의정안〉은 형태주의를 채택했다고 볼 수 있다. 전자 즉 음소주의 맞춤법은 외부로 공포된 이후 일부라도 적용됐을 것이지만, 후자 즉 형태주의는 보고서로만 제출됐을 뿐이고 실제 공포되지는 않았다.

여하튼 개화기 때는 일반 민중이 한자에서 벗어나 국문(한글)이라는

---

15 주시경의 《국어문전음학》(1908: 61)에는 다음과 같은 기록이 있다. "諸友를 請ᄒᆞ여 國文同式會를 組織ᄒᆞ고 國語에 'ㄷㅌㅈㅊㅍㅎㄲㅄㄵㅀ' 等 音이 終聲으로 發ᄒᆞ는 字가 有ᄒᆞᆫ즉 國語대로 國文을 記用ᄒᆞ자 ᄒᆞ더니"라 했다. 그러나 주시경은 이후 1914년 《말의 소리》에서 이런 주장을 수정하여 단자음 10개(ㄱㄴㄷㄹㅁㅂㅅㅇㅈㅎ)로 후퇴했다. 이는 받침이 수없이 늘어나서 일반인이 이해하기 어렵다는 한계를 느꼈기 때문으로 이해된다[김민수(1982: 208, 210) 참조].

이해하기 쉽고 표현하기 쉬운 문자를 익힐 필요성이 시급했기 때문에 음소주의 표기법이 초기에 나온 것이라 생각된다. 그러나 전문가들로 구성된 국문연구소에서는 전문적 식견을 반영하여 형태주의 표기법을 받아들였던 것으로 이해할 수 있다.

4.3.3 〈제3기〉 일제 강점기(1910-1945)

1909년 12월 28일에 〈국문연구의정안〉이 일종의 보고서로 학부대신 이용직에게 제출됐다. 그러나 이 안이 실제 어문 생활에서 실시되지 못하고 이듬해에 일제에게 국가의 주권이 넘어가고 말았다. 조선총독부에서는 우리나라 사람들을 일본인화하기 위해서 보통학교 교육을 강화하기 시작했는데, 이때 맞춤법 규정을 정리할 필요를 느끼게 됐다.

〈8〉 일제 강점기 총독부의 맞춤법 정책 관련 규정(띄어쓰기는 필자가 함)

ㄱ. 조선총독부(1912, 1921), 〈보통학교용 언문철자법〉, 〈보통학교용 언문철자법대요〉

① 表記法은 表音主義에 依하고 發音에 遠한 歷史的 綴字法 等은 此를 避함.

〈보통학교용 언문철자법 1〉

② 漢字音으로 된 語를 諺文으로 表記하는 境遇에는 特히 從來의 綴字法을 採用함.

〈보통학교용 언문철자법 1〉

③ 可及的 發音대로의 綴字法을 標準으로 함.

〈보통학교용 언문철자법대요 1〉

ㄴ. 조선총독부(1930), 〈언문철자법〉

① 諺文綴字法은 純粹한 朝鮮語거나 漢字音임을 不問하고 發音대로 表記함을 原則으로 함. 但 必要에 依하야 若干의 例外를 設함.

〈언문철자법 1〉

② 終聲(바침)은 從來 使用되는 ㄱ ㄴ ㄹ ㅁ ㅂ ㅅ ㅇ ㄼ ㄻ ㄺ 以外에 ㄷ ㅌ ㅈ ㅊ ㅍ ㄲ ㄳ ㄵ ㄾ ㅄ을 加함.

〈언문철자법 9〉

그리하여 〈8ㄱ〉처럼 총독부에서는 1912년 〈보통학교용 언문철자법〉과 1921년 〈보통학교용 언문철자법대요〉를 만들어서 공포했다. 이것들은 일제가 통치에 필요해서 만든 것이다. 특히 〈보통학교용 언문철자법〉(1912)은 총독부가 추진하는 조선어 교과서 편찬사업의 일환으로 나온 것인데, 철저히 일본어 교육의 보조 수단으로서 조선어 교과서를 활용하기 위한 것이다. 기본적으로 〈보통학교용 언문철자법〉(1912)은 한국인들의 문자 살이를 위한 것이 아니라 일본어 교육을 위해서 총독부가 필요로 해서 나온 것이다(권영민, 2004 참조).

〈8ㄱ①〉 같은 경우는 일반 사람들이 편하게 발음대로 표기하는 음소주의 방식을 취한 표기법이다. 〈8ㄱ①〉의 '역사적 철자법'이란 아마도 국문연구소의 〈국문연구의정안〉(1909)에서의 표기법을 의미하는 것으로 여겨진다.[16] 1912년의 〈보통학교용 언문철자법〉에서는 고

---

16 이는 1912년 〈보통학교용 언문철자법〉을 만들 때, 1909년의 〈국문연구의정안〉 작성에 참여했던 유길준, 어윤적, 현은 등이 함께 참여했던 것을 통해 볼 때 추측할 수 있다. 즉 총독부에서는 이미 대한제국 국문연구소의 안을 알고 있었지만, 그것을 택하지 않고 일본어 표기에 유용한 그들 나름대로의 새로운 안, 즉 음소주의에 근거한 안을 채택했다는 것이다. 이는 결국 1912년 총독부의 안이 궁극적으로 누구를 위해서 만든 것이냐는 문제를 심각히 생각하게 한다(권영민, 2004 참조).

유어에는 음소주의를 따르고 한자어에는 '종래의 철자법', 곧 형태주의를 따른 것으로 보인다(〈8ㄱ①, ②〉). 그러다가 〈보통학교용 언문철자법대요〉(1921)에서는 고유어는 물론이고 한자어도 가급적 발음대로 표기하는 음소주의를 따르게 된다(〈8ㄱ③〉).

조선인에 대한 통치를 적극적으로 하기 위해서 총독부는 1930년에 〈언문철자법〉이라는 형태주의 원칙에 따른 맞춤법을 발표하게 된다(〈8ㄴ〉). 어법 표기를 중시하는 언문철자법은 장지영, 정렬모, 최현배 등 당시 조선어학회의 쟁쟁한 이론가들이 들어가서 작업을 한 것이다. 이들은 주로 주시경의 제자들로 형태주의 이론을 가지고 있던 사람들이었다. 〈8ㄴ①〉에서 보듯이 고유어든 한자어든 모두 음소주의를 채택하는 듯하지만, 〈언문철자법〉(1930)에서는 특별히 종성 표기를 언급하면서 형태주의를 허용하는 태도를 보이고 있다. 즉 〈8ㄴ②〉에서 보듯이 'ㄱ, ㄴ, ㄹ, ㅁ, ㅂ, ㅅ, ㅇ'은 물론이고 'ㄼ, ㄻ, ㄺ'와 'ㄷ, ㅌ, ㅈ, ㅊ, ㅍ, ㄲ, ㄳ, ㄵ, ㄾ, ㅄ' 등 거의 모든 자음자를 종성 표기로 인정하고 있다. 결국 조선어학회 회원들이 참여한 〈언문철자법〉(1930)은 형태주의 표기법을 받아들인 것으로 이해할 수 있다.

1921년에 만들어진 조선어연구회의 후신인 조선어학회는 1930년에 뜻있는 사람들에 의해서 재건됐으며 말과 글이 민족의 생명이라는 의식을 가진 이들이 모여서 우리말과 우리글을 연구해 온 기관이다. 조선어학회에서는 주시경의 뜻을 받들어 형태주의 원칙에 입각해서 1933년에 〈한글 마춤법 통일안〉을 만들게 된다. 〈9ㄱ〉에서 보듯이 '먹다, 먹으니', '곬, 밭, 꽃' 등 형태를 밝혀 적는 형태주의 원칙이 적극 반영되어 있는 것을 볼 수 있다.

〈9〉 조선어학회와 조선어학연구회의 맞춤법 정책 관련 내용(예시는 필자가 일부 선택)

ㄱ. 조선어학회(1933), 〈한글 마춤법 통일안〉

㉠ 總論 一. 한글 마춤법(綴字法)은 표준말을 그 소리대로 적되, 語法에 맞도록 함으로써 原則을 삼는다.

㉡ 第七項 體言과 토가 어우를적에는 소리가 變하거나 아니하거나를 勿論하고 다 제 原形을 바꾸지 아니한다.

곬이 밭이 꽃에

㉢ 第八項 用言의 語幹과 語尾는 區別하야 적는다.

例 먹다 먹고 먹으니 먹어서 먹은 먹을 할고 할가 할지

ㄴ. 조선어학연구회(1934). 〈조선어학연구회 취지서〉

① 「ㅎ」의 바팀을 否認함

됴흐며 만흐니 만타 / *둏으며 *많으니 *많다

② 한 音節文字에 二個의 바팀을 쓰는 –發音 不能되는– 記寫法을 否認함(但「ㄹ」의 中間 바팀은 認定함)

넉 갑 안즈며 / *넋 *값 *앉으며

이 시기에 넓게 보면 형태주의에 속하지만, 좁게 보면 조선어학회와는 다른 의견을 피력하면서 발음대로 표기하자는 일종의 연철 방식을 주장하는 조선어학연구회(회장 박승빈)가 등장했다. 〈9ㄴ〉은 1934년에 나온 〈조선어학연구회 취지서〉의 강령 가운데 일부를 제시한 것이다. 결과적으로는 형태주의 입장이면서도 '됴흐며, 만흐니'처럼 발음대로 표기한다든가(〈9ㄴ①〉), 겹자음을 인정하지 않고 '넉, 갑, 안즈며'처럼 받침으로 하나씩만 쓴다든가(〈9ㄴ②〉) 하는 원칙을 주장했다.[17]

이러한 조선어학연구회의 강령은 조선어학회의 '좋으며, 많으니', '넋, 값, 앉으며', '먹으며, 먹어라'와 같은 형태 표기와는 큰 차이를 보인다. 형태주의를 주장하는 조선어학회와 발음을 중시해서 겹받침 표기를 인정하지 않는 조선어학연구회는 논문을 통해서뿐이 아니라 신문지상을 통해서도 격렬한 토론을 하게 된다. 결국 이론적 우위를 점하고 있었고 또한 총독부의 〈언문철자법〉(1930) 제작에 일정한 역할을 한 바 있었던 조선어학회 쪽으로 힘의 추는 기울어지고 있었다. 소리 나는 대로 표기하자는 주장과 어법을 강조하는 형태주의의 싸움은 결국에는 형태주의 쪽이 승리를 거두고 있었다.

4.4 남한 한글 맞춤법의 변천과 과제—〈제4기①〉

본래 조선어학회에는 주시경에게서 가르침을 받은 사람들이 많이 있었다. 일찍이 1908년에 주시경의 국어강습소를 수료한 학생들로 최초의 학회라고 할 수 있는 '국어연구학회'가 결성됐고 이후 1921년에 조선어연구회, 그리고 1930년에 조선어학회로 이어졌다. 우리말과 우리글을 잊지 말아야 나라를 되찾을 수 있다는 신념을 가진 애국적 인사들은 조선어학회 차원에서 우리말 대사전을 만드는 일에 매진했다. 1942년부터 일제로부터 소위 조선어학회 사건이라 하여 33인이 검거당해 조사받고 이윤재, 한징 두 사람은 고문을 못 이겨서 죽고 일

---

17 조선어학연구회의 '됴흐며, 만흐니, 안즈며'는 발음대로 표기하지만 분명 형태를 어느 정도 인정하는 주장이다. 그런데 '넉, 갑' 같은 경우는 형태가 아니라 완전히 발음대로 적는 방식을 취하고 있다. 즉 완전히 형태주의를 따르는 것도 아니고 그렇다고 완전히 음소주의를 따르는 것도 아니다. 물론 굳이 구분한다면 15세기에서처럼 형태주의 입장에 기운다고 봐야 할 것이다.

부는 감옥으로 가는 수난을 당하게 된다. 1933년에 〈한글 마춤법 통일안〉이라는 업적을 만들고 그 후속 사업으로 우리말 대사전 초고까지 탈고했지만, 조선어학회 사건으로 인해 모든 게 중단됐다. 1945년 광복을 맞이하여 감옥에서 나온 이극로, 최현배, 이희승, 정인승 등은 물론이고 조선어학회 회원들은 국민들의 열광적인 환영을 받으면서, 한글 맞춤법 보급에 매진했다.

1946년에 조선어학회는 일부 개정한 〈한글 맞춤법 통일안〉을 내면서, 본격적으로 어문을 통한 나라 세우기 작업을 진행했다. 학회의 한글 맞춤법 통일안이 국가의 표기법 역할을 했던 것이다. 광복 직후 조선어학회의 핵심 회원인 최현배는 미 군정청의 학무국 편수과장 일을 맡았는데, 조선어학회 〈한글 맞춤법 통일안〉(1946)을 맞춤법 정책의 기준으로 삼았다. 〈10ㄱ〉에서 보듯이 1933년의 맞춤법 총론이나 1946년의 맞춤법 총론이나 내용상 차이가 없다. 소리대로 적되 어법에 맞도록 함을 원칙으로 한다는 것이다. 음소주의를 완전히 배격하는 것은 아니지만 기본적으로는 형태주의에 입각하고 있음을 알 수 있다.[18]

〈10〉 군정기 및 대한민국 초기의 한글 맞춤법 정책 관련 내용

ㄱ. 조선어학회(1946), 〈한글 맞춤법 통일안(일부 개정)〉(예시는 필자가 일부 선택)

① 총론1. 한글 맞춤법은 표준말을 그 소리대로 적되 어법에 맞도록 함으로써 원칙을 삼는다.

18 조선어학회는 1949년에 한글학회로 이름이 바뀌게 된다. 이제는 조선이 아니라 대한민국이 국명이고, 학회의 대의명분을 가장 크게 세워준 것은 뭐니 뭐니 해도 〈한글 맞춤법 통일안〉이기 때문에, 본격적으로 한글학회로 개명을 하게 된다.

② 제8항 용언의 어간과 어미는 구별하여 적는다.

먹다 찾다 좇다 높다 앉다 넓다 늙다 읊다

ㄴ. 문교부/공보처(이승만)(1954), 〈한글간소화방안〉

① 세계 만방에 으뜸가는 글자를 가지고 잇는 우리 겨레로서는 그간 시대에 맞고 국민이 요구하는 통일된 표기를 애써 왓스며 특히 이를 위하여 전력을 기우린 학자와 유지의 공헌은 큰 바가 잇섯다. 그러나, 새로 정리된 그 어문 체계는 유감스럽게도 지나친 규범 문법의 폐를 입엇고 또한 우리 겨레의 고유한 음운 구조를 고려치 안흔 것이어서 누구나 배우고 쓰기에 불편을 느껴 왓던 것이다. 이제 이 점을 고려하여 현행 한글 철자법을 실용의 편의와 학리상의 이유와 그리고 문자에 대한 역사적 미감을 살리어 다음 三개 조항에 의하여 간이화 하기로 한다.

② 一. 바침은 끗소리에서 발음되는 것에 한하여 사용한다. 따라서 종래 사용하던 바침 가운데 ㄱ, ㄴ, ㄹ, ㅁ, ㅂ, ㅅ, ㅇ, ㄺ, ㄻ, ㄼ, 등 十개 만을 허용한다. 다만 바침으로 사용될 때의「ㅅ」의 음가는「ㄷ」의 음가를 가지는 것으로 하고「ㄷ」은 바침으로는 아니 쓴다.

二. 명사나, 어간이 다른 말과 어울려서 딴 독립된 말이 되거나, 뜻이 변할 때에 그 원사(原詞), 또는 어원(語源)을 발키어 적지 아니한다.

ㄷ. 한글학회(1958), 〈한글 맞춤법 통일안〉

① 총론 1. 한글 맞춤법은 표준말을 그 소리대로 적되 어법에 맞도록 함으로써 원칙을 삼는다.

② 제19항 그림씨(형용사)의 줄기에 "이"나 "히"나 또는 "추"가 붙어

서 움직씨로 바뀐 것은 그 줄기의 원형을 밝히어 적는다.

예: (ㄱ을 취하고 ㄴ을 버린다.)

ㄱ	ㄴ	ㄱ	ㄴ
굳히다(使固)	구치다	옥이다(使內曲)	오기다
굽히다(屈)	구피다	높이다(使高)	노피다
좁히다(使狹)	조피다	갖추다(使備)	가추다
궂히다(使凶)	구치다	곧추다(使直)	고추다
잦히다(使後傾)	자치다	낮추다(使低)	나추다
밝히다(使明)	발키다	늦추다(使緩)	느추다
넓히다(使廣)	널피다	맞추다(使合)	마추다

1948년 대한민국이 수립되고 모든 공문서는 한글로만 적는다는 법률이 공포됐다. 이는 조선어학회의 역할의 정점을 찍는 일이었다. 1948년 10월 9일 초대 대통령 이승만은 한글 전용의 의지를 표방하면서 한글을 쉽게 표기하는 간이화의 필요성을 역설했다. 특히 "우리 국문을 쓰는데 한글이라는 방식으로 順便한 말을 불편케 하든지 速記할 수 있는 것을 더디게 만들어서 획과 음을 중첩하게 만드는 것은 아무리 한글 최대의 원칙이라 할지라도 이 글은 시대의 원칙에 맞지 않는 것이니 이 점에 깊이 재고를 요하여 여러 가지로 교정을 하여서 우리 글을 쉽게 사용할 수 있도록 하기를 부탁하는 바이다"라고 당부했다. 이는 당시 조선어학회의 형태주의 원칙에 대하여 불편한 심기를 드러내면서 음소주의 쪽으로 맞춤법을 개정하고자 하는 의도를 드러낸 것이다. 한국전쟁 전이나 그 이후에도 지속적으로 이승만 대통령은 이런 뜻을 비치곤 했는데, 특히 1954년에는 문교부 이름으로 〈한글간소화방안〉을 발표하게 했다(〈10ㄴ〉).

극단적 음소주의 방안이라고 할 수 있는 이 간소화 방안은 초창기 선교사들이 성경을 번역할 때 사용한 방식과 유사한 것으로 한글을 거의 모르는 사람들이 발음하는 그대로 표기하는 방식이다. 조선어학회를 중심으로 하여 광복 후 수년 동안 열광적으로 보급해 온 한글 맞춤법 통일안의 형태주의와는 완전히 다른 방식이었던 것이다. 광복 직후의 80%에 달했던 문맹률이 몇 년 만에 30% 정도로 떨어진 상태에서 다시 새로운 표기법으로 한글 맞춤법을 배워야 한다는 것은 학계는 물론이고 일반인들에게도 어려운 일이었다. 대통령 한 사람의 뜻 때문에 맞춤법을 완전히 개정하기에는 이미 한국인들의 수준이 높이 올라와 있던 것이다. 1953년과 1954년에는 '한글 파동'이라 할 정도로 민심이 들끓었다. 결국 이승만 대통령은 민심에 항복을 하고 만다.

넓게 보면 조선어학회의 한글 맞춤법 통일안이 무소불위의 힘으로 각급 학교 등 모든 곳에서 맹위를 떨치니까, 그 반대편인 음소주의의 반격이 권력자를 통해서 있었던 것이 아니냐 하고 생각해 볼 수도 있다. 장기적으로 볼 때 학자들이 아닌 일반인을 위해서라면 엄격한 형태주의 표기법보다는 느슨한 음소주의가 효과적일 수도 있다는 것이다. 실제로 당시의 이선근 장관을 비롯하여 정경해 같은 연구자들은 1954년 1월에 대한어문연구회를 긴급 조직하여 이 〈한글간소화방안〉을 적극 지지하기도 했다.

이처럼 광복 후의 맞춤법 정책은 결국 형태주의에 입각한 한글학회의 〈한글 맞춤법 통일안〉이 거의 맹위를 떨치게 된다. 그러나 본래 음소 문자인 한글을 표기하는 방법에 형태주의는 일정한 한계를 지닐 수밖에 없었다. 그리하여 국어국문학회에서는 1971년에 표음 문자인 한글 본연의 표기법을 음소주의 원칙에서 찾아야 한다는 주장을 제기하게 됐다.

〈11ㄱ〉에서 보듯이 국어국문학회에서는 〈국어정서법안〉이라 하여 음소주의 표기법을 주장하게 된다. 형태주의에 입각한 표의성도 고려하지만 근본적으로 표음 문자로서의 한글의 표음성을 좀 더 강조해야 한다는 것이다. 구체적으로는 〈11ㄴ②〉에서 보듯이 '구치다, 구피다, 조피다, 재치다, 발키다, 널피다, 오기다, 노피다, 가추다, 고추다, 나추다, 느추다, 마추다'처럼 발음대로 표기하는 방식을 제시하고 있다.

〈11〉 국어국문학회와 한글학회의 맞춤법 정책 관련 내용

ㄱ. 국어국문학회(1971), 〈국어정서법안〉

① 총론(總論) 국어정서법은 우리말을 표음문자의 본질과 표의성의 장점을 조화시켜 적는 것을 원칙으로 한다.

② 각론(各論) 제10항 형용사의 어간에 '이'나 '히'나 또는 '추'가 붙어서 동사(사동사)로 된 것은 그 어간의 원형을 발켜 적지 안는다.

예: ( )안 것을 버린다.

구치다(굳히다,궂히다)	구피다(굽히다)
조피다(좁히다)	재치다(잦히다)
발키다(밝히다)	널피다(넓히다)
오기다(옥이다)	노피다(높이다)
가추다(갖추다)	고추다(곧추다)
나추다(낮추다)	느추다(늦추다)
마추다(맞추다)	

ㄴ. 한글학회(1980), 〈한글 맞춤법〉

① 총론 1. 한글 맞춤법은 표준말의 각 형태소를 소리대로 적되, 그 원형을 밝힘을 원칙으로 한다.

② 제33항 풀이씨의 줄기에 「기」, 「리」, 「이」, 「히」, 「구」, 「우」, 「추」, 「치」, 「뜨리」, 「으키」, 「이키」, 「애」 따위가 붙을 때에는 그 줄기의 원형을 밝히어 적는다.

[기]	맡기다 옮기다 웃기다 쫓기다
[리]	갈리다 걸리다 뚫리다 울리다
[이]	낚이다 높이다 먹이다 박이다 삭이다 쌓이다 욱이다 핥이다
[히]	굳히다 굽히다 넓히다 닫히다 먹히다 박히다 밝히다 앉히다 얽히다 집히다 잦히다 좁히다
[구]	돋구다 솟구다
[우]	걸우다 돋우다
[추]	갖추다 곧추다 낮추다 늦추다 맞추다
[치]	놓치다 덮치다 받치다 뻗치다 엎치다
[뜨리]	쏟드리다 흩뜨리다
[으키]	일으키다
[이키]	돌이키다
[애]	없애다

이에 비하여 한글학회는 형태주의 원칙을 좀 더 강조한 입장을 1980년 〈한글 맞춤법〉에서 보이게 된다. 즉 〈11ㄴ①〉에서 보듯이 "각 형태소를 소리대로 적되, 그 원형을 밝"혀 적는 강화된 형태주의를 보이게 된다. 그리하여 〈11ㄱ②〉의 각 용례에 대하여 "굳히다, 굽히다, 좁히다, 잦히다, 밝히다, 넓히다, 옥이다, 높이다, 갖추다, 곧추다, 낮추다, 늦추다, 맞추다"로 표기하도록 했다. 〈11ㄴ②〉에서 보듯이 "맡기다, 갈리다, 낚이다, 굳히다, 돋구다, 걸우다, 갖추다, 놓치다, 쏟뜨리다, 일으키다, 돌이키다, 없애다" 등 용례에서도 마찬가지 형태주의 원칙을 볼 수 있다.

맞춤법 정책에서 한글학회의 독주가 계속되는 가운데 국어국문학회와 같은 굴지의 학회에서 이의 제기를 한 것은 결국 한글 맞춤법이 특정 학회의 전유물이 아니라 국민 모두의 것이라는 점을 보여 주고 있다. 그리하여 특정 학회가 아닌 국가 차원에서 맞춤법 정책을 펼쳐야 한다는 목소리가 나온 셈이고 또 그런 쪽으로 맞춤법 정책이 나가야 한다는 공감대가 형성되게 됐다.

〈12〉 문교부(1988), 〈한글 맞춤법〉

ㄱ. 제1항 한글 맞춤법은 표준어를 소리대로 적되, 어법에 맞도록 함을 원칙으로 한다.

ㄴ. 제22항 용언의 어간에 다음과 같은 접미사들이 붙어서 이루어진 말들은 그 어간을 밝히어 적는다.

1. '-기-, -리-, -이-, -히, ~~-구-~~, ~~-우-~~, ~~-추-~~, -으키-, -이키-, -애-'가 붙는 것

맡기다	옮기다	웃기다	쫓기다
뚫리다	울리다	낚이다	쌓이다
핥이다	굳히다	굽히다	넓히다
앉히다	얽히다	잡히다	돋구다
솟구다	돋우다	갖추다	곧추다
맞추다	일으키다	돌이키다	없애다

다만, '-이-, -히-, ~~-우-~~'가 붙어서 된 말이라도 본뜻에서 멀어진 것은 소리대로 적는다.

도리다(칼로~)　드리다(용돈을~)　고치다

바치다(세금을~)　부치다(편지를~)　거두다

미루다　이루다

그리하여 1988년에 국가기관인 문교부 이름으로 〈한글 맞춤법〉이 나오게 됐다. 물론 여기에도 한글학회의 1980년 〈한글 맞춤법〉은 큰 기여를 했다. 한글학회에서는 학회의 맞춤법 원안을 그대로 국가가 가져가도 좋다는 입장을 대국적인 견지에서 내렸다. 물론 세부적으로 보면 1980년의 총칙이 "한글 맞춤법은 표준말의 각 형태소를 소리대로 적되, 그 원형을 밝힘을 원칙으로 한다"(〈11ㄱ〉)였는데, 1988년 문교부 안에서는 "한글 맞춤법은 표준어를 소리대로 적되, 어법에 맞도록 함을 원칙으로 한다"(〈12ㄱ〉)로 약간 차이가 있기는 하다. 형태주

의 원칙이 약간 완화됐다. 실제로 비록 어원적으로는 '이, 히, 우' 같은 형태소가 있지만 본뜻에서 멀어진 "도리다, 드리다, 고치다, 바치다, 부치다, 거두다, 미루다, 이루다" 같은 예들은 소리대로 적게 한 것이다(〈12ㄴ〉).

결국 문교부의 1988년 〈한글 맞춤법〉은 조선어학회의 1933년 〈한글 마춤법 통일안〉, 한글학회의 1958년 〈한글 맞춤법 통일안〉과 1980년 〈한글 맞춤법〉의 기본 정신을 기반으로 하여 등장한 것이라 할 수 있다. 즉 의미를 밝혀 적는 형태주의를 기반으로 한다는 것이다. 그렇지만 두루 쓰는 현실 언어 실태를 반영하여 굳어진 표기는 소리대로 적는 음소주의 원칙도 어느 정도 받아들이고 있는 입장을 취하고 있다.

4.5 북한 한글 맞춤법의 변천과 과제—〈제4기②〉

북한의 어문 규범 정책도 근본적으로는 남한과 마찬가지로 1933년 〈한글 마춤법 통일안〉에 그 근거를 두고 있다. 광복 직후에 남북한 공히 〈13ㄱ〉의 조선어학회의 〈한글 맞춤법 통일안〉(1946) 내용이 사용됐다. 이때만 해도 남북한은 동일한 맞춤법을 사용했다.

〈13〉 북한의 맞춤법 변천 양상

ㄱ. 조선어학회(1946), 〈한글 맞춤법 통일안〉

ㄴ. 조선 어문 연구회(1950)[1948 공포], 《조선어 신철자법》

ㄷ. 조선어 및 조선문학연구소(1954), 《조선어 철자법》

ㄹ. 국어사정위원회(1966), 《조선말규범집》(맞춤법/띄여쓰기/문장부호법/표준발음법)

ㅁ. 국어사정위원회(1988), 《조선말규범집》(맞춤법/띄여쓰기/문장부호법/문화어발음법)

ㅂ. 국어사정위원회(2010), 《조선말규범집》(맞춤법/띄여쓰기규정/문장부호법/문화어발음법)

북한의 어문 정책을 이끌었던 주요 인사로 주시경의 수제자로 인정받던 김두봉과 조선어학회 사건 당시 조선어학회 대표였던 이극로를 들 수 있다. 정치적으로 힘을 갖고 있던 김두봉은 스승인 주시경의 한글 풀어쓰기를 실현하고자 했으며, 특히 불규칙 음운 변동 현상까지 표기로 나타내기 위하여 새로운 문자 여섯 자를 만들어서 북한 초기 맞춤법에 집어넣으려고 했다. 그 결과물이 《조선어 신철자법》(〈13ㄴ〉)이다. 여기에 사잇소리 표기를 위하여 어깨점(′)을 표시하게 하는 등 남한의 어문 규범과 차이 나는 것들이 나타났다. 이후 1950년대 중반 이후 김두봉이 숙청되는 등 정치적 변화가 있었고 어문 규범에서도 《조선어 신철자법》 내용 일부가 문제가 있다고 하여 《조선어 철자법》(〈13ㄷ〉)에서는 전격적으로 신문자가 사라지기도 했다.

이후 1964년과 1966년에 언어 관련 김일성의 담화가 있었다. 거기에서 신문자 도입이나 풀어쓰기와 같은 문자 개혁에 대한 비판이 이루어졌으며 각종 어문 정책과 관련한 내용도 제기됐다. 특히 주목되는 것은 여러 어문 정책은 한반도 통일을 염두에 두고 해야 하며 민족 주체적인 관점에서 해야 한다는 것이었다. 소위 주체 언어 이론을 도입하는 담화였다고 할 수 있다.

〈13ㄹ, ㅁ, ㅂ〉에 제시된《조선말규범집》은 그러한 내용을 반영한 것들이다. 발음법과 관련해서는 1966년부터 독자적으로 제시하고 있다.[19] 남한 어문 규범에서는 1988년에 처음 '표준 발음법'을 제정했는데, 결국 북한 것이 남한 것에 영향을 끼쳤다고 볼 수 있다. 〈13ㄹ〉의 '표준발음법'이 〈13ㅁ, ㅂ〉의 '문화어발음법'으로 바뀐 것은 남한 쪽의 '표준어'에 대한 상대어로 '문화어'를 염두에 둔 것이라 할 수 있다. 〈13ㅂ〉은 현행 북한의 어문 규범이다. 평양을 중심으로 한 문화어 수립과 함께 그 '맞춤법, 띄여쓰기규정, 문장부호법, 문화어발음법'을 다루고 있다.

〈14〉는 〈13〉에 있는 북한의 맞춤법 규범들의 총칙 일부를 제시한 것이다. 기본적으로 형태주의 원칙을 따르고 있으며 음소주의는 일부 경우만 허용하고 있는 형국이다. 앞서 〈6ㄱ, ㄹ〉에서 보았듯이 남한의 한글 맞춤법 규범에서는 "소리대로 적되, 어법에 맞도록 함"을 원칙으로 했기 때문에 원칙이 음소주의인지 형태주의인지 약간 헷갈림이 있었다. 그러나 북한에서는 〈14ㄱ~ㅁ〉의 모든 규범에서 형태주의가 기본적인 원칙임을 천명하고 있다. 더구나 〈14ㄷ〉에서는 음소주의를 아예 언급도 하지 않고 있다.

---

19 《조선어 철자법》(〈13ㄷ〉)에서도 '표준 발음법 및 표준어와 관련된 철자법'이라는 제6장이 제시되어 있긴 하다. 그러나 무늬만 표준 발음법일 뿐 구체적인 내용에서는 〈9ㄹ, ㅁ, ㅂ〉의 발음법과는 차이가 많다. 남한의 표준 발음법에 해당하는 것은 바로 후자의 것들이다.

〈14〉 북한의 맞춤법 원칙들

순서	북한 맞춤법	총칙	
ㄱ	《조선어 신철자법》(1950)[1948 공포]	1. 朝鮮語 綴字法은 現代 朝鮮 人民의 言語 意識 가운데에 共通的으로 把握할 수 있는 것은 一定한 形態로 表記함으로써 原則을 삼는다. 2. 朝鮮語 綴字法은 그 表記에 있어 一般 語音學的 原理에 依據하되, 朝鮮 固有의 發音上의 諸規則을 尊重한다.	총론
ㄴ	《조선어 철자법》(1954)	1. 조선어 철자법은 단어에서 일정한 의미를 가지는 매개의 부분을 언제나 동일한 형태로 표기하는 형태주의 원칙을 그 기본으로 삼는다. 2. 조선어 철자법은 그 표기에 있어 일반 어음학적 원리에 의거하되, 조선어에 고유한 발음상의 제 규칙을 존중한다.	총칙
ㄷ	《조선말규범집》(1966)〈맞춤법〉	1. 맞춤법은 단어에서 뜻을 가지는 매개의 부분을 언제나 같게 적는 원칙을 기본으로 한다.	총칙
ㄹ	《조선말규범집》(1988)〈맞춤법〉	조선말맞춤법은 단어에서 뜻을 가지는 매개 부분을 언제나 같게 적는 원칙을 기본으로 하면서 일부 경우 소리나는대로 적거나 관습을 따르는것을 허용한다.	총칙
ㅁ	《조선말규범집》(2010)〈맞춤법〉	조선말맞춤법은 단어에서 뜻을 가지는 매개 부분을 언제나 같게 적는 원칙을 기본으로 하면서 일부 경우 소리나는대로 적거나 관습을 따르는 것을 허용한다.	총칙

결국 남한과 북한의 한글 맞춤법 규범의 공통점은 형태주의를 원칙으로 하고 있다는 데서 찾아야 할 것으로 보인다. 이는 풀어쓰기가 아직 시기상조이고 모아쓰기가 15세기 훈민정음 창제 시에 있었던 원칙이고, 21세기 지금도 일반화되어 있어서 그 사용에 불편함이 없다고 느껴지고 있기 때문이다. 〈14ㄹ, ㅁ〉에서 보듯이 맞춤법 원칙을 드러낸 문구가 한 글자 차이도 없이 동일한 것은 형태주의 원칙과 음소주의 일부 허용이 안정화됐다는 것을 의미한다.

4.6 나가기

4장에서는 한글 맞춤법의 성격과 원리를 먼저 살펴보았다. 한글 맞춤법은 규범적, 기술적, 교육적 성격을 띠어야 함을 밝혔고, 현행 남한의 〈한글 맞춤법〉(1988, 2014)에 들어 있는 총칙을 통해서 음소주의와 형태주의 원리가 내재되어 있음을 보였다. 현행《조선말규범집》(2010)을 비롯한 모든 북한의 '맞춤법' 총론에서는 분명한 형태주의 원칙을 밝히고 있음에 비해서, 남한의 여러 기관의 맞춤법 규범에서는 음소주의가 원칙인지 형태주의가 원칙인지 다양한 목소리가 나오고 있다. 이에 연구자는 한글 창제 이후 지금까지의 한글 맞춤법 변천 과정을 종성 표기를 기준으로 하여 그 원리를 살펴보았다. 결국 형태주의가 원칙이고 음소주의가 허용으로 한글 맞춤법 원리를 이해해야 한다고 보았다. 한글 맞춤법의 변천이라는 차원에서 이를 좀 더 부연하면 다음과 같다.

훈민정음 창제 시의 원리였던 음소주의와 세종 개인의 형태주의 입장은 이후에도 맞춤법 원리의 기본 방향이 되어 왔다. 개화기 때 1905년 학부의 공식 입장이었던 지석영의《신정국문》에서는 음소주의를 고수했으나 이어 연구된 국문연구소의 〈국문연구의정안〉(1909)에서는 형태주의 원리를 지니고 있었다. 조선총독부의 1912년, 1921년 철자법은 음소주의 원리를 지녔으나 1930년 〈언문철자법〉은 형태주의 원리를 지니고 있었다. 이후 조선어학회의 1933년 〈한글 마춤법 통일안〉은 형태주의 원리를 고수하고 있었으며, 박승빈의 조선어학연구회(1934)에서는 형태를 염두에 두면서 발음대로 표기하는 주장을 펼쳤다.

광복 후에 조선어학회의 맞춤법은 교육 분야는 물론이고 문맹 퇴치 등 여러 방면에서 크게 기여를 했다. 한편 이승만 대통령은 1954년에 〈한글간소화방안〉이라 하여 정부 차원에서 음소주의 한글 정책을 관주도로 이끌고자 했다. 이에 교육계, 문화계 등 거의 모든 분야에서 정부의 극단적 음소주의 정책에 대해 저항을 했다. 결국 형태주의를 주장하는 한글학회의 입장은 그대로 유지됐다. 이후에 국어국문학회에서 음소주의 입장을 담은 〈국어정서법안〉(1971)을 발표했다. 한글학회와 국어국문학회 간 논쟁이 있었다. 결국 개별 단체가 아닌 국가 차원에서 맞춤법을 제정할 필요성이 제기됐고, 1988년에 현재의 〈한글 맞춤법〉이 등장하게 됐다. 이것은 형태주의를 주로 하고 음소주의를 부로 하는 원칙을 보여 주고 있다. 전술했다시피 북한의 맞춤법은《조선말규범집》(1966, 1988, 2010)은 물론이고 그 이전의《조선어 신철자법》(1950)[1948 공포],《조선어철자법》(1954)에서도 형태주의를 원칙으로 하고 음소주의를 허용으로 하는 한글 맞춤법 원리를 보여 주고 있다.

지금까지 살펴본바 맞춤법을 종성 표기 방법에 따라 음소주의와 형태주의로 크게 나누어 보면, 다음과 같이 구분해 볼 수 있다. 물론 이것들의 정도는 상대성을 띠고 있다.

〈15〉 한글 맞춤법 정책의 음소주의와 형태주의의 전개 양상[20]

<table>
<tr><th>음소주의</th><th colspan="2">형태주의</th></tr>
<tr><td>《훈민정음 해례》(1443)</td><td colspan="2">〈용비어천가〉(1445), 〈월인천강지곡〉(1447)</td></tr>
<tr><td>《신정국문》(1905)</td><td colspan="2">국문연구소(1909)</td></tr>
<tr><td>총독부(1912, 1921)</td><td colspan="2">총독부(1930)</td></tr>
<tr><td>조선어학연구회(1934)</td><td colspan="2">조선어학회(1933)</td></tr>
<tr><td>문교부·공보처(이승만)(1954)</td><td>한글학회(1958)</td><td>[북] 《조선어신철자법》(1950)
[북] 《조선어철자법》(1955)</td></tr>
<tr><td>국어국문학회(1971)</td><td>한글학회(1980)</td><td>[북] 《조선말규범집》(1966)</td></tr>
<tr><td></td><td>문교부(1988, 2014)</td><td>[북] 《조선말규범집》(1988, 2010)</td></tr>
</table>

20 1988년의 〈한글 맞춤법〉은 2014년에 부록으로 제시된 '문장 부호' 내용을 완전히 다른 모습으로 수정했다. 그러나 '맞춤법'만을 보면 그리 큰 수정이 이루어지진 않았다.

제5장

남북한 띄어쓰기법의 변천과 과제

5.1 들어가기

주지의 사실이다시피 현행 남북한의 어문 규범은 1933년에 나온 조선어학회의 〈한글 마춤법 통일안〉에 근본 뿌리를 두고 있다. 그것은 초창기 북한에서 어문 규범을 주도했던 사람들이 주시경 선생의 제자들인 김두봉, 이극로와 같은 이들이었고 남한에서도 최현배를 비롯하여 조선어학회(현 한글학회) 회원들이 어문 규범 정책을 주도했기 때문이었다. 실제로 광복 직후에는 남북한이 동일하게 〈한글 맞춤법 통일안〉(1946) 내용을 그대로 맞춤법 규정으로 사용하기도 했었다.

현재 남한에서는 〈한글 맞춤법〉(1988, 2014), 〈표준어 규정〉(1988, 2017), 〈외래어 표기법〉(1986), 〈국어의 로마자 표기법〉(2000)을 어문 규범으로 가지고 있다. 이에 비해 북한에서는 2010년에 《조선말규범집》(2010) 한 권이 나왔는데, 그 속에 '맞춤법'(28쪽), '띄여쓰기규정'(7쪽), '문장부호법'(22쪽), '문화어발음법'(22쪽) 네 가지를 수록하고 있다.

〈1〉〈한글 마춤법 통일안〉(1933), 〈한글 맞춤법〉(1988, 2014), 《조선말규범집》(2010)의 체재 비교

〈한글 마춤법 통일안〉(1933)	**〈한글 맞춤법〉**(1988, 2014)	**《조선말규범집》**(2010)
總論	제1장 총칙	총칙(4개 각각)
第1章 字母	제2장 자모	맞춤법
第2章 聲音에 關한것	제3장 소리에 관한 것	문화어발음법
第3章 文法에 關한것	제4장 형태에 관한 것	맞춤법
第4章 漢字語	(〈표준어 규정〉에 속함)	맞춤법
第5章 略語	(〈표준어 규정〉에 속함)	
第6章 外來語 表記	(〈외래어 표기법〉에 속함)	
第7章 띄어쓰기	제5장 띄어쓰기	띄여쓰기규정
附錄 1 標準語 2 文章 符號	[부록] 문장 부호 (부록1은 〈표준어 규정〉에 속함)	문장부호법

외래어 표기법과 국어의 로마자 표기법이 대외적 어문 규범이라고 한다면, 맞춤법, 발음법, 문장 부호법, 띄어쓰기 규정은 대내적 어문 규범이라 할 수 있다. 북한의《조선말규범집》(2010)에서는 대외적 성격을 띤 외래어 표기법과 로마자 표기법을 다루지 않고 있다. 또한 북한에서는 〈문장부호법〉과 〈문화어발음법〉을 〈맞춤법〉과 〈띄여쓰기규정〉과 구분하여 따로 규범을 두어 다루고 있다.

이 글에서는 남북한의 띄어쓰기 규범에만 초점을 맞추어 보고자 한다. 특히 남한과 북한의 띄어쓰기법이 어떤 식으로 변천해 왔는지 통시적으로 살펴보도록 한다. 궁극적으로는 남북한의 띄어쓰기법의 원칙 및 실제가 공동으로 지향해야 할 방향을 제시해 보고자 한다.

본격적으로 남북한의 띄어쓰기법의 원칙과 실제를 살피기 전에 그동안 축적되어 온 띄어쓰기 관련 연구물을 간략히 검토해 보고자 한다.

남북한의 어문 규범을 살핀 연구물은 무척 많다. 이관규(2016)에서

살핀 것처럼 남북한 어문 정책을 비교하면서, 혹은 남북의 어문 규범을 비교 대조해 보면서 그 동질성 회복을 모색한 연구물이 대부분이다. 물론 단순히 남북한 어문 규범을 비교 대조해 본 연구물도 무척 많다. 국립국어원에서 공식적으로 펴낸《남북한 어문 규범 연구사》(전수태, 2005) 같은 것은 남북한 어문 규범 연구를 사적인 측면에서 비교 및 대조해 주고 있기도 하다.

그렇지만 남북한의 띄어쓰기만을 구체적으로 살핀 연구물은 그리 많지 않다. 민현식(2002)에서 남북한 띄어쓰기 규범 문제를 다루고 있는데, 북한에서 2000년에《로동신문》에 연재한 〈조선말 띄여쓰기규범〉을 주로 다루고 있다. 최호철(2004)에서도 남북한의 띄어쓰기 규범의 통일을 위하여, 북한에서 2003년에 나온 〈조선말 띄여쓰기규정〉을 비롯하여 그간의 규정들을 비교 대조하고 있다. 최호철(2012)은 북한의《조선말규범집》(2010)의 실태와 그 의미를 살피고 있는데, 그 가운데 띄어쓰기 항목에서는 2003년 것과의 차이점을 간략히 살피고 있다.[1]

다른 남북한 어문 규범 연구에서도 그렇지만 띄어쓰기 규범 연구에서도 남북한의 규범 변천 과정을 살피면서 연구 당시의 규범을 전반적으로 비교 대조하는 식으로 해 왔다. 그러다 보니 정치한 비교 대조 분석이 허술한 감이 없지 않다. 여기에서는 남북한의 띄어쓰기 규범 가운데서도 대표적인 차이 특징이라고 할 수 있는 의존 명사 띄어쓰기 항목과 보조 용언 띄어쓰기 항목에 초점을 맞추어서 남북한 규범

1 한편 문영희·조일영(2017)에서는 중국 연변에서 2016년에 개정되어 나온 〈조선말 띄여쓰기〉의 변화 내용과 남북한의 띄어쓰기 규정을 비교하고 있다. 중국은 전통적으로 북한 것을 따르는 경향을 보여 왔으나 최근 들어 남한 것도 수용하는 변화 과정에 있다고 밝히고 있다.

의 원칙과 그 실제를 면밀히 살피기로 한다. 특히 남한의 띄어쓰기 규범과 북한의 띄어쓰기 규범의 변천을 통시적인 면에서 그 시기를 함께 비교 및 대조해 보도록 한다. 그리하여 남북한이 띄어쓰기 규범에서 동일한 입장을 취했던 시기에 초점을 맞추면서, 통일 남북한 띄어쓰기 규범을 모색해 보도록 한다.

5.2 남북한 띄어쓰기법의 사상과 변천

5.2.1 한글의 띄어쓰기법 사상

세계의 문자는 글자를 띄어 쓰느냐 붙여 쓰느냐로 크게 양분된다. 서양의 문자는 영문에서 보듯이 대개 띄어 쓰는 방향으로 발달했으며, 동양의 문자는 한문에서 보듯이 붙여 쓰는 방향으로 발달했다. 한글은 15세기에 독창적으로 만들어진 문자이기는 하지만, 당시 동양 문화권에 우리가 속했기 때문에 당연히 붙여 쓰는 방식을 채용했다. 실제로 우리가 지금 근대 시대 한글 소설 등을 보면 글자가 모두 붙어 써져 있는 것을 볼 수 있다. 개화기에 나타난 글들을 보아도 글자가 모두 붙어 써져 있었다.

그러다가 1896년에 발간된《독립신문》에 와서야 처음으로 글자를 띄어 쓰는 방식이 등장했다고 알려져 있다. 왜 띄어쓰기를 하는지 그 이유가 〈2ㄱ〉의《독립신문》창간사에 잘 드러나 있다. "이렇게 구절을 띄어 쓴 즉 아무라도 이 신문 보기가 쉽고 신문 속에 있는 말을 자세히 알아보게 함이라"라고 하면서, 글을 쉬이 이해할 수 있게 하려고 띄어 쓴다고 말하고 있다.

〈2〉 띄어쓰기의 가치를 언급한 표현들(밑줄은 필자)

ㄱ. 우리신문이 한문은 아니쓰고 다만 국문으로만 쓰는거슨 샹하귀쳔이 다보게 홈이라 또 국문을 이러케 귀졀을 떼여 쓴즉 아모라도 이신문 보기가 쉽고 신문속에 잇는말을 자세이 알어 보게 홈이라…

《독립신문》 창간호 논설

ㄴ. 우리는 앞으로 띄여쓰기를 잘 고쳐 사람들의 독서력을 올릴수 있도록 하여야 하겠습니다. 내가 그전에도 몇번 이야기하였지만 띄여쓰기에서는 글자들을 좀 붙이는 방향으로 나가야 합니다./가령《사회주의건설》이라고 붙여 써야지《사회주의 건설》이라고 띄여 쓰면 독서능률이 오르지 않습니다. 띄여쓰기를 잘 규정하는것은 우리 글을 빨리 읽고 쉽게 리해하게 하는데서 아주 중요한 의의를 가집니다.

김일성(1966: 512)

〈2ㄴ〉은 1966년에 북한의 김일성이 언어학자들과 한 담화에서 밝힌 내용이다. 띄어쓰기를 잘 규정하여 주면 글을 빨리 읽고 쉽게 이해할 수 있다는 것이다. 다시 말하면 띄어쓰기를 잘 하면 독서 능력을 기를 수 있다는 것인데, 빨리 읽고 쉽게 이해하는 능력, 곧 독서 능력 향상에 띄어쓰기가 큰 역할을 한다는 것이다.[2]

---

2 김일성이 교시로서 밝힌 이런 의견은 이후 북한의 띄어쓰기 규범에서도 그대로 전해지고 있다.

ㄱ. 조선민주주의인민공화국 국어사정위원회(2000), 〈조선말 띄여쓰기규범〉
위대한 수령 **김일성**동지께서는 다음과 같이 교시하시였다.
《우리는 앞으로 띄여쓰기를 잘 고쳐 사람들의 독서력을 올릴수 있도록 하여야 하겠습니다.》

ㄴ. 조선민주주의인민공화국 국어사정위원회(2010), 〈띄여쓰기규정〉
위대한 수령 **김일성**동지께서는 다음과 같이 교시하시였다.
《우리 글을 보기 헐하게 하려면 띄여쓰기를 잘 규정하여주는것이 중요합니다.》(《김일성전집》36권, 512페지)

띄어쓰기 규범을 정할 때 띄어 쓸 것인가 붙여 쓸 것인가가 항상 논란이 되어 오고 있다. 뒤에서 자세히 나오겠지만, 북한에서는 남한에 비해서 상대적으로 붙여 쓰는 식으로 방향이 정해져 있다. 예컨대, 현재 남한에서는 의존 명사는 띄어 쓰고, 보조 용언은 띄어 쓰는 게 원칙, 붙여 쓰는 게 허용으로 하고 있는데, 북한에서는 모두 붙여 쓰게만 하고 있는 실정이다. 〈2ㄴ〉에서 보듯이 김일성 교시에서 글자를 붙이는 방향으로 나가야 한다고 밝히고 있어서인지는 몰라도, 북한은 현재도 의존 명사 및 보조 용언을 붙이는 쪽으로 원칙을 잡고 있다. 그렇다고 해서 통시적으로 볼 때 언제나 붙여 쓰는 원칙을 고수했던 것은 아니다. 띄어쓰기법의 변천이라는 차원에서 보면 북한에서도 초기에는 띄어 쓰는 것을 원칙으로 한 적도 있었다.

여기에서는 통시적으로 띄어 쓰느냐 붙여 쓰느냐의 띄어쓰기 규정 원칙을 먼저 살피고 이후 구체적인 실례를 면밀히 살펴보도록 한다. 그리하여 통일 시대 한글의 띄어쓰기 규정은 어떠해야 할지 모색해 보도록 한다.

5.2.2 남한 띄어쓰기법의 변천

남북한의 어문 규범은 조선어학회의 〈한글 마춤법 통일안〉(1933)에 기반을 둔다. 남한의 띄어쓰기 규범의 원칙도 마찬가지이다. 〈3ㄱ〉에서 보듯이 단어별 띄어쓰기가 원칙이다. 이러한 기본 원칙은 〈3〉에 나타난 여러 띄어쓰기 규범에서 공통적으로 나타난다. 〈3ㄱ, ㄴ, ㄷ〉의 '토'는 조사 혹은 어미를 가리킨다. 즉 조사는 선행 체언에 붙이고, 어미는 선행 어간에 붙여 쓴다는 단서 조항을 지니고 있다.

〈3〉 남한 띄어쓰기법의 변천[3]

순서	기관	규범	원칙	비고
ㄱ	조선어학회	〈한글 마춤법 통일안〉(1933)	3. 문장의 각 단어는 띄어 쓰되, 토는 그 웃 말에 붙여 쓴다.	총론
ㄴ	조선어학회	〈한글 맞춤법 통일안〉(1946)	3. 문장의 각 단어는 띄어 쓰되, 토는 그 윗 말에 붙이어 쓴다.	총론
ㄷ	한글학회	〈한글 맞춤법 통일안〉(1958)	3. 문장의 각 낱말(단어)은 띄어쓰되, 토는 그 윗 말에 붙이어 쓴다.	총론
ㄹ	국어국문학회	〈국어정서법안〉(1971)	제36항 고유명사는 부쳐쓰고 그 박긔 것은 어절(語節) 단위로 띄어쓰는 것을 원칙으로 하되, 복합적인 성격을 띈 말은 사전에 오르고 안 오름을 가리지 안코 부쳐쓰기로 한다.	제8장 띄어쓰기
ㅁ	한글학회	〈한글 맞춤법〉(1980)	2. 각 낱말은 띄어 씀을 원칙으로 한다.	총론
ㅂ	문교부	〈한글 맞춤법〉(1988)	제2항 문장의 각 단어는 띄어 씀을 원칙으로 한다.	총칙

사실 〈3ㄱ, ㄴ〉은 조선어학회, 〈3ㄷ, ㅁ〉은 동일한 학회, 즉 한글학회에서 제정한 것이다. 엄밀하게 말하면 일부 개정한 것이라 말하는 것이 옳다. 〈3ㄹ〉은 맞춤법의 음소주의 원칙을 따라서 제시한 국어국문학회의 안이다. 이것은 찻잔의 동요처럼 잠시 제안됐을 뿐이다. 〈3ㅂ〉은 지금도 지켜지고 있는 국가 차원의 띄어쓰기 원칙이다. 다시 말하면 학회 차원이 아니라 강한 공신력이 있는 규정이라는 말이다. 결국 조선어학회의 애초 단어별 띄어쓰기 원칙이 지금도 지켜지고 있다고 볼 수 있다.

그러나 〈3〉에 제시된 여러 규정들은 실제 용례들을 보면 나름대로 약간의 차이를 보인다. 특히 남북한 띄어쓰기의 비교 대조 틀인 의존명사 및 보조 용언의 띄어쓰기에서는 차이를 보이고 있다. 뒤에서 자

3 국립국어원에서는 2018년 12월에 《한글 맞춤법, 표준어 규정 해설》을 발간했다. 거기에서도 한글 맞춤법 총칙으로 "제2항 문장의 각 단어는 띄어 씀을 원칙으로 한다"를 제시하고 있다. 즉 해설서를 새로 만든 것이지 맞춤법을 수정한 것은 아니다.

세히 자료들을 살펴보겠지만, 미리 말하면 〈3ㄱ〉은 의존 명사 및 보조 용언을 철두철미 붙여 쓰고 있으며, 〈3ㄴ, ㅁ〉은 의존 명사 및 보조 용언을 언제나 띄어 쓰고 있다. 〈3ㄷ〉도 의존 명사와 보조 용언을 항상 띄어 쓰고는 있지만, 이상하게 개별 단어 차원에서 "띄어쓰되"에서처럼 두 용언을 붙여 쓴 모습을 보인다. '띄어쓰다'를 합성어로 보는 입장인 것으로 이해할 수밖에 없다.

한편 〈3ㄹ〉은 의존 명사는 띄어 쓰지만, '-아, -어, -여'로 이어지는 보조 용언은 물론 본용언이 이어질 때도 붙여 쓰는 모습을 보여주고 있다. 마지막 〈3ㅂ〉에서는 의존 명사는 띄우고, 보조 용언은 띄어 쓰는 것이 원칙, 붙여 쓰는 것이 허용으로 되어 있다. 결국 〈3ㄱ〉의 1933년 조선어학회 띄어쓰기 원칙과는 거리가 먼 모습을 보이고 있다.

5.2.3 북한 띄어쓰기법의 변천

북한의 띄어쓰기 규범도 역시 조선어학회의 〈한글 마춤법 통일안〉(1933)에 근거를 두고 있다. 실제로 광복 직후에는 조선어학회의 〈한글 맞춤법 통일안〉(1946)의 띄어쓰기 규정을 그대로 사용했다.

〈4〉는 북한의 띄어쓰기 원칙을 통시적으로 제시해 본 것이다. 1940년대나 75년이 지난 지금이나 기본적으로 단어를 단위로 하여 띄어 쓰는 것을 원칙으로 하고 있다. 이것은 〈3〉에서 본 것처럼 남한에서도 마찬가지이다.

띄어쓰기에 관한 한 1940년대 및 1950년대의 규정인 〈4ㄱ~ㄷ〉에서는 남한과 완전히 일치를 하고 있다. 뒤에서 자세히 보겠지만 의존 명사 및 보조 용언 띄어쓰기도 남북한이 동일하다. 그러다가 1960년대 이후로 띄어쓰기 원칙에서 남북한의 차이가 생긴다. 〈4ㄹ, ㅁ〉을 보면, 원칙적으로 단어 단위로 띄어 쓴다고 하면서도, 특수한 경우에 붙여 쓴다고 규정하고 있다. 그러면서 '원칙' 규정의 표현에 쓰인 "띄여쓰는것", "묶어쓰는" 등에서 보듯이 의존 명사를 붙여 쓰고, 또 용언과 용언이 이어질 때도 붙여 쓰고 있다. 여기엔 용례가 없지만 보조 용언을 붙여 쓰는 것도 물론이다.[4]

〈4〉 북한 띄어쓰기법의 변천

순서	기관	규범	원칙	비고	용언+용언
ㄱ	조선어학회	〈한글 맞춤법 통일안〉(1946)	문장의 각 단어는 띄어 쓰되, 토는 그 윗 말에 붙이어 쓴다.	총론	띄기
ㄴ	조선 어문 연구회	《조선어 신철자법》(1950)	文章의 單語는 原則的으로 各各 띄여 쓴다.	총론	띄기
ㄷ	조선어 및 조선 문학 연구소	《조선어 철자법》(1955)	문장에서 단어는 원칙적으로 띄여 쓴다.	총칙	띄기
ㄹ	국어사정 위원회	《조선말규범집》〈띄여쓰기〉 (1966)	단어를 단위로 하여 띄여쓰는것을 원칙으로 한다. 그러나 자모를 음절단위로 묶어쓰는 특성을 고려하여 특수한 어휘부류는 붙여쓰기로 한다.	총칙	붙이기
ㅁ	국어사정 위원회	《조선말규범집》〈띄여쓰기〉(1988)	조선어의 글에서는 단어를 단위로 하여 띄여쓰는것을 원칙으로 하되 자모를 소리마디단위로 묶어쓰는 특성을 고려하여 특수한 어휘부류는 붙여쓰도록 한다.	총칙	붙이기
ㅂ	국어사정 위원회	〈조선말 띄여쓰기 규범〉(2000)	단어를 단위로 띄여 쓰는것을 원칙으로 하고 특수한 어휘부류는 붙여 쓴다.	총칙	띄기
ㅅ	국어사정 위원회	〈조선말 띄여쓰기규정〉(2003)	단어를 단위로 띄여쓰는것을 원칙으로 하되 글을 읽고 리해하기 쉽게 일부 경우에는 붙여쓴다.	총칙	붙이기
ㅇ	국어사정 위원회	《조선말규범집》〈띄여쓰기규정〉2010)	단어를 단위로 띄여쓰는것을 원칙으로 하되 글을 읽고 리해하기 쉽게 일부 경우에는 붙여쓴다.	총칙	붙이기

4 구체적인 용례는 5.3에서 살피기로 한다.

그러다가 〈조선말 띄여쓰기규범〉(2000)(〈4ㅂ〉)에서는 "띄여 쓰는것을"에서 보듯이 의존 명사는 그대로 붙여 쓰고 용언과 용언은 띄어 쓰고 있다. 그러나 〈4ㅅ, ㅇ〉에 와서는 다시금 의존 명사 및 용언과 용언을 붙여 쓰고 있다.[5] 결국 북한의 현행 띄어쓰기 원칙은 1933년 조선어학회의 띄어쓰기 원칙과 동일하다는 것을 확인할 수 있다.

5.3 남북한 띄어쓰기법의 실제와 과제

여기서는 앞 절에서 알아본 남북한 띄어쓰기 원칙을 구체적인 예를 들어서 확인하고 좀 더 자세히 살피기로 한다.

5.3.1 남한 띄어쓰기법의 실제

남한 띄어쓰기 규정의 기본은 조선어학회의 〈한글 마춤법 통일안〉(1933)이다. 이후 조선어학회(현 한글학회)는 〈한글 맞춤법 통일안〉(1946), 〈한글 맞춤법 통일안〉(1958), 〈한글 맞춤법〉(1980)을 수정해서 내었고, 국어국문학회에서는 〈국어정서법안〉(1971)을 내었으며, 최종 국가 차원에서 문교부 명의로 〈한글 맞춤법〉(1988)이 나와서 현재에 이르고 있다. 이것들에는 띄어쓰기 규정이 들어가 있는데, 애초 조선어학회의 1933년 것을 기반으로 하고 있음은 분명하다.

---

5 왜 갑자기 〈4ㅂ〉에 와서 용언과 용언을 띄어 쓴다고 했을까? 당시 북한에서 전산언어학이 무척 발달하여 단어마다 철저히 띄어 써야 컴퓨터를 사용한 전산언어학 발달에 기여할 것이라는 생각을 북한의 젊은 학자들 중심으로 했다고 한다. 그러나 자연언어는 자연언어이기 때문에 억지로 적용한 규정이라 하여 다시 원위치 됐다고 알려져 있다. 이러한 내용은 고려대 최호철 교수로부터 전해들은 바 있다.

조선어학회의 〈한글 마춤법 통일안〉(1933)에서 "3. 문장의 각 단어는 띄어 쓰되, 토는 그 웃 말에 붙여 쓴다"라는 단어별로 띄어 쓰는 규정이 제시되어 있다. 물론 조사는 앞에 붙여 쓴다(〈3ㄱ〉). 그러나 이 원칙은 구체적으로 항을 보면 다른 실제 예를 보인다.

〈5〉 〈한글 마춤법 통일안〉(1933)의 띄어쓰기 실제

총론 3. 문장의 각 단어는 띄어 쓰되, 토는 그 웃 말에 붙여 쓴다.

제62항 보조의 뜻을 가진 용언은 그 우의 용언에 붙여 쓴다.(갑을 취하고 을을 버린다.)

예:	갑	을
	먹어버린다	먹어 버린다
	열어보다	열어 보다
	잡아보다	잡아 보다

제63항 다음과 같은 말들은 그 웃 말에 붙여 적는다.

예: (1) 갈바를. 할수가. 없는줄은. 될터이다. 가는이.
(2) 하는대로. 될성싶은. 될듯한. 하는체.

〈5〉에서 보듯이 본용언 뒤에서 보조 용언이 나올 때는 비록 다른 단어임에도 불구하고 '먹어버린다, 열어보다, 잡아보다'처럼 붙여 쓰고 있다(제62항). 또한 관형사형 어미 뒤에 의존 명사가 오면 이것 역시 '갈바를, 할수가, 하는대로, 될성싶은'에서처럼 붙여 쓰고 있다(제63항).

왜 이렇게 원칙에 어긋난 규정을 설정했을까? 그것은 보조 용언과 의존 명사가 지닌 의미의 추상성 때문이 아닌가 한다. '버리다, 보다'와 같은 보조 용언이 화자의 심리적 상태를 나타내는 추상적인 표현이고, 또 '바, 수, 줄, 터, 이, 대로, 성, 듯, 체'와 같은 의존 명사 역시 추상적인 의미를 지니고 있어서, 따로 띄어 쓰지 않기로 규정하고 있다

는 것이다. 이것은 조사와 어미와 같은 문법적 표현을 앞 말에 붙여 쓰는 이치와 마찬가지이다.

〈6〉〈한글 맞춤법 통일안〉(1946), 〈한글 맞춤법 통일안〉(1958)의 띄어쓰기 실제

ㄱ. 〈한글 맞춤법 통일안〉(1946)

총론 3. 문장의 각 단어는 띄어 쓰되, 토는 그 윗 말에 붙이어 쓴다.

제7장 띄어 쓰기

제61항 단어는 각각 띄어 쓰되, 토는 윗 말에 붙이어 쓴다.

예: 가면서 노래한다. 살피어 보아라.

제62항 수를 우리 글로 적을 적에는 십진법에 의하여 띄어 쓴다.

예: 일만 삼천 구백 오십 팔

ㄴ. 〈한글 맞춤법 통일안〉(1958)

총론 3. 문장의 각 낱말(단어)은 띄어쓰되, 토는 그 윗 말에 붙이어 쓴다.

제7장 띄어쓰기

제61항 단어는 각각 띄어쓰되, 토는 윗 말에 붙이어 쓴다.

예: 가면서 노래한다. 살피어 보아라.

제62항 수를 우리 글로 적을 때에는 십진법에 의하여 띄어쓴다.

예: 일만 삼천 구백 오십 팔

〈6〉에 있는 〈한글 맞춤법 통일안〉(1946)과 〈한글 맞춤법 통일안〉(1958)은 띄어쓰기 원칙과 실제 내용이 동일하다고 볼 수 있다. 즉 단어별로 띄어 쓴다는 총론에서의 원칙이 실제 예에서도 마찬가지로 적용된다는 것이다. 그것은 〈6ㄱ, ㄴ〉에서 보조 용언 '보다'가 사용된 '살피어 보아라'를 띄어 쓴 것을 보면 알 수 있다. 또한 의존 명사 '적'

이 사용된 '적을 적에는'을 띄어 쓴 것을 보면 알 수 있다. 즉 아무리 보조 용언과 의존 명사가 추상성을 띄었다고 해도 단어는 단어인 이상 띄어 쓴다는 것이다.

단지 〈6ㄱ〉에서는 '띄어 쓰되, 띄어 쓰기, 띄어 쓴다'로 띄어서 썼는데, 왜 〈6ㄴ〉에서는 '띄어쓰되, 띄어쓰기, 띄어쓴다'로 붙여서 썼을까? 그건 〈6ㄱ〉에서는 '띄다'와 '쓰다'를 각각 다른 단어로 보았고, 〈6ㄴ〉에서는 '띄어쓰다, 띄어쓰기' 자체를 하나의 단어, 즉 합성어로 본 까닭으로 해석해야 할 것이다. 다시 말하면 단어별로 띄어 쓴다는 원칙을 준수한 점에는 변함이 없다는 것이다.

〈7〉〈국어정서법안〉(1971)의 띄어쓰기 실제

제8장 띄어쓰기

제36항 고유명사는 부쳐쓰고 그 박긔 것은 어절(語節) 단위로 띄어쓰는 것을 원칙으로 하되, 복합적인 성격을 띈 말은 사전에 오르고 안 오름을 가리지 안코 부쳐쓰기로 한다.

예:	한따름	세마리(三頭)	할듯하다
	먹어버리다	흥미잇다	아름다운것
	마음속기피	아닌게아니라	세상업서도
	예술영화	책읽기	하늘땅
	삼국사기	경기도	수송국민학교

〈7〉은 음소주의를 맞춤법 원리로 주장한 국어국문학회의 〈국어정서법안〉(1971)에서 제시한 띄어쓰기 규정 내용이다.[6] 용례를 보면 '먹어버리다'로 붙어져 있는데, 이것은 보조 용언을 본용언에 붙여서 표기한 모습이다. 또한 '한따름, 세마리, 할듯하다, 아름다운것'에서도

6 〈7〉에서 음소주의 원리가 적용된 예는 '띄어쓰기, 부쳐쓰고, 박긔, 띄어쓰는, 안코, 부쳐쓰기로, 흥미잇다, 마음속기피, 세상업서도' 등이다.

의존 명사를 붙여 쓴 모습을 볼 수 있다. 결국 〈7〉에서도 의존 명사와 보조 용언을 붙여서 쓴 원칙과 실례를 볼 수 있다.[7]

그뿐 아니라 〈7〉에서는 합성어이든 아니든 상관없이 "복합적인 성격을 띤 말"을 붙여 쓴다고 밝히고 있다. 여기서 복합적인 성격을 띠었다는 말이 무엇을 의미하는지는 정확히 알 수 없으나 일종의 관용구 차원의 언어 표현들을 붙여서 쓰도록 하자는 주장으로 볼 수 있다. 이런 주장은 결국 〈6〉은 물론이고 〈5〉에서의 띄어쓰기 원칙 및 실례보다 더욱 붙여 쓰자는 주장으로 해석할 수 있다.

조선어학회를 계승한 한글학회에서는 1980년에 〈한글 맞춤법〉이라 하여 학회의 최종안을 내었다. 1933년의 〈한글 마춤법 통일안〉은 보조 용언과 의존 명사를 앞 말에 붙여 쓰는 원칙 및 그 실례를 보여 주었고(〈5〉), 이와는 달리 1946년과 1958년의 〈한글 맞춤법 통일안〉은 보조 용언과 의존 명사를 앞 말과 띄어 쓰는 원칙과 실례를 보여 주었다(〈6〉). 그 최종안인 1980년의 〈한글 맞춤법〉에서는 띄어쓰기 항목에서 아무런 언급을 하지 않고 있으며, 단지 〈8ㄱ〉에서 보듯이 각 낱말은 띄어 쓰는 것이 원칙이라고 하면서 의존 명사 '수'를 띄어 쓴 서술을 보여 줄 뿐이다. 요컨대 한글학회의 최종안인 〈한글 맞춤법〉(1980)에서는 보조 용언과 의존 명사를 앞 말과 띄어 쓰는 것을 원칙으로 하고 있음을 확인할 수 있다.[8]

---

7 그런데 옥의 티라 할까? 〈7〉의 제36항에서 "그 박긔 것, 띄어쓰는 것"에서는 정작 의존 명사 '것'을 붙여 쓰지 않고 띄어 쓰고 있다. 이것은 일종의 실수 혹은 오타 표현이라고 보는 게 올바를 것이다.

8 〈한글 맞춤법〉(1980)은 총론과 53개 항으로 구성되어 있는데, 이 가운데 '제5장 띄어쓰기'라 하여 제50항~제53항을 설정하고 있다. 그 각 내용은 다음과 같다.

제50항 낱말은 각각 띄어 쓰되, 토씨와 「이다」는 앞 말에 붙여 쓴다.

제51항 수를 우리글로 적을 적에는 십진법에 따라 띄어 쓴다.

제52항 성과 이름은 띄어 쓴다.

〈8ㄴ〉은 1988년에 제정된 국가 차원의 〈한글 맞춤법〉의 일부로 2021년 현재도 사용되고 있다.[9] 전통적으로 보조 용언과 의존 명사의 띄어쓰기 문제가 초점화 되어 왔기에 〈8ㄴ〉에서처럼 그 내용을 명문화하고 있다. 총칙으로는 각 단어는 띄어 쓰는 것이 원칙이라 하면서도, 보조 용언은 경우에 따라 붙여 씀도 허용한다고 말하고 있다. 즉 '꺼져 간다'가 원칙이고 '꺼져간다'도 허용한다는 말이다. 의존 명사는 제42항 실례의 '아는 것이, 할 수 있다'에서처럼 띄어 쓰는 것으로 확정하고 있다.

〈8〉 〈한글 맞춤법〉(1980), 〈한글 맞춤법〉(1988, 2014)의 띄어쓰기 실례

ㄱ. 〈한글 맞춤법〉(1980)

총론 2. 각 낱말은 띄어 씀을 원칙으로 한다.

제5장 띄어쓰기

제50항 낱말은 각각 띄어 쓰되, 토씨와 「이다」는 앞 말에 붙여 쓴다.

제53항 다음과 같은 낱말들은 경우에 따라 붙여 쓸 수도 있다.

제53항 다음과 같은 낱말들은 경우에 따라 붙여 쓸 수도 있다.

(1) 매김씨+이름씨 (2) 어찌씨+어찌씨 (3) 되풀이된 말씨 (4) 이름씨+풀이씨 (5) 땅이름에 붙은 행정 구역 단위 및 뒷가지처럼 쓰이는 말 (6) 숫자와 어울리는 앞뒤의 말

9 남한의 〈한글 맞춤법〉(1988)에서는 '제1장 총칙'에 이어 '제5장 띄어쓰기'에서 다음과 같이 띄어쓰기 내용을 다루고 있다.

제1장 총칙

제2항 문장의 각 단어는 띄어 씀을 원칙으로 한다.

제5장 띄어쓰기

제1절 조사

제2절 의존 명사, 단위를 나타내는 명사 및 열거하는 말 등

제3절 보조 용언

제4절 고유 명사 및 전문 용어

ㄴ. 〈한글 맞춤법〉(1988, 2014)

총칙 제2항 문장의 각 단어는 띄어 씀을 원칙으로 한다.

제42항 의존 명사는 띄어 쓴다.

- 아는 것이 힘이다. 나도 할 수 있다.
- 먹을 만큼 먹어라. 아는 이를 만났다.
- 네가 뜻한 바를 알겠다. 그가 떠난 지가 오래다.

제47항 보조 용언은 띄어 씀을 원칙으로 하되, 경우에 따라 붙여 씀도 허용한다.(ㄱ을 원칙으로 하고, ㄴ을 허용함.)

ㄱ	ㄴ
불이 꺼져 **간다**.	불이 꺼져**간다**.
내 힘으로 막아 **낸다**.	내 힘으로 막아**낸다**.
어머니를 도와 **드린다**.	어머니를 도와**드린다**.
그릇을 깨뜨려 **버렸다**.	그릇을 깨뜨려**버렸다**.
비가 올 **듯하다**.	비가 올**듯하**다.
그 일은 할 **만하다**.	그 일은 할**만하다**.
일이 될 **법하다**.	일이 될**법하다**.
비가 올 **성싶다**.	비가 올**성싶다**.
잘 아는 **척한다**.	잘 아는**척한다**.

제42항과 제47항을 연결시켜 볼 때 문제가 되는 것은 '올 듯하다, 올 성싶다'와 같은 표현이다. '듯하다, 척하다'를 보조 용언으로 본다는 전제하에서 '올듯하다, 올성싶다'도 허용하고 있다. 그런데, 사실 문법적 설명으로 본다면 '할'이라는 관형어는 뒤에 오는 '듯'이라는 의존 명사를 수식하고, 마찬가지로 '올'이라는 관형어가 '성'이라는 의존 명사를 수식하는 각각의 구조이다. 이럴 경우 엄밀히 말하면 '할 만 하다, 올 성 싶다'로 모두 띄어 써야 한다. 결국 〈한글 맞춤법〉(1988)은 의존 명사는 띄어 쓰고, 보조 용언은 띄어 쓰는 게 원칙이고 붙여 쓸 수도 있다는 타협안을 제시하고 있는 셈이다. 여기에 문법적 성질이 모호한 '올 듯하다' 같은 것은 띄어쓰기에 더욱 혼란을 더

해 주고 있는 실정이다.

지금까지 보조 용언과 의존 명사를 통해 살펴본 남한에서의 띄어쓰기의 원칙과 실례는 다음과 같이 정리해 볼 수 있겠다. 〈한글 맞춤법〉(1988, 2014)(〈9〉)에서 보조 용언 붙이기에 세모(△)로 표시된 것은 원칙으로는 띄어야 하나 붙이는 것도 허용되어 있음을 나타낸다.

〈9〉 남한의 띄어쓰기법의 원칙과 실례

기관	규범	단어별 띄기	의존 명사 붙이기	보조 용언 붙이기
조선어학회	〈한글 마춤법 통일안〉(1933)	○	○	○
조선어학회	〈한글 맞춤법 통일안〉(1946)	○		
한글학회	〈한글 맞춤법 통일안〉(1958)	○		
국어국문학회	〈국어 정서법안〉(1971)	○ (어절 단위 띄기)	○	○
한글학회	〈한글 맞춤법〉(1980)	○		
문교부	〈한글 맞춤법〉(1988)	○		△

5.3.2 북한 띄어쓰기법의 실제

북한 띄어쓰기 규범의 근본도 역시 조선어학회의 〈한글 마춤법 통일안〉(1933)이다. 앞서 〈4〉에서 살펴보았듯이 북한의 띄어쓰기 규범은 광복 직후 1940년대~1950년대에는 단어별로 띄어 쓴다는 남한의 원칙과 차이가 없었다. 그러다가 《조선말규범집》의 〈띄여쓰기〉(1966, 1988) 규정에 와서 용언과 용언이 연이어 올 때 붙이고 또 의존 명사도 붙여 쓰는 것으로 바뀌었다. 〈조선말 띄여쓰기규범〉(2000)에 와서는 용언과 용언을 띄어 쓰게 했으나, 또 다시 〈조선말 띄여쓰기규정〉(2003)에서 붙여 쓰게 했다.

현행 《조선말규범집》의 〈띄여쓰기규정〉(2010)에서도 용언과 용언 및 의존 명사를 붙여 쓰는 것을 원칙으로 하고 있다. 결국 북한은 광복 직후만 남한과 같이 단어별로 띄어 쓰는 원칙을 철저하게 고수했고, 이후 1966년부터 지금까지 단어별 띄어쓰기 원칙하에 의존 명사는 붙여 쓰는 실제 모습을 보이고 있으며, 용언과 용언의 경우 〈조선말 띄여쓰기규범〉(2000)에서만 띄어 쓰게 했으나, 대체로는 붙여 쓰는 모습을 보이고 있다.

그러면 이러한 현황에 대하여 좀 더 구체적인 규정과 실례를 들어보도록 한다. 여기서는 남한과의 비교 대조를 위해서 보조 용언과 의존 명사의 띄어쓰기 실례를 중심으로 살펴보기로 한다.

〈10〉 북한 《조선어 신철자법》(1950), 《조선어 철자법》(1954)의 띄어쓰기 실제

ㄱ. 《조선어 신철자법》(1950)

第61項. 單語는 各各 띄여 쓰되 助詞는 위'말에 붙ㅇ1여 쓸 수 있다.
(但, 文字 改革時에는 새로ㄴ 規定에 依한다.)[10]

ㄴ. 《조선어 철자법》(1954)

제45항. 단어는 각각 띄여 쓰되 토는 웃말에 붙이여 쓴다.

제47항. 어근에 직접 《되다》, 《시키다》가 붙은 것은 띄여 쓰지 않는다.[11]

---

10 《조선어 신철자법》(1950)은 조선 어문 연구회에서 발행한 것으로 전체 64항으로 이루어져 있다. 띄어쓰기에 관한 규정은 '제5장 문장에 관한 것'의 '제1절 띄여 쓰기'라 하여, 구체적으로는 제61항~제63항에 다음과 같이 제시되어 있다. 참고로, 《조선어 신철자법》에서는 제1항에서 여섯 개의 새로운 문자를 제안하고 있다.
 이것들이 바로 그것인데, 《조선어 철자법》(1954)에서는 사라지게 된다.

第61項. 單語는 各各 띄여 쓰되 助詞는 위'말에 붙ㅇ1여 쓸 수 있다. (但, 文字 改革時에는 새로ㄴ 規定에 依한다.)

第62項. 數를 우리 글로 적을 때에는 十進法에 依하여 띄여 쓴다.

第63項. 둘 以上 單語로 된 固有 名詞는 그 各 單語를 띄여 쓴다.

11 《조선어 철자법》(1954)은 '조선민주주의인민공화국 과학원' 산하 '조선어 및 조선문학연구소'에서 발간한 것으로 전체 8장 56개 항으로 구성되어 있다. 그중 '제7장

〈10ㄱ〉은 북한의 조선 어문 연구회에서 제시한《조선어 신철자법》(1950)의 띄어쓰기에 관한 한 규정이다. 단어별로 띄어 쓰는 것은 물론이고, '띄여 쓰되'에서 보듯이 용언과 용언이 이어질 때 띄어 쓰도록 되어 있다. 또한 '쓸 수 있다'에서 보듯이 의존 명사도 띄어 써져 있다. 이는 앞서 〈6ㄱ〉에서 보듯이 남한의 규정과 동일한 내용이다. 이러한 띄어쓰기 규정은《조선어 철자법》(1954)(〈10ㄴ〉)에서도 마찬가지로 나타난다. 여기에서도 역시 단어별 띄어 쓰는 원칙이 잘 지켜지고 있다. '붙은 것은 띄여 쓰지 않는다'에서 보듯이 의존 명사도 띄어 쓰고 보조 용언도 띄어 쓴다. 이것 역시 〈6ㄴ〉 남한의 띄어쓰기 규정과 그 내용이 동일하다. 결국 남한이나 북한이나 모두 1940년대와 1950년대는 동일한 띄어쓰기 원칙과 실제를 갖고 있었다고 말할 수 있다. 용언과 용언(보조 용언 포함)을 띄어 쓰는 것도 그렇고 의존 명사를 띄어 쓰는 것도 그렇다.

〈11〉《조선말규범집》(1966)과《조선말규범집》(1988)〈띄여쓰기〉의 띄어쓰기 실제

ㄱ. 〈띄여쓰기〉,《조선말규범집》(1966)[12]

띄여 쓰기'는 총11개항으로 이루어져 있으며 제45항~제55항에 걸쳐 분포되어 있다. 여기에서도 의존 명사 및 보조 용언의 띄어쓰기 규정이 구체적으로 나타나지는 않는다. 단지 용례를 통해서 그것을 확인할 수 있을 뿐이다.

12 《조선말규범집》(1966)은 조선민주주의인민공화국 내각직속 국어사정위원회에서 낸 것으로, 이 안에는 '맞춤법, 띄여쓰기, 문장부호법, 표준발음법' 4부가 들어가 있다. 그중 〈띄여쓰기〉는 총칙과 6장 23항으로 이루어져 있다. 그 각각은 다음과 같다.

제1장. 명사와 관련한 띄여쓰기
제2장. 수사, 대명사와 관련한 띄여쓰기
제3장. 동사, 형용사와 관련한 띄여쓰기
제4장. 관형사, 부사, 감동사와 관련한 띄여쓰기
제5장. 섞갈리기 쉬운것들의 띄여쓰기
제6장. 특수한 말의 띄여쓰기

총칙 단어를 단위로 하여 띄여쓰는것을 원칙으로 한다. 그러나 자모를 음절단위로 묶어쓰는 특성을 고려하여 특수한 어휘부류는 붙여쓰기로 한다.

제3항. 불완전명사는 그앞 단위에 붙여쓴다.

례: 것…지금 바로 종을 칠것.

제10항. 동사나 형용사끼리 어울렸을 경우의 띄여쓰기는 다음과 같이 한다.

1) 토가 붙은 동사나 형용사가 다른 동사나 형용사와 어울린것은 띄여씀을 원칙으로 한다.

례: 가지고 오다, 가면서 말하다, 들어서 올리다, 붉게 타다, 깨끗하여 좋다

그러나 하나로 녹아붙은 아래와 같은것은 붙여쓴다.

짜고들다, 먹고떨어지다

2)《아, 어, 여》형의 동사나 형용사가 다른 동사나 형용사와 직접 어울려서 하나의 동작, 상태 등을 나타내는것은 붙여쓴다.

례: (1) 돌아가다, 일어나다

(2) 젊어가다, 견디여나다, 버리여내다

(3) 다듬어지다, 벌어지다

3)《아, 어, 여》형이 아닌 다른 형뒤에서도 보조적으로 쓰인 동사나 형용사는 붙여쓴다.

례: 읽고있다, 읽는가싶다, 읽을까보다, 읽고싶다, 쓰다나니, 오고말고

6)《듯, 만, 번, 법, 사, 척, 체…》가 붙은 동사나 형용사가《하다》와 어울린것은 붙여쓴다.

례: 울듯하다, 들을만하다, 만날번했다, 갈법하다, 웃을사하다, 그럴사하다, 아는체하다

ㄴ. 〈띄여쓰기〉, 《조선말규범집》(1988)[13]

총칙 조선어의 글에서는 단어를 단위로 하여 띄여쓰는것을 원칙으로 하되 자모를 소리마디단위로 묶어쓰는 특성을 고려하여 특수한 어휘부류는 붙여쓰도록 한다.

제3항. 불완전명사와 이에 준하는 단위들은 원칙적으로 앞단어에 붙여 쓰며 일부 경우에 띄여쓰는것으로 조절한다.

례: 그분, 어느분

좋은것, 나의것, 갈것

말할나위가 없다, 떠난지, 간지가 오래다

그때문에, 가기때문이다

제10항. 동사나 형용사끼리 어울렸을 경우의 띄여쓰기는 다음과 같이 한다.

1) 토가 붙은 자립적인 동사나 형용사가 다른 자립적인 동사나 형용사와 어울린 것은 원칙적으로 띄여쓴다.

례: - 들고 가다, 가면서 말하다, 들어서 올리다, 붉게 타다, 깨끗하여 좋다

2) 토가 있지만 띄여쓰지 않는것은 다음과 같다.

(1)《고》형의 동사가 다른 동사와 어울려 하나의 동사로 녹아붙은 것은 띄여쓰지 않는다.

(2)《아, 어, 여》형의 동사나 형용사에 보조적으로 쓰이는 동사가

---

13 《조선말규범집》(1988)은 조선민주주의인민공화국 국어사정위원회에서 낸 것으로 '맞춤법, 띄여쓰기, 문장부호법, 문화어발음법'으로 구성되어 있다. 그중 〈띄여쓰기〉는 총칙과 5장 22항으로 이루어져 있다. 그 각각은 다음과 같다.

제1장. 명사와 관련한 띄여쓰기

제2장. 수사, 대명사와 관련한 띄여쓰기

제3장. 동사, 형용사와 관련한 띄여쓰기

제4장. 관형사, 부사, 감동사와 관련한 띄여쓰기

제5장. 특수한 말, 특수한 어울림에서의 띄여쓰기

직접 어울린 것은 붙여쓴다.

례: - 돌아가다, 잡아쥐다 (…) 애써보다, 적어두다 (…) 베껴주다, 견디여내다

(3)《아, 어, 여》형이 아닌 다른 형 뒤에서 보조적으로 쓰인 동사나 형용사는 붙여쓴다.

례: - 읽고있다, 읽고계시다 (…) 읽고싶다, 읽는가싶다, 먹는상싶다 (…) 쓰고말다, 나가자마자 (…) 읽는가보다, 올가보다

(6)《듯, 만, 번, 법, 사, 척, 체…》등이 붙은 동사나 형용사가 토없이《하다》와 어울린것은 붙여쓴다.

례: - 올듯하다, 들을만하다, 가는척하다 (…) 울듯말듯하다, 아는체마는체하다

현재의 북한 띄어쓰기 규범이 정립된 것은 1966년에 나온《조선말규범집》이라고 말할 수 있다. 1940년대~1950년대 띄어서 쓰는 원칙이 이때부터 붙여 쓰는 쪽으로 급속히 변화를 하게 된다. 특히 1966년은 김일성이 언어학자들과 담화를 한 해인데, 북한 당국의 적극적인 개입이 있었다고 해석할 수도 있다. 〈11〉에 자세히 제시해 두었지만, 결국 단어별로 띄어쓰기를 하는 것이 원칙이기는 하지만, 의존 명사가 온다거나 용언과 용언, 특히 보조 용언이 뒤에 올 경우는 붙여 쓴다는 또 다른 원칙도 보여 주고 있다. 뒤에서 살펴보겠지만, 이러한 띄어쓰기 원칙은 지금 현재도 적용되고 있다.

이를 자세히 살피기로 한다. 의존 명사를 북한에서는 '불완전명사'라고 하는데, 〈11ㄱ, ㄴ〉 각 제3항에서 의존 명사 '것'을 앞에 붙이고 있는 것을 확인할 수 있다. '줄것, 좋은것' 같은 관형사형 어미 뒤에서

뿐만이 아니라, '그분, 어느분, 그때문에, 가기때문이다'에서 보듯이 여러 환경에서 의존 명사를 선행 표현과 붙여 쓴다는 것을 확인할 수 있다.[14]

좀 더 면밀히 살펴보아야 할 것은 용언과 용언이 이어질 때이다. 〈11ㄱ, ㄴ〉 둘 모두의 제10항을 보면 '아, 어, 여' 뒤에 오는 용언은 붙여 쓴다고 규정하고 있다. 또한 뒤에 보조적으로 오는 보조 용언의 경우 이런 연결 어미가 아니어도 선행 본용언과 붙여 쓴다고 말하고 있다. 예를 들면 '읽고있다, 읽고싶다, 쓰고말다, 읽는가싶다, 나가자말자, 올가보다, 올듯하다, 가는척하다' 등에서처럼 뒤에 보조 용언이 오면 선행 본용언과 붙여 쓴다고 규정하고 있다.

그렇다고 해서 용언과 용언이 이어 나올 때 무조건 모두 붙여 쓴다는 것은 아니다. 〈11ㄱ〉에서 보면, '가지고 오다, 가면서 말하다, 들어서 올리다, 붉게 타다, 깨끗하여 좋다'라는 예를 들면서 서로 다른 두 개 본용언이 올 때는 띄어 쓰는 것을 원칙으로 한다고 말하고 있다. 즉 자립적인 용언이 오면 띄어 쓴다는 것이다.[15]

주지의 사실이다시피 현재 남한에서는 용언과 용언은 띄어 써야 한다. 후행 용언이 보조 용언일 경우 붙여 쓸 수 있다는 허용 조항이 있을 뿐이다. 이에 비해 북한에서는 《조선말규범집》(1966, 1988)(〈11〉)에서부터 본용언과 본용언은 띄어 쓰지만, 보조 용언은 반드시 붙여

14 물론 의존 명사를 모든 경우에 붙이는 것은 아니다. 1966년에 나온《조선말규범집》의 제3항 4)에서는 '등, 대, 겸' 따위와 같은 것들을 원칙적으로 띄여쓴다고 말하고 있다("례: 김미나리 등이 제기했다, 대학교원 겸 공장기사").

15 이런 점을 보면 북한에서는 '붙여쓰다, 띄여쓰다'를 하나의 합성어로 인식하고 있다고 말할 수 있다. 사실 용언과 용언이 이어졌을 때 이것들이 과연 본용언+본용언, 본용언+보조 용언, 합성 용언 구성 가운데 어디에 해당하는지를 판단하는 것 자체가 그리 녹록한 일이 아니다.

쓰도록 하고 있다. 또 한 가지 후행하는 용언이 본용언인지 보조 용언인지 구분이 쉽지 않다는 문제가 본질적으로 있다. 전문가들조차도 구분이 어려운 용언의 성격을 글 쓰는 일반인이 어떻게 구분할 수 있을지 그것도 실용성이라는 면에서 큰 문제로 다가온다.

후행 용언을 붙여 쓸지 아니면 띄어 쓸지 하는 문제는 남한에서도 그렇지만 북한에서도 많은 고민을 주어 왔다. 이는 본질적으로 후행 용언이 본용언인지 보조 용언인지 아니면 합성어의 후행 요소인지 구별하기 어렵기 때문인 근본 이유가 있기 때문일 것이다. 이런 고민의 결과가 〈조선말 띄여쓰기규범〉(2000)(〈12〉)이다. 총칙과 단 7개 항으로만 이루어진 것으로, 띄어쓰기의 핵심만을 담은 규범이다.[16]

〈12〉 〈조선말 띄여쓰기규범〉(2000)의 띄어쓰기 실례

〈총칙〉 단어를 단위로 띄여 쓰는것을 원칙으로 하고 특수한 어휘부류는 붙여 쓴다.

제1항. 토는 웃단어에 붙여 쓰며 그뒤의 단어는 띄여 쓴다.

례: 가는 길 협난해도 웃으며 가자.

오늘을 위한 오늘에 살지 말고 래일을 위한 오늘에 살자

남아 있다, 누워 있다, 놓여 있다, 먹고 있다, 가고 있다, 일하고 있다, 공부하고 있다, 들어 오다, 찾아 오다, 가져 오다, 전개되여 오다, 젊어 가다, 들고 가다, 다져 가다, 물어 보다, 먹어 보다, 타죽고야 말다, 만나 보아 알고 있다, 들어 가 집어 올리다, 넘쳐 수행하다, 앞당겨 수행하다, 가면서 말하다, 앉아서 쉬다, 꿩 구워 먹은 자리, 개밥에 도토리신세.

제2항. 품사가 서로 다른 단어는 띄여 쓴다.

16 전수태(2001: 55)에 따르면, 〈조선말 띄여쓰기규범〉(2000)은 2000년 2월 27일부터 3월 21일에 8회에 걸쳐 북한《로동신문》에 연재된 것이다.

제4항. 불완전명사는 앞의 단어에 토가 있어도 붙여 쓰며 그뒤의 단어는 띄여 쓴다(단위명사나 단위명사적으로 쓰이는 말마디도 이에 준한다).

례: 아는것이 힘이다.

고기는 물을 떠나서 살수 없다.

제1항에서 보듯이 조사든 어미든 토는 윗말에 붙여 쓰고 그 뒤의 단어는 띄어 쓴다는 규정에 의해서 후행하는 용언은 반드시 띄게 됐다. 그리하여 '남아 있다, 먹고 있다, 찾아 오다, 타죽고야 말다, 가면서 말하다, 앉아서 쉬다' 등 뒤에 오는 용언이 보조 용언이거나 본용언이거나 상관없이 띄도록 규정되어 있다. 〈11〉에서 '붙여쓴다'로 한 것을 〈12〉에서는 '붙여 쓴다'로 띄어 쓰고 있다. 그리고 의존 명사는 〈11〉에서와 마찬가지로 〈12〉에서도 붙여 쓰고 있다.

의존 명사는 붙여 쓰고 보조 용언은 띄어 쓰게 한 것으로 쉽게 이해할 수 있다. 왜 이러한 내용으로 띄어쓰기 규정을 바꾸었을까? 혹자는 전산언어학 발전을 위해서 용언과 용언이 띄어 쓰는 것이 효율적이라는 주장을 하기도 한다. 그렇다면 왜 의존 명사는 붙여 썼을까? 사실 보조 용언보다는 의존 명사를 파악하기가 상대적으로 쉽다고 본다. 그런데 왜 쉬운 의존 명사는 그대로 붙이고, 어려운 보조 용언은 띄게 했을까? 구분하기 어려운 보조 용언도 붙여 쓰면 언어생활에 더욱 도움이 되는 게 아닐까? 요컨대 필자로서는 똑같이 의존 요소인 의존 명사와 보조 용언은 띄어쓰기에 관한 한 동일한 입장을 취하는 게 좋지 않나 싶다.

2000년에《로동신문》을 통해서 보조 용언을 띄어 쓰기로 한 규정이 3년 뒤에 다시 바뀌게 된다.《조선말규범집》(1988)(〈11〉) 식으로 다시 돌아갔다. 즉 〈13〉의 '띄여쓰는것'이라는 표현에서 보듯이 용언과 용언이 이어질 때 붙이고 의존 명사도 물론 붙인다는 것이다. 그 이유를 〈13ㄱ〉 2항에서 밝히고 있다. “하나의 행동, 상태”를 나타낼 경우에 붙여 쓴다는 것이다. 아리송한 표현이다. 하여튼 본용언과 보조 용언이 이어질 때 붙여 쓴다는 것은 분명하다. 보조 용언이 보이는 추상적 의미는 본용언 의미에 종속적일 수 있다는 입장을 내재하고 있다.

〈13〉 〈조선말 띄여쓰기규정〉(2003), 〈띄여쓰기규정〉, 《조선말규범집》(2010)의 띄어쓰기 실례

ㄱ. 〈조선말 띄여쓰기규정〉(2003)

〈총칙〉 단어를 단위로 띄여쓰는것을 원칙으로 하되 글을 읽고 리해하기 쉽게 일부 경우에는 붙여쓴다.

2항 하나의 대상이나 행동, 상태를 나타내는 말마디는 토가 끼이였거나 품사가 달라도 붙여쓴다.

2) 토를 가지고 이루어져 하나의 대상, 행동, 상태를 나타내는 경우

례: 떨어지다, 몰아치다, 먹어대다, 가고말다, 먹고싶다, 가르쳐주다 여러말할것없이, 의심할바없는, 아니나다를가, 무엇보다먼저

5항 불완전명사(단위명사포함)는 앞단어에 붙여쓰되 그 뒤에 오는 단어는 띄여쓰는것을 원칙으로 한다.

ㄴ. 〈띄여쓰기규정〉, 《조선말규범집》(2010)

〈총칙〉 단어를 단위로 띄여쓰는것을 원칙으로 하되 글을 읽고 리해하기 쉽게 일부 경우에는 붙여쓴다.

이러한 입장은 최근의 《조선말규범집》(2010)에서도 동일하게 나타난다. 〈13ㄴ〉에서 보다시피 2003년의 규정이 2010년 나온 《조선말규범집》에 거의 그대로 들어가 있다. 결국 북한의 띄어쓰기 규범은 의존 명사와 의존 용언을 붙이느냐 띄느냐의 변천 과정이라 할 수 있다. 특

히 보조 용언을 띄어 쓸 것인지의 문제가 초점화 되어 왔다.[17]

결론적으로 2021년 현재 북한에서는 의존 명사와 보조 용언을 선행 표현에 붙여 쓰는 것으로 정리하고 있다. 이는 남한에서 의존 명사는 언제나 띄어 쓰고, 보조 용언은 띄기를 허용하는 입장과 차이를 보인다. 지금까지 살핀 북한에서의 띄어쓰기 규범의 변화를 의존 명사 및 보조 용언 처리 방법을 중심으로 표로 정리해 보면 다음과 같다.

〈14〉 북한의 띄어쓰기법의 원칙과 실례

기관	규범	단어별 띄기	의존 명사 붙이기	보조 용언 붙이기
조선 어문 연구회	《조선어 신철자법》(1950)	○		
조선어 및 조선 문학 연구소	《조선어 철자법》(1954)	○		
국어사정위원회	《조선말규범집》 〈띄여쓰기〉(1966)	○	○	○
국어사정위원회	《조선말규범집》 〈띄여쓰기〉(1988)	○	○	○
국어사정위원회	〈조선말 띄여쓰기규범〉(2000)	○	○	
국어사정위원회	〈조선말 띄여쓰기규정〉(2003)	○	○	○
국어사정위원회	《조선말규범집》 〈띄여쓰기규정〉 (2010)	○	○	○

17 북한의 《조선말규범집》(2010)에 나타난 〈띄여쓰기규정〉에서는 아래와 같이 총칙과 6개 항 내용을 다루고 있다.

〈총칙〉 단어를 단위로 띄여쓰는것을 원칙으로 하되 글을 읽고 리해하기 쉽게 일부 경우에는 붙여쓴다.

제1항. 토뒤의 단어나 품사가 서로 다른 단어는 띄여쓴다.

제2항. 하나의 대상이나 행동, 상태를 나타내는 말마디들은 토가 끼이였거나 품사가 달라도 붙여쓴다.

제3항. 고유한 대상의 이름은 붙여쓰되 마디를 이루면서 잇달리는것은 매 마디마디 띄여쓴다.

제4항. 수사는 백, 천, 만, 억, 조단위로 띄여쓰며 수사뒤에 오는 단위명사와 일부 명사는 붙여쓴다.

제5항 불완전명사(단위명사 포함)는 앞단어에 붙여쓰되 그뒤에 오는 단어는 띄여쓰는 것을 원칙으로 한다.

제6항 단어들사이의 맞물림관계를 고려하여 뜻을 리해하기 쉽게 띄어쓰기를 할수 있다.

5.4 나가기

지금까지 남북한 띄어쓰기 규범에 대하여 그 원칙을 살피고 구체적으로 실례를 통해서 원칙을 확인해 보았다. 특히 의존 명사와 보조 용언을 띌 것인지 붙일 것인지를 규정 항과 실례를 통해서 확인해 보는 방식으로 논의를 진행했다. 여기서 몇 가지 논의점들을 제시해 보고, 남북한의 띄어쓰기 동질성 회복 방안을 모색해 보도록 하겠다.

남북한 띄어쓰기의 원칙과 의존 명사 및 보조 용언 띄어쓰기 여부를 남북한 함께 표로 나타내면 〈15〉와 같다.

〈15〉는 남북한의 띄어쓰기의 원칙과 실례를 각 규정별로 정리해 본 것이다. 남한은 현 한글학회가 주도적으로 띄어쓰기 규정을 정해 왔고, 1988년에 들어서야 국가 차원에서 〈한글 맞춤법〉(1988)이 등장해서 지금 현재까지도 띄어쓰기 규정이 이를 따르고 있다. 국어국문학회에서 다른 입장으로 〈국어정서법안〉(1971)을 제시했으나, 단순히 학회안으로 실제 국어생활에서 사용되지는 못했다. 문교부의 〈한글 맞춤법〉(1988, 2014)도 그 세부 내용을 살펴보면 조선어학회의 〈한글 마춤법 통일안〉(1933)을 이은 한글학회의 〈한글 맞춤법〉(1980)을 대개 수용하고 있다. 띄어쓰기에서 보조 용언을 원칙으로는 띄어 쓰지만 붙여 쓰는 것도 허용하고 있어서 차이가 난다. 이는 보조 용언의 판별이 어려운 경우도 있겠고 국어국문학회의 〈국어정서법안〉(1971)도 그렇고 무엇보다 북한에서의 보조 용언을 붙여 쓰는 현황을 고려했을

18 북한의 띄어쓰기 규범은 모두 국가 차원에서 나온 것이라 할 수 있다. 《조선어 철자법》(1950)[1948 공포]이 '조선 어문 연구회' 이름으로 나왔지만 결국은 국가 차원의 것으로, 정확히 말하면 '조선민주주의인민공화국 과학원 조선어 및 조선문학연구소'로 판권이 나와 있다. 이하 1966년 규범부터는 모두 '조선민주주의인민공화국 국어사정위원회' 명의로 나왔다.

〈15〉 남북한의 띄어쓰기 규범의 원칙과 실제[18]

남한					북한				
기관	규범	원칙: 단어별 띄기	의존 명사 붙이기	보조 용언 붙이기	기관	규정	원칙: 단어별 띄기	의존 명사 붙이기	보조 용언 붙이기
조선어 학회	〈한글 마춤법 통일안〉(1933)	○	○	○	조선어 학회	〈한글 맞춤법 통일안〉(1946)	○		
조선어 학회	〈한글 맞춤법 통일안〉(1946)	○			조선 어문 연구회	《조선어 신철자법》(1950)	○		
한글 학회	〈한글 맞춤법 통일안〉(1958)	○			조선어 및 조선 문학 연구소	《조선어 철자법》(1954)	○		
국어 국문 학회	〈국어정서법안〉(1971)	○ (어절)	○	○	국어 사정 위원회	《조선말규범집》 〈띄여쓰기〉(1966)	○	○	○
한글 학회	〈한글 맞춤법〉(1980)	○			국어 사정 위원회	《조선말규범집》 〈띄여쓰기〉(1988)	○	○	○
문교부	〈한글 맞춤법〉(1988)	○		△	국어 사정 위원회	〈조선말 띄여쓰기 규범〉(2000)	○	○	
					국어 사정 위원회	〈조선말 띄여쓰기 규정〉(2003)	○	○	○
					국어 사정 위원회	《조선말규범집》 〈띄여쓰기 규정〉(2010)	○	○	○

수도 있다.

북한도 조선어학회의 〈한글 마춤법 통일안〉(1933)을 기본 맞춤법으로 삼고 있다고 할 수 있다. 광복 직후에는 남한과 동일한 띄어쓰기 방식을 따랐으나 1966년 《조선말규범집》 때부터는 최소한 띄어쓰기법에 관한 한 1933년 조선어학회의 것을 따르고 있다. 즉 의존 명사와 보조 용언을 앞 말에 붙여 쓰는 규정을 지니고 있다. 〈조선말 띄여쓰기규범〉(2000)에서만 보조 용언을 띄어 쓰는 방식을 제시했으나, 3년 뒤 다시 본래 붙여 쓰는 방식으로 돌아갔다.

앞서 〈3〉과 〈4〉에서 단어별 띄어쓰기를 원칙으로 제시하고 있으나, 실제로는 토를 앞 말에 붙여 쓰는 방식을 택하고 있기 때문에 결국 어절별로 띄어 쓴다고 규정하고 있는 셈이다. 이를 반영하여 남한의 〈국어정서법안〉(1971)에서는 아예 어절별로 띄어 쓴다고 원칙을 제시하고 있다.

결국 현재 남한과 북한은 띄어쓰기 원칙은 거의 같다고 말할 수 있다. 단지 대개 의존 명사와 보조 용언을 띄어 쓰느냐 붙여 쓰느냐의 차이만 있을 뿐이다.[19] 이 두 가지 문법 범주는 추상성이라는 자질로 인해서 다른 범주들과 차이가 있다. 이런 이유로 일찍이 조선어학회의 〈한글 마춤법 통일안〉(1933)에서 이들을 앞 말에 붙여 썼었다. 북한은 이를 그대로 따르고 있음에 비해서 남한은 그러지 않고 있다.

이러한 차이는 결국 이론을 따를 것인지 아니면 실용을 따를 것인지의 문제라 할 수 있다. 띄어쓰기 규정의 존재 이유를 생각해 보면 답은 나와 있는 듯하다. 이론적으로 보조 용언인지 아닌지 구분하기도 어렵고, 또 지나친 띄어쓰기가 경제적 및 사회적 부담을 준다는 것을 생각해 보면, 실용적 방식인 붙여쓰기를 따르는 것이 낫지 않나 싶다. 그렇게 하는 것이 1933년 맨 처음 한글 맞춤법 통일안 규정이 나온 이유를 따르는 것이기도 하다.

19 그렇다고 해서 남북이 다른 띄어쓰기 내용이 모두 같다는 것은 아니다. 예를 들면 명사와 명사가 이어질 때 남한은 단어별로 띄지만 북한은 붙여 쓰는 차이가 있다.

제6장

남북한 문장 부호법의 변천과 과제

6.1 들어가기

사전적 정의에 따르면, 문장 부호는 글에서 문장의 구조를 잘 드러내거나 글쓴이의 의도를 쉽게 전달하기 위하여 쓰는 여러 가지 부호를 가리킨다. 흔히 글점이니 월점이니 하면서 마침표(.), 물음표(?), 느낌표(!)처럼 주로 문어로서의 문장에서 사용하는 부호인 것이다(〈1ㄱ〉). 이러한 문장 부호의 개념은 2014년에 나온 현행 남한의 문장 부호법을 설명하는 총칙에서도 그대로 나타난다(〈1ㄴ〉). 개별 문장 부호의 이름과 사용법을 문장 부호 규정에서 구체적으로 제시하는 데서도 이를 알 수 있다.

〈1〉 문장 부호의 개념 및 기능

ㄱ. 문장 부호: 글에서 문장의 구조를 잘 드러내거나 글쓴이의 의도를 쉽게 전달하기 위하여 쓰는 여러 가지 부호. '.', '?', '!', ',', ':' 따위가 있다.≒글점, 월점.

《표준국어대사전》

ㄴ. 문장 부호는 글에서 문장의 구조를 드러내거나 글쓴이의 의도를 전달하기 위하여 사용하는 부호이다. 문장 부호의 이름과 사용법은 다음과 같이 정한다.

〈한글 맞춤법〉(2014)

ㄷ. 조선말의 문장부호는 문장들, 문장안의 각 단위들을 뜻과 기능에 따라 갈라주기 위하여 친다.

《조선말규범집》(2010)

ㄹ. 문장부호법: 구두법의 북한어

《우리말샘》

구두법(句讀法): 글을 쓸 때 문장 부호를 쓰는 방법.≒구두, 월점치기.

《표준국어대사전》

북한에서도 문장 부호의 개념은 남한과 유사하다. 〈1ㄷ〉에서 보듯이 문장 부호는 문장들 각각은 물론이고 문장 안의 각 단위들을 뜻과 기능에 따라서 보여 주는 역할을 한다. 기본적으로 구어보다는 문어 문장 차원에서 문장 부호를 다루게 되는데, 이때 문장 안에서뿐만이 아니라 문장들 간의 관계 차원에서도 문장 부호를 바라보게 된다.

한편 북한에서는 어문 규범 가운데 '문장부호법'이라 하여 따로 설정을 하면서, 문장 부호를 중요시하고 있다. 남한의 사전에서 '문장부호법'을 표제어로 제시하면서 '구두법의 북한어'라고 설명하고 있다(〈1ㄹ〉). 나아가 구두법(句讀法)은 '글을 쓸 때 문장 부호를 쓰는 방법'이라고 문어 차원에서 언급하고 있다.

요컨대 문장 부호는 글을 쓸 경우 필자의 생각을 드러낼 때 필요하며 반대로 독자가 글을 읽을 때 필자의 의도를 정확히 이해할 때도 필요하다고 할 수 있다. 즉 문장의 의미를 더하거나 이해를 용이하게 하기 위해서 사용되는 보조적인 도구가 바로 문장 부호라고 할 수 있을 것이다.[1]

조선어학회에서 문장 부호를 제시한 것은 1933년 〈한글 마춤법 통일안〉부터이다. 〈2〉에서 보듯이 1933년에는 '문장 부호'로, 개정 시기인 1940년에는 '符號'로 문장 부호가 부록으로 제시됐다. 1933년에는 16개, 1940년에는 39개로 그 숫자 차이가 있기는 했지만 남북한 분단 현상 자체가 없었다.

〈2〉 조선어학회의 한글 맞춤법 통일안 차례

〈한글 마춤법 통일안〉(1933)	**〈한글 맞춤법 통일안〉**(1940)	**〈한글 맞춤법 통일안〉**(1946)
總論	總論	총론
各論	各論	각론
第一章 字母	第一章 字母	제1장 자모
第二章 聲音에 關한것	第二章 聲音에 關한것	제2장 성음에 관한 것
第三章 文法에 關한것	第三章 文法에 關한것	제3장 문법에 관한 것
第四章 漢字語	第四章 漢字語	제4장 한자어
第五章 略語	第五章 略語	제5장 준말
第六章 外來語 表記	第六章 外來語 表記	제6장 외래어 표기
第七章 띄어쓰기	第七章 띄어 쓰기	제7장 띄어 쓰기
附錄 一. 標準語	附錄 一. 標準語	부록 1. 표준말
二. 文章 符號	二. 符號	2. 부호
* 부호 16개	* 부호 39개	* 부호 39개

1945년에 광복이 되면서 남과 북은 물리적으로 분단이 됐다. 그러나 남한에서는 물론 북한에서도 광복 후 일정 시기 동안에는 동일한

1 이관규(2010: 12)에서는 문장 부호에 대해서 "현재 문장을 표현하는 데 두루 사용되며, 문장의 의미를 더하거나 이해를 용이하게 하는 문장 내의 보조적인 표기 수단"이라고 말하고 있다. 표현의 측면과 이해의 측면을 모두 아울러서 문장 부호를 바라보아야 한다는 것이다.

한글 맞춤법 통일안을 사용했다. 광복 후 조선어학회에서 〈2〉에서처럼 〈한글 맞춤법 통일안〉을 한글판으로 내었는데, 그 내용은 1940년 것과 동일했다. 문장 부호도 역시 부록으로 '부호'라는 이름으로 들어갔는데, 동일한 39개였다. 남북한 문장 부호가 차이 나기 시작한 것은 북한에서 《조선어 신철자법》(1950)[1948 공포]이 등장하면서부터이다.

이 글에서는 남북한 문장 부호법이 어떻게 제도적으로 변천해 왔는지 이질성과 함께 동질성 회복에 초점을 두고서 논의를 전개해 나가도록 한다.

6.2 남한 문장 부호법의 변천

6.2.1 남한 문장 부호법의 변천

남한의 문장 부호는 1933년 조선어학회에서 발표한 〈한글 마춤법 통일안〉의 '부록2 문장 부호' 규정에 그 뿌리를 두고 있다. 조선어학회에서는 맞춤법 규정이 몇 차례 변화가 있었지만, 한글학회로 명칭이 바뀐 이후 나온 학회의 최종 〈한글 맞춤법〉(1980)에서는 문장 부호 규정이 사라졌다.[2] 대신에 국가 차원에서 등장한 〈한글 맞춤법〉(1988, 2014)에서도 역시 부록 차원에서 '문장 부호'라는 이름으로 현재 존재하고 있다.

2 한글학회의 최종안인 〈한글 맞춤법〉(1980)에서는 다음과 같이 차례를 제시하고 있다. 즉 문장 부호에 대한 내용은 사라졌다.

총론

각론 제1장 글자 제2장 소리 제3장 말본 제4장 준말 제5장 띄어쓰기

[붙임] 1. 받침의 보기 2. 낱말 찾아보기 3. 낱말 만들기 일람표

〈3〉 남한 문장 부호법의 변천 양상(민현식, 1999: 251-256 참조)

ㄱ. 조선어학회(1933), 附錄2 文章 符號, 〈한글 마춤법 통일안〉

조선어학회(1940, 1946), 부록2 符號, 〈한글 맞춤법 통일안〉

한글학회(1980), 〈한글 맞춤법〉에서 '문장 부호' 사항이 사라짐

ㄴ. 문교부(1964), 〈교정편람〉

문교부(1969), 〈한글전용편람〉

ㄷ. 문교부(1988), 〈한글 맞춤법〉 부록—문장 부호

ㄹ. 문화체육관광부(2014), 〈한글 맞춤법(일부 개정안)〉 고시('문장 부호' 개정)

본래 한글 표기는 세로쓰기, 즉 종서(縱書)로 해 왔었다. 그리하여 〈한글 마춤법 통일안〉(1933)(〈2〉)에서는 16개의 종서용 문장 부호만 제시됐다. 그러다가 〈한글 맞춤법 통일안〉(1940, 1946)에 와서는 39개의 가로쓰기, 즉 횡서(橫書)와 종서용 문장 부호를 둘 다 제시했다.

국가 차원에서는 공식적으로 일반에 발표된 〈한글 맞춤법〉(1988) 이전에 문교부 내부 차원에서 소위 〈교정편람〉이라 하여 횡서용 문장 부호 13개를 정해서 사용했다. 이것이 공신력을 가질 수는 없는 것이고 1988년에 와서야 〈한글 맞춤법〉(1988)이 제정 및 공포됐고, 그곳의 부록에서 '문장 부호'라는 이름으로 19개의 문장 부호가 제시됐다. 여기서는 대부분 가로쓰기, 곧 횡서용 문장 부호가 제시됐고, 특별히 필요할 때, 예컨대 고리점(°), 모점(´), 겹낫표(『 』), 낫표(「 」) 같은 종서용 문장 부호가 제시됐다. 즉 가로쓰기가 원칙, 세로쓰기가 허용인 셈

이다. 이때의 19개 문장 부호는 7개 대분류, 곧 '마침표, 쉼표, 따옴표, 묶음표, 이음표, 드러냄표, 안드러냄표'로 구분했다.

그러다가 국가 차원에서 현행 〈한글 맞춤법〉(2014)이 공포됐고 역시 부록으로 '문장 부호'가 21개 설정됐다. 이때는 대분류 소분류의 이원체계가 아니라 그냥 일원체계로 '마침표, 물음표, 느낌표, 쉼표, 가운뎃점, 쌍점, 빗금, 큰따옴표, 작은따옴표, 소괄호, 중괄호, 대괄호, 겹낫표(겹화살괄호), 홑낫표(홑화살괄호), 줄표, 붙임표, 물결표, 드러냄표(밑줄), 숨김표, 빠짐표, 줄임표' 21개가 제시됐다. 이것들은 온전히 가로쓰기를 전제한 문장 부호들이다.

요컨대, 남한의 문장 부호의 변천을 통해 본 일반적 사항은 다음과 같다. 첫째, 세로쓰기에서 가로쓰기에 적합한 문장 부호로 바뀌었다. 둘째, 맨 처음에는 문장 부호의 이름도 없었으나 명칭을 부여받고 고유어 중심의 쉬운 이름으로 변화했다. 셋째, 문장 부호의 숫자가 적절하게 필요한 숫자로 정해지는 경향이 있다. 넷째, 최근의 2014년 문장 부호가 일원체제로 됐지만, 근본적으로 내용상 범주 차이들로 묶일 수 있는 것들이 있고, 문장 부호의 중요도가 반영되지 못하는 문제는 여전히 존재한다.

6.2.2 남한 문장 부호들의 명칭과 종류

앞에서 남한 문장 부호들의 일반적인 사항들에 대하여 개관하여 보았다. 여기서는 각 시기별 구체적인 문장 부호들의 명칭과 유형을 살피도록 한다.

〈4〉 조선어학회(1933, 1940)의 문장 부호

ㄱ. 〈한글 마춤법 통일안〉(1933) '문장 부호'

1. 。 2. · 3. 、 4. : 5. ; 6. 『 』 7. 「 」 8. ! 9. ? 10. ‖ 11. — 12. - -
13. …… 이 밖에도 ( ) [ ] { } 등 14. 고유명사 표시(좌방 단선, 횡서 하선)
15. 첩용 표시할 적, 종서는 〃, 횡서는 V 16. 장음표는 두 점을 왼쪽에 찍음.

ㄴ. 〈한글 맞춤법 통일안〉(1940) '부호'

1. 마침표(終止符) . (온점) 。(고리점)
2. 그침표(中止符) : (포갤점) ·· (쌍점)
3. 머무름표(停留符) ; (포갤꽁지점)(쌍모점)
4. 쉬는표(休息符) , (꽁지점) 、(모점)
5. 물음표 ?
6. 느낌표(感歎符) !
7. 따옴표(引用符) " " (게발톱점) 『 』(겹낱표)
8. 작은따옴표(內引用符) ' ' (새발톱점) 「 」(낫표)
9. 붙임표(接合符) - (외줄붙임표) ‖ (쌍줄붙임표)
10. 긴소리표(長音符) — (머리ㅅ줄) : (왼덧점)
11. 홀ㅅ이름표(固有名詞符) _ (밑줄) | (왼덧줄)
12. 드러냄표 。• (동그라미, 검정동그라미) 줄 。•、(모점)
13. 떼냄표(切去符) - (반토막)
14. 도로씀표(襲用符) - (온토막)
15. 동안표(引續符) - (줄표)
16. 말바꿈표(換言符) — (줄표)
17. 풀이표(解釋符) - - (맞줄표)
18. 줄임표(省略符) … (종종이)
19. 말없음표(無言符) …… (점줄)
20. 방향표(方向符) → (화살표)
21. 같음표(等標) == (쌍줄표)
22. 큰말표(大語符) 〈 (가랑이표)
23. 작은말표(小語符) 〉(거꿀가랑이표)
24. 보탬표(加票) + (십자표)
25. 빠짐표(缺字符) × (가새표)
26. 숨김표(隱置符) ○○ (공공)
27. 자거듭표(疊字符) こ (가로겹자점) ‖ (내리겹자점)
28. 말거듭표(疊語符) V (개미허리)
29. 가지런표(同上符))) (꼬불쌍점)
30. 지움표(抹消符) ㄱ (꺾자)
31. 거침표(經由符) √ (치질꺾자)
32. 끼움표(挿入符) ∧ (가로끼움표) 〈 (세로끼움표)
33. 백분표(百分符) % (쌍방울표)
34. 낱값표(單價符) @ (동그람에이)
35. 도ㅅ수표(度數符) ° (어깨고리점) ′ (빗점) ″ (쌍빗점)
36. 고로표(歸結符) ∴ (삼발점)
37. 까닭표(理由符) ∵ (거꿀삼발점)
38. 각설표(却說符) § (갈구리표) ○ (큰동그라미)
39. 묶음표(括弧) ( ) (손톱묶음) (( )) (겹손톱묶음) { } (활짱묶음) [ ] (꺽쇠묶음)

〈4ㄱ〉은 1933년 조선어학회에서 낸 〈한글 마춤법 통일안〉의 부록에 제시된 문장 부호들이다. 전체 16개 제시됐는데, 문장 부호만 나와 있고 명칭은 제시되어 있지 않다. 전술한 바, 세로쓰기, 즉 종서용으로 제시됐고, 특이한 것은 10번의 '‖' 부호인데 "單語의 中絶된것을 나타낼적에 쓴다"라고 설명이 되어 있다. 14번의 "固有名詞를 標示하고저 할적에는 縱書에서는 左傍에 單線을 긋고, 橫書에서는 下線을 긋는다"라 하여 고유명사를 따로 표시하는 방법을 제시하고 있다. 16번의 장음표로 두 점을 왼쪽에 찍는 것은 과거 사성점을 연상시킨다. 〈4ㄴ〉에서 마침표로 온점(.)과 고리점(°)이 제시되어 있다. 이때 앞은 가로쓰기용, 뒤는 세로쓰기용이다. 이하 마찬가지이며, 하나만 제시된 것은 통용이다. 따라서 〈4ㄴ〉에서 세로쓰기용으로만 쓰이는 것은 °(고리점), ··(쌍점), ˊ(모점), 『 』(겹낱표), 「 」(낫표), ∥(쌍줄붙임표), :(윈덧점), ∘ •(모점), ‖ (내리겹자점), 〈 (세로끼움표), ′ (빗점), ″ (쌍빗점), ○ (큰동그라미), { } (활짱묶음), [ ] (꺽쇠묶음) 등이다.

7년이 지난 1940년에 와서 조선어학회에서는 〈한글 맞춤법 통일안〉(1940)으로 개정하는데, 이때도 부록에다가 '符號'라 하여 문장 부호를 39개나 제정한다. 이때는 고유어와 한자어 명칭을 하나하나 제시하고 있다. 이들 가운데 지금도 사용되고 있는 '1. 마침표(終止符), 2. 그침표(中止符), 4. 쉬는표(休息符), 5. 물음표(疑問符), 6. 느낌표(感歎符), 7. 따옴표(引用符), 8. 작은따옴표, 9. 붙임표(接合符), 12. 드러냄표(特示符), 16. 말바꿈표(換言符), 25. 빠짐표(缺字符), 26. 숨김표(隱置符)' 등이 제시되어 있고 나머지 것들은 현재는 자주 사용되지 않는다. '37. 까닭표(理由符)(∵ 거꿀삼발점), 38. 각설표(却說符)(§ 갈구리표 ○ 큰동그라미)' 같은 것들은 문장 부호라기보다는 일종의 기호로 보인다.[3]

현대적 의미에서 문장 부호들이 구체적으로 등장하게 된 것은 문교부 자체에서 사용되어 제작한 〈교정편람〉(1964)부터이다. 이때부터 가로쓰기 차원에서 문장 부호가 실용성 있게 쓰이기 시작한다. 1964년 13개, 1988년 17개, 2014년 21개로 문장 부호가 제정된다. 이

---

3 〈4ㄴ〉에서는 이들 39개 문장 부호 이외에 "인쇄상에서 시각상 주의를 끌기 위하거나, 무슨 구별을 보이기 위하거나, 또는 여러 가지 필요로 아래와 같은 부호들을 사용한다"라고 하면서 제시하고 있다. 그러나 이것들은 문장 부호라기보다는 일종의 특수 기호라고 보는 게 적절할 듯하다.

제 이것들을 중심으로 하여 도표를 통해서 남한 문장 부호들의 변천 양상을 부호와 명칭 차원에서 살피도록 한다.[4]

〈5〉 남한 문장 부호법의 변천 양상 1*

ㄱ	ㄴ	ㄷ	ㄹ	ㅁ
1933년	1940년, 1946년	1964년	1988년	2014년
부호 16개	부호 39개	부호 13개	부호 17개	부호 21개
〈한글 마춤법 통일안〉 '문장 부호'(종서)	〈(개정한) 한글 맞춤법 통일안〉 '부호'(종서+횡서)	〈교정편람〉(횡서)	〈한글 맞춤법〉 '문장 부호' (횡서+종서(일부))	〈한글 맞춤법〉 '문장 부호' (횡서)
			I. 마침표[終止符]	
1. 。	1. 마침표(終止符) .(온점) 。(고리점)	(2) 마침표(終止符)	1. 온점 (.), 고리점 (。)	1. 마침표 (.)
9. ?	5. 물음표(疑問符) ?	(6)물음표(疑問符)	2. 물음표 (?)	2. 물음표 (?)
8. !	6. 느낌표(感歎符) !	(7)느낌표(감탄부)	3. 느낌표 (!)	3. 느낌표 (!)
			II. 쉼표[休止符]	
3. 、	4. 쉬는표(休息符) ,(꽁지점) 、(모점)	(1)쉼표(休止符)	1. 반점 (,), 모점 (、)	4. 쉼표 (,)
2. ·		(3)가운뎃점(同位符)	2. 가운뎃점 (·)	5. 가운뎃점 (·)
4. :	2. 그침표(中止符) :(포갤점) ‥(쌍점)	(4)쌍점(中止符)	3. 쌍점 (:)	6. 쌍점 (:)
5. ;	3. 머무름표(停留符) ;(포갤꽁지점)(쌍모점)	(5)쌍반점(停留符)		
			4. 빗금 (/)	7. 빗금 (/)
			III. 따옴표[引用符]	
6. 『 』	7. 따옴표(引用符) " "(게발톱점) 『 』(겹낫)	(9)따옴표(引用符)	1. 큰따옴표 (" "), 겹낫표 (『 』)	8. 큰따옴표 (" ")
7. 「 」	8. 작은따옴표(內引用符) ' '(새발톱점) 「 」(낫표)	(10)작은따옴표	2. 작은따옴표 (' '), 낫표 (「 」)	9. 작은따옴표 (' ')

4 〈5〉에는 1940년에 발표된 〈4ㄴ〉의 39개 문장 부호 가운데 13~15, 19~24, 28~38의 것은 표시하지 않았다. 현재 거의 사용되지 않고 있기 때문이다.

			Ⅳ. 묶음표[括弧符]	
	39. 묶음표(括弧) ( ) (손톱묶음) (( )) (겹손톱묶음) { } (활짱묶음) [ ] (꺽쇠묶음)	(13)괄호	1. 소괄호 (( ))	10. 소괄호 (( ))
			2. 중괄호 ({ })	11. 중괄호 ({ })
			3. 대괄호 ([ ])	12. 대괄호 ([ ])
			〈신설〉	13. 겹낫표 (『 』)와 겹화살괄호 (《 》)
			〈신설〉	14. 홑낫표 (「 」)와 홑화살괄호 (〈 〉)
10. ‖ 단어의 중절 나타냄				
			Ⅴ. 이음표[連結符]	
11. —	16. 말바꿈표(換言符) — (줄표)	(8)줄표(換言符)	1. 줄표 (—)	15. 줄표 (—)
12. - -	9. 붙임표(接合符) -(외줄붙임표) ‖ (쌍줄붙임표) 17. 풀이표(解釋符) - - (맞출표)	(11)붙임표(接合符)	2. 붙임표 (-)	16. 붙임표 (-)
			3. 물결표 (~)	17. 물결표 (~)
			Ⅵ. 드러냄표[顯在符]	
	12. 드러냄표(特示符) 。• (동그라미, 검정동그라미) 줄 。 • 、(모점)		1. 드러냄표 (˙, °)	18. 드러냄표 (˙) 와 밑줄 (__)
			Ⅶ.안드러냄표[潛在符]	
	26. 숨김표(隱置符) ㅇㅇ (공공)		1. 숨김표 (××, ㅇㅇ)	19. 숨김표 (ㅇ, ×)
	25. 빠짐표(缺字符) × (가새표)		2. 빠짐표 (ㅁ)	20. 빠짐표 (ㅁ)
13. …… 이밖에도 ( ) [ ] { } 등	18. 줄임표(省略符) … (종종이)		3. 줄임표 (……)	21. 줄임표 (……)
14. 고유명사 표시. 종서 좌방에 단선, 횡서에서 하선 긋기	11. 홑ㅅ이름표(固有名詞符) _ (밑줄) ㅣ (왼덧줄)	(12)밑줄(固有名詞符)		
15. 첩용 표시할 적, 종서는〃, 횡서는 ∨	27. 자거듭표(疊字符) ニ (가로겹자점) ‖ (내리겹자점)			

16. 장음표는 두 점을 왼쪽에 찍음.	10. 긴소리표(長音符) ― (머리ㅅ줄) : (왼덧점)			

* 문장부호의 일련번호는 'ㅁ 2014년'을 기준으로 배치했으며, 이 도표를 작성하는 데에는 민현식(1999: 251-256)의 도표에서 많은 도움을 받았다.

〈5〉는 최근 2014년 〈한글 맞춤법〉의 '문장 부호'를 기준으로 하여 순서대로 번호를 붙여 나열한 표이다. 다른 네 시기의 문장 부호 번호는 각각 문장 부호법에서 제시된 순서를 나타낸다. 현대 국어 시기에 실제로 〈5ㅁ〉의 이 21가지 문장 부호 이외에는 거의 사용되지 않는다. 이들 가운데 〈5ㄴ〉은 부호와 기호가 혼재되어 있으며, 실제 사용되지 않는 것들이 많이 있다. 〈5ㄷ〉은 실용성은 있지만 공식적인 문서가 아닌 자체 교정편람용이라는 점에서 차이가 있다. 〈5ㄱ〉이 실용성 있는 것이긴 했지만, 부호의 명칭도 없고 14, 15, 16 같은 경우는 실용성이 결여됐다는 점에서 다른 것들과 차이가 있다.

결국 〈5ㄹ〉과 〈5ㅁ〉이 공식성과 실제성에서 주목된다. 〈5ㄹ〉은 종서와 횡서 이원체제를 갖추고 있고 〈5ㅁ〉은 횡서 일원체제로 이루어졌다는 점이 큰 차이이다. 즉 〈5ㄹ〉은 '마침표, 쉼표, 따옴표, 묶음표, 이음표, 드러냄표, 안드러냄표' 7가지 상위분류를 해서, 문장 부호가 지니는 의미적 용법을 드러내고 있다. 그러다 보니 마침표 속에 '온점, 물음표, 느낌표', 쉼표 속에 '반점, 가운뎃점, 쌍점' 등이 들어가게 되어 형태적인 면과 의미적인 면이 혼용되는 결과가 나타났다. 실제로 '온점, 반점'이라는 명칭은 일상 언어생활에서 잘 사용되지도 않는데, 이름으로만 들어가서 형태적인 측면이 없지 않다. 이런 점들을 고려하여 2014년 규정에서는 〈5ㅁ〉에서처럼 일원체제로 제시를 하고 있다. 물론 〈5ㅁ〉의 문장 부호들도 형태적인 면과 의미적인 면이 명칭과 내용에서 섞여 있긴 하다.[5]

〈6〉 남한 문장 부호법의 변천 양상 2

	ㄱ	ㄴ	ㄷ	ㄹ	ㅁ
	1933년	1940년, 1946년	1964년	1988년	2014년
	부호 16개	부호 39개	부호 13개	부호 17개	부호 21개
5회	1. 。	2. 마침표(終止符) . (온점) 。(고리점)	(2) 마침표(終止符)	1. 온점 (.), 고리점 (。)	1. 마침표 (.)
	9. ?	5. 물음표 ?	(6)물음표(疑問符)	2. 물음표 (?)	2. 물음표 (?)
	8. !	6. 느낌표(感歎符) !	(7)느낌표(감탄부)	3. 느낌표 (!)	3. 느낌표 (!)
	3. 、	4. 쉬는표(休息符) , (꽁지점) 、(모점)	(1)쉼표(休止符)	1. 반점 (,), 모점 (、)	4. 쉼표 (,)
	4. :	2. 그침표(中止符) : (포갤점) ‥ (쌍점)	(4)쌍점(中止符)	3. 쌍점 (:)	6. 쌍점 (:)
	6. 『 』	7. 따옴표(引用符) " " (게발톱점) 『 』(겹낱표)	(9)따옴표(引用符)	1. 큰따옴표 (" "), 겹낫표 (『 』)	8. 큰따옴표 (" ")
	7. 「 」	8. 작은따옴표(內引用符) ' '(새발톱점) 「 」(낫표)	(10)작은따옴표	2. 작은따옴표 (' '), 낫표 (「 」)	9. 작은따옴표 (' ')
	11. —	16. 말바꿈표(換言符) — (줄표)	(8)줄표(換言符)	1. 줄표 (—)	15. 줄표 (—)
	12. - -	9. 붙임표(接合符) - (외줄붙임표) ‖ (쌍줄붙임표) 17. 풀이표(解釋符) - - (맞줄표)	(11)붙임표(接合符)	2. 붙임표 (-)	16. 붙임표 (-)
4회	2. ·		(3)가운뎃점(同位符)	2. 가운뎃점 (·)	5. 가운뎃점 (·)
	13. …… 이 밖에도 ( )〔 〕{ } 등	18. 줄임표(省略符) … (종종이)		3. 줄임표 (……)	21. 줄임표 (……)
		39. 묶음표(括弧) ( ) (손톱묶음) (( )) (겹손톱묶음) { } (활짱묶음) [ ] (꺽쇠묶음)	(13)괄호	1. 소괄호 (( ))	10. 소괄호 (( ))

3회	5. ;	3. 머무름표(停留符) ; (포갤꽁지점)(쌍모점)	(5)쌍반점(停留符)		
		12. 드러냄표 。• (동그라미, 검정동그라미) 줄 。•、(모점)		1. 드러냄표 (˙, ˚)	18. 드러냄표 (˙)와 밑줄 (__)
		26. 숨김표(隱置符) ○○ (공공)		1. 숨김표 (××, ○○)	19. 숨김표 (○, ×)
		25. 빠짐표(缺字符) × (가새표)		2. 빠짐표 (□)	20. 빠짐표 (□)
	14. 고유명사 표시 종서 좌방에 단선, 횡서에서 하선 긋기	11. 홑ㅅ이름표(固有名詞符) _ (밑줄) │ (왼덧줄)	(12)밑줄(固有名詞符)		
2회		2. 중괄호 ({ })	11. 중괄호 ({ })		
		3. 대괄호 ([ ])	12. 대괄호 ([ ])		
				3. 물결표 (~)	17. 물결표 (~)
				4. 빗금 (/)	7. 빗금 (/)
	15. 첩용 표시할 적, 종서는〃, 횡서는 V	27. 자거듭표(疊字符) ㄷ (가로겹자점) ‖ (내리겹자점)			
	16. 장음표는 두 점을 왼쪽에 찍음.	10. 긴소리표(長音符) ― (머리ㅅ줄) : (왼덧점)			
1회				〈신설〉	13. 겹낫표(『 』)와 겹화살괄호(≪ ≫)
				〈신설〉	14. 홑낫표(「 」)와 홑화살괄호(〈 〉)

현행 21개 문장 부호를 기준으로 하여 지금까지의 다섯 차례에 걸친 문장 부호법의 변천 가운데 해당 횟수를 정리해 보면 〈6〉과 같다. 〈6ㄱ~ㅁ〉 다섯 차례 가운데 5번 모두 등장한 문장 부호는 마침표(.),

5 6.3에서 살펴보겠지만, 북한에서는 지금도 그렇고 변천 과정에서도 그렇고 언제나 일원체제로 되어 있었다.

물음표(?), 느낌표(!), 쉼표(,), 쌍점(:), 큰따옴표(“ ”), 작은따옴표(‘ ’), 줄표(—), 붙임표(–) 총 9개이다. 이 가운데 ‘큰따옴표’와 ‘작은따옴표’는 ‘따옴표’로 묶을 수 있다. 4번 등장한 문장 부호는 가운뎃점(·), 줄임표(……), 소괄호(( )) 총 3개인데, ‘소괄호’는 그냥 ‘괄호’로 명명해서 그 안에 속칭 ‘중괄호({ })’와 ‘대괄호([ ])’도 포함할 수 있다고 본다.

3번 등장한 문장 부호는 〈6ㅁ〉의 드러냄표(˙), 숨김표(○, ×), 빠짐표(□), 〈6ㄷ〉의 쌍반점(;)과 밑줄(고유명사부) 총 5개이다. 이 중 숨김표와 빠짐표는 하나로 묶어서 ‘빠짐표(○, ×, □)’로 명명할 수 있다고 본다. 숨기려고 빼뜨린 것이나 어쩌다 빠진 것이나 결과는 마찬가지이기 때문이다. ‘쌍반점(;)’은 〈6ㅁ〉에는 없지만 서구에서는 일반화된 문장 부호이다. 여러 항목을 나열한 다음에 그것들을 다시 분류할 때 사용할 수 있어서 설정이 필요하다고 본다.[6] 한편 〈6ㄷ〉의 밑줄(고유명사부)은 〈6ㄱ〉과 〈6ㄴ〉에서도 제시되어 있다. 고유명사를 분명히 나타낼 때 사용하는 밑줄이긴 하지만, 한국어 표기에서 굳이 필요하지 않다고 본다. 이런 의미에서 〈6ㄹ, ㅁ〉에서도 제외됐던 것으로 이해된다.

2번 등장한 문장 부호는 〈6ㅁ〉의 물결표(~)와 빗금(/), 〈6ㄴ, ㄷ〉의 중괄호({ })와 대괄호([ ]), 〈6ㄱ, ㄴ〉의 자거듭표(疊字符)와 긴소리표(長音符)로 총 6개이다. 이들 가운데 중괄호와 대괄호는 전술한바 소괄호와 함께 ‘괄호’로 묶일 수 있다고 본다. ‘자거듭표’는 일종의 기호이고 ‘긴소리표’는 장음을 나타내는 것이라서 현대 국어 표시에서는 사

6 이관규 외(2010)에서는 국내외 문장 부호의 현황을 조사한 바 있다. 거기서 특히 영어권에서는 반두점(;)을 매우 중요한 문장 부호로 사용하고 있는 것을 확인한 바 있으며, 한국어 문장 부호로도 설정할 필요성을 제시한 바 있다.

용 안 한다. 이런 이유로 〈6ㄷ, ㄹ, ㅁ〉에서도 설정하고 있지 않다.

1회만 나타난 문장 부호는 〈6ㅁ〉에서 보듯이 겹낫표(『 』)와 겹화살괄호(《 》), 홑낫표(「 」)와 홑화살괄호(〈 〉) 이렇게 총 2개이다. 겹낫표와 겹화살표는 함께 쓸 수 있고, 홑낫표와 홑화살괄호도 함께 쓸 수 있다는 뜻을 갖고 있다. 이것들은 앞에서 나온 '큰따옴표'와 '작은따옴표'와 함께 그냥 '따옴표'라고 명명할 수 있다고 본다. 실제로 〈6ㄴ〉에서 '따옴표(引用符)' 부호로 '" "(게발톱점)'과 '『 』(겹낱표)'를 사용하기도 했다.[7]

요컨대, 〈6〉에 나타난 문장 부호는 '마침표(.), 물음표(?), 느낌표(!), 쉼표(,), 쌍점(:), 따옴표[큰따옴표(" ", 『 』, 《 》)와 작은따옴표(' ', 「 」, 〈 〉)], 줄표(—), 붙임표(-), 가운뎃점(·), 줄임표(……), 괄호[소괄호(( )), 중괄호({ }), 대괄호([ ])], 드러냄표(˙), 빠짐표(□), 쌍반점(;), 물결표(~), 빗금(/)' 이렇게 총 16개를 선정할 수 있다고 본다.[8]

6.3 북한 문장 부호법의 변천

6.3.1 북한 문장 부호법의 변천

북한의 문장 부호는 근본적으로 남한의 문장 부호와 기원을 같이 한다. 그것은 북한의 어문 규범을 총괄하던 학자들이 일제 강점기 조선

---

7 국어학계 및 국어교육학계에서는 참고문헌을 작성할 때 논문은 ' ', 「 」, 〈 〉 표시를 사용하고, 저서는 " ", 『 』, 《 》 표시를 사용하곤 한다.

8 이것들은 명칭이 내용을 담은 것과 형식을 담은 것으로 또 나눌 수 있다. 엄격히 한다면 하나의 일관된 기준으로 명명하는 게 옳을 것이나 그에 대해서는 다른 글에서 다루기로 한다.

어학회에서 활동하던 김두봉, 이극로 등 주요 사람들이기 때문이다. 조선어학회의 〈한글 마춤법 통일안〉(1933)을 기본으로 하고 1940년에 개정되어 나온 〈한글 맞춤법 통일안〉(1940, 1946)이 북한에서도 그대로 사용됐다. 북한의 문장 부호법 변천 양상은 다음과 같다.

〈7〉 북한 문장 부호법의 변천 양상 1

ㄱ. 조선어학회(1933),附錄2 文章 符號, 〈한글 마춤법 통일안〉

ㄴ. 조선어학회(1940. 1946),부록2 부호, 〈(개정한) 한글 맞춤법 통일안〉

ㄷ. 조선 어문 연구회(1950)[9], 第5章 第2節 符號,《조선어 신철자법》

ㄹ. 조선어 및 조선문학연구소(1954),제8장 문장 부호,《조선어 철자법》

ㅁ. 국어사정위원회(1966), 〈문장부호법〉,《조선말규범집》

ㅂ. 국어사정위원회(1988), 〈문장부호법〉,《조선말규범집》

ㅅ. 국어사정위원회(2010), 〈문장부호법〉,《조선말규범집》

북한의 문장 부호는 〈7ㄱ〉 조선어학회의 〈한글 마춤법 통일안〉(1933)을 개정한 〈한글 맞춤법 통일안〉(1940, 1946)(〈7ㄴ〉)을 남한

9 〈7ㄷ〉의《조선어 신철자법》은 1948년에 공포됐으나 1950년에 출간됐고, 〈7ㅂ〉의《조선말규범집》은 1987년에 공포됐으나 1988년에 출간됐다. 이 책에서는 출간된 연도를 표기하기로 한다. 이하 마찬가지다.

과 동일하게 사용했다. 그 이후 〈7ㄷ〉부터는 북한 자체 공적 기관에서 만들어진 규정들인데, 이때부터 남북한은 문장 부호에서 다른 길을 걷게 된다.

기본적으로 북한에서는 문장 부호에 대하여 남한에 비해 많은 가중치를 두고 있다. 《조선어 신철자법》(1950)(〈7ㄷ〉)에서는 남한과 동일하게 맞춤법의 '부록'으로 두고 있지만, 《조선어 철자법》(1954)(〈7ㄹ〉)에서는 부록이 아닌 '제8장'으로 본문 속에 넣고 있다. 이후 〈7ㅁ〉부터는 국어사정위원회에서 낸 《조선말규범집》(1966, 1988, 2010)이 등장하게 되는데, 〈문장부호법〉이라는 명칭으로 맞춤법과 대등한 정도로 중요도를 인정받고 있다. 이러한 태도는 남한에서 1988년이나 최근 2014년에 낸 〈한글 맞춤법〉의 '부록'으로 처리하는 방식과는 확연한 차이이다.

〈8ㄱ, ㄴ〉은 분단 이전의 맞춤법의 문장 부호에 관한 서두 글이고, 〈8ㄷ~ㅂ〉은 북한에서 나온 맞춤법들의 문장 부호 서두 글이다. 앞서도 보았지만, 〈8ㄱ〉에서의 규정은 세로쓰기, 곧 종서용으로만 그 내용이 되어 있고, 〈8ㄴ〉에서는 세로쓰기, 곧 종서용이 원칙, 가로쓰기, 곧 횡서용은 허용 차원으로 되어 있었다. 그러다가 북한에서 따로 나온 〈8ㄷ〉에서부터는 모든 문장 부호가 가로쓰기, 곧 횡서용으로 제정됐다. 〈8ㅁ〉에서는 아예 "이 문장부호법은 가로쓴 현대조선말의 글에서 쓴다"라고 명기하고 있다.[10]

---

10 〈8ㅂ〉을 담고 있는 《조선말규범집》(1988)에서는 책의 맨 뒤에다가 '내려쓰기'라 하여 다음과 같은 내용을 적고 있다. 즉 가로쓰기나 '내려쓰기'나 동일한 맞춤법, 띄어쓰기, 문장 부호를 사용한다는 것이다.

> 조선글은 왼쪽으로부터 오른쪽으로 가로쓰는것을 기본으로 한다./특수하게 내려쓸 때에는 오른쪽으로부터 왼쪽으로 내려쓴다. 그러나 가로쓰는 글과 배합하여 내려쓰는 경우에는 왼쪽으로부터 오른쪽으로 쓰는것을 원칙으로 한다./내려쓸 때의 맞춤법, 띄어쓰기, 부호 등은 다 가로쓸 때의 규칙을 그대로 적용한다.

〈8〉 북한 문장 부호법의 총칙

ㄱ. 조선어학회(1933), 附錄2 文章 符號, 〈한글 마춤법 통일안〉

문장에 쓰는 중요한 부호는 대략 다음과 같이 정한다.

ㄴ. 조선어학회(1940, 1946), 부록2 부호, 〈(개정한) 한글 맞춤법 통일안〉

문장에 쓰는 부호는 대략 다음과 같이 정한다. 부호 앞의 이름은 문장에서 쓰는 이름이요, 부호 아래의 이름은 인쇄상의 이름이며, 부호가 둘인것은 앞엣것은 가로글씨(횡서)에, 뒤엣것은 내리글씨(종서)에 쓰는 것임.

ㄷ. 조선 어문 연구회(1950), 第5章 第2節 符號, 《조선어 신철자법》

ㄹ. 조선어 및 조선문학연구소(1954), 제8장 문장 부호, 《조선어 철자법》

제56항. 문장에 쓰는 부호는 대략 다음과 같이 정한다.

ㅁ. 국어사정위원회(1966), 〈문장부호법〉, 《조선말규범집》

1. 현대조선말의 문장부호는 문장들, 문장안의 각 단위들을 뜻과 기능에 따라 갈라주기 위하여 친다.
2. 이 문장부호법은 가로쓴 현대조선말의 글에서 쓴다.

ㅂ. 국어사정위원회(1988), 〈문장부호법〉, 《조선말규범집》

현대조선말의 문장부호는 문장들, 문장안의 각 단위들을 뜻과 기능에 따라 갈라주기 위하여 친다.

ㅅ. 국어사정위원회(2010), 〈문장부호법〉, 《조선말규범집》

조선말의 문장부호는 문장들, 문장안의 각 단위들을 뜻과 기능에 따라 갈라주기 위하여 친다.

북한은 소위 김일성 담화 이후에 나온 〈8ㅁ〉에서부터 《조선말규범집》이라는 이름으로 그 안에 '맞춤법, 문장부호법, 문화어발음법, 띄여쓰기법'을 두고 있다. 특히 〈문장부호법〉의 서두 총칙에서 "현대조선말의 문장부호는 문장들, 문장안의 각 단위들을 뜻과 기능에 따라 갈라주기 위하여 친다"라고 하여, 뜻과 기능에 따른 문장 부호임을 명확히 보이고 있다. 즉 문장 부호가 문장의 뜻을 잘 드러내 주기 위해서 제정됐고, 개별 문장 부호는 일정한 기능을 한다는 점을 분명히 하고 있다.

6.3.2 북한 문장 부호들의 명칭과 종류

이제는 시기에 따라서 북한의 문장 부호들을 구체적으로 검토해 보도록 한다. 〈9〉에 있는 일곱 가지 문장 부호법 가운데 〈9ㄱ, ㄴ〉은 남한과 공통적인 내용이다. 여기에 제시해 둔 것은 북한의 문장 부호도 궁극적으로는 〈9ㄱ, ㄴ〉에 근거한 것임을 보이고자 함이다.

앞서 〈5〉에서 본 것처럼 남한의 문장 부호법은 사설 학회인 조선어학회(이후 한글학회)의 〈한글 마춤법 통일안〉(1933)이 사용되다가 공식적으로는 1988년에 나온 〈한글 맞춤법〉(〈5ㄹ〉)이 국가 차원에서 공포되어 사용됐다. 이에 비해 북한은 〈9ㄷ~ㅅ〉 모두 국가 차원에서 제정됐다. 또한 정치적 체제 차이로 인해서 북한에서는 한 번 공포가 되면 무조건 사용되는 방향으로 문장 부호법이 영향력을 갖추고 있다. 북한에서는 문장 부호법이 남한에 비하여 더 여러 차례 공포됐다. 1948년, 1954년, 1966년, 1987년, 2010년 총 다섯 차례에 걸쳐서 문장 부호법이 새로이 공포됐고, 책으로는 각각 1950년, 1954년, 1966년, 1988년, 2010년에 출간됐다.

〈9〉 북한 문장 부호법의 변천 양상 2*

ㄱ	ㄴ	ㄷ	ㄹ	ㅁ	ㅂ	ㅅ
1933년	**1940년, 1946년**	**1948년**	**1954년**	**1966년**	**1987년**	**2010년**
부호 16개	부호 39개	부호 11개	부호 11개	부호 17개	부호 17개	부호 16개
〈한글 마춤법 통일안〉 부록2 문장 부호(종서)	〈(개정한) 한글 맞춤법 통일안〉 부록2 부호(종서+횡서)	《조선어 신철자법》 제5장 제2절 부호(횡서)	《조선어 철자법》 제8장 문장 부호(횡서)	《조선말규범집》 〈문장부호법〉(횡서)	《조선말규범집》 〈문장부호법〉(횡서)	《조선말규범집》 〈문장부호법〉(횡서)
1. 。	3. 마침표(終止符) . (온점) 。(고리점)	4. 終止符 .	1. 점 (.)	1. 점 (.)	1. 점 (.)	1. 점 (.)
4. ：	2. 그침표(中止符) : (포갤점) ‥ (쌍점)	2. 中止符 :	2. 두점 (:)	2. 두점 (:)	2. 두점 (:) 남한: 쌍점(:)	2. 두점 (:)
3. 、	4. 쉬는표(休息符) , (꽁지점) 、(모점)	4. 休息符 ,	3. 반점 (,)	4. 반점 (,)	4. 반점 (,)	3. 반점 (,)
9. ？	5. 물음표 (?)	5. 疑問符 ?	5. 의문표 (?)	5. 의문표 (?)	5. 물음표 (?)	4. 물음표 (?)
8. ！	6. 느낌표 (感歎符) !	6. 感歎符 !	6. 감탄표 (!)	6. 감탄표 (!)	6. 느낌표 (!)	5. 느낌표 (!)
2. ·	9. 붙임표(接合符) – (외줄붙임표) ‖ (쌍줄붙임표)	9. 接合符 –	9. 찌레 (– –)	7. 이음표 (-)	7. 이음표 (-)	6. 이음표 (-)
11. ─「곧」(卽)의 의미로 쓴다. 12. ── 우의 말을 다시 해석하고 넘어갈적에 쓴다.	17. 풀이표(解釋符) ── (맞줄표) 15. 동안표(引續符) ─ (줄표)			8. 풀이표(─)	8. 풀이표(─) 남한: 줄표	7. 풀이표(─)
13. …… 말은 끝내고 뜻을 말 밖에 나타낼적에 쓴다. 이밖에도 ( )[ ]{ } 등 부호를 쓴다.	18. 줄임표(省略符) … (종종이)		10. 점선 (…)	9. 줄임표 (…)	9. 줄임표 (…) 남한: 줄임표 (……)	8. 줄임표 (…, ……, ………)

6.『 』인용을 나타낼적에 쓴다.	7. 따옴표(引用符) “ ” (게발톱점)『 』(겹낱표)	7. 引用符 “ ”	7. 인용표 (《 》)	10. 인용표 (《 》, 〈 〉)	10. 인용표 (《 》)	9. 인용표 (《 》)
7.「 」이중 인용을 나타낼 적에 쓴다.	8. 작은따옴표(內引用符) ‘ ’ (새발톱점) 「 」(낫표)	8. 內引用符 ‘ ’	8. 거듭 인용표 (〈 〉)		11. 거듭인용표 (〈 〉)	10. 거듭인용표 (〈 〉)
	39. 묶음표(括弧) ( ) (손톱묶음) (( )) (겹손톱묶음) { } (활짱묶음) [ ] (꺾쇠묶음)	11. 括弧 ( ), 《 》, { }, [ ]	11. 괄호 (( ), (( )), [ ], 〈 〉)	11. 괄호 (( ), [ ])	12. 쌍괄호 (( ))	11. 쌍괄호 (( ))
					13. 꺾쇠괄호 ([ ])	12. 꺾쇠괄호 ([ ])
				12. 밑점 (...)	14. 밑점 (...)	13. 밑점 (...)
	25. 빠짐표(缺字符) × (가새표) 26. 숨김표(隱置符) ○○ (공공)			13. 숨김표 (○○○)	15. 숨김표 (×××. □□□, ○○○ 등) 남한: 숨김표 (××, ○○	14. 숨김표 (×××. □□□, ○○○ 등)
15. 첩용 표시할 적, 종서에서는 〃를 쓰고, 횡서에는 ∨	27. 자거듭표(疊字符) 〻 (가로겹자점) ‖ (내리겹자점)	10. 疊語符 〈		14. 같음표 (″)	16. 같음표 (″)	15. 같음표 (″)
				15. 물결표 (~)	17. 물결표 (~)	16. 물결표 (~)
5. ;	3. 머무름표(停留符) ; (포갤꽁지점)(쌍모점)	3. 停留符 ;	4. 반두점 (;)	3. 반두점 (;)	3. 반두점 (;)	
						보충항들 1) 빗선 (/)
						2) 겹부호 (?!, !!, !?, ?? …)
						3) 련결점 (……)
	12. 드러냄표 。•					

<table>
<tr><td></td><td>(동그라미, 검
정동그라미)
줄 。• 、(모점)</td><td></td><td></td><td></td><td></td><td></td></tr>
<tr><td>14. 고유명사
표시
종서에서는
좌방에 단선,
횡서에서는
하선 긋기</td><td>11. 홀ㅅ이름
표(固有名詞
符) _ (밑줄) |
(왼덧줄)</td><td></td><td></td><td></td><td></td><td></td></tr>
<tr><td>16. 장음표는
두 점을 글자
의 왼쪽에 찍
음.</td><td>10. 긴소리표
(長音符) —
(머리ㅅ줄)
: (왼덧점)</td><td></td><td></td><td></td><td></td><td></td></tr>
</table>

* 이것을 작성하는 데에는 민현식(1999: 263-264)의 도표에 많은 도움을 받았다.

북한에서 만들어진 문장 부호법의 특징은 다음과 같다. 첫째 〈9ㄷ~ㅅ〉 모두 공식성과 실용성을 띠고 있다는 점이다. 그것은 사회주의 국가 차원에서 만들어지면 써야 하고 또 사용되지 않는 것은 만들어지지도 않기 때문일 것이다. 그것은 〈9ㄷ~ㅅ〉 모두가 둘째 특징인 가로쓰기, 곧 횡서용 문장 부호법이라는 점에서도 지지되며, 셋째 특징인 문장 부호 숫자의 간략화에서도 발견된다. 즉 북한의 문장 부호 숫자가 11개에서 17개 사이에 위치해 있었다는 점은 주목된다. 〈9ㄴ〉의 39개 문장 부호가 남한에서 사용된 것이었음에 비해서 북한에서는 1950년《조선어 신철자법》에서 바로 11개로 대폭 축소했다. 이 숫자는 이후에도 거의 그대로 유지됐다고 말할 수 있다. 몇 가지 문장 부호가 실제 사용상 추가된 것이 있긴 하지만, 그 골격은 〈9ㄷ〉에서 정해졌다고 말할 수 있다.

넷째, 북한 문장 부호의 명칭이 남한에 비해 상대적으로 고유어로 많이 작성되어 있다는 점도 특징으로 들 수 있다. 초창기인 〈9ㄷ〉에서는《조선어 신철자법》이라는 명칭으로 맞춤법이 나왔고 그 안에서 '第2節 符號' 아래 '第64項'에 문장 부호 명칭을 모두 한자로 표기하고 있다. 〈9ㄷ〉에서 '中止符'라고 했던 것을 〈9ㄹ~ㅅ〉에서는 '두점'이라고 하고, '感歎符'를 '느낌표'로, '疊語符'를 '같음표'로 바꾼 것들도 모두 이에 해당한다. 물론 모두 다 고유어로 바뀐 것은 아니다. 한자어가 생활 속에서 그만큼 많이 침투해 있다는 증거이다. 그러나 같은 한자어라도 '終止符'를 '점(點)'으로 바꾼 데서 보는 것처럼 어려운 한자어를 쉬운 한자어로 바꾸는 태도를 띠고 있다.

다섯째, 북한의 문장 부호가 공식성과 실용성을 대표 특징으로 하고 있지만, 궁극적으로는 조선어학회의 〈한글 마춤법 통일안〉(1933)에 그 뿌리를 두고 있다는 점이 중요하다. 북한의 문장 부호와 남한의 문장 부호가 최근 것에서 큰 차이가 없다는 점도 주목된다. 남한의 것이 앞에서도 지적했지만 1933년 것을 그 뿌리로 하고 있고, 북한의 것도 그렇다는 것이다. 결국 한글을 공통적으로 사용하는 남북한이 결국 실용성이라는 점에서 그 지향점을 공통으로 갖고 있다고 할 수 있다. 이에 대해서는 뒤에서 보다 구체적으로 살피기로 하겠다.

〈10〉은 북한 문장 부호법에서 제시한 부호들을 광복 이전 것까지 포함하여 출현 횟수에 따라서 제시한 표이다. 문장 부호 종류를 살피기 전에 문장 부호의 명칭을 형태를 따를 것인지 기능을 따를 것인지 기준을 정할 필요가 있다. 어차피 문장 부호는 형태보다는 기능이 먼저 고려되어야 한다고 본다. 왜냐하면 형태 때문에 문장 부호가 필요한 것이 아니라 1차적으로는 그것이 지니는 기능이 먼저이기 때문이다. 이를 고려하면서 2010년 것인 〈10ㅅ〉을 중심으로 해서 문장 부호를 살펴보도록 하자. 문장 부호법에서 항상 등장했던, 곧 일곱 차례 설정됐던 것은 '점(.), 두점(:), 반점(,), 물음표(?), 느낌표(!), 인용표(《 》), 거듭인용표(〈 〉)' 등이다. 이 가운데 '《 》, 〈 〉'은 '인용표'라는 하나의 명칭으로 묶을 수 있다고 본다. 굳이 '인용표'와 '거듭인용표', 혹은

'따옴표'와 '거듭따옴표'로 나눌 필요가 없다. 실제로 〈10ㅁ〉에서는 그냥 '인용표'라 하여 '《 》, 〈 〉' 둘을 하나로 설정하고 있다.[11]

〈10〉 북한 문장 부호법의 변천 양상 3

	ㄱ	ㄴ	ㄷ	ㄹ	ㅁ	ㅂ	ㅅ
	1933년	1940년, 1946년	1948년	1954년	1966년	1987년	2010년
	부호 16개	부호 39개	부호 11개	부호 11개	부호 17개	부호 17개	부호 16개
	〈한글 마춤법 통일안〉(종서)	〈(개정한) 한글 맞춤법 통일안〉(종서+횡서)	《조선어 신철자법》 제5장 제2절 부호(횡서)	《조선어 철자법》 제8장 문장 부호 (횡서)	《조선말규범집》 〈문장부호법〉(횡서)	《조선말규범집》 〈문장부호법〉(횡서)	《조선말규범집》 〈문장부호법〉(횡서)
7회	1. 。	5. 마침표(終止符) . (온점) 。(고리점)	6. 終止符 .	1. 점 (.)	1. 점 (.)	1. 점 (.)	1. 점 (.)
	4. :	2. 그침표(中止符) : (포갤점) ·· (쌍점)	2. 中止符 :	2. 두점 (:)	2. 두점 (:)	2. 두점 (:) 남한: 쌍점 (:)	2. 두점 (:)
	3. 、	4. 쉬는표(休息符) , (꽁지점) 、(모점)	4. 休息符 ,	3. 반점 (,)	4. 반점 (,)	4. 반점 (,)	3. 반점 (,)
	9. ?	5. 물음표 (?)	5. 疑問符 ?	5. 의문표 (?)	5. 의문표 (?)	5. 물음표 (?)	4. 물음표 (?)
	8. !	6. 느낌표(感歎符) !	6. 感歎符 !	6. 감탄표 (!)	6. 감탄표 (!)	6. 느낌표 (!)	5. 느낌표 (!)
	6. 『 』 인용을 나타낼적에 쓴다.	7. 따옴표(引用符) " " (게발톱점) 『 』(겹낫표)	7. 인용부 " "	7. 인용표 (《 》)	10. 인용표 (《 》), 〈 〉)	10. 인용표 (《 》)	9. 인용표 (《 》)
	7. 「 」 이중 인용을 나타낼적에 쓴다.	8. 작은따옴표(內引用符) ' ' (새발톱점) 「 」(낫표)	8. 內引用符 ' '	8. 거듭 인용표 (〈 〉)	위와 동일	11. 거듭인용표 (〈 〉)	10. 거듭인용표 (〈 〉)
6회		9. 붙임표(接合符) – (외줄붙임표) ‖ (쌍줄붙임표)	9. 接合符 –	9. 찌레 (– –)	7. 이음표 (–)	7. 이음표 (–)	6. 이음표 (–)

11 '물음표(?), 느낌표(!), 인용표(《 》)'는 기능을 나타내는 이름임에 비해서, '점(.), 두점(:), 반점(,)'은 형태를 나타낸 이름이다. 이들을 각각 '마침표(.), 그침표(:), 쉼표(,)'로 이름을 해 주면 좋으리라 본다. 이에 대해서는 뒤에서 자세히 살피도록 한다.

	15. 첩용 표시할 적, 종서에서는 〃를 쓰고, 횡서에는 ∨	27. 자거듭표(疊字符) ㄷ(가로겹자점) ‖ (내리겹자점)	10. 疊語符 〈		14. 같음표(″)	16. 같음표(″)	15. 같음표(″)
	13. …… 말은 끝내고 뜻을 말 밖에 나타낼적에 쓴다.	18. 줄임표(省略符) …(종종이)		10. 점선 (…)	9. 줄임표(…)	9. 줄임표(…) 남한: 줄임표(……)	8. 줄임표(…, ……, ………)
	이밖에도 ( ) [ ]{ } 등 부호를 쓴다.	39. 묶음표(括弧) ( ) (손톱묶음) (( )) (겹손톱묶음) { } (활짱묶음) [ ] (꺾쇠묶음)	11. 括弧 ( ), 《 》, { }, [ ]	11. 괄호 (( ), (( )), [ ], 〈 〉)	11. 괄호 (( ), [ ])	12. 쌍괄호(( ))	11. 쌍괄호(( ))
	5. ;	3. 머무름표(停留符) ; (포갤꽁지점) (쌍모점)	3. 停留符 ;	4. 반두점(;)	3. 반두점(;)	3. 반두점(;)	
5회	11. ―「곧」(卽)의 의미로 쓴다. 12. ― ― 우의 말을 다시 해석하고 넘어갈적에 쓴다.	17. 풀이표(解釋符) ― ― (맞줄표) 15. 동안표(引續符) ― (줄표)			8. 풀이표(―)	8. 풀이표(―) 남한: 줄표	7. 풀이표(―)
4회		25. 빠짐표(缺字符) × (가새표) 26. 숨김표(隱置符) ○○ (공공)			13. 숨김표(○○○)	15. 숨김표(×××. ㅁㅁㅁ, ○○○ 등) 남한: 숨김표(××, ○○	14. 숨김표(×××. ㅁㅁㅁ, ○○○ 등)
3회					12. 밑점 (...)	14. 밑점 (......)	13. 밑점 (......)
					15. 물결표(~)	17. 물결표(~)	16. 물결표(~)
2회						13. 꺾쇠괄호(〔 〕)	12. 꺾쇠괄호(〔 〕)
1회	2. ·						
		12. 드러냄표 。• (동그라미, 검정동그라미) 줄 。•、(모점)					

<table>
<tr><td></td><td>14. 고유명사 표시
종서에서는 좌방에 단선, 횡서에서는 하선 긋기</td><td>11. 홀ㅅ이름표(固有名詞符)
_ (밑줄)
| (왼덧줄)</td><td></td><td></td><td></td><td></td><td></td></tr>
<tr><td></td><td>16. 장음표는 두 점을 글자의 왼쪽에 찍음.</td><td>10. 긴소리표(長音符) —(머리ㅅ줄)
: (왼덧점)</td><td></td><td></td><td></td><td></td><td></td></tr>
<tr><td></td><td></td><td></td><td></td><td></td><td></td><td></td><td>보충항들
1) 빗선 (/)</td></tr>
<tr><td></td><td></td><td></td><td></td><td></td><td></td><td></td><td>2) 겹부호 (?!, !!, !?, ?? …)</td></tr>
<tr><td></td><td></td><td></td><td></td><td></td><td></td><td></td><td>3) 련결점 (……)</td></tr>
</table>

6회 출현한 문장 부호는 '이음표(-), 같음표(″), 줄임표(…, ……, ………), 쌍괄호(( )), 반두점(;)' 등 다섯 개이다. 이음표는 '붙임표, 접합부, 찌레'라고도 했었고, 같음표는 '자거듭표(첨자부), 첩어부'라고도 했었고, 줄임표는 '점선', 쌍괄호는 '묶음표, 괄호'라고 하는 경우도 있었다. 그리고 반두점은 2010년에는 설정되지 않았는데, 그 이전에는 언제나 설정됐었다. 이음표, 같음표, 줄임표는 기능 이름이고, 쌍괄호, 반두점은 형태 이름이다.

5회 출현한 문장 부호는 '풀이표(—)' 하나이다. 해석부라는 한자어 이름처럼 '곧'의 의미 기능을 보인다. 4회 출현한 문장 부호는 '숨김표(×××. □□□, ○○○ 등)' 하나인데, '빠짐표'로 제시된 적도 있었다(〈10ㄴ〉). '등'이라는 말을 쓸 필요가 있을지 의아하다. 또 가위표, 네모, 동그라미의 숫자를 꼭 3개로만 한정할 필요가 있을지도 의아하다. 만약 빠진 글자 숫자를 나타낸다고 하면 그에 따라서 부호 숫자를 적으면 효율적이라는 판단이다.

3회 출현한 문장 부호는 '밑점(......), 물결표(~)' 두 개이고, 2회 출현한 것은 '꺾쇠괄호([ ])'이다. 이들은 모두 형태를 나타낸 이름이다. 이들 중 뒤의 '꺾쇠괄호'는 6회 나타난 '쌍괄호'에 포함해도 될 듯하다. 사실 괄호를 하나만 사용하는 경우는 없기 때문에 그냥 '괄호'라고 하는 것이 더욱 효율적이다.

1회만 나온 '·'과 '드러냄표(·, °)'는 북한의 공적 기관에서 만든 것이 아니며, '홑ㅅ이름표, 긴소리표'도 북한 기관에서 제정한 것이 아닐 뿐더러 현대 한글 살이에서는 사용되지도 않는 것들이다. 그리고 〈10ㅅ〉에서 보충항으로 제시된 '빗선(/), 겹부호(?!, !!, !?, ?? …), 련결점(……)'들은 편의상 사용되는 부차적인 것들이다.

요컨대, 북한의 문장 부호로는 크게 '점(.), 두점(:), 반점(,), 물음표(?), 느낌표(!), 이음표(-), 풀이표(—), 줄임표(…), 인용표(《 》, 〈 〉), 괄호(( ), { }, [ ]), 밑점(......), 숨김표(×××, □□□, ○○○), 같음표(″), 물결표(~)' 등 14개를 설정할 수 있겠다. 남한 입장에서 보면 〈10ㅅ〉에서 제시된 '빗선(/), 겹부호(?!, !!. !?. ?? 등), 련결점(……)' 등도 주목된다.

6.4 남북한 문장 부호법의 비교 및 과제

우리는 앞(6.2.)에서 남한의 문장 부호를 '마침표(.), 물음표(?), 느낌표(!), 쉼표(,), 쌍점(:), 따옴표[큰따옴표(" ", 『 』, 《 》)와 작은따옴표(' ', 「 」, 〈 〉)], 줄표(—), 붙임표(-), 가운뎃점(·), 줄임표(……), 괄호[소괄호(( )). 중괄호({ }), 대괄호([ ])], 드러냄표(˙), 빠짐표(□), 쌍반점(;), 물결표(~), 빗금(/)' 이렇게 총 16개를 선정할 수 있을 것이라고 주장했다. 또한 6.3. 말미에 북한의 문장 부호를 크게 '점(.), 두점(:), 반점

〈11〉 현행 남북한 문장 부호법의 비교 및 통일안

<table>
<tr><th>남한의 〈한글 맞춤법〉(2014)</th><th>북한의 《조선말규범집》(2010) '문장부호법'</th><th>본서 통일안</th></tr>
<tr><td>1. 마침표 (.)</td><td>1. 점 (.)</td><td>마침표 (.)</td></tr>
<tr><td>2. 물음표 (?)</td><td>4. 물음표 (?)</td><td>물음표 (?)</td></tr>
<tr><td>3. 느낌표 (!)</td><td>5. 느낌표 (!)</td><td>느낌표 (!)</td></tr>
<tr><td>4. 쉼표 (,)</td><td>3. 반점 (,)</td><td>쉼표 (,)</td></tr>
<tr><td>5. 가운뎃점 (·)</td><td>보충항: 1) 빗선 (/)</td><td>가운뎃점 (•)</td></tr>
<tr><td>6. 쌍점 (:)</td><td>2. 두점 (:)</td><td>두점 (:)</td></tr>
<tr><td>7. 빗금 (/)</td><td></td><td>→ 가운뎃점 (·)</td></tr>
<tr><td>8. 큰따옴표 (“ ”)</td><td>9. 인용표 (《 》)</td><td rowspan="2">따옴표(큰따옴표, 작은따옴표/겹낫표, 홑낫표)</td></tr>
<tr><td>9. 작은따옴표 (‘ ’)</td><td>10. 거듭인용표 (〈 〉)</td></tr>
<tr><td>10. 소괄호 (( ))</td><td>11. 쌍괄호 (( ))</td><td rowspan="3">괄호(소괄호, 중괄호, 대괄호)</td></tr>
<tr><td>11. 중괄호 ({ })</td><td></td></tr>
<tr><td>12. 대괄호 ([ ])</td><td>12. 꺾쇠괄호([ ])</td></tr>
<tr><td>13. 겹낫표(『 』)와 겹화살괄호(《 》)</td><td></td><td rowspan="2">→ 따옴표</td></tr>
<tr><td>14. 홑낫표(「 」)와 홑화살괄호(〈 〉)</td><td></td></tr>
<tr><td>15. 줄표 (—)</td><td>7. 풀이표 (—)</td><td>풀이표 (—)</td></tr>
<tr><td>16. 붙임표 (-)</td><td>6. 이음표 (-)</td><td>이음표 (-)</td></tr>
<tr><td>17. 물결표 (~)</td><td>16. 물결표 (~)</td><td>물결표(~)</td></tr>
<tr><td>18. 드러냄표 (˙)</td><td>13. 밑점 (......)</td><td>드러냄표(˙)</td></tr>
<tr><td>19. 숨김표 (○, ×)</td><td>14. 숨김표 (×××, □□□, ○○○ 등)</td><td rowspan="2">빠짐표 (×, □, ○)</td></tr>
<tr><td>20. 빠짐표 (□)</td><td></td></tr>
<tr><td>21. 줄임표 (⋯⋯)</td><td>8. 줄임표 (⋯, ⋯⋯, ⋯⋯⋯)</td><td>줄임표 (⋯)</td></tr>
<tr><td></td><td>15. 같음표 (〃)</td><td>불필요함</td></tr>
<tr><td></td><td>보충항: 2) 겹부호 (?!, !!, !?, ?? ⋯)</td><td>불필요함</td></tr>
<tr><td></td><td>보충항: 3) 련결점 (⋯⋯)</td><td>불필요함</td></tr>
<tr><td></td><td></td><td>반두점 (;)</td></tr>
<tr><td>* 부호 21개</td><td>* 부호 16개</td><td>* 부호 14개</td></tr>
</table>

(,), 물음표(?), 느낌표(!), 이음표(-), 풀이표(—), 줄임표(⋯), 인용표(《 》, 〈 〉), 괄호(( ), { }, [ ]), 밑점(......), 숨김표(×××, □□□, ○○○), 같음표(〃), 물결표(~)' 등 14개를 설정할 수 있겠다고 했다. 그렇다면

남북한의 단일 통일 문장 부호로는 어떤 것들이 설정될 수 있을까?

여기서는 현재 사용되고 있는 남한의 '문장 부호'(2014)와 북한의 〈문장부호법〉(2010)에 있는 문장 부호들에 대하여 공통점과 차이점을 살피면서, 남북한 통일 문장 부호법을 상정해 보도록 한다(〈11〉). 먼저 문장 부호의 형태 혹은 종류 차원에서 살펴보도록 하자. 남한(2014)은 21개, 북한(2010)은 16개가 공식적으로 설정되어 있다. 하긴 북한도 보충항 3개[빗선(/), 겹부호(?!, !!, !?, ?? …), 련결점(……)]을 합하면 19개가 된다. 다른 것들은 형태가 똑같거나 유사하다. 단지 남한에 낫표(『 』, 「 」)와 화살괄호(《 》, 〈 〉)만 추가되어 있을 뿐이다.[12] 물론 북한에는 남한의 중괄호({ })가 없다거나 남한에는 '숨김표(○, ×)'와 '빠짐표(□)'가 구분되어 있는데, 북한에서는 단지 '숨김표(×××. □□□, ○○○ 등)'라고 한다거나, 이것들을 표시하는 방법(개수)이 약간 다르다거나 하는 차이는 있다. 또 똑같이 '줄임표'라 해도 남한의 줄임표(……)와 북한의 줄임표(…, ……, ………)는 표시 개수가 다른 차이가 있기도 하다. 이처럼 남한과 북한의 현행 문장 부호는 그 형태에 있어서 근본적인 차이를 발견하기 어렵다.

이번에는 문장 부호의 명칭에 대해서 살펴보도록 하자. 남북한이 동일한 명칭을 가진 문장 부호는 5개이다. '물음표, 느낌표, 물결표, 숨김표, 줄임표'가 그것들이다. 이들 중 4개가 의미 기능상 명칭이고 1개가 형태상 명칭이다. 실제로 문장 부호는 일정한 의미 기능을 하기 위해서 만들어졌기 때문에 형태보다는 의미 기능 차원에서 명명되는 게 바람직하다고 본다. 또 한 가지는 가능한 한 한자어 명칭보다는 쉬

---

12 '겹낫표'와 '홑낫표'가 들어간 것은 남한의 2014년 문장 부호법에서이다. 이것들은 본래 1933년 조선어학회의 〈한글 마춤법 통일안〉의 '문장 부호'에서 인용 부호로 있었던 것이다. 최근 저서와 논문 등을 표시하는 경우가 많아지면서 추가됐다. 이것들도 결국 인용하는 표시인 것은 분명하다.

운 고유어 명칭이 바람직할 것이다.

이 두 가지 기준에서 보면 '마침표(남), 쉼표(남), 두점(북), 따옴표, 풀이표(북), 이음표(북), 드러냄표(남)'가 '점(북), 반점(북), 쌍점(남), 인용표(북), 줄표(북), 붙임표(남), 밑점(북)'보다 나은 명칭으로 보인다. '따옴표'를 설정한 것은 그 아래 '큰따옴표'와 '작은따옴표'를 넣는다는 전제가 있다. '소괄호, 중괄호, 대괄호'도 상위에 '괄호'를 설정해 두면 된다. 북한에는 '쌍괄호'와 '꺾쇠괄호'만 있는데, '중괄호'도 추가할 만하다. 한편 '숨김표'와 '빠짐표'가 남한에 설정되어 있는데, 이것은 '빠짐표' 하나로 설정하면, 숨김의 기능은 자동적으로 이루어질 수 있을 것이다.

요컨대, 남북한 통일 문장 부호로는 '마침표, 물음표, 느낌표, 쉼표, 가운뎃점, 두점, 따옴표, 괄호, 풀이표, 이음표, 물결표, 드러냄표, 빠짐표, 줄임표' 14개를 설정할 수 있겠다.[13]

6.5 나가기

지금까지 남북한의 문장 부호에 대하여 살펴보았다. 먼저 문장 부호법이라는 차원에서 규범들의 변천을 살펴보았고, 이후 각 시기별 문장 부호들을 구체적으로 알아보았다. 그러면서 현재의 남북한 문장 부호들을 함께 보면서 문장 부호들의 명칭과 종류를 통일이라는 관점

13 남한의 '가운뎃점(·)'은 북한의 보충항으로 제시된 '빗선(/)'과 동일한 기능을 한다. 이에 남북한 통일 문장 부호로 '가운뎃점'을 설정할 수 있을 것이다. 북한의 보충항으로 '겹부호'와 '련결점'이 더 있으나 이것들은 상위의 다른 문장 부호를 응용한 것일 뿐이다. 한편 북한에 '같음표(〃)'가 있으나 이것은 문장 부호보다는 수학적인 기호로 이해할 만하다.

에서 제시하여 보았다. 그 주요 내용을 정리하면 다음과 같다.

㉠ 문장 부호는 글을 쓸 때 필자의 생각을 드러내는 데 필요하며 반대로 독자가 글을 읽을 때 필자의 의도를 정확히 이해하는 데도 필요하다. 즉 문장의 의미를 더하거나 이해를 용이하게 하기 위해서 사용되는 보조적인 도구가 바로 문장 부호라고 할 수 있다.

㉡ 남북한의 문장 부호법은 근본적으로 조선어학회의 〈한글 마춤법 통일안〉(1933)에서 부록으로 제시된 '문장 부호' 규정에 터를 잡고 있다. 이후 〈한글 맞춤법 통일안〉(1940, 1946)의 부록인 '부호' 규정이 광복 직후 남북한에서 함께 사용됐다.

㉢ 남한의 문장 부호법은 그 변천에서 간단한 양상을 보인다. 조선어학회(후에 한글학회)의 1933년, 1940년(1946년) 것이 오랜 기간 그대로 사용됐다. 교과서 편찬할 때 내부적으로 사용된 〈교정편람〉(1964)이 있었으나 그건 대내용이었고, 공식적으로 국가 차원에서 공포된 것은 〈한글 맞춤법〉(1988)이다. 이후 2014년에 개정된 '문장 부호'가 현재 사용되고 있다. 문장 부호의 숫자는 1933년 16개, 1940년(1946년) 39개, 1964년 13개, 1988년 19개, 2014년 21개로 변천해 왔다. 1940년(1946년)의 39개 가운데 20개는 문장 부호라기보다는 단순한 기호 성격에 가깝다.

㉣ 다섯 차례에 걸친 문장 부호법의 변천을 통해서 많이 등장한 문장 부호 가운데 남한의 중요한 문장 부호를 설정할 수 있다. 5번 모두 나온 것은 마침표(.), 물음표(?), 느낌표(!), 쉼표(,), 쌍점(:), 큰따옴표(" "), 작은따옴표(' '), 줄표(—), 붙임표(-) 총 9개이며, 4번 나온 것은 가운뎃점(·), 줄임표(……), 소괄호(( )) 3개이다. 2번 나온 문장 부호는 물결표(~), 빗금(/), 중괄호({ }), 대괄호([ ]), 자거듭표(疊字符), 긴소리표(長音符)로 6개이며, 1번만 나온 것은 2014년에 새로이 설정

된 겹낫표(『 』)와 겹화살괄호(《 》), 홑낫표(「 」)와 홑화살괄호(〈 〉)로 총 2개이다.[14]

㉤ 남한의 문장 부호 가운데 큰따옴표와 작은따옴표는 '따옴표'로, 또 겹낫표(『 』)와 겹화살괄호(《 》), 홑낫표(「 」)와 홑화살괄호(〈 〉)도 결국은 따오는 기능을 하는 것이므로 '따옴표'로 넣을 수 있다. 또한 소괄호, 중괄호, 대괄호는 모두 '괄호' 하나로 넣을 수 있다.

㉥ 결국 남한의 문장 부호는 '마침표(.), 물음표(?), 느낌표(!), 쉼표(,), 쌍점(:), 따옴표[큰따옴표(" ", 『 』, 《 》)와 작은따옴표(' ', 「 」, 〈 〉)], 줄표(—), 붙임표(-), 가운뎃점(·), 줄임표(……), 괄호[소괄호(( )), 중괄호({ }), 대괄호([ ])], 드러냄표(˙), 빠짐표(□), 쌍반점(;), 물결표(~), 빗금(/)' 이렇게 총 16개를 선정할 수 있다. 이 가운데 '쌍반점(;)'은 서양권에서는 일반화된 것이고, 실제 글쓰기 생활에서 많이 사용되어서 넣은 것이다.

㉦ 북한의 문장 부호법은 남한에 비해서 상대적으로 다양한 변천 과정을 지닌다. 조선어학회의 1933년 것과 1940년(1946년)은 남한과 동일하나, 이후《조선어 신철자법》(1950).《조선어 철자법》(1954),《조선말규범집》(1966),《조선말규범집》(1988),《조선말규범집》(2010)에서 북한만의 문장 부호법 변천이 이루어진다.

㉧ 조선어학회의 1933년, 1940년(1946년) 것을 포함하여 전체 일곱 차례에 걸친 북한의 문장 부호법 안에서 7회 모두 제시된 문장 부호는 '점(.), 두점(:), 반점(,), 물음표(?), 느낌표(!), 인용표(《 》), 거듭인용표(〈 〉)'이며, 6회 제시된 것은 '이음표(-), 같음표(″), 줄임표(…, ……, ………), 쌍괄호(( )), 반두점(;)' 다섯 개이다. 5회 출현한 문장 부

14 겹낫표(『 』)와 겹화살괄호(《 》), 홑낫표(「 」)와 홑화살괄호(〈 〉)은 종래 세로쓰기, 곧 종서용 문장 부호였던 것인데, 4개가 아닌 2개로 정하고 있다.

호는 '풀이표(—)' 하나이며, 4회 제시된 문장 부호는 '숨김표(×××. □□□, ○○○ 등)' 하나이다. 3회는 '밑점(......), 물결표(~)' 2개, 2회는 '꺾쇠괄호([ ])' 한 개이다. 이 가운데 인용표와 거듭인용표는 '인용표'로 묶이며, 쌍괄호와 꺾쇠괄호는 그냥 '괄호'로 묶인다.

ⓩ 결국 북한의 문장 부호는 크게 '점(.), 두점(:), 반점(,), 물음표(?), 느낌표(!), 이음표(-), 풀이표(—), 줄임표(…), 인용표(《 》, 〈 〉), 괄호(( ), { }, [ ]), 밑점(......), 숨김표(×××, □□□, ○○○), 같음표("), 물결표(~)' 14개를 설정할 수 있다.

ⓩ 현행 문장 부호법을 고려하면서 남북한의 통일 문장 부호로는 '마침표, 물음표, 느낌표, 쉼표, 가운뎃점, 두점, 따옴표, 괄호, 풀이표, 이음표, 물결표, 드러냄표, 빠짐표, 줄임표'를 설정할 수 있겠다. 이는 문장 부호 선정의 기준을 의미 기능을 첫째로 두고 한자어보다는 고유어를 먼저 고려한 것이다.

문장 부호는 어디까지는 언어생활을 돕는 데 사용되는 일종의 도구이다. 물론 언어 자체가 의사소통의 도구인 것은 분명하며, 이 문장 부호를 통해서 화자와 청자, 엄밀히 말하면 필자와 독자의 의사소통이 보다 정확하게 표현되고 이해될 것이다. 문장 부호는 기본적으로 문자, 곧 글자 차원의 부호라고 할 수 있다. 그러나 음성, 곧 말 차원의 부호까지 고려해 볼 수 있지 않을까 조심스럽게 생각을 해 본다. 즉 물음표(?)를 넣으면 뒤를 올리게 되고 느낌표(!)를 넣으면 평탄하게 소리를 낸다는 것 등이다. 억양까지도 고려해 볼 수 있는 문장 부호도 만들어서 쓸 수 있지 않을까 하는 생각도 해 보게 된다.

소위 '띄기'라고 하는 요소도 문장 부호가 될 수 있지 않을까 생각도 해 본다.[15] 한 칸 띄어 쓰느냐 두 칸 띄어 쓰느냐는 분명 일정한 의미 기능을 지닐 수 있다. 또한 여러 개의 문장 부호를 혼합해서 사용하는 것도 충분히 고려해 볼 수 있을 것이다. 북한의 문장 부호법에서 그리 하는 용법을 약간이나마 선보이고 있다. 복잡한 인간의 의식을 드러내는 데, 예를 들면 금방 물음표를 썼다가 갑자기 느낌표를 쓸 수도 있고, 또 줄임표를 필요한 개수만큼 사용할 수 있다. 글과 말뿐이 아니라 의식의 흐름까지도 문장 부호를 통해서 표현하고 또 이해할 수 있는 것이다.

마지막으로 제6장에서 남북한의 문장 부호 규범의 변천사를 살피면서 드는 생각이 있다. 같은 말과 같은 글을 사용하는 한민족이기 때문에 문장 부호 사용에서도 동질적인 의식을 많이 갖고 있다는 점이다. 문장 부호에 대한 연구 차원의 접근이 이루어지면 이루어질수록, 또한 실제 언어생활에서 쓰인 문장 부호 양상을 보면 볼수록 남북한의 동질성이 더욱 더 다가온다.

---

15 '띄기'를 문장 부호의 하나로 설정할 수 있는 가능성에 대해서는 신호철(2009: 438-445)을 참고할 수 있다.

제7장

남북한 표준어와 발음법의 변천과 과제

7.1 들어가기

남북한은 같은 언어를 사용하고 같은 문자를 사용한다. 한국어와 조선어로 서로 다른 이름을 사용하고 있지만 그것은 동일한 언어이며, 그것을 표기하는 문자는 한글이다.[1] 그래서 서로 간에 말이며 글로 의사소통이 가능하다. 그렇지만, 어떤 때는 무슨 말을 하는지 무슨 뜻인지 잘 모르겠는 경우가 있다.

〈1〉 '일없다'의 남북한 사전 뜻풀이

ㄱ. 남한《표준국어대사전》의 '일-없다' 뜻풀이

「1」【…에/에게】 소용이나 필요가 없다.

• 아무리 발버둥 쳐 봐야 나한테는 일없다.

---

1 한국어는 남쪽 대한민국, 조선어는 북쪽 조선민주주의인민공화국에서 부르는 이름이다. 남한과 북한이라는 명칭도 남쪽인 대한민국에서 부르는 이름이며, 북쪽 조선민주주의인민공화국에서는 북조선, 남조선이라고 부르곤 한다. 그러나 남쪽이든 북쪽이든 초중등학교에서 교수 학습하는 과목으로 '국어'라는 명칭을 사용하고 있다.

• 이런 일에 자네 같은 사람은 일없네. 돌아가게.

• 월급도 일없고 다만 일만 가르쳐 주면 그만이니 어린아이 하나를 써 달라고 졸라 대었다.《채만식, 레디메이드 인생》

「2」 걱정하거나 개의할 필요가 없다.

• 약 한 첩이면 일없을 아이가 연이틀이나 설사를 하고 탈진 상태에 떨어진 것이었다.《이문열, 영웅시대》

ㄴ. 북한《조선말대사전》의 '일없다' 뜻풀이

① 꺼리거나 걱정하거나 할 필요가 없거나 또는 별고없이 괜찮다. | 상처가 좀 어떻소? 이젠 일없습니다. 다 아물어갑니다./일없습니다. 같이 합시다. ② 필요없거나 싫다. | 우리도 돕겠습니다. 일없소.

〈1ㄱ〉은 남한 사전에서 '일없다'를 풀이한 것이고, 〈1ㄴ〉은 북한 사전에서 그것을 풀이한 것이다. '일없습네다'라고 하는 북한 말을 들으면 좀 부정적인 느낌이 들지만, 남한으로 치면 '괜찮다' 정도의 의미를 지니고 있음을 알 수 있다. 어휘의 뜻 차이가 이러하니, 남한의 '이런 일에 자네 같은 사람은 일없네'라는 문장에서는 부정적인 느낌이 들지만, 북한의 '일없습니다. 같이 합시다'라는 표현에서는 결코 그렇지가 않다. 이는 결국 남북한에서 사용되는 어휘의 뜻을 상호 잘 이해할 필요가 있다는 것을 말한다.

남한에서는 공통어를 표준어라 하고 북한에서는 문화어라 한다. 이 둘이 근본적으로 한국어 혹은 조선어라는 이름으로 동일한 언어를 지칭하지만 표준어는 서울말을 중심으로 하고 문화어는 평양말을 중심으로 한다는 점에서 차이가 있다. 제7장에서는 먼저 표준어와 문화어의 개념이 어떻게 형성됐는지 먼저 그 역사적 사건들을 중심으로 살피고자 한다.

그 다음에는 이 표준어와 문화어의 발음을 어떻게 하는 것인지를 규정한 남한의 '표준 발음법'과 북한의 〈문화어발음법〉에 대하여 살피고자 한다. 그 형성 과정, 혹은 변천 과정을 통해서 차이점을 알아보고 나아가 통일시대에 어떤 방식으로 하나의 규정으로 나올 수 있을지 모색해 보도록 한다.

7.2 남한의 표준어 규정과 표준 발음법의 제정 과정

7.2.1 남한의 표준어와 그 규정

사전에 의하면 표준어는 다음 〈2〉의 의미를 지니고 있다. 〈2ㄱ〉에서는 '한 나라에서 공용어로 쓰는 규범으로서의 언어'를 뜻하고 〈2ㄴ〉에서는 〈표준어 규정〉에서 말하는 "교양 있는 사람들이 두루 쓰는 현대 서울말로 정"해진 "전 국민이 공통적으로 쓸 수 있는 자격을 부여받은 단어"를 뜻한다. 〈2ㄱ〉의 표준어가 일반적인 언어로서의 의미를 지님에 비해 〈2ㄴ〉의 표준어는 특별히 단어에 한정하고 있다. '표준어 사정 원칙'이라고 할 때 표준어는 바로 이 단어로서의 〈2ㄴ〉 표준어를 가리킨다.

〈2〉《표준국어대사전》에 나온 '표준어'의 사전적 의미

ㄱ. 『언어』 한 나라에서 공용어로 쓰는 규범으로서의 언어. ≒대중말, 표준말.

- 표준어 교육. 표준어 발음.
- 그 회사는 표준어를 구사하는 사람만 상담원으로 채용한다.

ㄴ.『언어』 전 국민이 공통적으로 쓸 수 있는 자격을 부여받은 단어. 우리나라에서는 교양 있는 사람들이 두루 쓰는 현대 서울말로 정함을 원칙으로 한다.≒대중말, 표준말.

- 표준어 사정 원칙.
- 공적인 자리에서는 사투리보다는 표준어를 사용해야 한다.

우리가 이 글에서 살피고자 하는 표준어는 후자 즉 단어로서의 표준어를 지칭한다. 사실 우리나라에서 〈표준어 규정〉을 따로 두고 있는 것은 일제 강점기에 조선어학회에서 오랜 시간 투자한 우리말 큰사전 개발과 관련이 있다. 즉 국어사전을 만들 때 거시구조로서의 표제어 선정이 무엇보다 중요한데, 바로 그때 표제어로 어떤 것을 선정할 것인가의 기준이 바로 〈표준어 규정〉이 된 것이다. 따라서 아래 〈3〉에서 표준어 규정이 어떤 과정을 거쳐서 만들어졌는지 간략히 살펴보기로 한다.

〈3〉 남한의 〈표준어 규정〉의 전개 과정[2]

ㄱ. 조선어학회(1933), 부록 표준어, 〈한글 마춤법 통일안〉

---

2 남한의 맞춤법 및 표준어 개정 경위는 다음 《국어생활》 13호(1988)에 자세히 나와 있다. 그 내용을 간략히 정리하면 다음과 같다.

ㄱ. 1970. 4. 국어심의회에서 국어조사연구위원회를 구성

ㄴ. 1972. 12. 국어조사위원회에서 맞춤법 개정 초안 제출

ㄷ. 1977. 9. 국어조사위원회에서 표준말 연구 결과 제출

ㄹ. 1979. 12. 국어심의회 어문 표기법 최종 시안 마련, 확정 보류

ㅁ. 1982. 1. 어문 사업 추진을 위하여 학술원에 어문연구위원회와 3개 소위원회(맞춤법, 표준어, 외래어표기, 로마자 표기) 구성

ㅂ. 1984. 1. 21. 문교부, 개정된 국어의 로마자 표기법 확정 고시(문교부 고시 제84-1호)

ㅅ. 1986. 1. 7. 문교부, 개정된 외래어 표기법 확정 고시(문교부 고시 제85-11호)

ㅇ. 1988. 1. 19. 문교부, 한글 맞춤법 및 표준어 규정 확정 고시(문교부 고시 제88-1호 • 한글 맞춤법, 문교부 고시 제88-2호 • 표준어 규정)

표준말은 대체로 현재 중류사회에서 쓰는 서울말로 한다.

총론 제2항

ㄴ. 조선어학회(1936), 〈사정한 조선어 표준말 모음〉

ㄷ. 문교부(1988), 〈표준어 규정〉[3]

표준어는 교양 있는 사람들이 두루 쓰는 현대 서울말로 정함을 원칙으로 한다.

총론 제1항

문교부(1988), 〈표준어 규정 해설〉[4]

ㄹ. 문교부(1990), 〈표준어 모음〉(문교부 공고 제36호)

일러두기 1. 어휘 선택 2. 발음

〈표준어 모음〉의 심의 경위와 해설

ㅁ. 국립국어원(2018), 《한글 맞춤법, 표준어 규정 해설》

한국인이 주체가 되어 처음 표준어 규정을 정한 것은 조선어학회

---

3 남한의 〈표준어 규정〉(1988)의 차례는 다음과 같다.
제1부 표준어 사정 원칙
제1장 총칙 제2장 발음 변화에 따른 표준어 규정
제3장 어휘 선택의 변화에 따른 표준어 규정
제2부 표준 발음법
제1장 총칙 제2장 자음과 모음 제3장 음의 길이 제4장 받침의 발음
제5장 음의 동화 제6장 경음화 제7장 음의 첨가

4 문교부 산하 국어연구소에서는 후속 조치로《표준어 규정 해설》(1988)을 냈다. '제1편 해설(제1부 표준어 사정 원칙, 제2부 표준 발음법)' 부분과 '제2편 어휘 목록' 부분으로 나뉘어 있다.

(1933)의 〈한글 마춤법 통일안〉의 부록 '標準語'이다. 총론 제2항에 "표준말은 대체로 현재 중류사회에서 쓰는 서울말로 한다"라 하여 시대적, 계급적, 지역적 특성을 분명히 보여 주고 있다.[5] 조선어학회에서는 '조선어표준어사정위원회'를 구성하여 1935년 1월부터 1936년 8월까지 표준어를 사정하여 발포(發布)했는데, 그 사정 어휘 숫자가 총 9,547개(표준어 6,231개, 비표준어 3,082개, 약어 134개)이었다. 조선어학회에서 낸 〈3ㄴ〉 〈사정한 조선어 표준말 모음〉을 토대로 하여 이후 그 유명한 우리말 큰사전을 만들게 된다. 이 사전은 1942년 조선어학회 사건을 거치면서 1947년에 《조선말 큰사전》이라는 이름으로 제1권이 나왔으며, 이후 《큰사전》이라는 이름으로 1957년까지 전체 6권이 완간된다.

남한 정부 차원에서 표준어 규정이 처음 나온 것은 〈표준어 규정〉(〈3ㄷ〉)이다. 2021년 현재도 유효한 이 규정은 '제1부 표준어 사정 원칙'과 '제2부 표준 발음법'으로 이루어져 있다. "표준어는 교양 있는 사람들이 두루 쓰는 현대 서울말로 정함을 원칙으로 한다"(총론 제1항)라는 표준어의 범위가 제시되어 있다. 〈3ㄱ〉과 비교해 보면, 대개 비슷하지만 약간 차이가 난다. 무엇보다 "중류사회"라는 계층적 표현이 사라지고 대신 "교양 있는"이라는 표현으로 바뀐다. "현재"는 "현대"로 바뀌고, 또 "서울말"로 한정했던 것을 "서울말로 정함을 원칙으로" 한다고 수정됐다. "두루 쓰는"이라는 표현이 들어간 것도 주

5 일제 강점기가 시작되어 조선총독부에서는 세 차례에 걸쳐서 교육용으로 조선어의 철자법을 제정했는데, 거기에서 개략적인 이런 특성이 엿보인다. 〈보통학교용 언문철자법〉(1912)에서는 "京城語를 표준으로 함", 〈보통학교용 언문철자법 대요〉(1921)에서는 "용어는 현대의 경성어를 표준으로 함", 〈언문철자법〉(1930)에서는 "용어는 현대 경성어로 표준함"이라고 적시하고 있다. 박갑수(2004: 10–11)에서는 1902년 오카노 히사타네(岡野久胤)가 "동경의 사회 일반에 통용되는 언어, 곧 중류사회의 남자의 언어"를 일본어 표준어라고 지칭했다고 말하고 있다.

목된다. 결국 현행 〈3ㄷ〉에 나타난 표준어의 성격은 교양성, 시대성, 지역성, 보편성으로 정리해 볼 수 있겠다.[6] 〈표준어 규정〉(〈3ㄷ〉)에 발맞추어서 〈표준어 모음〉(〈3ㄹ〉)이 나오게 된다. 여기에는 어휘 선택 문제와 발음 문제가 함께 나와 있다.

〈4〉 남한의 〈표준어 규정〉(1988) '제1부 표준어 사정 원칙'

제1장 총칙(제1항~제2항)

제1항 표준어는 교양 있는 사람들이 두루 쓰는 현대 서울말로 정함을 원칙으로 한다.

제2항 외래어는 따로 사정한다.

제2장 발음 변화에 따른 표준어 규정(제3항~제19항)

제1절 자음(제3항~제7항) 제2절 모음(제8항~제13항) 제3절 준말(제14항~제16항) 제4절 단수 표준어(제17항) 제5절 복수 표준어(제18항~제19항)

제3장 어휘 선택의 변화에 따른 표준어 규정(제20~26항)

제1절 고어(제20항) 제2절 한자어(제21항~제22항) 제3절 방언(제23항~제24항) 제4절 단수 표준어(제25항) 제5절 복수 표준어(제26항)

〈4〉는 남한의 〈표준어 규정〉(1988)의 '제1부 표준어 사정 원칙' 내용 차례를 그대로 제시한 것이다. 제1장 총칙 제1항 표준어 범위에 대해서는 이미 언급한바, 표준어가 지니는 교양성, 보편성, 시대성, 지역성을 나타내고 있다. '교양 있는', '두루 쓰는', '현대', '서울말'이라는 표현들이 이들 각각의 특성을 나타내며, 이들 가운데 가장 중요한 기준이라 하면 '두루 쓰는'이라는 보편성이라 할 수 있다. 예컨대, 제24항에서 '빈대떡'이라는 표준어는 원래 방언이었으나 서울말로서

6 〈3ㄷ〉의 제2부인 '표준 발음법'에 대해서는 뒤에서 자세히 살피도록 한다.

기존의 표준어였던 '빈자떡'보다 두루 쓰이게 되어 '빈대떡'만 표준어로 됐다. 즉 본래 서울말이라 해도 두루 쓰이지 않는 것은 표준어가 되지 못한다는 말이다.

제2항에서 "외래어는 따로 정한다"라고 한 것은 우리말화된 외래어를 지칭한다. 본래 〈외래어 표기법〉(문체부 고시 제2017-14호)에서의 '외래어'가 "고유 명사를 포함해 우리말에 동화되지 않은 모든 외국어를 포함하는 반면, 이 조항의 '외래어'는 우리말에 편입된 말만을 이르는 좁은 개념이다"(국립국어원, 2018: 152). 즉 협의의 외래어를 가리킨다.

제2장 '발음 변화에 따른 표준어 사정'에서는 제3항~제19항을 포함하는데 다루는 어휘 숫자는 264개이다. 자음 47개, 모음 97개, 준말 49개, 단수 표준어 57개, 복수 표준어 14개 어휘들을 사정하여 표준어로 정하고 있다.[7] 이들은 공시적 차원에서 단어들의 발음 변화를 주목한 것들이다. 발음이 바뀐 후의 것만 표준어로 인정하는 방법과 발음이 바뀐 후의 것과 바뀌기 전의 것을 모두 인정하는 방법이 있다. 점차로 후자, 즉 복수의 표준어를 인정하는 쪽으로 그 방향이 잡히고 있다.

제3항에서 '살쾡이'가 단수 표준어로 설정되는데, 이는 본래 동물 '삵'과 고양이 '괭이'를 합한 단어이다. '삵괭이'가 아닌 '살쾡이'가 표준어로 설정된 것은 그 발음이 [삭쾡이]가 아닌 [살쾡이]이기 때문이다. 즉 발음의 변화에 따라 단수 표준어가 설정된 것이다. 제9항에서 '냄비'가 표준어로 인정되는데, 이는 기존의 '남비'가 발음 변화된 결

7 여기에 제시된 숫자는 2020년 4월 10일 국립국어원 누리집에 제시되어 있는 〈표준어 규정〉의 해당 부분 어휘 숫자이다. 거의 매년 몇 개씩 어휘 숫자의 가감이 있다. 참고로, 제2장 제목이 '발음 변화에 따른 표준어 사정'이라고는 했지만, 엄밀한 의미에서는 모두 다를 '어휘'라고 말하기는 어렵다. '-던', '-던가', '쇠-' 등과 같은 어휘 아닌 문법 형태들도 제시되어 있기 때문이다.

과이다. 또 제14항에서 준말인 '귀찮다'가 표준어로 설정되는데, 이는 본말인 '귀치 않다'가 발음 변화된 것이다.

제17항에는 단수 표준어의 용례들이 많이 나온다. 몇 개만 예로 들면, '꼭두각시, 내색, -습니다'가 표준어로 인정되고 있는데, 이들은 각각 '꼭둑각시, 나새, -읍니다'와 아무 의미 차이가 없으나 더욱 널리 쓰이기 때문에 표준어로 설정된 것이다. 제18항에서는 복수 표준어가 제시되고 있다. '네, 예', '쬐다, 쪼이다'에서 보듯이 둘 다 두루 쓰이기 때문에 복수 표준어로 인정되고 있다.

물론 표준어는 〈표준어 규정〉(1988)에 제시되어 있는 것이 모두는 아니다. 계속해서 표준어는 추가되고 또 수정되곤 한다.[8] 그러나 그 큰 사정 기준은 제1항에 제시된 표현 그대로 "제1항 표준어는 교양 있는 사람들이 두루 쓰는 현대 서울말로 정함을 원칙으로 한다"이다. 〈3ㅁ〉에서 보듯이 2018년에 문광부 산하 국립국어원에서는《한글 맞춤법, 표준어 규정 해설》 책자를 발간하여 이들 규정들에 대한 깊이 있는 이해를 돕고 있다.

7.2.2 남한의 표준 발음법 제정 과정

남한의 표준 발음법은 1988년 〈표준어 규정〉의 제2부 '표준 발음법'으로 처음 나왔다. 그것이 2021년 현재도 그대로 사용되고 있다. 뒤(7.3.)에서 보겠지만 북한에서는 1954년에 이미 표준 발음법이 단행본 책의 일부로 제시됐고, 1966년에는 하나의 어문 규범으로 당당히 나왔다.

---

8 문화체육관광부에서는 2011년에 19개 표준어를, 2014년에 13개, 2015년에 11개, 2016년에 6개, 2017년에 5개 표준어를 추가했다.

남한에서는 1970년에 표준어 규정 마련을 위하여 문교부 차원에서 국어조사연구위원회가 구성됐고 1972년에 표준어의 된소리와 긴소리 실태를 조사하고 연구했으며 1977년에 와서야 '새로 정한 표준말'이 연구 보고서로 나왔다. 거기서 제4장, 제5장이 발음과 관련한 내용이었다. 1979년에 와서야 단어 중심의 자료집 형식으로 '표준말안'이 나왔고 역시 그곳의 제4장, 제5장이 간략한 발음 원칙을 제시하고 해당 단어들을 용례로 보이고 있다.[9]

1980년 초반 격동의 시대를 지내고 1984년에 와서야 학술원 차원에서 '표준어 개정안'이 나왔다. 이진호(2015: 178)에 따르면, 학술원안(1983, 1984)은 문교부 안(1979)와 비교할 때 세 가지 차이점이 두드러진다고 했다. 첫째 전체 분량이 크게 줄었다는 것, 둘째 각 항목에 대한 설명이 덧붙었다는 것, 셋째 현행 〈표준어 규정〉(1988) 내용과 매우 흡사해졌다는 것이 그것이다. 현행의 〈표준어 규정〉의 제1부 내용은 이 1984년에 완성됐다는 것을 뜻한다. 그러나 이 학술원 안에서

---

9 이진호(2015: 175-181)에서는 남한의 표준 발음법 제정 과정을 상세히 제시하고 있다. 그 내용을 간략히 순서대로 보이면 다음과 같다.

ㄱ. 1972. 된소리 및 긴소리 연구

ㄴ. 1977. 9. 새로 정한 표준말
1장 총칙 2장 소리의 넘나들기 3장 뜻이 같거나 비슷한 말
4장 닿소리의 덧남·줄기·바뀜 5장 긴소리

ㄷ. 1979. 3. 표준말 재사정 시안
1979. 12. 표준말안(4장, 5장(긴소리) 발음)

ㄹ. 1983. 12. 표준말 개정안
1984. 12. 표준말 개정안

ㅁ. 1987. 4. 표준어 개정안
표준어 개정안, 표준어 개정안에서 다루어진 단어, 표준 발음법(안)[7장 31항]

ㅂ. 1987. 9. 표준어 규정안

ㅅ. 1988. 1. 한글 맞춤법 및 '표준어 규정'
제1부 표준어 사정 원칙 제2부 표준 발음법

ㅇ. 1990. 9. 표준말 모음(1,400여 개)

는 기존의 4장, 5장 발음법 관련 내용이 모두 빠져 버렸다.

학술원 안은 국어연구소 안(1987)를 거치면서 '표준어 개정안, 표준어 개정안에서 다루어진 단어, 표준 발음법(안)'의 세 부분으로 나누어졌다. '표준 발음법(안)' 부분은 여기서 처음 나타나는데, 총 7장 31항으로 이루어져 있다. 1979년 안에서는 120쪽이 넘었었는데, 여기에서는 9쪽으로 제시됐다(이진호, 2008: 179-180 참조). 그 전이 예측불가의 나열이었음에 비해 여기서는 발음 원칙을 제시하고 있어서 차이가 나는 것이다. 그러다가 최종적으로 문교부(1988) 이름으로 현재의 〈표준어 규정〉 제2부 '표준 발음법'이 국가 차원에서 정식으로 공포된다.

〈5〉 남한의 〈표준어 규정〉(1988) '제2부 표준 발음법 차례(제1항~제30항)'

제1장 총칙

제1항 표준 발음법은 표준어의 실제 발음을 따르되, 국어의 전통성과 합리성을 고려하여 정함을 원칙으로 한다.

제2장 자음과 모음(제2항~제5항)[10]

10 한글 맞춤법 제4항에는 다음과 같이 제시되어 있다.

제4항 한글 자모의 수는 스물넉 자로 하고, 그 순서와 이름은 다음과 같이 정한다.

ㄱ(기역) ㄴ(니은) ㄷ(디귿) ㄹ(리을) ㅁ(미음) ㅂ(비읍) ㅅ(시옷) ㅇ(이응) ㅈ(지읒) ㅊ(치읓) ㅋ(키읔) ㅌ(티읕) ㅍ(피읖) ㅎ(히읗) ㅏ(아) ㅑ(야) ㅓ(어) ㅕ(여) ㅗ(오) ㅛ(요) ㅜ(우) ㅠ(유) ㅡ(으) ㅣ(이)

[붙임 1] 위의 자모로써 적을 수 없는 소리는 두 개 이상의 자모를 어울러서 적되, 그 순서와 이름은 다음과 같이 정한다.

ㄲ(쌍기역) ㄸ(쌍디귿) ㅃ(쌍비읍) ㅆ(쌍시옷) ㅉ(쌍지읒) ㅐ(애) ㅒ(얘) ㅔ(에) ㅖ(예) ㅘ(와) ㅙ(왜) ㅚ(외) ㅝ(워) ㅞ(웨) ㅟ(위) ㅢ(의)

[붙임 2] 사전에 올릴 적의 자모 순서는 다음과 같이 정한다.

자음: ㄱ ㄲ ㄴ ㄷ ㄸ ㄹ ㅁ ㅂ ㅃ ㅅ ㅆ ㅇ ㅈ ㅉ ㅊ ㅋ ㅌ ㅍ ㅎ 모음: ㅏ ㅐ ㅑ ㅒ ㅓ ㅔ ㅕ ㅖ ㅗ ㅘ ㅙ ㅚ ㅛ ㅜ ㅝ ㅞ ㅟ ㅠ ㅡ ㅢ ㅣ

제2항 표준어의 자음은 다음 19개로 한다.

ㄱ ㄲ ㄴ ㄷ ㄸ ㄹ ㅁ ㅂ ㅃ ㅅ ㅆ ㅇ ㅈ ㅉ ㅊ ㅋ ㅌ ㅍ ㅎ

제3항 표준어의 모음은 다음 21개로 한다.

ㅏ ㅐ ㅑ ㅒ ㅓ ㅔ ㅕ ㅖ ㅗ ㅘ ㅙ ㅚ ㅛ ㅜ ㅝ ㅞ ㅟ ㅠ ㅡ ㅢ ㅣ

제4항 'ㅏ ㅐ ㅓ ㅔ ㅗ ㅚ ㅜ ㅟ ㅡ ㅣ'는 단모음(單母音)으로 발음한다.

[붙임] 'ㅚ, ㅟ'는 이중 모음으로 발음할 수 있다.

제5항 'ㅑ ㅒ ㅕ ㅖ ㅘ ㅙ ㅛ ㅝ ㅞ ㅠ ㅢ'는 이중 모음으로 발음한다.

제3장 음의 길이(제6항~제7항)

제6항 모음의 장단을 구별하여 발음하되, 단어의 첫음절에서만 긴소리가 나타나는 것을 원칙으로 한다.

제7항 긴소리를 가진 음절이라도, 다음과 같은 경우에는 짧게 발음한다.

제4장 받침의 발음(제8항~제16항)

제5장 음의 동화(제17항~제22항)

제6장 경음화(제23항~제28항)

제7장 음의 첨가(제29항~제30항)

〈5〉는 남한의 '표준 발음법'(1988)에 있는 발음법 내용이다. 제1장 총칙에 이어 제2장에서는 기본적으로 모음과 자음의 발음에 대하여 기술하고 있다. 제3장은 긴소리(장음), 제4장은 받침 규칙, 즉 음절의 끝소리 규칙, 제5장은 동화현상, 제6장은 된소리되기, 제7장은 사잇소리현상을 다루고 있다. 남한에서는 앞에서도 살펴본바, 1970년대 초반에 긴소리와 된소리에 대한 실태조사를 많이 했다. 긴소리 내용이 제3장에 자세하게 들어간 것이 우연이 아니다.

7.3 북한의 문화어 등장과 발음법 변천

7.3.1 북한의 문화어 등장

남한에 표준어가 있다면 북한에는 문화어가 있다. 광복 이후 1960년대 중반까지는 북한에서도 조선어학회에서 제시한 표준어라는 용어를 사용했다.[11] 그런데 1966년 김일성의 교시 이후로 본격적으로 '문화어'라는 용어를 사용하고 있다. 문화어에 대한 사전에서의 의미를 〈6〉을 통해서 살피도록 한다.

〈6〉 문화어의 사전적 의미

ㄱ. 문화어(文化語): 「명사」 북한에서, 언어생활의 기준으로 삼기 위해 규범화한 언어. 평양말을 중심으로 제정한 것이다.

《표준국어대사전》

ㄴ. 문화어[명] 경애하는 아버지 **김일성**대원수님의 옳바른 령도밑에 혁명의 수도 평양을 중심지로 하고 평양말을 본보기로 하여 잘 가꾼 말.// 모두다 문화어를 씁시다.

《조선말사전(학생용)》(1993)

ㄷ. 문화어(文化語): [명] 평양을 중심으로 하여 사회주의건설과정에서 발

11 북한의 '조선 어문 연구회' 이름으로 나온《조선어 신철자법》(1950)[1948 공포]에서는 "第4章 語彙에 關한 것" 가운데 "第3節 표준어" 항목을 설정하고 있으며, 이후 '조선어 및 조선문학연구소' 이름으로 나온《조선어 철자법》(1954)의 "제6장 표준 발음법 및 표준어와 관련된 철자법"에서도 '표준어'라는 용어를 사용하고 있다.

전한 조선말. 문화어는 발음, 표현, 억양 등에서 비문화적인 것을 가셔낸 민족어의 훌륭한 모범이다.(ぶんかご, 朝鮮民主主義人民共和國で用いられれ標準語の別称〈べっしょう〉)

《조선말소사전(韓日 · 日朝對譯)》(1986)

ㄹ. 문화어(文化語): [명] 평양말을 기초로 하여 이루어진 규범적인 말. 위대한 수령 김일성동지와 위대한 령도자 김정일동지, 경애하는 최고령도자 김정은동지의 혁명적문풍을 본보기로 하고 민족어의 온갖 우수한 요소를 집대성한 훌륭한 말이다.

《조선말대사전(증보판)》(2017)

〈6ㄱ〉은 남한의 사전에서 정의 내리고 있는 문화어의 의미이다. 평양말을 중심으로 하여 언어생활의 기준으로 삼기 위해 규범화한 언어라고 정의 내리고 있다. 〈6ㄴ〉은 북한에서 인민학교 학생용으로 제작된 《조선말사전(학생용)》에서 제시된 것인데, "혁명의 수도 평양을 중심지로 하고 평양말을 본보기로 하여 잘 가꾼 말"이라고 정의 내리고 있다. 〈6ㄷ〉은 일본 조총련계에서 출간한 한일·일조대역 사전인 《조선말소사전》에서 제시된 것인데, 거기서는 "평양을 중심으로 하여 사회주의건설과정에서 발전한 조선말"이라 하면서 "발음, 표현, 억양 등에서 비문화적인 것을 가셔낸 민족어의 훌륭한 모범"이라고 그 성격을 제시하고 있다. 〈6ㄹ〉은 2017년에 나온 《조선말대사전》의 문화어 정의 내용인데, "평양말을 기초로 하여 이루어진 규범적인 말"이라고 제시하고 있다. 결국 북한의 문화어는 평양말을 중심으로 하여 다듬은 말이라고 이해할 수 있다.

〈7〉 북한 '문화어'의 등장과 성격

ㄱ. 우리 말을 발전시키기 위하여서는 터를 잘 닦아야 합니다. 우리는 우리 혁명의 참모부가 있고, 정치, 경제, 문화, 군사의 모든 방면에 걸치는 우리 혁명의 전반적전략과 전술이 세워 지는 혁명의 수도이며 요람지인 평양을 중심지로 하고 평양말을 기준으로 하여 언어의 민족적특성을 보존하고 발전시켜 나가도록 하여야 하겠습니다. 그런데 표준어라는 말은 다른 말로 바꾸어야 하겠습니다.《표준어》라고 하면 마치 서울말을 표준하는것으로 그릇되게 리해될수 있으므로 그대로 쓸 필요가 없습니다. 사회주의를 건설하고 있는 우리가 혁명의 수도인 평양말을 기준으로 하여 발전시킨 우리 말을《표준어》라고 하는것보다 다른 이름으로 부르는것이 옳습니다./《문화어》란 말도 그리 좋은것은 못되지만 그래도 그렇게 고쳐 쓰는것이 낫습니다.

김일성(1966: 503-504)

ㄴ. 문화어는 사회주의를 건설하고 있는 우리 나라 근로인민대중이 건설하고 발전시킨 언어이다./문화어는 평양을 중심으로 하고 평양말을 기준으로 하여 발전시킨 언어이다.

〈문화어는 영생불멸의 주체사상이 구현되어 이루어진 우리 민족어의 최고형태〉,

《문화어학습》(1981년 2호)

ㄷ. 평양말은 그 어떤 지역적방언에 기초하여 이루어진 말도 아니며 그 어떤 사회계층들의 말을 표준으로 삼아 이루어진 언어도 아니다. (…) 이러한 관계로 하여 평양말은 우리 말의 가장 우수한 요소들에 의하여 이루어지게 되었으며 민족적특성이 전면적으로 구현되게 되었다.

〈문화어는 영생불멸의 주체사상이 구현되어 이루어진 우리 민족어의 최고형태〉,

《문화어학습》(1981년 2호)

북한의 문화어라는 용어가 처음 등장한 것은 1966년 5월 14일 김일성이 〈조선어의 민족적 특성을 옳게 살려나갈데 대하여〉라는 제목으로 언어학자들과 한 담화에서이다. 〈7ㄱ〉에서 보듯이 "평양을 중심지로 하고 평양말을 기준으로 하여", 또 "혁명의 수도인 평양말을 기준으로 하여 발전시킨 우리말"을 '문화어'로 이름 붙이는 게 좋겠다고 했다. 서울말을 표준으로 하는 표준어와 헷갈리지 않게 평양말을 기준으로 해서 '문화어'라고 김일성이 직접 명명했던 것이다.

문화어는 이후《문화어학습》이라는 잡지를 통해서 그 의미와 특성을 여러 사람들이 홍보하여 왔다. 〈7ㄴ〉에서는 "사회주의를 건설하고 있는 우리 나라 근로인민대중이 건설하고 발전시킨 언어"로서 "평양을 중심으로 하여 평양말을 기준으로 하여 발전시킨 언어"라고 말하고 있다. 그런데 이 문화어는 자연적으로 사용되는 언어라기보다는 일종의 인공어적 성격을 띤다고 볼 수 있다.[12]

문화어의 인공어적 성격은 〈7ㄷ〉을 통해서도 알 수 있다. 문화어의 기본인 평양말이 "그 어떤 지역적 방언에 기초하여 이루어진 말도 아니며 그 어떤 사회계층들의 말을 표준으로 삼아 이루어진 언어도 아니다"라고 하고 있으며, 나아가 "평양말은 우리 말의 가장 우수한 요소들에 의하여 이루어지게 되었으며 민족적특성이 전면적으로 구현되게 되었다"라고까지 말하고 있는 것이다. 사실 따지고 보면 남한의 표준어도 완전한 자연어라고 말하기는 어렵다. 서울말이라고 해서 모두 표준어인 것도 아니고 비서울말이라고 해서 무조건 표준어가 아닌 것도 아니다. 단지 북한의 문화어는 남한의 표준어보다 좀 더 다듬어

---

12 이승욱(1989: 147, 162)에서는 "문화어는 국어의 歷史的 正統性을 이어받지 못한 變種의 한 地域語를 母體로 하여 非正常的으로 孕胎되었고, 5.14교시의 事變的인 충격 속에서 胎動, 出産하게 되었다. (…) 文化語는 言語外的 他律의 規制에 의해 지배받는 언어가 될 수밖에 없었다"라고까지 말하고 있다.

지고 정리된 인공어적 성격이 더 많다는 것이다.[13]

〈8〉 북한 '문화어' 등장의 의미

ㄱ. 문제는 남조선에서 쓰고 있는 말에 있습니다. 지금 남조선신문 같은 것을 보면 영어나 일본말을 섞어 쓰는것은 더 말할것도 없고 한자말은 중국사람들도 쓰지 않는것까지 망탕 쓰고 있습니다. 사실 남조선에서 쓰고 있는 말에서 한자말과 일본말, 영어를 빼버리면 우리 말은《을》,《를》과 같은 토만 남는 형편입니다. 언어는 민족의 중요한 징표의 하나인데 남조선에서 쓰고 있는 말이 이렇게 서양화, 일본화, 한자화되다 보니 우리 말 같지 않으며 우리 말의 민족적특성이 점차 없어 져 가고 있습니다. 이것은 참으로 위험한 일입니다. 이것을 그대로 두다가는 우리 민족어가 없어 질 위험도 있습니다.

김일성(1966: 498)

ㄴ. 새로운 민족어, 문화어를 건설하는것은 첫째로, 민족어발전의 합법칙성으로부터 흘러나오는 필연적요구였다./새로운 민족어, 문화어를 건설하는것은 둘째로, 우리 민족어발전의 력사적특수성과 관련하여 특별히 중요한 문제로 제기되였다./새로운 민족어, 문화어를 건설하는 것은 셋째로, 광복후 나라가 북과 남으로 갈라지고 남조선에서 우리 말

13 홍연숙(1990: 125)에서는 문화어에 대하여 다음과 같이 말하고 있다.
"북한에서 '표준어'라고 하면 서울지방의 현대 국어를 바탕으로 하는 것으로 잘못 이해되므로, 1972년 개정 헌법 149조에서 종전에 서울이던 수도가 평양으로 바뀌면서 "혁명의 수도인 평양을 중심지로 하고 평양말을 기준으로 하여 민족적 특성을 발전시켜 나아가야 한다"고 규정했으며, '문화어'란 용어가 1966년 金日成 교시에서 鑄造되었다. 따라서 표준어도 종래의 서울말 기준 '표준어'에서 평양말 중심의 '문화어'로 개칭하게 된다. 이로써 이제까지 정통 민족어로서 한반도에 하나만이 존재하던 표준어가 공식적으로 둘로 갈라지게 된다."

이 잡탕말로 변질되여가고있는 상태에서 더욱 중요하고도 절박한 문제로 제기되였다.

리호경(2005: 5-8), 《조선문화어건설리론》

ㄷ. 그런데, 북한의 「문화어」로 말미암아, 민족적 언어는 분단을 자초하게 되지만, 그들은 조국이 통일된 후에 문화어로 통일할 것을 구상하고 있다. 서울말을 토대로 한 표준말은 민족적 특성이 사라진 잡탕말이므로, 우리 민족어를 대표할 수 없기 때문이라고 한다. 이것은 언어 문제를 사상문제와 관련짓는 마르크스의 언어이론이며, 스탈린의 언어이론 이후에는 보기 드문 것이다./국토양단보다 더 비극적인 것은 민족분열이므로, 민족통일을 위한 남·북의 공동연구야말로 중요한 의의를 갖는다. 그것은 正書法의 통일과 개선을 비롯한 語文問題의 해결, 국어사전과 규범문법의 편찬, 방언과 지명의 조사연구 등 광범위한 부문에 걸친다. 우리 민족의 누구하나라도 이 문제의 해결을 반대할 리가 없지만, 그 해결을 어렵게 하는 것은 구체적인 방법이다.

김민수(1981: 42)

북한은 1966년 김일성 교시를 통해서 평양말을 중심으로 한 '문화어'를 공식화했으며 이렇게 한 이유 가운데 하나로 〈8ㄱ〉에서 보듯이 남한에서 쓰고 있는 말이 영어와 일본어와 한자어로 인해서 민족적 특성이 점차 없어지고 이러다가는 "우리 민족어가 없어질 위험"까지 있다고 하면서 새로운 문화어가 필요하다고 역설하고 있다. 〈8ㄴ〉은 최근 문화어 등장의 의미를 부여하여 북한의 전문가가 저서에서 진술한 내용이다. 민족어 발전에 따른 새로운 문화어의 등장이 필요했는데, 이는 특히 "남조선에서 우리 말이 잡탕말로 변질되여가고있는 상태에서" 절박하고 중요한 문제라고 주장하고 있다. 〈8ㄷ〉에서 보는 것처럼 북한에서는 통일 후에 문화어로 "잡탕말"인 표준어를 대신할 수 있게 될 것을 구상하고 있던 것이다. 언어를 사상과 관련짓는 마르크스의 언어 이론이 그 밑바탕을 차지하고 있는 셈이다.

남한이나 북한이나 통일을 지향하는 입장을 헌법 차원에서도 지니고 있다. 그렇다면 통일을 위해서라도 표준어와 문화어의 대립은 바람직하지 않다. 〈8ㄷ〉에서 제시하는 것처럼 민족 통일 위해서 남북한 공동 연구가 필요할 것이다. 이미 남북한은《겨레말대사전》발간이라는 공통된 목표를 갖고서 협력을 해 오고 있다. 이 사전 발간의 전제 조건인 맞춤법 등 어문 규범들의 남북한 합의를 위해서도 서로 노력해야 할 것이다. 한반도에 널려 있는 지역 방언들을 조사하고 공유할 필요도 있고 맞춤법, 외래어 표기법, 로마자 표기법, 문장 부호법, 띄어쓰기 규범 등 다양한 남북한 협력 사업이 필요한 시점이다.

7.3.2 북한의 발음법 변천

남한에 비해 북한에서는 발음법을 무척 중요시하고 있다. 그것은 1960년대 김일성이 직접 말한 〈9〉에서 잘 알 수 있다.

〈9〉 북한의 발음법에 대한 인식

ㄱ. 그러므로 우리는 어떻게 해서든지 우리 말을 잘 살리고 발전시켜야 합니다./사실 우리 나라 말은 높고낮음이 똑똑하고 말소리가 아름답습니다./우리 나라 발음법을 배우면 아무 나라 말도 다 잘할수 있습니다.

김일성(1966: 508)

ㄴ. 위대한 수령 김일성동지께서는 다음과 같이 교시하시였다.

《우리 나라 말은 발음이 매우 풍부합니다. 그렇기때문에 우리 말과 글로써는 동서양의 어떤 나라 말의 발음이든지 거의 마음대로 나타낼수 있습니다.》(《김일성전집》 32권, 355페이지)

국어사정위원회(2010), 〈문화어발음법〉, 《조선말규범집》

ㄷ. • 표준 발음법은 발음상의 규범 즉 당연히 지켜야 할 정확하고도 통일적인 발음상의 규칙을 말한다.

• 조선어에서의 표준 발음법은 문′ 자가 표음 문′ 자로 되여 있기 때문에 대체로 표기되여 있는 대로 발음하면 되는 것이다. 그러나 어음과 문′ 자가 반드시 일치하지 않는 것이 있어서 문′ 자로 표기되여 있는 대로 발음하지 않는 것도 있다. 그러므로 조선어와 발음상의 특성을 충분히 고려한 토대 우에서 표준 발음법을 제정하며 또 이를 교육하고 습득하여야 한다.

언어 문학 연구소(1960), '§13. 표준 발음법', 《조선어 문법 1》

〈9ㄱ〉은 1966년에 김일성이 직접 언어학자들과 담화한 내용인데, 우리나라 말이 "높고 낮음이 똑똑하고 말소리가 아름답"기 때문에 "우리나라 발음법을 배우면 아무 나라 말도 잘 할 수 있"다고 말하고 있다. 〈9ㄴ〉은 현행 북한의 〈문화어발음법〉 앞부분에 인용된 김일성의 교시 내용인데, 우리나라 말의 발음이 매우 풍부하여 "우리 말과 글로써는 동서양의 어떤 나라 말의 발음이든지 거의 마음대로 나타낼 수 있"다고 말하고 있다. 수령인 김일성의 교시는 곧 법이기 때문에, 결국 북한에서의 발음법에 대한 위치는 공고하다고 볼 수 있다.

〈9ㄷ〉은 표준 발음법에 대해서 일반적으로 북한에서 보는 입장을 보여 준다. 표준 발음법은 "발음상의 규범, 즉 당연히 지켜야 할 정확하고도 통일적인 발음상의 규칙"이라고 보고 있다. 문자와 발음이 반드시 일치하는 것이 아니기 때문에 "조선어와 발음상의 특성을 충분히 고려한 토대 우에서 표준 발음법을 제정하며 또 이를 교육하고 습득하여야 한다"라고 말하고 있다.

〈10〉 북한의 〈문화어발음법〉 규정의 변천[14]

ㄱ. 조선어 및 조선문학연구소(1954), '제6장 표준 발음법 및 표준어와 관련된 철자법',《조선어 철자법》

ㄴ. 언어 문학 연구소(1960), §13. 표준 발음법,《조선어 문법 1》

ㄷ. 국어사정위원회(1966), 〈표준발음법〉,《조선말규범집》

ㄹ. 국어사정위원회(1988), 〈문화어발음법〉,《조선말규범집》

ㅁ. 국어사정위원회(2010), 〈문화어발음법〉,《조선말규범집》

북한에서의 발음법은 〈10〉에서 보듯이 무척 다양하게 변천해 왔다. 1954년부터 시작해서 1960년, 1966년, 1988년을 비롯하여 현행 2010년에 나온 규정을 확인할 수 있다.[15] 〈10ㄱ, ㄴ〉은 단행본의 일부

---

14 〈10ㄴ〉의 '머리말'에는 "이 규범집이 나감과 함께《조선어철자법》(「조선민주주의인민공화국」 과학원, 1954년)은 쓰지 않는다", 〈10ㄹ〉의 '머리말'에는 "새 규범집이 나가는것과 관련하여 1966년 6월에 내보낸《조선말규범집》(조선민주주의인민공화국 내각직속 국어사정위원회)은 리용하지 말 것이다", 〈10ㅁ〉의 '머리말'에는 "국어사정위원회는 이러한 요구로부터 이번에 1987년에 공포된 조선말규범들을 전면적으로 검토하고 일부 조항과 내용들을 수정보충하여《조선말규범집》을 다시 내보낸다"라는 표현이 각 나온다. 이에 의거해서도 〈10〉의 변천 과정을 제시할 수 있다.

로 제시된 것이고, 〈10ㄷ, ㄹ, ㅁ〉은《조선말규범집》에 당당하게 제시된 것이다. 1950년대 및 1960년대에는 '표준 발음법'이라는 용어를 사용했으나(〈10ㄱ, ㄴ, ㄷ〉), 1988년에 나온《조선말규범집》부터는 〈문화어발음법〉이라는 명칭으로 바뀌어서 제시되고 있다(〈10ㄹ, ㅁ〉).[16]

이는 앞 〈7ㄱ〉에서 살펴보았듯이 김일성이 1966년에 언어학자들과 담화한 교시가 직접적 이유라 할 수 있다. 다시 말하면 〈10ㄹ, ㅁ〉에서는 서울을 중심으로 한 표준어와 달리 평양을 중심으로 한 '문화어'의 발음이 북한의 발음법의 기저가 됐다는 것이다. 2010년에 제정된《조선말규범집》(〈10ㅁ〉)의 〈문화어발음법〉이 2021년 지금도 북한의 발음법 규정으로 사용되고 있다.

〈11〉 북한의 문화어발음법 규정의 개관 및 특성

ㄱ. 조선어 및 조선문학연구소(1954), '제6장 표준 발음법 및 표준어와 관련된 철자법'(제32항~제44항),《조선어 철자법》

15 사실 일찍이 북한의 조선 어문 연구회(1950)에서 낸《조선어 신철자법》의 '第2章 語音에 關한 것'에서도 발음과 관련된 논급을 찾아볼 수 있다. 즉 '된소리, 설측음 "ㄹ", 구개음화, 말음 표기, 반모음 1'과 같은 항목을 둬서 어음에 따라 표기를 어떻게 적을지를 규정해 뒀다. 이러한 내용은 〈10ㄱ〉에서 '표준 발음법'이라 하여 각각의 발음 방식이 좀 더 구체화되어 제시되고 있다. 여기서는 '표준 발음법'이라는 용어 사용에 방점을 두어 〈10ㄱ〉부터 북한의 발음법을 살피도록 한다.

16 1966년 5월 14일에 나온 김일성의 담화에서 '문화어'로 하자는 교시가 나온다. 그런데 정작 1966년 6월에 나온《조선말규범집》에서는 '표준발음법'이라는 제목으로 북한의 발음법이 나온다. 이후 1987년에 공포된《조선말규범집》에 와서야 '문화어발음법'이라는 명칭으로 나온다. 김일성의 교시가 반영 안 된 것일까 하는 궁금증이 나온다. 이는 김일성이 1966년 5월 담화에서 제시한 다음 내용을 보면 상황을 이해할 수 있다. "물론 새 규정에도 일부 결함들이 있을수 있습니다. 그러나 그것대로 쓰면서 부족점을 고쳐 더 완성하여 나가도록 하여야 하겠습니다./우리 학자들이 만든《조선말규범집》초안을 그대로 내보내는것이 좋을것 같습니다"(김일성, 1966: 513). 이를 통해서 볼 때 이미 김일성이《조선말규범집》초안을 인정한 다음에 담화가 이루어졌다는 것을 알 수 있다.

ㄴ. 언어 문학 연구소(1960), §13. 표준 발음법,《조선어 문법 1》

- 조선어 표준 발음의 양식/조선어 표준 발음을 위반하는 원인/조선어 표준 발음의 규범

ㄷ. 국어사정위원회(1966),〈표준발음법〉,《조선말규범집》

- 총칙: 표준발음법은 현대조선말의 여러가지 발음들가운데서 조선말 발달에 맞는것을 가려잡음을 원칙으로 한다.
- 이러한 발전하는 현실은 우리 말을 더한층 발전시키고 인민들의 언어생활에서 문화성을 더욱더 높일것을 요구한다. 그러므로 우리들이 글을 쓰고 말을 하는데서 지켜야 할 온갖 규범들을 과학적으로 더욱 정밀화하는것은 매우 큰 의의를 가진다./이 규범집은 맞춤법, 띄여쓰기, 문장부호법 및 표준발음법과 관련된 규범들을 더욱 정밀화한 규정을 담고 있다.

ㄹ. 국어사정위원회(1988),〈문화어발음법〉,《조선말규범집》

- 총칙: 조선말발음법은 혁명의 수도 평양을 중심지로 하고 평양말을 토대로 하여 이룩된 문화어의 발음에 기준한다.
- 온 사회를 주체사상화하는 사업이 더욱 심화발전되고있는 오늘의 현실은 언어규범을 사람들의 언어실천에 더잘 복무할수 있도록 정밀화하고 완성해나가야 할 새로운 과업을 제기하고있다.
- 이번에 나가는《조선말규범집》에는 맞춤법, 띄여쓰기, 문장부호법, 문화어발음법 등이 들어있다.

ㅁ. 국어사정위원회(2010),〈문화어발음법〉,《조선말규범집》

- 총칙: 조선말발음법은 혁명의 수도 평양을 중심지로 하고 평양말을 토대로 하여 이룩된 문화어의 발음에 기준한다.

〈11ㄱ〉은 1954년에 출간되어 나온 것으로, 조선어 및 조선문학연구소 안에 '조선어 철자법 규정 작성 위원회'를 조직하고 연구 및《조선어 철자법》초안을 작성하여 발간하게 됐다. 총칙을 비롯하여 총 8개 장으로 이루어졌는데, 그중 '제6장 표준 발음법 및 표준어와 관련된 철자법(제32항~제44항)'을 내게 됐다.[17] 본래《조선어 철자법》(1954)은 조선어학회의 〈한글 맞춤법 통일안〉에 기초를 두고 있긴 하지만, 어음조직, 문법 구조, 어휘 구성 등에서 변화의 모습을 반영하여 적지 않은 수정을 가한 것으로 알려져 있다.[18]

1950년대 중반 김두봉 숙청 이후 북한에서는 새로운 어문 규범팀 아래에서 새로운 표준적 문법책, 즉《조선어 문법 1, 2》(1960, 1963)가 방대한 분량으로 나오게 된다.《조선어 문법 1》은 '어음론'과 '형태론'을 담고 있으며,《조선어 문법 2》는 '문장론'을 담고 있다. 각각 479쪽, 311쪽으로 된 방대한 분량이다. 이 숫자는 차례, 머리말, 일러두기, 판권 부분을 모두 제외한 것이다. '어음론'은 전체 117쪽, 15개 절로 이루어져 있는데, 이 가운데 '표준 발음법'은 §13에 해당하며 쪽수는

---

17 《조선어 철자법》(1954)의 내용 차례는 다음과 같다. 전체 56항으로 이루어졌으며, 이 가운데 제6장 표준 발음법 관련 내용은 제32항~제40항이 해당한다. 무척 중요하게 다루어졌음을 알 수 있다.

총칙	제5장 어근과 접미사의 표기
제1장 자모의 순서와 그 이름	제6장 표준 발음법 및 표준어와 관련된 철자법
제2장 어간과 토의 표기	제7장 띄여 쓰기
제3장 합성어의 표기	제8장 문장 부호
제4장 접두사와 어근의 표기	용례 색인

18 《조선어 철자법》(1954)의 머리말 부분에는 다음과 같은 설명이 붙어 있다.
"이 곳에 발간하는《조선어 철자법》은 조선어 철자법 규정의 력사에서 이미 확고히 뿌리 박고 있으며 과학적으로도 그 정당성이 충분히 검열된 철자법에서의 형태주의 원칙을 그 기본으로 삼고 있다. 또한 최근 조선어의 어음조직, 문법 구조 및 어휘 구성에 나타난 변화를 고려하여, 종래 조선어 철자법의 규준으로 인정되던《한글 맞춤법 통일안》에 적지 않은 수정을 가하게 되였다."

10쪽(92쪽~101쪽)에 해당한다.

북한의 발음법이 체계화되는 것은 '조선민주주의인민공화국 내각 직속 국어사정위원회' 명의로 나온《조선말규범집》(1966)이 등장하면서부터이다(〈11ㄷ〉). 이 규범집이 등장한 것은 "인민들의 언어생활에서 문화성을 더욱더 높"이고자 한 것이라고 밝히고 있다. 그래서 "온갖 규범들을 과학적으로 더욱 정밀화하는것은 큰 의의를 가진다"고 말하고 있다. 여기에는 〈맞춤법〉, 〈띄여쓰기〉, 〈문장부호법〉, 〈표준발음법〉이 동일한 비중으로 각각 단독적으로 제시되어 있다. 전체《조선말규범집》(1966)이 총 64쪽으로 이루어져 있는데(판권 제외), 〈표준발음법〉은 총 43항에 걸쳐 16쪽을 차지하고 있다. 〈표준발음법〉의 총칙에서는 "표준발음법은 현대조선말의 여러가지 발음들가운데서 조선말발달에 맞는것을 가려잡음을 원칙으로 한다"라고 밝히고 있다.

《조선말규범집》(1988)(〈11ㄹ〉)에서는 〈표준발음법〉이 아니라 〈문화어발음법〉이라는 명칭으로 등장한다. "온 사회를 주체사상화하는 사업이 더욱 심화발전되고있는 오늘의 현실은 언어규범을 사람들의 언어실천에 더잘 복무할수 있도록 정밀화하고 완성해나가야 할 새로운 과업을 제기하고있다"라고 하면서, 〈11ㄹ〉을 새로이 내었다. 이 책도 역시 맞춤법, 띄여쓰기규정, 문장부호법, 문화어발음법으로 구성되어 있다. 현행 규정인《조선말규범집》(2010)(〈11ㅁ〉)에서도 4분법으로 나뉘어 있으며, 발음법 명칭도 역시 '문화어발음법'으로 제시되고 있다.

〈11ㄹ〉과 〈11ㅁ〉은 모두 10쪽으로 이루어져 있으며, 〈11ㄹ〉은 총 31항, 〈11ㅁ〉은 30항으로 이루어져 있다. 〈11ㄹ〉과 〈11ㅁ〉의 총칙에는 모두 "조선말발음법은 혁명의 수도 평양을 중심지로 하고 평양말을 토대로 하여 이룩된 문화어의 발음에 기준한다"라고 밝히고 있다. 일찍이 김일성이 평양말을 중심으로 한 '문화어' 설정의 발언을 1966년 언어학자와의 담화에서 했지만,《조선말규범집》에서 문자적으로 들어간 것은 1988년과 2010년에 나온《조선말규범집》에서이다.

〈12〉는 북한의 발음법 변천에 따라서 어떤 내용이 담겨 있는지를 정리한 표이다.《조선어철자법》(1954)(〈12ㄱ〉)에 있는 '표준 발음법' 규정은 구개음화와 ㅣ역행동화 이외에 한자어를 속음대로 표기할지 원음을 살려서 표기할지의 문제들을 다루고 있다.《조선어문법 1》(1960)(〈12ㄴ〉)에 있는 '표준 발음법'에서도 구체적인 발음법을 체계적으로 보이기보다는 발음법 일반론과 모음과 자음의 발음을 보이고 있다. 다시 말하면 1950년대와 1960년대 전반까지는 북한의 발음법 규정이 체계적이지 않았다는 것을 의미한다.

북한의 발음법이 체계화된 것은《조선말규범집》(1966)(〈12ㄷ〉)에 와서이다. 거기에서 제시된 표준 발음법 내용은 이후《조선말규범집》(1988, 2010)에서도 기본 기조를 같이 하고 있다. 〈12ㄷ〉의 구체적인 내용은 남한에서의 '표준 발음법' 내용과 큰 차이가 없어 보인다(〈5〉 참조). 제1장 모음의 발음, 제2장 두음 법칙, 제3장~제4장 음절의 끝소리 규칙, 제5장 된소리되기, 제6장 거센소리되기, 제7장 닮기현상(동화현상), 제8장 사잇소리현상을 다루고 있다. 제9장은 제2장 두음 법칙 관련 내용, 제10장은 유성음화, 음절의 끝소리 규칙, 된소리되기 등 여러 현상들을 복합적으로 다루고 있다.

〈12ㄹ, ㅁ〉에서는 〈12ㄷ〉의 제9장과 제10장을 빼고 대신에 제10장 약화 혹은 빠지기 현상(예: 낳아→나아)을 추가하여 다루고 있다. 물론 구체적인 항목 내용은 약간 차이가 있기는 하지만, 〈12ㄹ〉과 〈12ㅁ〉에서 다루는 내용은 기본적으로 유사하다.

〈12〉 북한의 발음법의 변천 내용

<table>
<tr><th>ㄱ</th><th>ㄴ</th><th>ㄷ</th><th>ㄹ</th><th>ㅁ</th></tr>
<tr><th>《조선어 철자법》
(1954)</th><th>《조선어 문법 1》
(1960)</th><th>《조선말규범집》
(1966)</th><th>《조선말규범집》
(1988)</th><th>《조선말규범집》
(2010)</th></tr>
<tr><td>제6장 표준 발음법 및 표준어와 관련된 철자법 제32항~제44항(8쪽 40항)</td><td>§13. 표준발음법
(11쪽)</td><td>표준발음법
(11쪽 43항)</td><td>문화어발음법
(10쪽 31항)</td><td>문화어발음법
(10쪽 30항)</td></tr>
<tr><td rowspan="13">제32항 구개음화: 굳이[구지]

제33항 ㅣ역행동화: 고기 괴기

제34항 한자어: 슬하(膝下), 금실(琴瑟)

제35항 한자어 '부': 부당(不當)

제36항 한자음 노기(怒氣) 대로(大怒)

제37항 한자어 소리: 허락(許諾) 의논(議論)

제38항 한자어 본음: 기념(記念)

제39항 한자어 본음: 곤난(困難)

제40항 한자어 발음 표기상 주의: 句讀點 구두점</td><td rowspan="13">- 표준 발음법의 개념과 그 실천적 의의

- 조선어 표준 발음을 위반하는 원인

- 조선어 표준 발음의 규범
1) 모음의 발음
2) 자음의 발음</td><td>총칙</td><td>총칙</td><td>총칙</td></tr>
<tr><td>제1장. 모음의 발음</td><td>제1장. 모음의 발음</td><td>제1장. 모음의 발음</td></tr>
<tr><td>제2장. 단어 첫머리의 발음</td><td>제2장. 첫소리 자음의 발음</td><td>제2장. 첫소리자음의 발음</td></tr>
<tr><td>제3장. 받침소리의 발음</td><td>제3장. 받침자모와 관련한 발음</td><td>제3장. 받침자모와 관련한 발음</td></tr>
<tr><td>제4장. 받침이 뒤의 모음과 이어질 때의 발음</td><td>제4장. 받침의 이어내기 현상과 관련한 발음</td><td>제4장. 받침의 이어내기 현상과 관련한 발음</td></tr>
<tr><td></td><td>제5장. 받침의 끊어내기 현상과 관련한 발음</td><td>제5장. 받침의 끊어내기 현상과 관련한 발음</td></tr>
<tr><td>제5장. 받침에 따라 그뒤의 순한소리를 된소리로 내는 발음</td><td>제6장. 된소리현상과 관련한 발음</td><td>제6장. 된소리현상과 관련한 발음</td></tr>
<tr><td>제6장. 《ㅎ》과 관련되는 발음</td><td>제7장. 《ㅎ》과 어울린 거센소리되기현상과 관련한 발음</td><td>제7장. 《ㅎ》과 어울린 거센소리되기현상과 관련한 발음</td></tr>
<tr><td>제7장. 동화현상이 일어날 때의 발음</td><td>제8장. 닮기현상이 일어날 때의 발음</td><td>제8장. 닮기현상이 일어날 때의 발음</td></tr>
<tr><td>제8장. 사이소리현상이 일어날 때의 발음</td><td>제9장. 사이소리현상과 관련한 발음</td><td>제9장. 소리끼우기현상과 관련한 발음</td></tr>
<tr><td>제9장. 한자어에 접두사나 접미사가 붙어서 다른 한 단어를 이룰 때의 발음</td><td></td><td></td></tr>
<tr><td>제10장. 단어들이 어울릴 때의 발음</td><td></td><td></td></tr>
<tr><td></td><td>제10장. 약화 또는 빠지기현상과 관련한 발음</td><td>제10장. 약화 또는 빠지기현상과 관련한 발음</td></tr>
<tr><td></td><td></td><td></td><td>조선글의 쓰기</td><td>조선글의 쓰기</td></tr>
</table>

7.4 남북한의 발음법 비교 및 과제

7.4.1 남북한의 발음법 체제 비교

남한은 서울을 중심으로 한 '표준 발음법'(1988), 북한은 평양을 중심으로 한 〈문화어발음법〉(2010)이라 하여 현재 발음법을 각각 갖고 있다. 남북한은 〈13ㄱ〉에서 보는 것처럼 발음법을 각각 30항씩 지니고 있다. 남한 것은 총칙까지 포함하여 전체 7장 30항으로 이루어져 있고, 북한 것은 총칙은 따로 하고 전체 10장 30항으로 이루어져 있다. 구체적으로 보면 약간 차이가 나는 점이 있지만, 전체적으로 보면 남북한의 발음법은 거의 비슷한 내용을 지니고 있다.

〈13ㄱ, ㄴ〉을 보면 남한의 총칙에서는 표준어의 실제 발음을 따르되 전통성과 합리성을 고려한다고 말하고 있다. 여기서 전통성은 과거로부터 내려온, 예컨대 긴소리 인정 혹은 'ㅐ'와 'ㅔ'의 구분 등을 말하는 것이고, 합리성은 예컨대 '흙이'를 [흘기]로 발음하듯이 좀 어색해도 논리에 맞게 한다는 것을 뜻한다(국립국어원, 2018: 216). 실제 발음을 따르지만 또 전통성과 합리성을 고려한다는 것이 바로 이것이다.

이에 비하여 북한에서는 따로 총칙을 두어서 "혁명의 수도 평양말을 토대로 하여 이룩된 문화어의 발음을 기준한다"라고 말하고 있다. 남한이 논리를 찾으려고 애쓰는 반면 북한에서는 선언의 의미를 보이고 있다.

〈13〉에서 눈에 띄는 것은, 북한에서는 제2장 '첫소리자음의 발음'이라 하여 두음 법칙이 적용되지 않는다는 발음법을 보이는데, 남한에서는 이것이 나타나지 않는다. 사실 남한에서는 〈한글 맞춤법〉(1988)

〈13〉 남북한의 발음법 체제 비교

ㄱ	ㄴ
남한의 〈표준어 규정〉(1988) **'표준 발음법'**	**북한의 《조선말규범집》**(2010) **〈문화어발음법〉**
제1장. 총칙 제1항 표준 발음법은 표준어의 실제 발음을 따르되, 국어의 전통성과 합리성을 고려하여 정함을 원칙으로 한다.	총칙 조선말발음법은 혁명의 수도 평양을 중심지로 하고 평양말을 토대로 이룩된 문화어의 발음에 기준한다.
제2장. 자음과 모음(제2항~제5항)	제1장. 모음의 발음(제1항~제4항)
제3장. 음의 길이(제6항~제7항)	
	제2장. 첫소리자음의 발음(제5항)
제4장. 받침의 발음(제8항~제16항)	제3장. 받침자모와 관련된 발음(제6항~제8항)
	제4장. 받침의 이어내기 현상과 관련한 발음(제9항)
	제5장. 받침의 끊어내기현상과 관련한 발음(제10항~제11항)
제5장. 음의 동화(제17항~제22항)	제8장. 닮기현상이 일어날 때의 발음(제20항~제24항)
제6장. 경음화(제23항~제28항)	제6장. 된소리현상과 관련한 발음(제25항~제27항)
제7장. 음의 첨가(제29항~제30항)	제9장. 소리끼우기현상과 관련된 발음(제25항~제27항)
	제7장. 《ㅎ》과 어울린 거센소리되기현상과 관련한 발음(제18항~제19항)
	제10장. 약화 또는 빠지기현상과 관련된 발음(제28항~제30항)
총 30항	총 30항

제5절에서 '두음 법칙'을 다루고 있다(〈16ㄱ〉 참조).[19] 즉 남한에서는 발음이 아닌 맞춤법 차원에서 두음 법칙을 다루고 있는 것이다. 이는 결국 북한에서는 두음 법칙이 적용되지 않고, 남한에서는 적용되는 발음 차원의 현실 차이를 표기법 및 발음법에 그대로 적용한 결과이다. 즉 남한의 표준어에서는 두음 법칙이 적용되고 북한의 문화어에서는 'ㄹ' 탈락이라는 두음 법칙이 적용되지 않는다는 것을 뜻한다. 이것은 다름 아닌 방언적 차이가 발음법에 당연히 반영된 것이다.

또한 남한에서는 제3장에서 '음의 길이'를 다루고 있음에 비하여,

북한에서는 거의 다루고 있지 않다. 물론 약간이나마 아래 〈15ㄴ〉 제1항에서 보듯이 짧고 높은 소리 및 길고 낮은 소리 구분을 하며 다루고 있긴 하다.

기타 남한의 제4장 받침의 발음, 제5장 음의 동화, 제6장 경음화, 제7장 음의 첨가는 각각 북한의 제3장~제5장, 제8장, 제6장, 제9장에서 다루고 있음을 볼 수 있다. 한편, 북한에서 중요하게 다루는 제7장 거센소리되기와 제10장 약화 또는 빠지기현상 관련 발음은 남한에서는 특정한 장으로 다루지는 않는다. 대신 제12항의 1과 3에서 부분적으로 약간 다루고 있다.[20]

요컨대 남한과 북한의 발음법 규정은 그 다루는 대상 내용에서 큰

---

19 남한에서는 '표준 발음법'이 아닌 〈한글 맞춤법〉(1988)에서 다음과 같이 'ㄹ' 관련 두음 법칙 내용을 제시하고 있다. 예시는 일부만 제시한다.

제11항 한자음 '랴, 려, 례, 료, 류, 리'가 단어의 첫머리에 올 적에는 두음 법칙에 따라 '야, 여, 예, 요, 유, 이'로 적는다. (ㄱ을 취하고, ㄴ을 버림.)

ㄱ	ㄴ	ㄱ	ㄴ
양심(良心)	량심	용궁(龍宮)	룡궁

[붙임 1] 단어의 첫머리 이외의 경우에는 본음대로 적는다.

개량(改良)	선량(善良)	수력(水力)	협력(協力)
사례(謝禮)	혼례(婚禮)	와룡(臥龍)	쌍룡(雙龍)

다만, 모음이나 'ㄴ' 받침 뒤에 이어지는 '렬', '률'은 '열', '율'로 적는다. (ㄱ을 취하고, ㄴ을 버림.)

ㄱ	ㄴ	ㄱ	ㄴ
나열(羅列)	라렬	진열(陳列)	진렬
치열(齒烈)	치렬	선율(旋律)	선률
선열(先烈)	선렬	백분율(百分率)	백분률

20 북한의 제7장과 제10장의 내용은 남한의 다음 제12항에서 약간 다루고 있다.

제12항 받침 'ㅎ'의 발음은 다음과 같다.

1. 'ㅎ(ㄶ, ㅀ)' 뒤에 'ㄱ, ㄷ, ㅈ'이 결합되는 경우에는, 뒤 음절 첫소리와 합쳐서 [ㅋ, ㅌ, ㅊ]으로 발음한다. 놓고[노코] 많고[만코]

3. 'ㅎ(ㄶ, ㅀ)' 뒤에 'ㄴ'이 결합되는 경우에는, [ㄴ]으로 발음한다. 놓은[나은] 놓아[노아]

차이가 없다고 말할 수 있다. 남한에서는 두음 법칙을 〈한글 맞춤법〉에서, 그리고 긴소리를 '표준 발음법'에서 내용으로 다루고 있음에 비해서, 북한에서는 두음 법칙은 〈문화어발음법〉에서, 긴소리는 높낮이와 함께 극히 일부만을 다루고 있다. 대신 제7장 거센소리되기와 제10장 약화 또는 빠지기 현상을 독립된 항으로 다루고 있어서 차이를 보인다.

7.4.2 남북한의 발음법 내용 비교

여기서는 〈13〉의 남북한 발음법 내용에 대하여 차이 나는 것을 중심으로 좀 더 자세히 비교하면서 살피도록 한다.

첫째, 모음과 자음을 다룬 남한의 제2장과 북한의 제1장과 제2장을 아래 〈14〉를 통해서 비교하면서 살피도록 한다.

〈14〉 남북한의 자음과 모음 발음 항목(남한 제2항~제5항, 북한 제1항~제5항 일부)

ㄱ. 남한[21]

---

21 한글 맞춤법 제4항에는 다음과 같이 제시되어 있다.

제4항 한글 자모의 수는 스물넉 자로 하고, 그 순서와 이름은 다음과 같이 정한다.

ㄱ(기역) ㄴ(니은) ㄷ(디귿) ㄹ(리을) ㅁ(미음) ㅂ(비읍) ㅅ(시옷) ㅇ(이응) ㅈ(지읒) ㅊ(치읓)
ㅋ(키읔) ㅌ(티읕) ㅍ(피읖) ㅎ(히읗)

ㅏ(아) ㅑ(야) ㅓ(어) ㅕ(여) ㅗ(오) ㅛ(요) ㅜ(우) ㅠ(유) ㅡ(으) ㅣ(이)

[붙임 1] 위의 자모로써 적을 수 없는 소리는 두 개 이상의 자모를 어울러서 적되, 그 순서와 이름은 다음과 같이 정한다.

ㄲ(쌍기역) ㄸ(쌍디귿) ㅃ(쌍비읍) ㅆ(쌍시옷) ㅉ(쌍지읒)

ㅐ(애) ㅒ(얘) ㅔ(에) ㅖ(예) ㅘ(와) ㅙ(왜) ㅚ(외) ㅝ(워) ㅞ(웨) ㅟ(위) ㅢ(의)

[붙임 2] 사전에 올릴 적의 자모 순서는 다음과 같이 정한다.

자음: ㄱ ㄲ ㄴ ㄷ ㄸ ㄹ ㅁ ㅂ ㅃ ㅅ ㅆ ㅇ ㅈ ㅉ ㅊ ㅋ ㅌ ㅍ ㅎ

모음: ㅏ ㅐ ㅑ ㅒ ㅓ ㅔ ㅕ ㅖ ㅗ ㅘ ㅙ ㅚ ㅛ ㅜ ㅝ ㅞ ㅟ ㅠ ㅡ ㅢ ㅣ

제2항 표준어의 자음은 다음 19개로 한다.

ㄱ ㄲ ㄴ ㄷ ㄸ ㄹ ㅁ ㅂ ㅃ ㅅ ㅆ ㅇ ㅈ ㅉ ㅊ ㅋ ㅌ ㅍ ㅎ

제3항 표준어의 모음은 다음 21개로 한다.

ㅏ ㅐ ㅑ ㅒ ㅓ ㅔ ㅕ ㅖ ㅗ ㅘ ㅙ ㅚ ㅛ ㅜ ㅝ ㅞ ㅟ ㅠ ㅡ ㅢ ㅣ

제4항 'ㅏ ㅐ ㅓ ㅔ ㅗ ㅚ ㅜ ㅟ ㅡ ㅣ'는 단모음(單母音)으로 발음한다.

[붙임] 'ㅚ, ㅟ'는 이중 모음으로 발음할 수 있다.

제5항 'ㅑ ㅒ ㅕ ㅖ ㅘ ㅙ ㅛ ㅝ ㅞ ㅠ ㅢ'는 이중 모음으로 발음한다.

다만 3. 자음을 첫소리로 가지고 있는 음절의 'ㅢ'는 [ㅣ]로 발음한다.

늴리리 닁큼 무늬 띄어쓰기 씌어 틔어 희어 희떱다

다만 4. 단어의 첫음절 이외의 '의'는 [ㅣ]로, 조사 '의'는 [ㅔ]로 발음함도 허용한다.

주의[주의/주이] 협의[혀븨/혀비]
우리의[우리의/우리에] 강의의[강:의의/강:이에]

ㄴ. 북한

제2항. 《ㅢ》는 겹모음으로 발음하는것을 원칙으로 한다.

[붙임] 1) 자음과 결합할 때와 단어의 가운데나 끝에 있는 《ㅢ》는 [ㅣ]로 발음함을 허용한다.

례: 희망[희망/히망], 띄우다[띠우다], 회의[회의/회이]

2) 속격토로 쓰인 경우 일부 [ㅔ]와 비슷하게 발음함을 허용한다.

례; 혁명의 북소리[형명에 북쏘리]

제3항. 《ㅚ》, 《ㅟ》는 어떤 자리에서나 홑모음으로 발음한다.

례: – 외국, 외삼촌, 외지다, 대외사업

– 위대하다, 위병대, 위하여, 가위

남북한은 자음과 모음 발음을 제시하느냐 하지 않느냐의 차이를 보이고 있고, 실제 단모음에서는 그 발음의 큰 차이를 보이고 있다. 남한의 제2장에서는 〈14ㄱ〉에서처럼 19개의 자음과 10개의 단모음 및 11개의 이중 모음을 제시하고 있다. 이에 비해 북한에서는 〈14ㄴ〉에서처럼 제1장에서 모음의 발음이라는 제목으로 제시하고 있어서 차이를 보인다. 남한은 40개 자모를 보이고, 북한은 논란이 되는 발음 몇 가지만 제시하고 있다.[22]

남북한의 모음 발음에서 극심한 차이는 'ㅚ', 'ㅟ'이다. 남한에서는 〈14ㄱ〉 제4항에서 이것들이 단모음 발음이 원칙이고 이중 모음 발음은 허용이라고 밝힘에 비해서, 북한에서는 〈14ㄴ〉 제3항에서 보듯이 항상 홑모음, 즉 단모음으로 발음된다는 것이다.

남한이나 북한이나 이중 모음 'ㅢ'의 발음은 다양한 양상을 띤다. [ㅢ]가 원칙이고 경우에 따라 [ㅣ], [ㅔ]로 발음한다는 것이다. 그러나 엄밀히 보면 차이가 발견된다. 북한에서는 '희망'이 [희망]으로 발음되는 것이 원칙이고 [히망]으로 발음되는 것은 허용이다. 그러나 남한에서는 언제나 [히망]으로 발음되어야만 한다. 〈14ㄱ〉 제5항 '다만3' 규정에 따른 발음이다.

---

22 북한에서도 조선어의 자모로 19개 자음과 21개의 모음을 인정하고 있다. 그 구체적인 것은 그들의 〈맞춤법〉 제1항에 아래처럼 제시되어 있다. 제시 방법과 자음글자의 이름이 남한과 차이가 난다.

제1항. 조선어자모의 차례와 그 이름은 다음과 같다.

ㄱ	ㄴ	ㄷ	ㄹ	ㅁ	ㅂ	ㅅ	ㅇ	ㅈ	ㅊ
(기윽)	(니은)	(디읃)	(리을)	(미음)	(비읍)	(시읏)	(이응)	(지읒)	(치읓)
ㅋ	ㅌ	ㅍ	ㅎ	ㄲ	ㄸ	ㅃ	ㅆ	ㅉ	
(키읔)	(티읕)	(피읖)	(히읗)	(된기윽)	(된디읃)	(된비읍)	(된시읏)	(된지읒)	

ㅏ	ㅑ	ㅓ	ㅕ	ㅗ	ㅛ	ㅜ	ㅠ	ㅡ	ㅣ	ㅐ
(아)	(야)	(어)	(여)	(오)	(요)	(우)	(유)	(으)	(이)	(애)
ㅒ	ㅔ	ㅖ	ㅚ	ㅟ	ㅢ	ㅘ	ㅝ	ㅙ	ㅞ	
(얘)	(에)	(예)	(외)	(위)	(의)	(와)	(워)	(왜)	(웨)	

〈15〉 남북한의 장단 혹은 고저 발음 항목

ㄱ. 남한(일부)

제6항 모음의 장단을 구별하여 발음하되, 단어의 첫 음절에서만 긴소리가 나타나는 것을 원칙으로 한다.

(1)	눈보라[눈:보라] 멀리[멀:리]	말씨[말:씨] 벌리다[벌:리다]	밤나무[밤:나무]	많다[만:타]
(2)	첫눈[눈] 눈멀다[눈멀다]	참말[참말] 떠벌리다[떠벌리다]	쌍동밤[쌍동밤]	수많이[수:마니]

제7항 긴소리를 가진 음절이라도, 다음과 같은 경우에는 짧게 발음한다.

1. 단음절인 용언 어간에 모음으로 시작된 어미가 결합되는 경우

감다[감:따] – 감으니[가므니]　　밟다[밥:따] – 밟으면[발브면]
신다[신:따] – 신어[시너]　　알다[알:다] – 알아[아라]

2. 용언 어간에 피동, 사동의 접미사가 결합되는 경우

감다[감:따] – 감기다[감기다]　　꼬다[꼬:다] – 꼬이다[꼬이다]
밟다[밥:따] – 밟히다[발피다]

ㄴ. 북한(전체)

제1항. 모음들이 일정한 자리에서 각각 짧고 높은 소리와 길고 낮은 소리의 차이가 있는것은 있는대로 발음한다.

	짧고 높은 소리	길고 낮은 소리
례:	밤(낮과 밤)	밤(밤과 대추)
	곱다(손이 곱다)	곱다(꽃이 곱다)

〈15ㄱ〉은 남한의 '표준 발음법' 제6항과 제7항에 제시된 것들 가운데 일부 내용이다. 남한에서는 장음, 즉 긴소리 발음을 하는 것을 두 항에 걸쳐서 그것도 자세히 규정하고 있다. 첫 음절에서 긴소리가 나며 동일한 단어라도 두 번째 음절에서는 짧은 소리로 된다는 것과, 긴소리를 가진 음절이라도 일부 용언에서는 짧은 소리로 난다는 규정이다.[23]

23　앞서도 말했듯이 남한에서는 1971년부터 수년간 표준어의 장단에 대하여 실제 조사 및 연구를 해 왔고, 그 결과가 〈14ㄱ〉에 요약적으로 제시된 것이다.

그에 비하여 북한에서는 간단히 〈15ㄴ〉처럼 높낮이와 장단에 대해서 그런 특성 있는 단어는 그렇게 발음한다고 간략히 규정하고 있다. 용례도 여기 있는 '밤', '곧다'가 다이다. 대개 우리말은 15세기 때 고저를 지녔으나 현대 국어에 와서는 고저는 사라지고 장단만이 의미 변별을 그것도 일부 단어에서만 하는 것으로 알려져 있다. 북한에서 '짧고 높은' 소리와 '길고 낮은' 소리를 차이 있게 발음한다는 것은 음운으로보다는 문체 차원에서 규정하는 것으로 보인다. 실제로 북한의 문법서들을 보면 '소리마루'라 하여 단어는 물론이고 문장의 높낮이도 무척 중요하게 다루고 있다.

〈16〉 남북한의 두음 법칙 관련 항목(남한 없음, 북한 제5항)

ㄱ. 남한은 〈한글 맞춤법〉 'ㄹ' 두음 법칙에 대해서 제11항에서 다루고 있음(각주 19 참조).

ㄴ. 북한은 〈문화어발음법〉에서 '제2장 첫소리자음의 발음' 부분에서 아래처럼 다루고 있음.

제5항. 《ㄹ》은 모든 모음앞에서 [ㄹ]로 발음하는것을 원칙으로 한다.

례: 라지오, 려관, 론문, 루각, 리론, 레루, 용광로

그러나 한자말에서 《렬, 률》은 편의상 모음뒤에서는 [열]과 [율], 《ㄹ》을 제외한 자음뒤에서는 [녈], [뉼]로 발음한다.

례: – 대렬[대열], 규률[규율]

– 선렬[선녈], 정렬[정녈], 선률[선뉼]

〈16ㄱ〉은 남한의 〈한글 맞춤법〉 제11항에 있는 두음 법칙 표기 관련 내용이다. 단어 첫머리에 'ㄹ'이 오지 않는다는 규정이며, 발음 역시 마찬가지이다. 표기를 '양심, 용궁'으로 하니까 굳이 'ㄹ'을 발음

하지 않는다는 규정을 제시할 필요가 없다. 이에 비해 북한에서는 〈16ㄴ〉에 보듯이 '려관, 론문, 류각'처럼 표기하며, 이에 따라 'ㄹ' 발음도 하게 된다. '라지오'가 용례로 제시되어 있는데, 남한에서는 '라디오'라고 해서 동일하게 'ㄹ' 표기 및 발음이 북한에서와 같다. 즉 외래어 표기 및 발음에서는 남한도 북한에서처럼 'ㄹ'을 사용한다.[24]

그런데 〈16ㄴ〉 '그러나' 이후에 규정된 것을 보면 한자말에서 '렬', '률'이 모음 뒤에서 [열]과 [율], 자음 뒤에서 [녈], [뉼]로 발음된다고 말하고 있다. 표기는 '대렬', '규률'이라고 쓰면서 발음은 [대열], [규율]이라고 한다는 것이다. 이 단어들은 남한이라면 '대열', '규율'로 표기하고 발음할 것이다. 또 '선렬[선녈]', '정렬[정녈]', '선률[선뉼]'로 표기와 발음을 제시하고 있는데, 남한이라면 '선열[선녈]', '정열[정녈]', '선율[선뉼]'로 표기하고 발음할 것이다. 'ㅣ'나 'ㅣ' 선행 모음들 뒤에서는 'ㄹ'로 표기하든 그냥 'ㅇ'로 표기하든 똑같이 발음은 [ㄴ]으로 유지되고 있다. 〈16ㄴ〉에서 [ㄴ] 발음되는 것이 '편의상'이라고 표기하고 있는데, 이것도 일정한 음운 변동 규칙으로 설명 가능하리라 본다.

〈17〉 남북한의 사잇소리 현상의 발음

ㄱ. 남한: 제7장 소리의 첨가(제29항~제30항 일부)

제29항 합성어 및 파생어에서, 앞 단어나 접두사의 끝이 자음이고 뒤 단어나 접미사의 첫 음절이 '이, 야, 여, 요, 유'인 경우에는, 'ㄴ' 소리를 첨가하여 [니, 냐, 녀, 뇨, 뉴]로 발음한다.

솜-이불[솜:니불]	홑-이불[혼니불]	막-일[망닐]
삯-일[상닐]	맨-입[맨닙]	꽃-잎[꼰닙]

24 〈16ㄴ〉처럼 'ㄹ' 발음을 한다고 하면, 굳이 한자어와 외래어 및 고유어 어종 구분을 안 해도 될 것이다.

[붙임 1] 'ㄹ' 받침 뒤에 첨가되는 'ㄴ'소리는 [ㄹ]로 발음한다.

들-일[들릴] 솔-잎[솔립] 설-익다[설릭따]
물-약[물략] 불-여우[불려우] 서울-역[서울력]

[붙임 2] 두 단어를 이어서 한 마디로 발음하는 경우에도 이에 준한다.

한 일[한닐] 옷 입다[온닙따] 서른여섯[서른녀섣]
할 일[할릴] 잘 입다[잘립따] 스물여섯[스물려섣]

제30항 사이시옷이 붙는 단어는 다음과 같이 발음한다.

1. 'ㄱ, ㄷ, ㅂ, ㅅ, ㅈ'으로 시작되는 단어 앞에 사이시옷이 올 때에는 이들 자음만을 된소리로 발음하는 것을 원칙으로 하되, 사이시옷을 [ㄷ]으로 발음하는 것도 허용한다.

냇가[내:까/낻:까] 샛길[새:낄/샏:낄] 빨랫돌[빨래똘/빨랟똘]

2. 사이시옷 뒤에 'ㄴ, ㅁ'이 결합되는 경우에는 [ㄴ]으로 발음한다.

콧날[콛날→콘날] 툇마루[퇻:마루→퇸:마루]

아랫니[아랟니→아랜니] 뱃머리[밷머리→밴머리]

3. 사이시옷 뒤에 '이'소리가 결합되는 경우에는 [ㄴㄴ]으로 발음한다.

베갯잇[베갣닏→베갠닏] 깻잎[깯입→깬닙]

나뭇잎[나묻입→나문닙] 도리깻열[도리깯녈→도리깬녈]

뒷윷[뒫:뉻→뒨:뉻]

ㄴ. 북한: 제9장 소리끼우기현상과 관련한 발음(제25항~제27항)

제25항. 고유어가 들어가 만들어진 합친말(또는 앞붙이와 말뿌리가 어울린 단어)의 뒤형태부가《이, 야, 여, 요, 유》로 시작되는 경우에는 다음과 같이 발음한다.

1) 앞형태부가 자음으로 끝날 때에는 형태부사이에 [ㄴ]을 끼워 발음한다.

례: -논일[논닐], 밭일[반닐], 꽃잎[꼰닙], 안팎일[안팡닐], 옛일[옌닐]

-들양[들냥→들량], 산양[산냥]

-불여우[불녀우→불려우]

-눈요기[눈뇨기]

2) 앞형태부가 모음으로 끝날 때에는 사이소리가 끼우는 경우에 한하여 [ㄴㄴ]을 끼워 발음한다.

사이소리가 끼우지 않는 경우

례: 나라일, 바다일, 베개잇

사이소리가 끼우는 경우

례: -수여우[순녀우], 수양[순냥], 아래이[아랜니]

제26항.《암, 수》가 들어가 만들어진 단어의 발음은 다음과 같이 한다.

1) 뒤형태부의 첫소리가《ㄱ, ㄷ, ㅂ, ㅈ》인 경우는 [ㅋ, ㅌ, ㅍ, ㅊ]의 거센소리로 발음한다.

례: -암돼지[암퇘지], 수강아지[수캉아지], 수병아리[수평아리]

-암기와[암키와], 수돌쩌귀[수톨쩌귀]

2) 그밖의 경우 앞형태부가《수》이면 사이소리를 끼워 발음한다.

례: -수사자[숟사자→수싸자], 수소[숟소→수쏘]

-수나비[숟나비→순나비], 수오리[숟오리→수도리]

제27항. 고유어로 만들어진 일부 합친말이나 단어결합에서 사이소리가 끼여나는 경우에는 형태부들사이에《ㄷ》을 끼워 발음한다.

례: -강가[강ㄷ가→강까], 길가[길ㄷ가→길까]

-바다가[바닫가→바다까], 수도가[수돋가→수도까]

-뒤문[뒫문→뒨문], 뒤사람[뒫사람→뒤싸람]

〈17〉은 남한과 북한의 사잇소리 발음을 어떻게 할지 규정한 내용이다. 기본적으로 사잇소리 현상은 단어에 따라서 다르다. 필수적인 음운 현상이 아니라는 말이다. 일반적으로 우리말에서 사잇소리는 [ㄴ], [ㄷ], [ʔ](후두 긴장음)으로 알려져 있다(김무림, 1989; 이관규, 2000 참조).

먼저 북한의 규정을 가지고 하나하나 설명을 해 보자. '논일'을 [논닐], '눈요기'를 [눈뇨기], '옛일'을 [옌닐]로 발음할 때 [ㄴ] 첨가가 나타난다. '불여우'가 [불녀우→불려우]로 발음될 때도 [ㄴ] 첨가가 나타났고 이후 [ㄴ]이 [ㄹ]로 발음되는 경우이다. 결국 이때도 [ㄴ] 첨가로 사잇소리 현상이 인정된다.

그 다음 사잇소리 [ㄷ]은 '수오리'가 [숟오리→수도리], '수사자'가 [숟사자→수싸자]로 발음되는 데서 확인할 수 있다. [ㄷ] 첨가가 먼저 일어나고 이후 앞 소리가 뒤로 넘어가거나[수도리], [ㄷ] 첨가가 일어난 후, 그로 인해 'ㅅ'이 된소리로 되고 이후 [ㄷ]이 탈락된 것으로 설명할 수 있다. '강가'가 [강ㄷ가→강까], '수도가'가 [수돋가→수도까]로 발음되는 것도 마찬가지이다.

북한 예인 〈17ㄴ〉 제25항에서 '수여우'가 [순녀우]로 발음되는 것은 [숟녀우→순녀우]로 해서 결국 [ㄷ] 첨가와 [ㄴ] 첨가가 동시에 일어난 발음이다. [ㄷ]이 [ㄴ]으로 발음되는 것은 뒤에 첨가된 [ㄴ]의 영향으로, 즉 비음화 규칙을 보인다. 제25항 2)에서 [ㄴㄴ]을 끼운다고 했지만 이는 결과론적 현상일 뿐 원인론적으로는 [ㄷ]과 [ㄴ]이 첨가된 사잇소리 현상이다. 한편, 후두 긴장음인 [ʔ]이 첨가된다고 하는 것은 '강가'가 [강까], '수도가'가 [수도까]로 결과론적으로 발음된다는 것을 염두에 둔 것이다. 즉 후두 긴장음 [ʔ]과 뒤에 오는 [ㄱ]가 합해져서 [ㄲ] 소리로 난다는 것이다. 이 후두 긴장음 [ʔ]을 사잇소리로 인정하느냐 여부에 따라서 사잇소리 현상과 된소리되기의 변별이 되기도 한다(이관규, 2000 참조).

이와 같은 사잇소리의 종류를 남한의 사잇소리 현상 규정인 〈17ㄱ〉에서도 살필 수 있다. 〈17ㄱ〉 제29항에서 '솜이불'이 [솜: 니불], '맨입'이 [맨닙]으로 발음되는 것이 [ㄴ] 첨가이며, '들일'이 [들릴], '잘 입다'가 [잘립따]로 발음되는 것도 [ㄴ] 첨가이다. 또 제30항에서 '냇가'가 [내: 까/낻: 까]로 발음된 것이 바로 [ㄷ] 첨가이다. 여기서는 그냥 뭉뚱그려서 결과론적 발음 현상을 두 가지 다 인정하여 놓았지만, 사실은 [낻: 가→낻: 까]로 원인론적 순서를 밝혀 놓아야만 한다. 다시 말하면 [ㄷ] 첨가가 먼저 일어나고 이후에 선행 무성음으로 인해서 후두 긴장음이 자동적으로 생성되어 결국 [낻: 까]로 발음된다고 설명할 수 있다는 것이다.

그런데 〈17ㄱ〉 제30항 1에서처럼 그냥 [내: 까/낻: 까]로 제시해 두면 후두 긴장음 [ʔ] 첨가와 [ㄷ] 첨가 두 가지를 각각 설정한 꼴이 된다. [내: 가→내까]로만 설명하면 바로 후두 긴장음 [ʔ]만을 첨가하는 것으로 설명하는 셈이 된다. 실제로 〈17ㄱ〉 제30항 1에서는 "'ㄱ, ㄷ, ㅂ, ㅅ, ㅈ'으로 시작되는 단어 앞에 사이시옷이 올 때에는 이들 자음만을 된소리로 발음하는 것을 원칙으로 하되, 사이시옷을 [ㄷ]으로 발음하는 것도 허용한다"라고 하여 이를 지지해 준다. 남한 표준 발음법에서 이 두 가지 발음을 모두 인정하는 것은 북한에서 결과론적인 발음 [내: 까]만 인정하는 것과 차이를 보인다.

우리말에서 사잇소리 발음을 규정할 때 보다 근본적인 것은 사이시옷 표기 문제이다. 〈17ㄱ, ㄴ〉에서 보다시피, 남한에서는 '냇가'에서처럼 'ㅅ'을 받쳐 적고, 북한에서는 '바다가'에서처럼 'ㅅ'을 표기하지 않는다. 사잇소리가 나는데도 말이다. '음의 첨가', 즉 '소리끼우기'가 되는 곳에서 그 표기를 하느냐 안 하느냐는 매우 중요한 문제이다. 남한은 '깻잎[깬닙]', 북한은 '수도가[수도까]'로 표기하고 발음하는 큰 차이가 있다. 이상적으로는, 발음이 나면 그에 해당하는 표기를 해 주는 것일 것이다.

물론 문제가 없는 것도 아니다. 사잇소리 현상이라고 하는 것이 필수적 규칙이 아니라 단어에 따른 현상이기 때문에 이 사이시옷(ㅅ) 표기를 어느 단어에 할지 헷갈린다는 점이다. 특히 남한과 북한이라는 심히 다른 체제 속에서 정확한 사잇소리 발음을 모든 사람이 할 수 있다는 것은 기대 난망이다. 사실 서울 사람 자체 안에서도 개개인이 발음 차이가 있을 수 있다. 그것을 규칙으로가 아니라 개인별 발음으로 구별한다는 것이 참으로 어려운 문제이다. 그런 의미에서라면 발음보다는 표기가 먼저 눈에 띄니까 전체적으로 사이시옷 표기를 하지 않는 게 나을지도 모른다. 남북한 언어 통일 문제에서 이 사이시옷 표기만큼 어려운 것도 없다.

한편, 〈17ㄴ〉 제26항에 있는 '암'이 들어간 단어들에서는 약간 다른 사잇소리가 등장한다. 통시적인 면에서 '암'은 본래 15세기에 'ㅎ' 종성 체언이었다. 즉 '암ㅎ'이 원래 단어였는데, 이 뒤에 '돼지'가 붙어서 결국 '암돼지'[암퇘지]로 발음된 것이다. 'ㅎ'과 'ㄷ'이 합해져서 거센소리 [ㅌ]이 됐다는 것이다. 여하튼 공시적인 측면에서 볼 때 '암'과 '돼지' 사이에 [ㅎ]이 첨가되어 결과론적으로 [암퇘지]로 발음된 것이다. 이럴 경우 사잇소리로 [ㅎ]을 하나 더 추가해야 할 것이다. '수강아지'는 [수ㅎ강아지→수캉아지], '암기와'는 [암ㅎ기와→암키와]로 발음 과정을 겪을 것이다.

요컨대, 남한의 '음의 첨가', 북한의 '소리끼우기'는 결국 사잇소리 현상에 해당되는데, 그 발음되는 사잇소리를 어떻게 글자로 표기할 것인지, 혹 그 표시를 하지 않는다고 할 경우 어떤 설명력을 부여할 것인지가 논란이 된다. 물론 근본적으로는 단어마다 다른 사잇소리 발음의 차이 문제가 깔려 있다.

7.5 나가기

지금까지 남북한의 표준어와 발음법에 대하여 개념과 변천 양상 비교라는 차원에서 살펴보았다. 남한과 북한은 본래 같은 민족으로 같은 언어를 사용한다. 역사적으로 보면 삼국시대, 이국시대(신라, 발해), 통일시대(고려, 조선)를 거쳐서 사실상 지금은 이국시대(남북한)를 살고 있는 셈이다. 삼국, 이국, 일국 시대별로 수도가 달랐고, 그에 따라 표준으로 삼는 말도 다를 수밖에 없다. 현재 남한에서는 서울말을 중심으로 해서 표준어라 부르고, 북한에서는 평양말을 중심으로 해서 문화어라고 부르고 있다. 각각의 발음법도 그런 차원에서 이해할 수 있다. 중요한 것은 표준어든 문화어든 서로의 의사소통에 지장이 없다는 점이다. 즉 방언적 차이만 있는 같은 언어이기 때문에 이질성보다는 동질성이 훨씬 더 많이 확인된다는 것이다. 각각의 발음법도 이처럼 동질성 확인 차원에서 궁극적으로는 접근할 수 있다.

남한의 표준어는 1933년 조선어학회에서 만든 〈한글 마춤법 통일안〉에서 부록으로 제시한 '표준어'를 기본으로 하고 있다. 거기서는 "표준말은 대체로 현재 중류 사회에서 쓰는 서울말로 한다"라고 표준어의 범위를 말하고 있는데, 바로 이 규정 내용을 남한에서 거의 그대로 받아들이고 있다. 1988년에 발표된 문교부의 〈표준어 규정〉에서는 "표준어는 교양 있는 사람들이 두루 쓰는 현대 서울말로 정함을 원칙으로 한다"라고 표준어의 범위를 정하고 있는데, 결국 지역성(서울), 보편성(두루 쓰는), 교양성(교양 있는), 시대성(현대)이라는 네 가지 기준을 담고 있다. 이것들 가운데 가장 중요한 기준은 '두루 쓰는', 즉 보편성이다.

〈표준어 규정〉(1988)에서는 제2부로 전체 30항으로 된 '표준 발음법'을 제시하고 있다. 이것이 남한의 최초이자 현재도 사용하고 있는 발음법이다. 제1항에는 "표준 발음법은 표준어의 실제 발음을 따르되, 국어의 전통성과 합리성을 고려하여 정함을 원칙으로 한다"라고 총칙을 제시하고 있다. 실제성을 중심으로 하면서도 역사적 전통성도 고려하고 이론적 합리성도 고려한다고 하여 다소 이상적인 표준 발음법의 원칙을 제시하고 있다. '표준 발음법'은 전체 9개 장으로 이루어져 있는데, 제1장 총칙에 이어 제2장 '자음과 모음', 제3장 '음의 길이', 제4장 '받침의 발음', 제5장 '음의 동화', 제6장 '경음화', 제7장 '음의 첨가'가 제시되어 있다. 현재는 별로 역할을 하지 못하는 '음의 길이'가 제6항과 제7항에서 다루어지고 있는 것이 특징적이다.

북한의 문화어는 1966년 김일성의 교시에서부터 그 용어와 개념이 소개가 된다. 1954년에 나온《조선어 철자법》이나 1960년 나온《조선어 문법 1》에서는 '표준 발음법'이라는 용어가 나온다. 이때에는 남한에서 사용하는 '표준어'라는 용어를 사용했다. 그러다가 1966년 5월에 김일성 담화에서부터는 평양말을 중심으로 한다는 '문화어'라는 용어를 사용하게 된다. 다시 말하면 남북한의 표준적 언어 설정의 이질화는 이때부터 시작됐다고 말할 수 있다.

북한에서는 어문 규범에 대하여 무척 강조하고 있다. 그리하여《조선말규범집》이라는 이름으로 어문 규범집을 1966년, 1988년, 2010년에 계속 수정하여 내게 된다. 이 규범집 안에는 〈맞춤법〉, 〈띄여쓰기 규정〉, 〈문화어발음법〉, 〈문장부호법〉이 각각 독립적인 규정이 들어 있다. 이 가운데 〈문화어발음법〉은 바로 평양말을 중심으로 한 문화어의 발음법이다. 2010년 《조선말규범집》의 〈문화어발음법〉 규정에서는 "조선말발음법은 혁명의 수도 평양을 중심지로 하고 평양말을 토대로 하여 이룩된 문화어의 발음에 기준한다"라고 총칙에서 그 범위를 말하고 있다.

〈문화어발음법〉(2010)은 남한과 마찬가지로 전체 30항으로 이루어져 있다. 제1장 '모음의 발음', 제2장 '첫소리자음의 발음', 제3장 '받침자모와 관련한 발음', 제4장 '받침의 이어내기현상과 관련한 발음', 제5장 '받침의 끊어내기현상과 관련한 발음', 제6장 '된소리현상과 관련한 발음', 제7장 '《ㅎ》과 어울린 거센소리되기현상과 관련한 발음', 제8장 '닮기현상이 일어날 때의 발음', 제9장 '소리끼우기현상과 관련한 발음', 제10장 '약화 또는 빠지기현상과 관련한 발음'이 바로 그것들이다. 그 구체적인 내용은 남한의 것과 유사하다. 단지 북한 것에서는 남한의 긴소리에 대한 규정이 없는데, 이는 현실적으로 긴소리의 의미 변별 역할이 미약해서 빠진 것으로 이해할 수 있다. 한편 북한에서는 제2장 제5항에서 "《ㄹ》은 모든 모음앞에서 [ㄹ]로 발음하는 것을 원칙으로 한다"라고 규정하고 있는데, 이는 남한에서 두음 법칙이 적용되는 것과 차이가 있다. 그건 북한에서 남한의 두음 법칙이 적용되지 않는다는 현실을 반영한 것일 뿐이다. 제7장과 제10장의 내용이 따로 장으로 설정되어 있으나 이는 남한에서도 모두 다루고 있는 내용이다. 기타 다른 장의 내용도 모두 남한의 발음법에서도 다루고 있다.

요컨대, 남북한의 발음법은 서울과 평양을 각각 중심으로 한 표준어와 문화어의 방언적 차이만 있을 뿐 대부분은 동일한 발음 현상을 다루고 있다고 말할 수 있다. 남북한 발음법의 통일 방안을 모색한다고 해서 어느 한쪽 것만으로 통일해야 한다고 하면 그건 통일하지 말자는 것과 마찬가지이다. 결국 방언적 차이만 있기 때문에 맞음 틀림의 문제가 아니라 다름 차원에서 접근해야 할 것이다.

제8장

남북한 외래어 표기법의 변천과 과제

8.1 들어가기

외래어 표기법은 종종 로마자 표기법과 비교된다. 국어의 로마자 표기법이 국어를 로마자로 표기하는 대외적 외국인용으로 인식되는 데 비해서, 외래어 표기법은 외국에서 들어온 말을 한글로 적는 대내적 내국인용으로 받아들여지고 있다. 결국 외래어 표기법의 주체는 바로 한국어를 사용하는 한국인이라는 말이다.

여기서 두 가지 논의가 대두된다. 하나는 외래어와 외국어를 구분해야 할지 여부이다. 외래어(外來語)의 범위를 광의로 보느냐 협의로 보느냐의 문제이다. 광의로 보면 모든 외국말이 속하게 되며, 협의로 보면 외국말 가운데 우리말로 인정된 것에 한하여 외래어를 보게 된다. 일반적으로 남한에서 나온 외래어 관련 논의를 보면 협의의 외래어 개념으로 그 범위를 한정하곤 한다. 우리말화 된 외래어만을 그 대상으로 한다는 것이다. 여기서의 문제는 외래어 표기법이 국어화 된 외래어만을 그 대상으로 한다면, 외래어 아닌 외국어를 한글로 표기하는 방법은 또 무엇인지, 즉 외래어 아닌 '외국어 표기법'이 따로 있어야 한다는 점이다. 최소한 현재 사용되고 있는 '외국어 표기법'은 남한에서는 찾아 볼 수 없다.

또 하나는 외래어 표기법의 주체가 내국인이라고 할 때, 구체적인 한글 표기의 주체도 마찬가지로 내국인이라고 할 수 있을지의 문제이다. 기본적으로 외래어 표기법은 원지음주의를 따르는 게 일반적이다. 그런데 국내에서 사용되는 국어로서의 한자어를 원지음으로 표기할 것인지 아니면 현지음으로 표기할 것인지의 문제가 존재한다. '등소평'이라 해야 할지 '덩샤오핑'으로 한글 표기를 해야 할지 하는 문제이다.

동일한 한국어를 사용하고 동일한 한글 문자를 사용하는 남한과 북한은 외국에서 들어온 외래어(혹은 외국어)를 어떻게 표기하느냐의 문제에서 동일한 해결방안을 모색할 수 있다면 최상일 것이다. 남북한 분단 이전 시기에는 조선어학회의 〈외래어표기법통일안〉(1941)이 한반도에서 유일한 외래어 표기법이었다.

그러나 광복 후 남한과 북한은 각각 미국과 소련이라는 나라와 밀접한 관련성을 가지면서 각기 다른 외국어의 영향을 받게 됐고 따라서 외래어 표기법도 각각 영어와 러시아어를 표기하는 방법 차원에서 고민하지 않을 수 없었다. 과연 남한과 북한의 외래어 표기법은 어떤 성격을 띠고 있을까? 특히 조선어학회의 〈외래어표기법통일안〉을 주목하면서 남북한의 외래어 표기법의 변천 과정을 살피도록 한다. 그러면서 들어오는 외국어는 다양하지만 한글이라는 동일한 문자를 갖고 표기하는 외래어 표기법이 하나로 통일될 수 있는 방안은 과연 무엇일지 모색해 보도록 한다.

8.2 남한 외래어 표기법의 변천과 과제

8.2.1 남한 외래어 표기법의 변천

현대적 의미에서 외래어 표기에 대한 최초의 규정 내용은 조선어학회의 〈한글 마춤법 통일안〉(1933)에서 찾아볼 수 있다. 이 통일안의 '제6장 외래어 표기' 항목에서는 외래어를 표기할 때 표음주의를 취한다고 하면서 해당 외국어의 원지음주의를 기본 원칙으로 하고 있다(〈1ㄱ〉, 〈2ㄱ〉 참조).

우리말사전 편찬을 준비하고 있던 조선어학회에서는 많은 외래어 표제어들을 한글로 표기하기 위해서 따로 〈외래어표기법통일안〉을 1940년에 제작하고 1941에 발표했다(〈1ㄴ〉). 학회에서는 1938년부터 〈외래어 표기법〉, 〈일본 말소리 표기법〉, 〈우리말 소리의 로마자 표기법〉, 〈우리말 소리의 만국 음성 기호 표기법〉 등 네 가지 원안을 작성하고는 1940년에 확정한 후에, 그 이듬해 1월에 공식적으로 〈외래어표기법통일안〉(1941)을 공포했다(우형식, 1995: 118 참조).

〈1〉 남한 외래어 표기법의 변천 1

ㄱ. 조선어학회(1933), 第六章 外來語 表記, 〈한글 마춤법 통일안〉

ㄴ. 조선어학회(1941), 〈외래어표기법통일안〉[1]

ㄷ. 문교부(1948), 〈들온말 적는 법〉

---

1 조선어학회의 〈외래어표기법통일안〉은 1940년 6월 7일에 발표를 하며, 이듬해인 1941년에 1책 75쪽으로 간행됐다. 이 책에서는 출판된 연도를 대표적으로 표기하도록 한다. 이하 마찬가지이다.

문교부(1956), 〈외국 인명 지명 표기법〉

ㄹ. 문교부(1958), 〈로마 자의 한글화 표기법〉[2]

ㅁ. 문교부(1986, 2017), 〈외래어 표기법〉[3]

국어연구소(1986), 〈외래어 표기 용례집(인명 · 지명)〉

국어연구소(1987), 〈외래어 표기 용례집(교과용 도서 수정용)〉

문교부(1987), 〈외래어 표기 용례(일반 외래어)〉

국어연구소(1988), 〈외래어 표기 용례집(일반 용어)〉

국립국어연구원(1993), 〈외래어 표기 용례집(동구권 지명 · 인명)〉

국립국어연구원(1995), 〈외래어 표기 용례집(북구권 지명 · 인명)〉

국립국어원(2004), 〈동남아시아 3개 언어 외래어 표기 용례집〉

국립국어원(2005), 〈외래어 표기 용례집(포르투갈어, 네덜란드어, 러시아어)〉

광복이 되고 대한민국이 세워진 이후인 1948년에 국가 차원에서 문교부 이름으로 〈들온 말 적는 법〉이 나왔다(〈1ㄷ〉). 이것은 비록 문교부 이름으로 나오긴 했으나 최현배 개인안이 대폭 들어간 것이었다. 뒤에서 자세히 보겠으나 이것은 1941년 조선어학회 안과는 성격이

2 〈1ㄹ〉의 〈로마 자의 한글화 표기법〉 규정을 구체화하기 위해서 문교부에서는 1969년에 '외래어의 한글 표기법'을 보강하여 결정하게 된다. 그러나 그 구체적 공포 및 실시는 보류되고 만다.

3 현행 외래어 표기법은 다음과 같은 역사를 거쳐 보완됐다.

1986년 – 영어, 독일어, 프랑스어, 에스파냐어, 이탈리아어, 일본어, 중국어 표기법으로 처음 시작

1993년 – 폴란드어, 체코어, 세르보크로아트어, 루마니아어, 헝가리어 표기법 추가

1995년 – 스웨덴어, 노르웨이어, 덴마크어 표기법 추가

2004년 – 말레이인도네시아어, 타이어, 베트남어 표기법 추가

2005년 – 포르투갈어, 네덜란드어, 러시아어 표기법 추가

달랐다. 한 가지 예를 든다면, 조선어학회 안(1941)은 당시 사용되던 한글 자모만을 갖고 외래어를 표기하자는 원칙을 지니고 있었음에 비해서 문교부 안(1948)은 다른 표기, 즉 'ᇴ, ㅸ, ㅿ, ᄙ' 등도 사용하는 안이었다(〈2ㄷ〉).

문교부의 〈로마 자의 한글화 표기법〉(1958)(〈1ㄹ〉)에 와서야 지금 현재의 외래어 표기 규정이 자리를 잡게 된다. 새 글자나 부호를 쓰지 않는다는 점에서 조선어학회 안(1941)(〈1ㄴ〉)이 부활한 것이며, 이후 현행 문교부 안(1986)(〈1ㅁ〉)으로까지 연결된다. 이후 〈1ㅁ〉에서 보듯이 국어연구소, 문교부, 국립국어연구원 등에서 구체적인 외래어 표기 용례집이 발간된다.

요컨대 현행 〈외래어 표기법〉의 근간은 조선어학회에서 만든 것을 기초로 했음을 알 수 있다. 〈1〉에 있는 것 가운데, 최현배 개인의 견해를 반영한 〈1ㄷ〉만 이질적이고 나머지는 모두 현재의 외래어 표기법과 맥을 같이 한다.[4]

〈2〉 남한 외래어 표기법의 원리와 실제

ㄱ. 조선어학회(1933), 第六章 外來語 表記 第六〇項, 〈한글 마춤법 통일안〉

外來語를 表記할적에는 다음의 條件을 原則으로 한다.

(一) 새 文字나 符號를 쓰지 아니한다.

(二) 表音主義를 取한다.

4 〈들온말 적는 법〉(〈1ㄷ〉)은 1945년 해방 직후부터 1948년에 걸쳐 '학술 용어 제정 위원회'의 제20 분과 '언어과학 위원회'에서 토의 제정한 것이다(김민수, 1973: 641). 이 안의 두드러진 특징은 당시의 한글 표기 이외에 15세기 때 쓰던 'ᇴ, ㅸ, ㅿ, ᄙ' 같은 옛날 표기도 사용하자는 것이었다.

ㄴ. 조선어학회(1941), 第一章 總則, 〈외래어표기법통일안〉

一. 外來語를 한글로 表記함에는 原語의 綴字나 語法的 形態의 어떠함을 묻지 아니하고 모두 表音主義로 하되, 現在 使用하는 한글의 字母와 字形만으로써 적는다.

二. 表音은 原語의 發音을 正確히 表示한 萬國音聲記號를 標準으로 하여, 아래의 對照表에 依하여 적음을 原則으로 한다.

t'ənka:rraː(에디오피아語) 떤카르라

k'ŋk'ara(소말릴란드語) 깡까라(暗黑)

suːp(英soup) 수프(肉汁)

ㄷ. 문교부(1948), 〈들온말 적는 법〉

우리 한국인이 어떤 나라의 말소리를 직접으로 듣고서 이를 우리글로 옮겨적는 방법을 취하지 아니하고, 그 나라 사람 또는 세계의 언어학자들이 그 나라말의 소리를 나라사이 소리표로 옮겨 놓은 것에 의하여, 그 소리표를 우리 한글로 옮겨 적기로 하는 간접적 방법을 취하기로 한다.

머리말

[f]ㆄ [v]ㅸ [z]ㅿ [l]ㄹㄹ

toːkjoː (日 トウキョウ) 도오꾜오

maːk (英 mark 標) 마악[5]

bol (英 ball) 뽀올

dante (伊 Dante 人名) 딴떼

5 김민수(1973: 648)에 제시된 〈들온말 적는 법〉의 제16항에서는 다음과 같이 적고 있다. "16. 홀소리에 긴소리 표(長音符ː)가 붙은 것은 그 홀소리를 하나 더 달아 적는다."

ㄹ. 문교부(1958), 〈로마 자의 한글화 표기법〉

▲ 제1장 표기의 기본 원칙[6]

1. 외래어 표기에는 한글 정자법(正字法)에 따른 현용 24자모만을 쓴다.
2. 외래어의 1음운은 원칙적으로 1기호로 표기한다. 곧 이음(異音, allophone)이 여럿이 있을 경우라도 주음(主音, principal member)만을 표기함을 원칙으로 한다.
3. 받침은 파열음에서는 'ㅂ, ㅅ, ㄱ', 비음(鼻音)에서는 'ㅁ, ㄴ, ㅇ', 유음(流音)에서는 'ㄹ'만을 쓴다.
4. 영어, 미어(美語)가 서로 달리 발음될 경우에는 그것을 구별하여 적는다.
5. 이미 관용된 외래어는 관용대로 적는다.

▲ IV. 중모음

3. 장모음(長母音)은 동일 모음을 거듭하여 표기함을 원칙으로 하되, 안 적을 수도 있다.

▲ game [geim] 게임 sang [sæŋ] 생 odds [odz] 오쯔

---

6 문교부 한글전용연구위원회에서는 1969년 3월에 소위 〈외래어의 한글 표기법〉을 결정한다. 이는 1958년 〈로마 자의 한글화 표기법〉의 개정안인데 그 공표 및 실시는 보류되고 만다. 거기에서 제안된 '외래어의 한글 표기법 원칙'은 다음과 같다(김민수, 1973: 683-684).

1. 외래어 표기에는 한글 정자법에 따른 현용 24자모만을 쓴다.
2. 외래어는 그 나라 표준어 음운 조직을 기준으로 하여 옮겨 적는 것을 원칙으로 한다. 다만, 음운 조직 표기는 국제 음성 기호로 한다.
3. 외래어의 한 음운에 변이음이 여럿이 있을 경우라도 주음만을 표기함을 원칙으로 한다.
4. 받침은
   터짐소리(파열음)에서는 ㅂ, ㅅ, ㄱ
   콧소리(비음)에서는 ㅁ, ㄴ, ㅁ
   흐름소리(유음)에서는 ㄹ의
   일곱 자모만을 쓴다.
5. 이미 관용된 외래어는 관용대로 표기한다.

ㅁ. 문교부(1986, 2017), 제1장 표기의 기본 원칙, 〈외래어 표기법〉

제1항 외래어는 국어의 현용 24자모만으로 적는다.

제2항 외래어의 1음운은 원칙적으로 1기호로 적는다.

제3항 받침에는 'ㄱ, ㄴ, ㄹ, ㅁ, ㅂ, ㅅ, ㅇ'만을 쓴다.

제4항 파열음 표기에는 된소리를 쓰지 않는 것을 원칙으로 한다.

제5항 이미 굳어진 외래어는 관용으로 존중하되, 그 범위와 용례는 따로 정한다.

우리나라 외래어 표기의 근본 원리는 표음주의이다. 이것은 현행 1986년 〈외래어 표기법〉은 물론이고 조선어학회(1933)의 외래어 표기 원칙에서도 마찬가지이며, 〈1〉에서 본 모든 표기법에서도 마찬가지이다.

표음주의라는 대원칙 하에서 〈2〉의 외래어 표기 규정 내용들은 몇 가지 점에서 차이를 보인다.

첫째, 한글 24자모만을 사용한다는 것이 대부분의 원칙이지만 〈2ㄷ〉에서만 'ㆄ, ㅸ, ㅿ, ㅀ' 등 고어 표기도 사용하고 있다. 이는 보다 완벽한 발음 표기를 하고자 하는 의도에서 나온 것으로 이해해 볼 수 있다. 그러나 외래어 표기법이 발음 표기를 하는 것이 아니라 한글로 외래어를 어떻게 표기할 것인가를 정한 규정이라면 현실 국어에서 사용하지 않는 고어 한글을 사용하는 것은 문제가 있다. 실제 사용하는 한글 자모만을 사용해야 한다는 것은 당연하다.[7] 문제는 여기서 현용 24자모만으로 적는다는 것이 올바른 표현인가 하는 점이다. 사실 현

7 ㆄ, ㅸ, ㅿ, ㅀ'과 같은 고어 표기를 외래어 표기에서 사용하자는 주장에 대해서는 현재 거의 모든 사람들이 그 문제를 지적하고 있다. 박창원(2008), 심재기(2008) 등에서 자세한 문제점이 지적되고 있다.

용 24자모라는 표현은 15세기 28자 창제 자모 가운데 소실문자 4개를 뺀 24자를 의미한다. 그러나 이것들은 된소리 표기들과 여러 이중 모음자들을 모두 뺀 24자모이다. 이들을 모두 포함하면 자음자는 19자, 모음자는 21자로 총 40개 자모자가 한글 표기에 존재한다. 실제로 북한의 외래어 표기법에서는 24자모가 아닌 40자모를 제시하고 있다.

둘째, 장음 표시를 표기법으로 인정하는 경우와 인정하지 않는 경우가 있다. 〈2ㄷ〉에서는 장음 표시를 하고 있는데, 예를 들면 "toːkjoː(日 トウキョウ) 도오꾜오"에서 보듯이 장음을 '오'로 표기하는 것이다. 이에 비해 〈2ㄴ, ㅁ〉에서는 장음 표시를 하지 않고 있어서 '로마'로 표기한다. 현행 〈외래어 표기법〉(1986)은 장음 표시를 따로 한다고 규정하고 있지 않다. 〈2ㄱ, ㄴ〉에서는 장음 표시를 어떻게 할 것인지 특별히 언급하지는 않고 있으나, "새 文字나 符號를 쓰지 않는다"라는 조건 및 "現在 使用하는 한글의 字母와 字形만으로써 적는다"라는 총칙 내용을 볼 때 장음 표시를 특별히 하지 않는다고 이해할 수 있다. 〈2ㄴ〉에서 "suːp(英soup) 수프(肉汁)" 예를 보면 발음이 장음인데 한글 표기에서는 그 표시를 하지 않고 있다. 하려면 '수우프'라고 표기를 해야 할 것이다. 한편 〈2ㄹ〉에서는 "장모음(長母音)은 동일 모음을 거듭하여 표기함을 원칙으로 하되, 안 적을 수도 있다"라고 말하고 있다. 즉 장음 표시를 하는 것을 원칙으로 하며 적지 않을 수도 있음을 말하고 있다.

셋째, 외래어 표기법 논의에서 많은 이견이 있는 것이 된소리 표기를 하느냐 여부이다. 현행 〈2ㅁ〉에서는 파열음의 된소리 표기를 하지 않는다고 말하고 있고 〈2ㄹ〉에서도 '게임' 표기 등을 볼 때 된소리 표기를 한다고 규정하지 않고 있다. 한편 〈2ㄴ, ㄷ〉에서는 '깡까라', '도오꾜오' 같은 예를 볼 때 된소리 표기를 하고 있음을 볼 수 있다. 원지음주의 차원에서 표음주의를 외래어 표기법이 준수한다고 하면 굳이 된소리 표기를 하지 않는 이유가 무엇인지 의문이 들지 않을 수 없다. 대개 프랑스어에는 된소리 발음이 있고 영어에는 된소리 발음이 상대적으로 적으며, 국제 사회에서 영어의 위상이 높고 '나폴레옹', '데카르트', '나폴리', '단테' 등 표기가 이미 굳어져 있어서 그렇다고 알려져 있다(김세중, 1993; 국어 어문 규정집, 1988). 그러나 2004년에 공포된 '동남아시아 3개 언어 외래어 표기 용례집'을 보면 태국 등 동남아 제어에서 된소리 표기를 인정하고 있다. 결국 각국 언어의 발음에 따라서 한글 표기를 해야 하니 굳이 된소리 표기를 제한할 필요는 없어 보인다. 이상의 내용들을 표로 나타내 보면 다음 〈3〉과 같다.

〈3〉 남한 외래어 표기법의 주요 원칙 정리

	조선어학회 (1933)	조선어학회 (1941)	문교부 (1948)	문교부 (1958)	문교부 (1986, 2017)
원지음주의	○	○	○	○	○
24자모 표시	○	○	X	○	○
장음 표시	X	X	○	△*	X
된소리 표기		○	○	X	X

* 여기서 장음 표시를 '△'로 한 것은 규정 내용이 다음과 같기 때문이다. "3. 장모음(長母音)은 동일 모음을 거듭하여 표기함을 원칙으로 하되, 안 적을 수도 있다."

기본적으로 외래어 표기법은 내국인을 위한 것이다. 외국에서 들어온 외래어를 한글로 표기할 때 〈3〉에서 보듯이 어느 시기의 것이든지 원지음주의 입장에서 표음주의를 따르게 된다. 외래어 발음을 표기하는 데 있어서 한글 24자모로 하는 것이 일반적이며, 장음 표시를 하지 않는 것도 최근 경향성을 띤다. 된소리 표기에 대해서는 시기별로 입장이 갈리는데, 표음주의를 따른다고 할 때 각 언어에 따라 달리 적용할 수도 있을 것이다. 실제로 2004년에 말레이인도네시아어, 태국어,

베트남어 3개 동남아시아 언어를 한글로 표기할 때 된소리 표기를 할 수 있도록 하고 있다. 한편 24자모는 15세기 표기를 염두에 둔 것이며 실제 국어생활을 고려할 때 40자모 표기 설정에 대해서도 고민이 필요하다. 뒤에서 자세히 보겠지만 현재 북한에서는 24자모가 아닌 40자모 사용을 명기하고 있다.

8.2.2 남한에서 한자 문화권 고유 명사의 원지음주의 표기 문제

외래어 표기법 논의와 관련하여 최근 가장 논란이 많이 되는 것은 중국과 일본과 같은 한자문화권 국가들의 인명과 지명을 표기할 때 원지음을 따를 것인지 아니면 현지음을 따를 것인지의 문제이다. 예컨대 '등소평'과 '덩샤오핑' 둘 중 어느 것으로 한글 표기할지의 문제이다. 현행 외래어 표기법에서는 원지음주의 입장에서 중국에서 불리는 대로 표기하는 '덩샤오핑' 식 표기를 명기하고 있는 실정이다. 결국 외래어 표기법의 주체가 누구냐 하는 것이 관건이 된다. 중국과 일본에서는 현지음주의 방식을 택해서 자기들 입장에서 표기를 한다. 그런데 왜 우리만 우리 입장이 아닌 그들 입장에서 표기를 하느냐 하는 것이다.

여기서는 남한의 외래어 표기법 변천사를 통해서 언제 어떻게 이런 원칙들이 정해지게 됐는지 살피도록 한다.

〈4〉 남한 외래어 표기법의 변천 2 - 중국어와 일본어의 고유 명사 표기 구체 내용

ㄱ. 조선어학회(1933), 第六章 外來語 表記, 〈한글 마춤법 통일안〉

外來語를 表記할적에는 다음의 條件을 原則으로 한다.

(二) 表音主義를 取한다.

ㄴ. 조선어학회(1941), 〈외래어표기법통일안〉

부록 1. 일어음 표기법 2. 조선어음 라마자 표기법 3. 조선어음 만국음성기호 표기법

1. 日語音表記法

제6항 ウ段과 オ段의 長音을 表하는 ウ는 ウ段에서는 "우"로, オ段에서는 "오"로 적는다.

リユウ ツウ(流通) 류우쓰우 トウキヨウ(東京) 도오꾜오

但 두 音節 以上으로 된 말에서 끝 長音만은 略音으로 함을 許容한다. 이 경우의 スウ, ズウ, ツウ는 수, 주, 쑤로 적는다.

トウキョウ(東京) 도오꾜(오) リユウ ツウ(流通) 류우쑤(=쓰우)

ㄷ. 문교부(1948), 〈들온말 적는 법〉[8]

붙임 I. 일본말을 한글로 적는 법

다섯째 눈. 긴소리표(長音符號) ウ는 ウ段 아래의 것은 『우』로, オ段 아래의 것은 『오』로 적되, 한글 「으」 아래에서는 「으」로 적는다.

ユウヅウ(融通) 유우스으 トウキョウ(東京) 도오꾜오

붙임 III. 1. 홀로이름씨의 옮겨적기의 원칙

다른 나라들의 나라이름, 따이름[9], 사람이름은 다음의 원칙에 따라 한글로 옮겨적는다.

○말 옮겨적는 원칙

다른 나라의 나라, 따, 사람의 이름은, 그 때, 그 따의 원음을 따라 적는 것을 원칙으로 한다. 다만 관용어는 그대로 따르기로 한다.

---

8 〈4ㄷ〉에서 제시된 표현은 김민수(1973: 649–653)에서 가져온 것이다.

9 '따이름'의 '따'는 '땅'을 뜻한다. 물론 단독으로 쓰인 '따'도 '땅'이다. 〈4ㄷ〉의 표기는 원문에 있는 대로 표기한 것이다. 이런 입장은 이 책에서 나오는 모든 원문을 적는 태도이다.

○관용어에 관한 규칙

관용어의 사용에 관하여는 다음의 규칙대로 한다.

(一) 중국 및 인접지의 현재의 나라, 따, 사람의 이름은 지금 그 따에서 부르는 음을 따라 적으며, 역사상의 나라, 따, 사람의 이름은 그 관용된 한자의 우리나라 음대로 따라 적기로 한다. 그러나,

1) 역사상의 사람이라도 현재에 문제를 던지는 사람의 이름은 그 따에서 부르는 음을 따라 적음을 허용한다.

2) 한 따의 이름이 현재와 역사에서 한가지일 적에는, 현재의 이름과 같이 그 따의 원음을 따라 적음을 허용한다.

(잡이1) "인접지"란 말의 뜻은 한국 및 일본을 제외한 중국 역사와 밀접한 관계가 있는 곳을 말한다.

(잡이2) "역사상"이란 말의 뜻은 제2차 세계 대전 종말 즉 1945년을 경계로 그 이전을 말한다.

(보기1) 현재의 나라, 따, 사람의 이름: ---

중국의 것

나라 : 쭝화 민궈

따 : 뻬이징(北京), 상하-이(上海)

사람 : 짱 제스(蔣介石), 마-오저둥(毛澤東)

(보기2) 역사상의 나라, 따, 사람의 이름: ---

중국의 것

나라 : 진(秦), 한(漢)

따 : 장안(長安), 낙양(洛陽)

사람 : 강희 제(康熙帝)

(보기3) 현재에 문제를 던지는 역사상의 사람: ---

孔子 콩스 공자　　孫文 쑨원 손문

(보기4) 한 따의 이름이 현재와 역사에 공통된 것: ---

北京 뻬-이징 북경　洛陽 뤄양 낙양

(잡이4) 일본의 홀로이름씨는 다 원음대로 적는다.

ㄹ. 문교부(1958), 〈로마 자의 한글화 표기법〉

I. 표기의 기본 원칙 II. 표기일람표 III. 단모음 IV. 중모음 V. 자음

ㅁ. 문교부 편수국(1959), '외국 지명 한글 표기 제정에 관하여', 〈편수 자료〉 제2호 '알아 두기'[10]

16. 중국 지명과 일본 지명은 Webster 사전의 발음기호에 따르지 않고 별도로 원칙을 정하여 통일하였다.

18. 한자사용 지역(일본·중국 등)의 강(하), 산(령), 호, 섬 등의 표기는 黃河나 泰山, 大島같이 한 자인 경우는 河, 山, 島까지를 원지 발음에 따라 표기하고 강, 산, 섬을 붙인다.

(예) 黃河 → 황허 강 泰山 → 타이싼 산 大島 → 오오시마 섬

揚子江, 海南島 같이 두 자 이상인 경우는 고유명사만을 원지 발음에 따라 적는다.

(예) 揚子江 → 양즈 강 海南島 → 하이난 섬 十和田湖 → 토와다 호

ㅂ. 문교부 편수국(1963), '인명, 지명 표기의 원칙', 〈편수 자료〉 4집

(2) 동양 관계

① 중국 인명은 과거인과 현대인을 구분하여 과거인은 종전의 한자음대로 하고 현대인은 원칙적으로 주음 부호의 한글화 표기법에 의하여 중국음으로 표기하고 한자의 주를 단다.

---

10 〈4ㅁ, ㅂ〉은 정부 차원의 규정은 아니고 문교부 편수국 차원에서 내부용으로 사용된 것들이다. 그렇긴 하지만 이들 규정의 내용은 현행 외래어 표기법 인명, 지명 표기 원칙이 정해지는 데 있어서 중요한 과정이 되기 때문에 특별히 여기에 제시하여 살피고자 한다. 이들 내용은 〈4ㅁ〉은 김민수(1973: 663-666), 〈4ㅂ〉은 김민수(1973: 679-680)에 자세히 소개되어 있다.

② 일본 인명은 과거 현존의 구분 없이 카나의 한글화 표기법에 의하여 일본음으로 표기하고 한자의 주를 단다.

③ 그 밖의 동양 지명은 가급적 원지음으로 표기한다.

④ 중국의 역사 지명으로서 현재 쓰이지 않는 것은 종전의 한자음대로 하고, 현재 지명과 동일한 것은 본국음으로 표기하되 한자의 주를 단다.

(3) 바다, 섬, 강, 산 등의 표기[11]

③ 한자 사용 지역(일본, 중국)의 지명이 단자(외자)일 경우 "강" "산" "호" "섬" 등은 적는다.

[보기]

온타케 산(御山)	유가와 강(湯川)	도시마 섬(利島)
헝산 산(衡山)	우산 산(玉山)	민장 강(閩江)
쥬 강(珠江)	하쿠센 산(白山)	랴오허 강(遼河)

단, 중국의 황하(黃河), 위수(渭水)는 관용어로 부른다.

ㅅ. 문교부(1986, 2017), 〈외래어 표기법〉

제4장. 인명, 지명 표기의 원칙[12]

---

11 서양의 지명을 한글로 표기하는 것도 동양의 지명 표기 방법과 동일하다. 아래에서 그 예를 보인다.

④ 지명에 산맥, 산, 강 등의 뜻이 들어 있는 것은 겹쳐 부른다.

[보기]

Rio Grande	리오그란데 강	Monte Rosa	몽테로자 산
Sierra Madre	시에라마드레 산맥	Mont Blanc	몽블랑 산

⑤ 다음과 같은 지명은 우리 말로 번역된 용어를 쓸 수 있다.

[보기]

Coral Sea	산호해	North Sea	북해	Thursday I.	목요섬
Black Sea	흑해	Gran Canyon	대협곡	Good Hope Cape	희망봉

12 부칙에 다음 표기가 나오는데, 이를 통해서 '산', '강', '섬', '어' 등이 붙여 쓰이게 된다.

제2절 동양의 인명, 지명 표기

제1항 중국 인명은 과거인과 현대인을 구분하여 과거인은 종전의 한자음대로 표기하고, 현대인은 원칙적으로 중국어 표기법에 따라 표기하되, 필요한 경우 한자를 병기한다.[13]

제2항 중국의 역사 지명으로서 현재 쓰이지 않는 것은 우리 한자음대로 하고, 현재 지명과 동일한 것은 중국어 표기법에 따라 표기하되, 필요한 경우 한자를 병기한다.

제3항 일본의 인명과 지명은 과거와 현대의 구분 없이 일본어 표기법에 따라 표기하는 것을 원칙으로 하되, 필요한 경우 한자를 병기한다.

제4항 중국 및 일본의 지명 가운데 한국 한자음으로 읽는 관용이 있는 것은 이를 허용한다.

東京 도쿄, 동경　京都 교토, 경도　上海 상하이, 상해

臺灣 타이완, 대만　黃河 황허, 황하

제3절 바다, 섬, 강, 산 등의 표기 세칙

제3항 한자 사용 지역(일본, 중국)의 지명이 하나의 한자로 되어 있을 경우, '강', '산', '호', '섬' 등은 겹쳐 적는다.

온타케산(御岳)　주장강(珠江)　도시마섬(利島)

하야카와강(早川)　위산산(玉山)

외래어 표기법에서 중국어와 일본어에 대한 원지음 표기 논란은 광복 후인 1948년에 나온 〈들온말 적는 법〉(《4ㄷ》)에서부터 시작된다.

(시행일)이 규정은 공포한 날부터 시행한다. 다만, 제4장 제3절 개정규정은 2017년 6월 1일부터 시행한다.

13　1985년 12월 28일에 나온 '외래어 표기법 해설'에서는 제4장의 '제2절 동양의 인명, 지명 표기'에서 "중국 인명에 대한 과거와 현대의 구분은 대체로 종래와 같이 신해혁명(辛亥革命)을 분기점으로 한다"라고 밝히고 있다.

조선어학회의 〈한글 마춤법 통일안〉이 처음 나왔던 1933년에는 외래어를 표기할 때 표음주의로 적는다는 단순한 원칙만 나와 있었을 뿐이고(〈2ㄱ〉, 〈4ㄱ〉), 1941년에 나온 〈외래어표기법통일안〉 내용도 대개 서양에서 온 외래어 표기를 주로 다뤘기 때문에 크게 논란이 없었다. 단지 〈4ㄴ〉에서 보듯이 '부록1'로 제시된 '日語音表記法'에서 "トウキョウ(東京) 도오꾜오"처럼 원지음으로 표기하는 예가 나와 있을 뿐이다.

그러다가 광복 후 1948년에 나온 〈들온말 적는 법〉(〈4ㄷ〉)에 와서야 일본어뿐만 아니라 중국어를 표기하는 문제도 논의되기 시작했다. 일본말 표기에 대해서는 '도요꾜오'처럼 원지음 표기를 하는 것으로 해서 〈4ㄴ〉과 동일했다.

그러나 중국어를 표기하는 데 있어서는 '붙임III. 1. 홀로이름씨의 옮겨적기의 원칙' 부분에서 약간 다른 입장이 나오기 시작한다. "다른 나라의 나라, 따, 사람의 이름은, 그 때, 그 따의 원음을 따라 적는 것을 원칙으로 한다"라고 하면서 "다만 관용어는 그대로 따르기로 한다"라고 하여 관용어 표기는 원지음이 아닌 현지음, 즉 국내에서 사용하는 대로 한글 표기할 수 있게 했다. 현재의 사람이나 땅이나 나라는 원지음으로 표기하고, 역사상, 구체적으로는 1945년 이전의 사람, 땅, 나라는 현지음, 즉 국내에서 사용하고 있는 발음대로 한글 표기를 한다는 것이다. 예를 들면 현재 존재하는 '中華民國'은 '쭝화 민궈'라고만 쓰고 '중화민국'으로는 표기하지 않는다는 것이며, 과거의 '장안(長安), 낙양(洛陽)'은 한국 한자음 '장안, 낙양'으로 표기한다는 방식이다. 그러나 역사상 과거의 사람 혹은 지역일지라도 현재도 언급이 되고 또 존재한다고 하면 원지음과 현지음(한국 한자음)을 원칙과 허용으로 모두 인정하는 방식이다. 그리하여 '北京'과 '上海'은 각각 '뻬이징, 북경'과 '상하이, 상해' 모두 표기가 가능한 것이다. 사람 이름인 '孔子'도 '콩스, 공자'로 모두 가능하며, '孫文'도 '쑨원, 손문' 둘 다 가능하다.[14]

이 문제는 결국 한자어를 국어로 보느냐 아니면 외국어로 보느냐의 시각차가 내재되어 있는 것이다. 한자어가 국어의 하나라면 그냥 한국 한자음으로 한글 표기하면 될 것이고 국어가 아닌 외국어라고 한다면 원지음으로 한글 표기를 하면 될 것이다. 〈4ㄷ〉에서와 같은 결론이 나온 이유는 아무리 한자어를 외국어로 본다고 하더라도 실제 국어 생활 속에서 한자어가 차지하는 비중이 무척 높고, 또 아무리 중국의 인물, 지역이라 하더라도 우리나라에서는 흔하게 사용되고 있기 때문이기도 할 것이다.

〈4ㄹ〉에서는 중국어나 일본어를 한글 표기하는 것을 다루고 있지 않았고, 〈4ㅁ〉의 문교부 편수국에서 펴낸 '외국 지명 한글 표기 제정에 관하여'에서 그 내용을 다루고 있다. 중국과 일본 지명을 한글로 적을 때는 일반 발음 기호에 따르지 않고 특수하게 처리한다고 밝히고 있다. 그리하여 중국의 '黃河'를 '황허 강', 일본의 '大島'를 '오오시마 섬'처럼 한글로 표기한다고 제시하고 있다. 즉 '黃河, 大島' 자체의 발음 표기를 한글로 그대로 적고 더불어서 강과 섬인 것을 띄어서 적는다는 것이다. 또 '揚子江, 海南島, 十和田湖' 같이 두 자 이상인 경우는 고유 명사만 원지음으로 적어서 '양즈 강, 하이난 섬, 토와다 호'처럼 표기한다고 밝히고 있다. '황하, 대도, 양자강, 해남도, 십화전'과 같은 한자음의 한글 표기에 대해서는 다른 허용 규정이 없다. 〈4ㄹ〉에서 특기할 것은 '강, 섬, 호'가 띄어 써져 있다는 사실이다. 단어마다 띄어

14 '콩스' 표기는 〈4ㄷ〉에서 정확한 발음 표기를 위해서 'ㆄ, ㅸ, ㅿ, ㅀ'를 사용할 수 있도록 했기 때문이다. 현재의 외래어 표기법 표기로 한다면 '쿵쯔'가 될 것이다.

쓴다는 원칙이 적용된 결과이다.

〈4ㅂ〉 역시 문교부 편수 자료로 나온 것으로 인명, 지명의 표기 원칙을 제시하고 있다. 일본의 인명 지명은 과거든 현재든 모두 원지음 표기로 한다고 제시하고 있다. 중국의 인명은 〈4ㄷ〉에서처럼 과거인은 현지음, 즉 한국 한자음으로 하고 현대인은 모두 원지음, 즉 중국음으로 한글 표기하도록 했다. '산, 섬, 강'을 표기할 때 '御山, 利島, 遼河'를 각각 '온타케 산, 도시마 섬, 랴오허 강'처럼 해당 내용을 다시 한 번 띄어 써서 표기하도록 했다. 이 방식은 앞서 〈4ㅁ〉에서와 동일하다. 그러나 중국의 '黃河, 渭水'는 한자음대로 '황하, 위수'로 표기하도록 하여 관용 표현을 인정하는 방식을 취하고 있어서 차이가 있다.

일본의 인명과 지명은 무조건 원지음으로 한글 표기를 하고, 중국의 인명과 지명은 시기에 따라 과거는 원지음, 현재는 한국 한자음으로 한글 표기한다는 원칙은 현행 외래어 표기법인 〈4ㅅ〉에서도 그대로 유지된다. 단지 지명에서 관용적으로 한국 한자음으로 읽히는 것도 허용하고 있다. '東京'을 '도쿄, 동경'으로, '京都'를 '교토, 경도'로, '上海'를 '상하이, 상해'로, '臺灣'을 '타이완, 대만'으로, '黃河'를 '황허, 황하'로 모두 인정하는 것이다. 또한 제3항에서 보듯이 한자 사용 지역(일본, 중국)의 지명이 하나의 한자로 되어 있을 경우, '강', '산', '호', '섬' 등은 겹쳐 적는다고 하여, 〈4ㅁ, ㅂ〉과 동일한 원칙을 보인다. 단지 띄어쓰기에 있어서 차이를 보이는데, 즉 '강, 산, 호, 섬'을 모두 앞에 붙여 적고 있다. 이렇게 붙인 규정은 2017년 6월 1일 규정부터 적용됐다. 그리하여 '御岳'은 '온타케산', '珠江'은 '주장강', '利島'는 '도시마섬', '早川'은 '하야카와강', '玉山'은 '위산산'으로 표기하고 있다.

결국 중국과 일본의 인명, 지명을 한글로 적을 때 문제가 되는 것은 관용적 발음을 어디까지 인정할 것인가와 과거와 현재의 시기 구분의 기준을 어떻게 잡을 것인가이다. 언어라고 하는 것이 생명력이 있는 것임을 볼 때 어느 하나만 고집하는 것은 문제가 있다. 관용적 발음은 둘 다 인정하는 게 맞는다고 본다. 한국 한자음의 전통도 무시할 수 없는 것이고, 또 필요에 따라서는 '상하이, 뻬이징'처럼 원지음으로 말하고 표기할 수 있다.[15] 한글로 모두 표기할 수 있으니 문제가 될 게 없다. 그러나 모든 경우에 허용할 수 없음이 어려움이라 하겠다. 역시나 그 경계선 둘 다 사용되느냐 아니면 어느 하나만 압도적으로 사용되느냐 등등 기준의 문제가 여전히 남아 있다.

또한 중국의 인명, 지명 표기 구분 기준을 어느 시기로 할 것인지도 문제가 된다. 〈4ㄷ〉에서처럼 1945년으로 해야 할지 아니면 〈4ㅅ〉에서처럼 신해혁명(1911)으로 해야 할지 어려움이 있다. 전자는 제2차 세계 대전이 끝난 시점으로 우리나라가 광복을 맞이한 해이고, 후자는 중국 청나라가 망하고 새로운 중화민국이 세워진 해이다. 〈4ㄷ〉의 "역사상의 나라, 따, 사람의 이름은 그 관용된 한자의 우리나라 음대로 따라 적기로 한다"라고 할 때, 우리나라 광복을 기준으로 하기보다는 중국의 새로운 역사가 열리는 시점인 신해혁명을 기준으로 하는 것이 나아 보인다. 그러나 궁극적으로 과거와 현대의 기준이 명쾌하게 구분될 것 같지는 않다. 앞에서 등장한 '등소평'은 분명 과거에 태어난 사람이지만 현대에 엄청난 일을 담당한 사람이다. 과거인이지만 현대인인 경우 무조건 역사상 기준보다는 관용성 기준이 더욱 나아보이는 이유이다.

---

15 북한의 현행《외국말적기법》(2001: 56, 77)에 수록된 "중국말 단어를 우리 글자로 적는 법"에 따르면 'j'는 'ㅈ'으로 적게 되어 있다. 이에 따르면 남한의 표기인 '베이징'은 북한에서는 '뻬이징'으로 적어야 할 것이다.

한편 같은 한자 문화권인데도, 중국 인·지명은 신해혁명을 기준으로 하여 이전의 원지음주의와 이후의 한국 한자음 표기라는 다른 외래어 표기법을 유지하고 있음에 비하여, 일본 인·지명에 대해서는 일괄적으로 원지음주의를 취하고 있어서 논란이 될 수 있다. 동일한 한자 문화권 국가들인데 외래어 표기를 따로 구분할 필요가 있는가 하는 문제 제기이다. 전통적으로 우리나라는 중국 문화와 밀접한 관련을 가져 왔다. 우리말에 한자어가 과반수가 되는 것도 아무 이유가 없는 것이 아니다. 그만큼 정치, 경제, 사회, 문화, 교육 등 거의 모든 분야에서 밀접한 관련을 가져 왔기 때문에 관용성 정도가 무척 높은 것이다. 이에 비해 일본은 식민 통치의 문제도 그렇지만, 상대적으로 우리나라와 문화적 밀접도가 떨어진다. 결코 선망의 대상이 아니었기 때문에 우리말 속에 들어와 있던 것들도 배제의 대상이었던 것이다.

결국 외래어를 한글로 표기할 때 외국어의 범위를 어떻게 잡느냐와 관련이 있는 듯싶다. 한자어를 국어의 일부로 보느냐 아니면 고유어만 국어로 보느냐의 근본적인 문제라고도 할 수 있다. 현행 한글 전용 정책이 시행되고 있기 때문에 당연히 외국어는 물론이고 중국의 한자음도 원지음 차원의 한글 표기가 원칙으로 되어 있다. 그럼에도 불구하고 밀접한 전통으로 인해 한자어가 국어생활 속에서 굳어져 있을 경우 중국의 인명, 지명을 한국 한자음 차원의 한글 표기를 허용하고 있는 것이다.

8.3 북한 외래어 표기법의 변천과 과제

8.3.1 북한 외래어 표기법의 변천[16]

북한에서도 외래어 표기법이 일정한 변천을 해 왔다. 북한의 어문 규범 관련 사업에 조선어학회와 직간접적으로 관련이 있었던 김두봉, 이극로 등이 영향력을 끼쳤음은 주지의 사실이다. 따라서 북한의 외래어 표기법 변천을 살필 때도 조선어학회의 외래어 표기법을 함께 검토할 필요가 있다. 특히 조선어학회의 표음주의와 한글 문자만으로의 외래어 표기는 중요한 사항이다.

앞서 〈2ㄱ, ㄴ〉에서도 살핀바, 조선어학회의 외래어 표기법 기본원칙은 표음주의, 즉 원지음주의였다. 본래 외래어 표기법이 외국에서 들어온 외래어를 한글로 어떻게 표기할 것인지 그 규정을 제시한 것이라는 점에서, 외래어 표기법의 원지음 표기는 당연한 일이다. 이런 점은 북한의 외래어 표기법에서도 그대로 적용되고 있다. 조선어학회(〈2ㄴ〉)의 외래어 표기법에서 또 중요한 것은 표기를 할 때 현재 있는 한글 자모로만 한다는 것이었다. 이런 점도 북한의 외래어 표기법에서 중요하게 살필 사항이다. 그리하여 북한의 외래어 표기법 변천 과정을 조선어학회(1933, 1941) 것을 함께 제시하면 다음 〈5〉와 같다.

〈5〉 북한 외래어 표기법의 변천 1

ㄱ. 조선어학회(1933), 〈한글 마춤법 통일안〉 第六章 外來語 表記

---

16 이관규(2020)에서는 북한의 외래어 표기법의 변천과 과제를 다룬 바 있으며, 8.3 부분에서 이를 적극적으로 이용했음을 밝힌다.

ㄴ. 조선어학회(1941), 〈외래어표기법통일안〉

ㄷ. 조선어 및 조선문학연구소(1956), 《조선어 외래어 표기법》[17]

ㄹ. 언어 문학 연구소(1958), 〈외래어표기법〉

ㅁ. 국어사정위원회(1969), 〈외국말적기법〉

ㅂ. 국어사정위원회(1982), 〈외국말적기법(수정증보)〉

ㅅ. 국어사정위원회(2001), 〈외국말적기법〉

〈5〉에서 보다시피 북한의 외래어 표기법은 1956년에 《조선어 외래어 표기법》이라는 명칭으로 처음 나온 이후, 1958년에 〈외래어표기법〉으로 나왔고, 이후 1969년, 1982년, 2001년에는 〈외국말적기법〉이라는 동일한 명칭으로, 그러나 그 내용은 약간씩 다르게 변천을 해왔다.[18] 이렇게 단정적으로 말할 수 있는 것은 〈5ㅂ〉의 머리말에서 제

---

17 정순기 외(2005: 142)에서는 이 〈조선어외래어표기법〉이 1954년에 나왔으며 이후 1958년에 수정되어 〈외래어표기법〉으로 다시 나왔다고 말하고 있다. 그러나 같은 책인 정순기 외(2005: 270)에서는 〈조선어외래어표기법〉이 1956년에 나온 것으로 기술하고 있다. 현재 필자가 갖고 있는 원본에서는 연도를 확인할 길이 없다. 여기서는 김민수(1973)에 따라서 〈조선어외래어표기법〉이 1956년에 나온 것으로 표기하고자 한다.

18 정순기 외(2005: 339–342)에 따르면, 〈외국말적기법〉(1982) 이후 〈고친 외래어 표기〉(1983)가 나와서 외래어 적기 실천에 적용됐다고 한다. 그것은 외래어 표기법 차원보다는 하나의 실용적인 성격을 띤 것이라 추측해 볼 수 있다. 이후 1985년에는 25개 외국말 가운데 가장 많이 쓰이는 7개 나라 말과 표기법만 따로 묶어서 〈외국말적기법〉(1985)을 내기도 했다고 한다. 또한 국어사정위원회(1998)에서는 "중국, 미

시된 "이 책이 나옴에 따라 지금까지 쓰던《외국말적기법》(사회과학출판사, 1969년)은 쓰지 않는다"라는 표현과 〈5ㅅ〉의 머리말에서 제시된 "새《외국말적기법》이 나옴에 따라 지금까지 써온《외국말적기법》(과학, 백과사전출판사1982)은 쓰지 않는다"라는 표현 때문이다.[19]

한편, 〈5ㄷ, ㄹ〉에서는《조선어 외래어 표기법》 및 〈외래어표기법〉이라 해서 '외래어'라는 용어를 사용했는데, 〈5ㅁ, ㅂ, ㅅ〉에서는 〈외국말적기법〉이라 하여 '외국말'이라는 용어를 사용하고 있어서 이에 대한 논의가 필요하다.

〈6〉 북한에서의 외래어와 외국어(외국말)의 개념(정순기 외, 2005: 267 참조)

ㄱ. 외래어표기에서 제기되는 문제는 다음으로 외래어자체의 기준을 어떻게 정하겠는가 하는 문제이다./일반적으로 외래어라고 하면 넓은 범위에서의 외래어와 좁은 범위에서의 외래어로 볼수 있다./넓은 범위에서의 외래어라고 하면 그것은 일반적으로 외국말과 관련된것의 총체를 말한다. 좁은 범위에서의 외래어는 우리 말 어휘구성에는 없는것으로서 우리 말 어휘를 보충해주는 그러한 외국말을 말한다.

ㄴ. 넓은 범위에서의 외래어에는 좁은 범위에서의 외래어와 함께 다른 나라 고유명사들이 속한다.

국, 일본, 영국과 같은 나라이름은 그대로 두고, 인도, 토이기, 오지리, 희랍, 독일, 화란, 애급, 웽그리아, 체르노고리아, 호르바찌라예, 그리스, 도이칠란드, 네데를란드, 에짚트, 마쟈르, 쯔르나고라, 흐르바쯔까라고 고쳐 부르도록 하였다"라고 적혀 있다.

19 사실 최근 북한에서 나온 몇 가지 저서를 통해 볼 때, 북한의 외래어 표기법의 변천 사항을 정확히 알 수 없는 경우가 있었다. 그렇지만 최근 서지적인 측면에서 1982년과 2001년 〈외국말적기법〉 원본을 얻게 되어서 분명하게 확인할 수 있었다. 이에 대해서는 〈7〉을 통해서 좀 더 자세히 살피도록 한다.

ㄷ. 우리는 외래어가 가지는 특성으로부터 외래어의 범위를 우리 말 어휘구성에 들어온것으로 한정하고 그 이외의것은 외국말로 규정하였다. 그리하여 주체58(1969)년에 나온《외국말적기법》에서는 우리 말의 어휘구성에 들어온 외래어를 따로 규정하도록 하였다. 이때부터는 실지로 외래어의 범위가 좁아졌다.

ㄹ. 우리 당은 우선 외국말을 적는데서 어디까지나 해당 나라 말의 발음대로 적도록 과학적인 방법론을 세워주었다./위대한 수령 김일성동지께서는 다음과 같이 교시하시였다./《다른 나라 고유명사는 일본말이나 중국말로 발음할것이 아니라 그 나라 발음을 그대로 따르는것이 좋습니다. 나라이름은 그 나라 말로 써야 합니다.》〈김일성선집 32권, 359〉[20]

일반적으로 외래어는 국어의 일부이며 외국어는 국어가 아닌 것으로 본다. 이는 외래어를 좁은 의미로 본 것이다. 외래어의 범위를 넓게 보면 국어의 일부인 좁은 의미의 외래어와 그냥 외국에서 들어온 말이라는 넓은 의미로 보는 외래어로 나뉜다. 북한에서는 〈6ㄴ〉에서 보듯이 넓은 의미의 외래어에 좁은 의미의 외래어와 함께 다른 나라 고유 명사들을 포함하고 있다. 그리하여 〈6ㄷ〉에서 보듯이 외래어의 범위를 "우리 말 어휘구성에 들어온것"으로 한정하고 그 이외의 것은 외국말로 규정했다.[21] 그리하여 1969년에 공포한 〈외국말적기법〉에

20 정순기 외(2005: 267–268)에 따르면, 이와 같은 교시에 따라서 1965년에 국어사정위원회에서는 나라이름 47개와 수도이름 28개를 발음하는 대로 고쳤다고 한다.

21 북한에서는 〈고친 외래어 표기〉라는 이름으로 외국어가 아닌 외래어 표기를 실제 차원에서 수정 보완했다. 또한 "국어사정위원회에서는 외래어적기법을 더욱 심화시켜 그 해인 주체73(1984)년에 여러 가지 외래어 표기를 다시 고쳤다"라고 한다(리호경, 2005: 128). 결국 외래어 표기법과 외국어적기법을 분리하고자 한 소이라고 볼 수 있다. 그러나 1956년 이후에 어떤 공식적인 외래어 표기법이 규정으로 있는지는 확인

서는 외국말을 적을 때 해당 나라 말의 발음대로 적도록 했다. 이때 다른 나라의 고유 명사들을 한글로 적을 때 바로 이 〈외국말적기법〉으로 적는 것이다.[22]

그런데 사실 외래어 표기법의 대부분은 외국의 고유 명사를 한글로 적는 규정을 다루고 있다는 점에서 〈외국말적기법〉이 남한에서의 외래어 표기법과 완전히 별개라고 할 수는 없다.[23] 실제로 앞(8.2.2)에서 보았지만 인명, 지명과 같은 고유 명사를 한글로 표기하는 규정이 남한의 〈외래어 표기법〉(1986)에 들어가 있다. 그렇기 때문에 〈5〉에서처럼 북한의 외래어 표기법의 변천을 나열하면서 〈외국말적기법〉 규범을 넣을 수 있는 것이다. 따라서 이 글에서는 남북한의 외래어 표기법을 비교 대조할 때 주로 고유 명사 표기에 한정해서 살필 것이다.

할 길이 없다. 단지 〈고친 외래어 표기〉(1984)라 하여 외래어적기를 일부 바꿨다고 한다(리호경, 2005: 127 참조). 이것이 외래어표기법인지 그냥 일부 실례들을 고친 것인지는 원본 확인이 현재로선 불가하다. 한편, 최호철(2009: 4)에서는 "북에서 '외래어표기법'이 폐기되고 '외국말적기법'으로 새로 만들어진 것은 외래어와 외국어를 구분하여 외국어는 '외국말적기법'에 따라 표기하고 외래어는 정리하거나 규범집에 수용하고, 고유 명칭을 주축으로 하는 외국어는 따로 설정했다"라고 말하고 있다.

22 북한의 박재수(1999: 29)에서는 아래처럼 외래어와 외국어의 차이를 확실히 보이고 있다.

> "(1958년에 제정 · 공포된 – 필자) 《외래어표기법》에서는 그전부터 론의하여오던 외국말과 외래어의 구분에 대한 문제를 시사해주고있다. 즉 외국어는 각 나라별로 표기형태를 보여주고 외래어는 부록으로 따로 싣고있다. 그러므로 《외래어표기법》은 자기의 취급대상을 조선어의 어휘구성속에 들어온 외래어뿐만아니라 현대조선어에서 사용되고있는 외래어의 어휘일반을 대상으로 하고있다. 이런 의미에서는 《외국어어휘표기법》이라고 해도 무방할 정도이다."

23 북한에서 외래어와 외국어를 구분한다고 했지만, 2001년에 나온 〈외국말적기법〉의 머리말에는 다음과 같은 김정일의 지적 내용이 나오는데, 이를 보면 북한에서 외래어와 외국어를 칼로 무 베듯이 구분하고 있다고 단정적으로 말하긴 어려워 보인다.

> "위대한 령도자 김정일동지께서는 다음과 같이 지적하시였다./《외래어를 표기할 때에는 그것이 어느 나라의 말인가를 보고 그 나라 사람들이 발음하는대로 표기하는 원칙을 세워야 합니다.》"

〈7〉 북한 외래어 표기법의 원리와 실제

ㄱ. 조선어학회(1933), 第六章 外來語 表記, 〈한글 마춤법 통일안〉

ㄴ. 조선어학회(1941), 〈외래어표기법통일안〉

- 表音은 原語의 發音을 正確히 表示한 萬國音聲記號를 標準으로 하여, 아래의 對照表에 依하여 적음을 原則으로 한다.

  t'ənka:rra:(에디오피아語) 떤카르라

  k'ŋk'ara(소말릴란드語) 깡까라(暗黑)

ㄷ. 조선어 및 조선문학연구소(1956), 〈조선어 외래어 표기법〉

제2항 이《조선어 외래어 표기법》에서 외래어라고 부르는 것은, 조선어 가운데서 사용되는 외국의 지명, 인명 등 고유 명사도 포함하는, 그의 외국어적 기원이 명백한 단어들을 의미한다.

제7항 외국의 지명, 인명 등의 고유 명사는 조선어로 번역하지 않고, 그의 어음론적 및 표기법적 특성에 의거하여, 조선 문자로써 표기하는 것을 원칙으로 삼는다.

제8항 외래어의 표기는 현행 조선어 자모 체계에 이거하며, 새로운 자모, 새로운 보조적 기호를 사용하지 않는다./조선민주주의인민공화국 과학원 조선어 및 조선문학연구소에서 공간한《조선어 철자법》에 의거하는 다음의 자모 체계를 현행 조선어 자모 체계로 인정한다.

ㄱ, ㄴ, ㄷ, ㄹ, ㅁ, ㅂ, ㅅ, ㅇ, ㅈ, ㅊ, ㅋ, ㅌ, ㅍ, ㅎ, ㄲ, ㄸ, ㅃ, ㅆ, ㅉ,

ㅏ, ㅑ, ㅓ, ㅕ, ㅗ, ㅛ, ㅜ, ㅠ, ㅡ, ㅣ, ㅐ, ㅒ, ㅔ, ㅖ, ㅚ, ㅟ, ㅢ, ㅘ, ㅙ, ㅞ

제51항 영어, 불란서 어 및 기타의 언어로부터 유래한 외래어의 표기에 있어서는, 특수한 어음론적 변화가 없는 한, 만국 음성 기호에 대한 다음과 같은 조선어 자모의 대조를 매개로 하여 표기한다./조선어 자모에 의한 만국 음성 기호의 일반적 대조표

[주4] 이 대조표에는 조선어 외래어 표기법에 필요한 음성 기호만을 들었으며, 이 기호는《만국 음성학 협회》가 1938년에 수정한 것에 의거하였다.

제54항 double [dʌbl] 떠블

제55항 hand-bag [hænd bæg] 핸드빽

제77항 조선어 외래어 표기에 있어서 장음의 표시는 이를 따로 하지 않는다.

sharp [ʃaːp] 샤프 harp [haːp] 하프

ㄹ. 언어 문학 연구소(1958), 〈외래어표기법〉

ㅁ. 국어사정위원회(1969), 〈외국말적기법〉

- 이《외국말적기법》은 1950년대의 4개 나라 말의 범위를 벗어나 로씨아어, 중국어, 라틴어, 도이취어, 영어 및 프랑스어의 7개 나라 말의 단어를 우리 글자로 적는 규정을 담고있으며 라틴어에 대한 규정은 에스빠냐어, 뽀르뚜갈어, 이딸리아어에도 적용할수 있게 하였다.
- 제6장에서는 영어단어를 우리 글자로 적는 방법을 규정하고있는데 영어단어의 발음기호에 우리 글자를 대응시켜 적는 것을 기본으로 하는 한편 영어에서 들어온 일부 외래어는 어음기호에 따르지 않고 글자로 적은데 따라 발음하는 버릇이 붙은것을 참작하여 그렇게 적는 방법도 허용하도록 규정하였다.

리호경(2005: 125-126)

ㅂ. 국어사정위원회(1982), 〈외국말적기법(수정증보)〉

▲ IV. 영어단어를 우리 글자로 적는 법

- 영어단어는 그 글자와 발음이 일치하지 않으므로 국제발음기호를 거쳐 발음을 밝혀적는것을 원칙으로 한다.

• 1) [붙임] 모음기호가운데서 긴모음부호는 우리 글로 따로 밝혀 적지 않는다.

[daːwin] 다윈 [dʒɔːʤ] 죠지

• 2) (19) [s]는《ㅆ, ㅅ》로 적는다./모음앞에서는《ㅆ》로 적고 그밖의 경우에는《ㅅ》로 적는다.

[misisipi] 미씨씨피 [səːkl] 써클 [saiəns] 싸이언스

[skɔt] 스코트 [paːs] 파스

ㅅ. 국어사정위원회(2001), 〈외국말적기법〉[24]

▲ 영어단어를 우리글자로 적는 법

• 2. 영어는 단어를 단위로 하여 우리 글로 적는다.

• 3. 영어 단어는 그 발음을 나타내는 국제발음기호에 우리 글자를 대응시키는 방법으로 적는다.

• Irene[airiːn] 아이린 Yahoo[jɔhuː] 여후

Seattle[siætl] 씨애틀 Singer[siŋə] 씽어

이미 앞(8.2.1)에서 살펴보았듯이 분단 전 조선어학회에서 나온 외

24 〈외국말적기법〉(1982)(〈7ㅂ〉)에서 〈외국말적기법〉(2001)(〈7ㅅ〉)로 바꾸면서 그 머리말에서 다음과 같이 밝히고 있다.

"국어사정위원회는 경애하는 장군님의 주체적언어사상을 받들고 주체성과 민족성, 과학성이 보장된 새《외국말적기법》을 만들었다./국어사정위원회에서 만든 새《외국말적기법》은 어버이수령님과 경애하는 장군님의 외국말원음표기사상을 지도적지침으로, 방법론적기초로 하고 있다./또한 어음구조가 같지 않은 다른 나라의 말을 우리 말로 옮기는 표기규범이라는 특성을 고려하여 우리 민족어의 어음구조에 맞으면서도 우리 인민들의 서사생활에 부담을 주지 않게 과학성과 편리성의 원칙을 세워 작성하였다./새《외국말적기법》이 완성되여 나옴으로써 외국말표기와 외국말사용분야에서 주체성과 민족성이 고수되고 정확하고 통일적인 외국말을 사용할수 있는 언어적규범이 마련되게 되였다. 모든 부문과 단위, 기관들에서는 외국말을 표기하는데서 이 규범의 규정내용들을 정확히 지켜야 한다./새《외국말적기법》이 나옴에 따라 지금까지 써온《외국말적기법》(과학, 백과사전출판사1982)은 쓰지 않는다."

래어 표기법은 표음주의를 기본원칙으로 하고 있었다(〈7ㄱ, ㄴ〉). 이러한 원칙은 북한의 외래어 표기법에서도 마찬가지이다. 〈7ㄷ〉이 북한에서 처음 나온 외래어 표기법인데, 기본적으로 제7항에서 "외국의 지명, 인명 등의 고유 명사는 조선어로 번역하지 않고, 그의 어음론적 및 표기법적 특성에 의거하여, 조선 문자로써 표기하는 것을 원칙으로 삼는다"라고 하여 외국의 인명, 지명을 한글로 적을 때 원지음주의를 따르라고 하고 있다.

외래어 표기에 대한 원지음주의 입장은 1969년, 1982년, 2001년에 〈외국말적기법〉이라는 동일한 명칭으로 나온 인명, 지명을 표기하는 규정에서도 동일하게 지켜진다. 특별히 영어권의 인명, 지명 표기를 위해서는 만국 음성 기호(IPA) 발음에 따라서 한글로 적는다는 것을 말하고 있다. 〈7ㄷ〉의 제51항에서는 물론이고 최근 것인 〈7ㅅ〉에서도 "영어 단어는 그 발음을 나타내는 국제발음기호에 우리 글자를 대응시키는 방법으로 적는다"라고 하여 IPA에 따라서 영어 단어를 한글 표기한다고 말하고 있다. 〈7ㅁ, ㅂ〉에서도 마찬가지 입장이다. 원지음의 발음대로 적는 표음주의 입장은 일본의 인명, 지명 표기에서도 마찬가지이며, 러시아어 단어를 적을 때도 마찬가지이다.[25]

〈2〉에서 살펴본 바, 남한에서는 시기별로 외래어 표기가 다른 양상을 띠었었다. 그러나 북한에서는 표기 수단인 한글 자모도 그렇고, 장음 표시와 된소리 표기에 대해서도 모두 시기별로 동일한 입장을 보인다.

첫째, 북한에서는 표기 수단인 한글 자모 숫자를 24개가 아닌 40개

25 정순기 외(2005: 269)에 따르면, 1971년에 국어사정위원회에서는 "111개의 나라이름과 수도이름을 장악검토하여 그중 9개의 나라이름을 그 나라 사람들이 쓰는대로 고치도록 새로운 조치를 취하였다"고 한다.

를 제시하고 있다. 〈6ㄷ〉 제7항에 그것들이 모두 나열되어 있다. 이 40개는 사실 남한의 24자모에다가 "ㄲ, ㄸ, ㅃ, ㅆ, ㅉ" 5개 자음자와 "ㅐ, ㅒ, ㅔ, ㅖ, ㅚ, ㅟ, ㅢ, ㅘ, ㅙ, ㅝ, ㅞ" 11개 모음자를 덧붙인 것이다. 이것들은 남한이나 북한의 국어사전에 모두 제시된 것이고 또 실제로도 양쪽에서 모두 사용하고 있는 것들이다. 따라서 24개와 40개라는 차이가 본질적인 남북한 차이라고 말하기 어렵다.[26] 그러나 실제로 표기법 규정으로 제시됐다는 측면에서 보면 실제 사용되는 40개 자모자를 모두 제시해 주는 게 나아 보인다.

둘째, 남한에서는 장음 표기를 하는 시기와 하지 않는 시기가 있었는데, 북한에서는 〈7ㄷ~ㅅ〉 모두 특별한 장음 표기를 하지 않고 있다. 〈7ㄷ〉 제77항에서 "조선어 외래어 표기에 있어서 장음의 표시는 이를 따로 하지 않는다"라고 분명히 밝히고 있는데, "sharp [ʃaːp] 샤프, harp [haːp] 하프" 이런 예들을 보면 장음 발음은 있지만 한글로는 아무런 표기를 하지 않고 있다. 〈7ㅂ〉에서도 영어 단어를 한글로 적을 때 "[붙임] 모음기호가운데서 긴모음부호는 우리 글로 따로 밝혀적지 않는다"라고 분명히 밝히고 있으며, 이는 "[daːwin] 다윈, [ʤɔːʤ] 죠지" 등의 예를 통해서 알 수 있다. 〈7ㅅ〉에서는 특별한 규정은 없으나 제시된 단어 예들을 통해서 장음 표기를 하지 않는다는 사실을 확인할 수 있다. "Irene[airiːn] 아이린, Yahoo[jɔhuː] 여후"를 보면 영어 단어의 발음 표시로는 장음 표시(ː)가 있지만 한글 표기로는 아무런 표시가 없다.

셋째, 남북한 간의 외국에서 들어 온 말을 한글로 적을 때 중요하

26 숫자 차이는 본래 남한과 북한의 한글 맞춤법에 제시된 차이에 근거한다. 남한에서는 24자모 이외의 것들은 부기 차원에서 첨가 제시하고 있다. 한편 남한에서 24자모만을 제시하는 것은 한글 창제 당시 제시된 28자모를 염두에 두고서 소실 문자 4개를 제외한 24자모만 든 것이다. 역사성을 염두에 둔 것이라 할 수 있다.

게 차이 나는 것은 바로 된소리 표기이다. 앞 〈2〉에서 보았듯이 남한에서는 된소리 표기를 하지 않는 것이 외래어 표기법의 중요한 원칙이었다. 2004년에 동남아어 3개에서 된소리의 한글 표기가 허용됐지만, 영어권에서 된소리의 한글 표기를 하지 않는 것이 남한의 규정 원칙이다. 그러나 북한에서는 된소리 표기가 모두 허용되어 있다. 〈7ㄷ〉의 "double [dʌbl] 떠블, hand-bag [hænd bæg] 핸드빽", 〈7ㅁ〉의 "[misisipi] 미씨씨피, [səːkl] 써클", 〈7ㅂ〉의 "Seattle[siætl] 씨애틀, Singer[siŋə] 씽어" 등의 예를 통해서 외국어에서 발음되는 대로 된소리 표기를 한글로 하고 있음을 확인할 수 있다. 된소리 표기 규정이 따로 명문화되어 있지 않지만, 원지음주의로 인명, 지명을 한글 표기한다는 전제가 들어 있기 때문이다.

〈8〉 북한 외래어 표기법의 주요 원칙 정리

	원지음 주의	중국 과거 고유명사의 원지음 주의	24자모	장음 표시	된소리 표기
조선어학회(1933) '제6장 외래어 표기'	○	○	X	X	
조선어학회(1941) 〈외래어표기법통일안〉	○	○	○	X	○
조선어 및 조선 문학 연구소(1956) 〈조선어외래어표기법〉	○	X	X	X	○
언어 문학 연구소(1958) 〈외래어 표기법〉	○	X	X	X	○
국어사정위원회(1969) 〈외국말적기법〉	○	○	X	X	○
국어사정위원회(1982) 〈외국말적기법〉	○	○	X	X	○
국어사정위원회(2001) 〈외국말적기법〉	○	○	X	X	○

지금까지 북한의 외래어 표기법의 원리 및 실제 몇 가지를 정리하면 위 표와 같다. 원지음주의는 조선어학회 때부터 지금까지의 모든 북한 외래어(외국어) 표기법에서 일관된 내용이다. 이는 남한과 같다. 그러나 중국의 과거 인·지명에 대한 원지음주의 입장은 1956년과 1958년에만 조선 한자음으로 적는 방법이었고, 그 이후에는 모두 원지음주의 입장이다. 한편, 24자모를 남한에서는 명기하고 있으나 북한에서는 실용성 차원에서 40자모를 명기하고 있어서 차이를 보인다.[27] 북한에서는 장음 표기를 일관되게 하지 않고 있으며, 된소리 표기는 역시 일관되게 표시하고 있다.

8.3.2 북한에서 한자 문화권 고유 명사의 원지음주의 표기 문제

앞서 남한의 것을 살폈던 〈4〉에서처럼 북한에서의 중국어와 일본어 고유 명사의 한글 표기에 대해서 살펴보도록 한다. 남한에서는 일본의 고유 명사를 일본에서의 발음, 즉 원지음주의 차원에서 한글 표기로 하는 것을 원칙으로 한다.

---

27 국어사정위원회(1983)에서 낸 〈고친 외래어 표기〉에 대해서 설명하고 있는 리호경(2005: 128)에 따르면, 외래어 표기가 해당 나라말에 따라서 원지음주의 차원에서 철저하게 이루어지고 있으며, 특히 된소리 한글 표기가 사용되고 있었음을 확인할 수 있다. 더불어 일본말보다는 영어발음을 더욱 중시하는 것도 확인할 수 있다.

- 해당 외래어의 원어가 어느 나라 말인가를 알아보고 그 나라 사람들이 발음하는대로 적는것을 원칙으로 하였다./실례로 로어를 통하여 들어왔던《안케트, 아그레만》같은 단어는 원어인 프랑스말 발음대로《앙케트, 아그레망》으로 고쳐 적도록 하였다./그러나《빠스, 보이라》와 같이 원래는 영어의《바스, 보일러》에서 온것이지만 우리말에 들어와 인민들속에서 굳어진 외래어는 굳어진대로 적도록 하였다.
- 우선《레시바, 히타》와 같이 일정하게 굳어졌다고 볼수 있으나 일본말식발음색채가 진한것은 영어발음에 가깝게《레시버, 히터》로 고치도록 하였다.
- 또한《몬따쥬, 바레》와 같이 이미 굳어졌다고 볼수있지만 한두개의 받침정도만 고치면《몽따쥬, 발레》등 원어대로 할수 있는것은 원어대로 고치도록 하였다.

〈9〉 북한 외래어 표기법의 변천 2 – 중국어와 일본어의 고유 명사 표기 구체 내용

ㄱ. 조선어학회(1933), 第六章 外來語 表記, 〈한글 마춤법 통일안〉

ㄴ. 조선어학회(1941), 〈외래어표기법통일안〉

ㄷ. 조선어 및 조선문학연구소(1956), 〈조선어 외래어 표기법〉

- 제2항 이 《조선어 외래어 표기법》에서 외래어라고 부르는 것은, 조선어 가운데서 사용되는 외국의 지명, 인명 등 고유 명사도 포함하는, 그의 외국어적 기원이 명백한 단어들을 의미한다.
- 제5항 일본어로부터 유래하는 외래어는 가급적 표음 문자인 일본 가나 문자를 매개로 해서 표기한다./중국에서는 현재 한자가 유일한 서사적 수단으로 되여 있고, 표음 문자가 아직 사용되여 있지 않는 사실과, 조선 인민의 서사 생활에서 한자가 노는 특수한 역할을 고려하여, 중국어로부터 유래하는 외래어 중 이미 굳어진 것은 한자를 매개해서, 즉 한자에 대한 조선어적 발음으로써 표기한다.

ㄹ. 언어 문학 연구소(1958), 〈외래어표기법〉

ㅁ. 국어사정위원회(1969), 〈외국말적기법〉

- 《외국말적기법》은 총칙과 7개의 장으로 되여있다.

제2장에서는 중국말단어를 우리 글자로 적는 방법에 대하여 규정하고있는데 여기서는 중국말의 새 글자체계에 우리 글자를 대응시켜 적도록 하였다. 다시말하여 이전에는 중국말을 우리 한자음으로 적었지만 여기서는 중국말의 발음대로 적도록 규정하였다. 실례로 이전에는 《天津》을 《천진》이라고 하였지만 여기서는 《티엔진》으로 적

도록 규정하였다.

• 제3장에서는 일본말단어를 우리 글자로 적는 방법에 대하여 규정하고있는데 일본말《가나》의 개별적글자 또는 글자결합의 발음을 우리 글자로 대응시키는 방법으로 적도록 규정하였다.

리호경(2005: 125-126)

ㅂ. 국어사정위원회(1982), 〈외국말적기법(수정증보)〉

▲ 중국말단어를 우리 글자로 적는 법

• 중국말단어는 중국말의 새 낱소리글자체계에 들어있는 글자들에 우리 글자를 대응시키는 방법으로 적는다.

s — ㅆ z — ㅉ

uang — ㅸ ui — ㅜㅣ üan — ㅟ엔 ün — ㅟㄴ

▲ VI. 일본말단어를 우리 글자로 적는 법

• 일본말단어는 일본말글자《가나》와 그 결합체를 우리 글자에 대응시키는 방법으로 적는다.

• 본래의 고유한 일본말이 아니라 하더라도 지금 일본에서 널리 쓰이는 고유명사같은 단어들은 이 적기법의 규정에 따라 적는다.

• 앞소리마디의 모음이 긴소리임을 나타내는《う》,《お》와 긴소리표《-》는 없는 것으로 친다.

神戸 こうべ 고베 九州 きゅうしゅう 규슈

京都 きょうと 교또

東京-富山 とうきょう-とやま 도꾜-도야마

ㅅ. 국어사정위원회(2001), 〈외국말적기법〉

▲중국말 단어를 우리 글자로 적는 법

• 1. 중국말은 라틴본에 의한 그의 공식전사법으로 전사한것을 우리 글로 적는다.

• 3. 중국말은 단어별로 소리마디(한자)를 단위로 하여 우리 글로 적는다.

• 4. 중국말 단어의 소리마디는 그것을 적은 라틴글자와 글자결합이 나타내는 원어의 발음에 우리 글자를 대응시키는 방법으로 적는다.

• 5. 중국말 단어 소리마디의 라틴글자와 글자결합은 다음의 대응적기표에 따라 적는다.

s — ㅆ　z — ㅉ

ian — ㅣ엔　iang — ㅑㅇ　uang — ㅘㅇ　ui — ㅜ이

üan — ㅟ엔　ün — ㅟㄴ

• bei 베이　江北　Jiangbei 쟝베이

jiang 쟝　松江　Songjiang 쏭쟝

shua 쏴　刷經寺　Shuajiangsi 쏴쟝쓰

▲ 일본말 단어를 우리 글자로 적는 법

• 1. 일본말은 단어를, 합친말일 때에는 그 구성단위를 단위로 하여 우리 글로 적는다.

• 2. 일본말 단어는 그것을 적은 일본말 고유글자의 발음에 우리 글자를 대응시켜 적는다. 한문단어는 그의 발음을 적은 일본말 고유글자에 따라 적는다.

• 長崎　ながさき　나가사끼

北九州　きたきゅうしゅう　기따규슈

北海道　ほっかいどう　혹까이도

〈9ㄷ〉에서 보듯이 북한에서도 "일본어로부터 유래하는 외래어는 가급적 표음 문자인 일본 가나 문자를 매개로 해서" 한글 표기를 한다고 하여, 남한과 마찬가지로 결국 원지음주의를 취하고 있다. 이러한 북한의 입장은 〈9ㄹ~ㅅ〉에서도 마찬가지이다. 〈9ㅂ〉에서 "본래의

고유한 일본말이 아니라 하더라도 지금 일본에서 널리 쓰이는 고유명사같은 단어들은 이 적기법의 규정에 따라 적는다"라고 하고 있으며, "神戶 こうべ 고베", "京都 きょうと 교또"와 같은 예를 보여 주고 있다. 〈9ㅅ〉에서도 "일본말 단어는 그것을 적은 일본말 고유글자의 발음에 우리 글자를 대응시켜 적는다"라고 말하고 있으며, "長崎 ながさき 나가사끼", "北九州 きたきゅうしゅう 기따규슈", "北海道 ほっかいどう 홋까이도" 같은 예를 보여 주고 있다. 이는 곧 고유 명사 표기에서 일본어 고유 명사를 한글로 표기할 때 원지음주의를 따른다는 것을 뜻한다. 즉 북한과 남한은 일본어 고유 명사의 한글 표기에서 동일한 원지음주의 입장을 취하고 있다는 것을 뜻하지만, 된소리 표기는 북한에서만 인정하는 차이도 보이고 있다.

한편 중국어 고유 명사의 한글 표기에서는 북한의 규범별로 서로 다른 내용들이 발견된다. 최초의 북한 외래어 표기법인 〈조선어 외래어 표기법〉(1956)(〈9ㄷ〉)에서는 "조선 인민의 서사 생활에서 한자가 노는 특수한 역할을 고려하여, 중국어로부터 유래하는 외래어 중 이미 굳어진 것은 한자를 매개해서, 즉 한자에 대한 조선어적 발음으로써 표기한다"라고 말하고 있는데, 이는 곧 조선 한자음 표기를 한다는 입장이다. 그런데 〈외국말적기법〉(1969)(〈9ㅁ〉)에 와서는 다른 입장을 피력하고 있다. 즉 "제2장에서는 중국말단어를 우리 글자로 적는 방법에 대하여 규정하고있는데 여기서는 중국말의 새 글자체계에 우리 글자를 대응시켜 적도록 하였다"라고 말하면서 원지음주의 입장을 피력하고 있다. 그러면서 "이전에는 중국말을 우리 한자음으로 적었지만 여기서는 중국말의 발음대로 적도록 규정하였다"라고 말하고 있다. 그러면서 "실례로 이전에는 《天津》을 《천진》이라고 했지만 여기서는 《티엔진》으로 적도록 규정하였다"라고 다시 한 번 중국 발음대로 한글 표기를 하는 원지음주의를 제시하고 있다.

〈외국말적기법〉(1969)(〈9ㅁ〉)의 중국말 고유 명사를 원지음주의 차원에서 한글로 적는 규범 내용은 〈외국말적기법〉(1982)과 〈외국말적기법〉(2001)에서도 마찬가지인 것으로 보인다. 〈9ㅁ〉에서는 "중국말 단어는 중국말의 새 낱소리글자체계에 들어있는 글자들에 우리 글자를 대응시키는 방법으로 적는다"라고 하여 중국말 발음대로 한글 표기가 된다는 것을 암시한다. 현행 〈9ㅅ〉 표기법은 여전히 원지음주의 입장을 보이면서, "3. 중국말은 단어별로 소리마디(한자)를 단위로 하여 우리 글로 적는다", "4. 중국말 단어의 소리마디는 그것을 적은 라틴글자와 글자결합이 나타내는 원어의 발음에 우리 글자를 대응시키는 방법으로 적는다"라고 말하여 구체적인 원지음주의 입장을 보이고 있다. 〈9ㅅ〉에 제시한 "jiang 쟝 松江 Songjiang 쑹쟝", "shua 쏴 刷経寺 Shuajiangsi 쏴쟝쓰" 같은 예들을 보면 이를 확인할 수 있다.

〈10〉 북한의 중국어 고유 명사 표기 실례들

ㄱ. 북한 〈조선중앙통신〉은 이날 "조선노동당 총비서이며 국방위원회 위원장인 위대한 영도자 김정일 동지가 중국 공산당 중앙위원회 총서기이며 국가주석인 호금도(후진타오) 동지의 초청에 의해 5월 3~7일까지 중국을 비공식 방문했다"고 보도했다.

《조선중앙통신》, 2010년 5월 7일

ㄴ. • 조선로동당 위원장, 조선민주주의인민공화국 국무위원회 위원장 김정은동지께서 중국공산당 중앙위원회 총서기, 중화인민공화국 주석 습근평동지와 또다시 상봉하시였다.

《로동신문》, 2018년 5월 9일

• 중조친선을 계승하여 시대의 새로운 장을 계속 아로새기자. 중국공산당 중앙위원회 총서기 중화인민공화국 주석 습근평

《로동신문》, 2019년 6월 19일

ㄷ. 호금도동지는 중국당과 정부와 인민을 대표하여 김정일동지의 중국방문을 열렬히 환영하고 외래침략자들을 반대하는 공동투쟁 속에서 중조친선의 역사적 뿌리가 마련된 길림성과 흑룡강성에 대한 방문은 두 나라의 전통적인 친선협조관계를 보다 높은 단계에로 발전시키는 데서 특별히 중요한 의의를 가진다고 지적하시였다

《조선중앙통신》, 2010년 8월 31일

그러나 현실적으로 북한에서 중국어 고유 명사 한글 표기가 언제나 원지음주의로 이루어지고 있는 것은 아니다. 〈10〉에서 보다시피 북한 관련 매체를 통해서 볼 때 원지음보다는 조선 한자음이 많이 사용되고 있다. 〈10ㄱ〉에서는 '호금도(후진타오)', 〈10ㄴ〉에서는 '습근평', 〈10ㄷ〉에서는 '호금도'로 한글 표기되는 것을 보아도 이런 양상을 볼 수 있다. 외래어(외국어) 표기법이 그리 강제적으로 지켜지는 것은 아니라고 볼 수 있다.

요컨대, 북한의 한자문화권 고유 명사에 대한 외래어 표기법은 기본적으로 원지음주의임을 알 수 있다. 일본어 고유 명사에 대한 한글 표기법은 일제 때나 광복 이후나 언제나 그랬고, 중국어 고유 명사에 대해서는 1956년에 나온 〈조선어 외래어 표기법〉과 1958년에 나온 〈외래어표기법〉에서는 조선 한자음으로 적는 현지음주의였고 이후 1969년, 1982년, 2001년에 각각 나온 〈외국말적기법〉에서는 모두 원지음주의를 원칙으로 하고 있었다. 그러나 이러한 원칙이 그대로 북

한에서 지켜지고 있다고 단정하긴 어려울 듯하다. 〈10〉에서처럼 언어는 살아 있는 생명체로서 다양한 양상을 보이기 때문이다.

8.4 나가기

지금까지 남북한의 외래어 표기법의 변천을 살펴보았고 그러면서 통일된 남북 외래어 표기법의 과제들을 검토하여 보았다. 논의를 진행하면서 더욱 고민하게 되는 것은 외래어 표기법의 '외래어'는 과연 무엇이냐 하는 것이었다. 외국에서 들어 온 말이라고 간단히 말하기에는 그것이 주는 함의는 무척 크다.

남한에서는 외래어 표기법의 '외래어'가 국어의 하나로서 완전히 우리말이 된 것이라고 말하곤 하지만 실상 현행 〈외래어 표기법〉(1986)에 실례로 제시된 단어들은 반 이상이 국어의 '외래어'가 아니라 외국어이다. 또 여러 차례에 걸쳐서 연도에 따라 설정되고 있는 새로운 외국어의 인명과 지명을 표기하는 용례들이 과연 국어의 일부인 '외래어'라는 말인가? 사실 현행 남한의 〈외래어 표기법〉 제4장에 나오는 인·지명 표기 원칙은 새로 소개되는 외국어의 인·지명을 표기하는 법을 규정한 것인데, 협의의 외래어 범주 속에 이것들을 그대로 가둘 수가 있는 것일까?

이런 연유에서인지는 모르나 북한에서는 일찍이 우리말의 일부인 '외래어'와 다른 나라말인 외국어를 구분하여서 〈외국말적기법〉을 1969년, 1982년, 2001년 연이어서 공포하고 있다. 특히 북한에서는 51개에 달하는 외국어를 한글로 적는 규정을 제정하고 있다고 하니(한선희, 2003: 9), 그 단어들이 외국의 인·지명인 것은 물론이다. 그렇다면 북한의 외래어 규정은 어떻게 됐을까? 북한에서는 1956년에 〈조선어 외래어 표기법〉을 공포한 후에 1958년 〈외래어표기법〉이라는 이름으로 그 내용을 수정하여 다시 발표했다. 그 이후 1984년에 국어사정위원회에서 〈고친 외래어 표기〉라는 이름으로 수정된 여러 단어들의 한글 표기 용례를 발표했다. 이것이 과연 외래어 표기법인지 아니면 그냥 몇몇 단어들을 수정한 용례집인지는 직접 확인할 수가 없다. 결국 협의의 외래어 표기법은 없어도 되고 단지 국어사전에 올릴 표제어를 선정할 때 개별 단어들을 사정(査定)하면 될 것 같기도 하다.

사실 협의든 광의든 외래어 표기법이라 하면 대개 단어, 특히 인·지명의 고유 명사를 한글로 어떻게 표기할 것인지 정한 규정이라고 할 수 있다. 아무리 남한의 학자들이 우리말의 일부로서의 협의의 '외래어'를 외치곤 하지만, 결국 다른 나라의 인·지명을 표기하는 규정 자체도 〈외래어 표기법〉(1986) 속의 것임을 볼 때, 실제 쓰임에서는 광의의 외래어를 염두에 두고 있다고 해야 할 것이다.

외래어의 한글 표기가 해당 나라에서 사용되는 발음 그대로 따른다는 원지음주의가 원칙인 것은 당연하다. 남한에서도 북한에서도 그렇게 인정들 하고 있다. 단지 한자 문화권의 한자 고유 명사들을 표기할 때 원지음주의로 할 것인지 아니면 한국 한자음으로 표기할 것인지가 논란이다. 중국과 일본에서는 자기네 나라 발음대로 한국어의 인·지명을 표기하고 있다. 왜 우리나라에서는 중국과 일본의 원지음을 그대로 인정하는 원지음주의로 하느냐 하는 자존심 문제가 제기된다. 물론 일상생활에서 중국인을 상대할 때는 원지음주의로, 한국 내에서 생활할 때는 한국 한자음으로 표기하는 방법을 모색해 볼 수 있다.

한편, 외래어 표기법 논의에서 뜨겁게 다루어져 온 것이 과연 된소리 표기를 사용할 것인가의 문제이다. 된소리 표기가 정서상 좋지 않고 특히 영어에서는 된소리보다는 거센소리가 많이 쓰이니까 그를 반영하여 현행 남한의 외래어 표기법에서는 된소리 표기를 허용하지 않고 있다. 그러나 북한에서는 여러 차례 걸친 외래어(외국어) 적기법에서 항상 된소리 표기를 인정하고 있다. 사실 남한에서도 최근 동남아 3개 언어 표기에서는 된소리 표기를 허용하고 있다. 이는 이들 3개 언어에서는 된소리가 그곳에서 중요한 음운으로 역할을 하기 때문이다. 주지의 사실이다시피 영어 아닌 프랑스어에서는 거센소리보다 된소리가 중요하고 폭넓게 사용되고 있다. 이런 점에서 보면 외래어 표기법에서 된소리 표기 규정은 재고될 필요가 있다고 본다. 된소리 혹은 거센소리를 써라 마라 할 게 아니라 대상 언어인 해당 언어의 특성에 따라, 즉 해당 원지음을 그대로 인정해 주어야 한다는 것이다.

사소할지 모르나 남북한 외래어 표기법의 원칙에서 극명하게 차이를 보이는 게 있다. 남한에서는 24자모를 사용한다고 하고 북한에서는 40개 자모를 사용한다고 한다. 원칙의 서술에서는 이리 차이가 나지만 실제 한글 표기 내용을 보면 남한이나 북한이나 동일하게 40개 자모를 사용하고 있다. 남한에서는 15세기 때의 28자모를 염두에 두고서 소실 문자 4개를 뺀 24자모를 제시하고 있고 나머지 16자는 이것들을 응용한 문자들이다. 이러한 상황을 드러내어 남한에서는 24자모자를 원칙에서 언급한 것이다. 여하튼 결과론적으로는 남한이나 북한이나 40자를 제시하고 있다. 이것들은 원리의 문제라기보다는 실제의 문제이니까 그냥 40자모자를 사용하여 외래어를 한글로 표기한다고 하는 게 좋을 듯하다.

마지막으로 앞에서도 잠깐 언급했지만, 진정 외래어 표기법이 필요한지 진지하게 고민할 시점인 듯하다. 사전에 올릴 국어의 외래어는 해당 어휘마다 인정 여부 혹은 방안을 논의하면 될 것이고, 수시로 만들어지고 들어오는 외국어는 일정한 규정을 정해서 제시하면 된다는 것이다. 통일 시대를 준비하면서 남북한이 공통점을 지향해 나가는 한 지점일 수도 있을 것이다.

제9장

남북한 로마자 표기법의 변천과 과제

9.1 들어가기

외래어 표기법은 외국말을 한글로 표기할 때 어떻게 적을 것인지를 정한 표기 규정이다. 이와는 반대로 국어의 로마자 표기법은 우리말을 로마자로 표기할 때 어떻게 적을 것인지를 정한 표기 규정이다. 여기서 중요한 것은 글이 아닌 말을 표기하는 방법을 정한 규정이라는 점이다. 즉 국어의 로마자 표기법은 한글이 아닌 우리말을 로마자로 표기하는 방법을 정한 규정이기 때문에, '한글의 로마자 표기법'이 아니라 '국어의 로마자 표기법'이라고 명명한다.

여기서 로마자는 무엇인가? 로마자가 미국이나 영국에서 사용하는 영어의 표기 문자인 것은 분명하다. 그러나 로마자가 미국과 영국의 문자만을 지칭하지는 않는다. 베트남에서 표기 수단으로 사용하는 문자도 로마자이며, 포르투갈에서 사용하는 문자도 로마자이다. 문제는 같은 로마자라고 하더라도 동일하게 발음되는 것이 아니라는 점이다. 각 나라(언어)에서 쓰이고 있는 로마자는 각 나라(언어)마다 발음이

다를 수 있다.

유명한 포르투갈 축구 선수인 '크리스티아누 호날두'는 그 로마자 표기가 'Cristiano Ronaldo'이다. 이것은 포르투갈어를 한글로 표기한 외래어 표기법의 일단을 보여준다. 외국어가 우리나라에 들어왔을 때 어떻게 한글로 표기할 것인가 하는 규정을 말해 주는 것이지만, 반대로 우리말을 로마자로 어떻게 표기하는 것이 좋은지에 대한 방안도 알려 준다. 즉 로마자 표기는 일단 자국어 발음에 따라서 하는 것이라는 말이다. 이는 결국 국어의 로마자 표기법이 기본적으로는 전사법이어야 한다는 것을 의미한다. 처음에 나오는 'R'은 'ㅎ'으로 표기하며 맨 끝의 'o'는 'ㅜ'로 표기하는 것이 포르투갈어의 외래어 표기법인 것이다.[1] 자국어의 발음을 기본으로 하고, 나아가 로마자 표기도 다른 나라의 규정이 아닌 자국어 로마자 표기 규정이 중요하다는 점이다.

요컨대 국어의 로마자 표기법은 발음을 표기에 반영한다는 전사법을 기본으로 하면서 동시에 로마자 표기도 기본적으로는 자국어의 특징을 드러낼 수 있는 방법으로 하는 것이라고 말할 수 있다. 이 말은 결국 전사법을 기본으로 하면서 동시에 필요할 경우 전자법도 일부 허용할 수 있음을 암시한다고 하겠다.

남북한의 로마자 표기법 역시 조선어학회에서 1941년에 출간해서 낸 '조선어음 라마자 표기법'에 그 기원을 두었을 것으로 예상할 수 있다. 광복 후에 남한에서는 조선어학회가 미군정 시절에 많은 역할을 했기 때문에 그런 주장을 할 수 있다. 한편 북한에서도 일정 기간

---

1 국립국어원에서는 2006년에 포르투갈어의 외래어 표기법을 고시했다. 여기에서 세칙 제8항과 제13항으로 다음과 같이 정했다.

세칙8항 모음 앞에 r을 사용할 때 'ㄹ' 또는 'ㅎ'으로 표기한다. r이 어두나 n, l, s 뒤에 오는 경우에는 'ㅎ'으로 적고 그 밖의 경우에는 'ㄹ'로 적는다.

세칙13항 o는 '오'로 적되, 어말이나 -os의 오는 '우'로 적는다.

동안 이것을 규범으로 삼았다고 예상해 볼 수 있다. 그것은 북한에서 자체적으로 처음 낸 로마자 표기법이 1956년에 나온 〈로마 자모에 의한 조선어 표기에 관한 일반적 규칙〉이기 때문이다. 그런데 과연 그런지 구체적인 확인이 필요하다. 사실 국제적으로 많이 사용되던 로마자 표기법은 1939년에 나온 매큔–라이샤워 표기법(MR System)이었기 때문이다.

그리하여 남북한의 로마자 표기법 변천을 살피고 그 공통점과 차이점을 비교 분석해 보는 이 글에서는 조선어학회의 1941년 로마자 표기법과 MR 표기법을 기본으로 해서 남북한 각각의 로마자 변천을 살피고자 한다. 나아가 남북한의 로마자 표기법의 변천 과정을 통해서 남북한 로마자 표기법의 통일안을 모색해 보고자 한다. 통일안 모색 때에는 국제표준화기구(ISO)에서 만들어서 쓰고 있는 〈ISO/TR 11941〉(1996)과 남북한 학자들이 만나서 도출하여 냈던 합의안(1992)을 비교하도록 한다.[2]

9.2 남한 로마자 표기법의 변천

로마자 표기법은 크게 전자법과 전사법으로 나뉜다. 전자법(轉字法)은 한글이라는 문자 언어, 즉 글자를 로마자로 표기하는 방법이고 전사

2 한국어의 로마자 표기법은 공식적 및 비공식적 여러 체계들이 있다. MR 표기법은 비공식적이지만 전 세계적으로 가장 많이 사용되고 있으며, 〈ISO/TR 11941〉(1996)은 공식적이지만 거의 세계국제조직(ISO)에서만 사용되고 있다. 남한의 현행 〈국어의 로마자 표기법〉(2000)은 〈ISO/TR 11941〉(1996)의 특히 로마자 표기 영향을 많이 받았다고 한다. 1942년에 나온 Yale Romanization 표기법은 주로 언어학 학문에서 사용되곤 한다. 이외에도 김복문(2002), 유만근(1989), 양병선(2003; 2018) 등은 개인안이다.

법(轉寫法)은 국어라는 음성 언어, 즉 말을 로마자로 표기하는 방법이다. 흔히 한글의 로마자 표기법이라 하면 전자법을 떠올리고 국어의 로마자 표기법이라 하면 전사법을 떠올린다. 그러나 한국어를 표기하는 한글과 영어를 표기하는 영어 로마자는 일대일 대응을 하지 않는다. 이것은 한국어와 영어가 완전히 다른 음운 체계를 가지고 있는 이질적인 언어들이기 때문이다. 이것들을 표기하는 문자인 한글과 로마자가 일대일로 대응 표기될 수도 없다. 따라서 전자법과 전사법은 어느 한쪽만의 절대적 방법은 있을 수 없다.

우리말을 로마자로 적는 표기법은 처음에는 서양 선교사들의 필요에 따라서 만들어졌다. 여러 방법들 가운데 1939년에 나온 매큔-라이샤워 표기법이 가장 많은 영향을 끼쳤다. 미국의 선교사인 조지 매큔과 애드윈 라이샤워는 한국어의 발음을 서양어에 가깝도록 표기하는 방법, 곧 전사법으로 된 MR 표기법을 발표했다. 이 표기법은 지금도 미국 등 서양에서 사용되고 있으며, 현재의 남한 로마자 표기법에도 큰 영향을 끼치고 있다. 1940년에 만들고 1941년에 조선어학회에서 출판한 '조선어음 라마자 표기법'은 국내 학회 차원에서 나온 최초의 로마자 표기법인데 역시 이 MR 표기법을 많이 참고하여 전사법 원칙으로 만들어졌다. 이름 그대로 조선어음을 로마자로 표기하는 법이었던 것이다.

〈1〉 남한의 로마자 표기법의 변천

ㄱ. 조선어학회(1941), 附錄二 朝鮮語音羅馬字表記法, 〈외래어표기법통일안〉

ㄴ. 문교부(1948), 〈한글을 로오마 자로 적는 법〉

ㄷ. 문교부(1959), 〈한글의 로마자 표기법〉[3]

ㄹ. 문교부(1984), 〈국어의 로마자 표기법〉

ㅁ. 문화관광부(2000), 〈국어의 로마자 표기법〉
국립국어연구원(2000), 《로마자 표기 용례 사전》
문화체육관광부(2014), 〈국어의 로마자 표기법(일부 개정)〉

광복 이후 남한의 로마자 표기법은 여러 차례에 걸쳐 변천해 왔으며, 전자법에 바탕을 둔 조선어학회의 1941년 표기법(〈1ㄱ〉) 이후, 광복 후 처음 나온 〈1ㄴ〉 역시 근본적으로는 전사법 성격을 띠고 있었다. 비록 명칭이 〈한글의 로오마 자로 적는 법〉이지만, 실제 내용을 보면 전사법 성격이 기본이었음을 확인할 수 있다. 〈2ㄴ〉에서 보듯이 여기서는 'ㄱ'을 표기할 때 'k, g' 두 가지를 제시하는 것은 무성음과 유성음을 구분한다는 것이고, 또 'ㅓ'를 'ŏ'로, 'ㅡ'를 'ŭ'로 표기하는 데서도 전사법 성격을 확인할 수 있다(예: 언양(彥陽) ŏnyang, 은진(恩津) ŭnjin). 사실 〈한글의 로오마 자로 적는 법〉의 '로오마'라는 표기는 글자보다는 발음을 염두에 둔 표현이라고 할 수 있다.[4]

글자 그대로 전자법이 적용된 로마자 표기법은 〈한글의 로마자 표기법〉(〈1ㄷ〉)이다. 이는 'ㄱ'을 표기할 때 'g' 하나로만 제시한 데서 알

3 문교부에서는 1972년에 〈로마자로 한국말 적기〉라는 제목으로 '우리 나라 주요 지명 일람표'와 '대한 민국 지도'를 로마자로 표기하여 배포했다. 이것은 문교부의 '한글의 로마자 표기법'(1959)에 맞춘 로마자 표기 일람표이다.

4 Rome은 영어 표기로서 발음하면 [rəʊm]이 된다. 그러나 Rome을 이탈리아어로 표기하면 Roma가 된다. 우리가 흔히 '로마'라고 말하는 것은 이에 근거한다. 공식적으로 '로마자'를 'the Roman alphabet'이라고 한다.

수 있다. 〈2ㄷ〉에서 보듯이 '값이'를 'gabsi', '장기(將棋)'를 'jang—gi'로 표기하는 데서, 'ㄱ'이 '값이'에서는 무성음, '장기'에서는 유성음인데, 로마자로는 모두 'g'로 표기하고 있다. 또 '신라'를 'sinla'로 표기하는데, 이때도 발음이 아닌 한글 표기대로, 즉 전자법으로 로마자를 표기한 것이다. 그러나 〈1ㄷ〉이 완전히 전자법으로만 이루어졌다고 말하기는 어렵다. '갔지'를 'gassji'가 아니라 'gadji'로 표기한 것을 보면 100% 전자법을 따른 것이 아님을 알 수 있다. 즉 받침 'ㅆ'을 'ss'가 아니라 대표 받침 발음인 'd'로 표기하고 있다. 결국 절대적 전자법이 아니라 상대적 전자법을 따른 것이라 할 수 있다.

〈2〉 남한 로마자 표기법의 원칙[5]

ㄱ. 조선어학회(1941), 附錄二 朝鮮語音羅馬字表記法, 〈외래어표기법통일안〉

朝鮮語音을 羅馬字로 表記함에는 아래의 朝鮮語音羅馬字對照表에 依하여 적음을 原則으로 한다.

〈總則〉'朝鮮語音羅馬字對照表'

예: 가게 gage　박 bag　꿈 ggum　밖 bag　칼 kal　부엌 buŏg
소 so　옷 od　옷과 odgwa　옷이 osi

ㄴ. 문교부(1948), 〈한글을 로오마 자로 적는 법〉 총칙

한글을 로오마 자로 적음에는, 다음의 한글과 로오마 자의 맞댐틀(對照表)에 따름을 원칙으로 한다.

예: 닿소리(子音)　ㄱ k, g　ㄲ gg　ㅋ kh(k')
홀소리(母音)　ㅓ ŏ　ㅡ ŭ
가마 kama　박(朴) Pak　지게 chige　까치 ggachhi
밖 pagg　칼 khar/k' ar
언양(彥陽) ŏnyang　은진(恩津) ŭnjin

5 여기에 제시된 내용 및 설명은 이관규(2015)에서 그 일부가 소개된 바 있다.

ㄷ. 문교부(1959), 〈한글의 로마자 표기법〉

(1) 한글의 현행 표기법을 로마자식으로 표기한다.(正字法)

(2) 로마자 이외의 부호는 가급적 사용치 않는다.[6]

(3) 일 음운 일 기호의 표기를 원칙으로 하되, 자음에 있어서는 이 기호를 허용한다.

예: 값이 gabsi 좋다 jodta 신라 sinla 물약 mullyag

옷과 (osgwa) odgwa 갔지 gadji 갔으나 gasseuna

ㄹ. 문교부(1984), 제1장 표기의 기본 원칙, 〈국어의 로마자 표기법〉

제1항 국어의 로마자 표기는 국어의 표준 발음에 따라 적는다.

제2항 로마자 이외의 부호는 되도록 사용하지 않는다.

제3항 1음운 1기호의 표기를 원칙으로 한다.

예: 가구 kagu 바둑 paduk 시루 shiru 장이 chang-i 오죽헌 Ojuk′ŏn

ㅁ. 문화관광부(2000), 〈국어의 로마자 표기법〉

제1항 국어의 로마자 표기는 국어의 표준 발음법에 따라 적는 것을 원칙으로 한다.

제2항 로마자 이외의 부호는 되도록 사용하지 않는다.

예: 구미 Gumi 칠곡 Chilgok 신라[실라] Silla

〈1ㄹ〉은 1984년에 공포된 〈국어의 로마자 표기법〉이다. 이때는 아시안게임(1986)과 올림픽게임(1988)을 앞두고 외국인을 위한 로마자 표기법 도입이 시급히 필요한 시점이었다. 이 표기법은 이름에 걸맞게 발음대로 표기하는 전사법을 충실히 따르고 있다. '가구 kagu'라는 표기에서 보듯이 무성음 'ㄱ'은 'k'로, 유성음 'ㄱ'은 'g'로 표기하여

6 〈2ㄷ〉의 '허용 사항' 부분에서는 "사이ㅅ은 apostrophe로 표시하고 분절은 -(hyphen)으로 표시한다. 단 '-'은 ng 소리가 다른 음과 혼동될 우려가 있을 때 쓴다"라고 말하고 있으며 그 예로 "장이 jang-i 장기(將棋) jang-gi" 등을 들고 있다.

로마자를 사용하는 외국인들을 위해서 만들어진 전사법 표기라는 것을 알 수 있다(〈2ㄹ〉). '시루 shiru, 닫는다 tannŭnda' 같은 예들을 보아도 한글 글자가 아닌 한국어 발음을 로마자로 표기한다는 것을 알 수 있다. 그러나 '오죽헌 Ojuk' ŏn' 예에서 보다시피 어깨표(')나 반달표(˘)를 사용한 것은 컴퓨터의 역할을 강조하는 현대 인공지능시대에는 어울리지 않는다는 비판이 뒤따랐다.[7]

2000년에 나온 〈1ㅁ〉, 〈2ㅁ〉은 로마자 이외의 어깨점이나 반달표의 문제점을 해결하고자 나온 로마자 표기법이다. 이 표기법은 컴퓨터 시대에 맞춰서 그동안 문제점으로 지적되어 온 로마자 아닌 부가기호를 사용하지 않는다는 장점이 있다.[8] 이 표기법은 '신라[실라] Silla'에서 보다시피 발음을 표기하는 방법을 사용하고는 있지만, 외국인, 그것도 서양인을 위한 유무성 대립을 표기에서 차이를 두지 않는 점이 특징이다. 즉 '구미 Gumi'에서 보다시피 무성음 'ㄱ'에 'g'를 배당하고 있고 또한 '반구대 Ban-gudae'에서 보다시피 유성음 'ㄱ'에도 'g'를 배당하고 있다. 이것은 국내 한국인에게 음운의 유무성 대립은 무의미함을 표기에 반영한 까닭이다. 다시 말하면 〈1ㅁ〉, 〈2ㅁ〉은 발음을 표기한다는 측면에서 전사법이 맞겠지만, 그 기준 주체는 외국인이 아닌 한국인이라는 말이다. 발음을 로마자 표기에 반영한다는 것은 똑같이 'ㄱ'을 표기한 '칠곡 Chilgok' 예에서도 확인할 수 있다. 초성의 'ㄱ'은 'g'로 나타내고 종성의 'ㄱ'은 'k'로 나타내고 있는 데서 그

---

7 〈2ㄹ〉의 제8항에서는 "인쇄나 타자의 어려움이 있을 때에는 의미의 혼동을 초래하지 않을 경우 ŏ, ŭ, yŏ, ŭi 등의 ˘(반달표)와 k', t', p', ch' 들의 '(어깨점)을 생략할 수 있다"라고 규정하여, 실제 사용상 한계를 보여 주고 있다.

8 그러나 〈2ㄱ~ㄹ〉에서 사용되어 온 붙임표(—)는 쓸 수 있다고 다음과 같이 규정하고 있다.

제2항 발음상 혼동의 우려가 있을 때에는 음절 사이에 붙임표(—)를 쓸 수 있다.

중앙 Jung–ang 반구대 Ban–gudae 세운 Se–un 해운대 Hae–undae

것을 알 수 있다. 한편 'ㅅ'을 나타내는 데 있어서 '신라[실라] Silla'에서 보다시피 구개음인 'ㅣ' 앞에서 'sh'가 아닌 's'로 표기하고 있는 것을 볼 수 있는데, 여기서는 발음보다는 글자를 우선시하는 태도를 엿볼 수 있다. 결국 이 표기법은 전사법과 전자법을 절충하고 있는 표기법이라고 말할 수 있겠다.

〈2〉에 제시된 것들은 그동안 남한에서 있었던 로마자 표기법에 적용되던 원칙들과 실례를 나열해 둔 것이다. 물론 이미 〈1〉을 설명하면서 〈2〉에 제시된 실례들을 사용하기도 했다. 전체적으로 말한다면 남한의 로마자 표기법은 발음을 표기하는 전사법이 주이고 부차적으로 전자법을 이용한다고 말할 수 있다. 이미 〈2ㄱ〉에서는 '조선어음 라마자 표기법'이라 하여 어음 즉 발음을 표기한다고 밝히고 있고, 〈2ㄴ〉에서도 〈한글을 로오마 자로 적는 법〉이라 하여 '로오마'라는 표기에서 보듯이 이미 전사법이 전제되어 있다. 〈2ㄷ〉은 거의 유일하게 전자법을 주 원칙으로 하고 있는데, 〈한글의 로마자 표기법〉이라는 명칭에서도 그 특징이 잘 드러난다.

〈2ㄹ〉은 세계의 눈이 한국으로 집중된 아시안게임과 올림픽게임을 위해서라도 서양 외국인을 위한 전사법으로 로마자 표기법이 마련됐다. 제1항에서 "국어의 로마자 표기는 국어의 표준 발음에 따라 적는다"라고 밝힘으로써 그 특징을 공공연히 나타냈으며, 이는 유성음과 무성음을 달리 표기하는 규정에서 직접 확인할 수 있다. 이어서 인공지능시대에 어깨점과 반달표와 같은 부호 사용이 문제가 되면서 〈2ㅁ〉에 와서는 발음대로 표기는 하되 외국인용뿐만이 아니라 내국인용으로도 사용 가능할 수 있는 토대를 마련했다. 대표적으로 유무성 구별을 하지 않도록 로마자 표기를 정했고 어깨점(ʼ)이나 반달표(˘)와 같이 내국인에게는 불필요한 표기 수단을 없애 버렸다. 이는 결국 전사법과 전자법을 혼용시킨 것이라 하겠다.

〈3〉 남한의 자음 로마자 표기법의 변천

	①MR (1939)	②조선어학회 (1941)	③문교부 (1948)	④문교부 (1959)	⑤문교부 (1984)	⑥문화관광부 (2000, 2014)
	전사법	전사법	전사법+전자법	전자법	전사법	전사법+전자법
ㄱ	k, g	g	k, g	g	k, g	g, k
ㄴ	n	n	n	n	n	n
ㄷ	t, d	d	t, d	d	t, d	d, t
ㄹ	r, l	r, l	r, l	r, l	r, l	r, l
ㅁ	m	m	m	m	m	m
ㅂ	p, b	b	p, b	b	p, b	b, p
ㅅ	s, sh	s	s	s	s, sh	s
ㅇ	ng	ng	ng	ng	ng	ng
ㅈ	ch, j	z	ch, j[9]	j	ch	j
ㅊ	ch′	cz	chh(ch′), t	ch	ch′	ch
ㅋ	k′	k	kh(k′)[10]	k	k′	k
ㅌ	t′	t	th(t′)	t	t′	t
ㅍ	p′	p	ph(p′)	p	p′	p
ㅎ	h	h	h	h	h	h
ㄲ	kk	gg	gg	gg	kk	kk
ㄸ	tt	dd	dd	dd	tt	tt
ㅃ	pp	bb	bb	bb	pp	pp
ㅆ	ss	ss	ss	ss	ss	ss
ㅉ	tch	zz	dch	jj	tch	jj
ㄹㄹ			l[11]			

9 김민수(1973: 846)에 따르면, 문교부(1948)의 총칙에 소개된 닿소리(子音) 가운데 ‘ㅈ’의 로마자 표기가 ‘ch, j, t’ 세 가지로 제시되고 있다. ‘j’는 유성음 표시이고 ‘t’는 받침 중 끝소리 혹은 닿소리 앞에 올 때 표시하는 방법으로 이해된다. 결국 ‘ch, j’로만 표시해도 된다는 뜻이다. 이는 ‘ㄱ’을 ‘k, g’로 제시한 데서 알 수 있다.

10 문교부(1948: 34–35)에서는 ‘ㅋ’을 로마자로 표기할 때 ‘kh’ 혹은 ‘k′’ 둘 중 하나를 사용할 수 있도록 했다. 첫소리와 받침소리로서 구별 없이 적는 것은 물론이다.

11 문교부(1948)에만 자음 ‘ㄹㄹ’을 설정하고 그 로마자 표기를 ‘l’로 표기하고 있다. 이것의 예로 ‘올라’를 ‘ola’로 표기하여 제시하고 있다(김민수, 1984: 846, 948 참조).

〈3〉은 지금까지의 남한의 로마자 표기법에 따라 자음을 어떻게 표기했는지 제시한 표이다. 여기서는 앞에서 살핀 몇 가지 중요한 사항들을 가지고서 이들 자음 로마자 표기를 살피기로 하겠다. 매큔-라이샤워 표기법(1939)은 참조용으로 제시하여 두었다.

첫째, 앞에서 포르투갈 축구 선수인 호날두의 로마자 표기가 'Ronaldo'였음을 살핀 바 있다. 로마자 표기는 미국식이나 영국식 영어 발음에 반드시 따라 할 필요가 없음을 보인 것이다. 결론만 말하면 한국식 로마자 표기가 있을 수 있다는 것을 보였다. 그렇기 때문에 유성음과 무성음을 굳이 로마자 표기에 반영할 필요가 없을 것이다. 한국인이라면 유무성을 구분할 수도 없고 할 필요도 없기 때문이다. 이는 곧 로마자 표기법이 외국인만이 아닌 내국인을 위한 것이기도 하다는 것을 말해 준다. 이 기준에 따르면 ③과 ⑤는 적절하지 않다. 그렇지만, 누구를 위해서 로마자 표기를 하느냐 하는 원론적인 문제로 들어가면, 할 수 있다면 유성음 표기를 하는 것도 나쁘지는 않다.[12]

둘째, 이런 맥락에서 보면 현행 로마자 표기법인 〈2ㅁ〉에서 외파음과 불파음을 구분하여 표기하는 'g'와 'k' 로마자 표기도 구분할 필요가 있을지 문제를 제기할 수 있다. 즉 동일한 'ㄱ'을 나타낼 때 'g' 하나로만 해도 문제가 없다는 것이다. 이 기준에 따르면 ⑥도 적절하지 않다. 이런 맥락에서 보면 'ㄹ'을 초성에서는 'r', 종성에서는 'l'로 이원화해서 표기하는 것도 무의미할지도 모른다. 각각 탄설음과 설측음을 구분하여 로마자로 표기한 것인데, 발음은 분명히 구분되지만 의미 변별의 기능까지는 하지 않는다는 것이다. 이 기준에 따르면 ②~⑥ 모두 적절하지 않다. 결국 외파음과 불파음, 탄설음과 설측음은 한국

---

12 후술하겠지만, 북한에서는 유성음 표기를 일관성 있게 하고 있다. 통일안 도출이라는 점에서 보면 가능할 수도 있다고 본다.

인이라면 발음상으로는 구분할 수 있기 때문에, 발음을 변별하는 이 기준들은 그대로 유효할 것 같다.

셋째, 모든 것을 컴퓨터가 진행하는 인공지능시대에 로마자 이외의 부가기호를 사용하는 것도 좋은 방법이 아니다. 〈2ㅁ〉에서처럼 어깨점이나 반달표와 같은 기호는 사용하지 말아야 할 것이다. 이 기준에 따르면 ⑤가 적절하지 않다. ③은 'ㅊ, ㅋ, ㅌ, ㅍ'을 각각 'ch′, k′, t′, p′'로도 나타낼 수 있다고 했는데, 이것도 적절하지 않다. ① 매큔-라이샤워 표기법도 적절하지 않다.

넷째, 한국인이 구분하는 음운의 발음으로 'ㅅ'이 또 있다. 일반적으로는 's'로 표기하지만 뒤에 구개음이 오면 'sh'로 표기하는 것이 발음 차이를 잘 반영한 것이다. ⑤와 ① 매큔-라이샤워 체계가 이를 반영하고 있다. 그런데 이를 그대로 준수하려면 'ㅆ'은 'ss'와 'ssh'로 표기해야 한다. 그러나 〈3〉에서 보듯이 'ㅆ'을 로마자로 표기할 때 ②~⑥ 모두 'ss'를 사용하고 있다. 이런 이유로 해서 'ㅅ'은 's' 하나로만 표기하는 게 좋을 듯하다.

다섯째, 초성에서 'ㄱ'을 표기할 때 'g'와 'k' 중 어느 것이 효율적일지 하는 문제가 있다. 'g'로 하면 'ㅈ'을 나타낼 때 'j'나 'z' 하나로 표시할 수 있다. 그러나 'k'로 하면 'ch' 두 개로 표기해야 한다. 그런 의미에서 'ㄱ'을 'g'로 표기하는 게 나을 듯하다. 이 기준에 따르면 ③, ⑤는 제외된다. 그러나 이것도 앞서 첫째 부분에서 제시한 것과 동일한 이유로, 누구를 위해 로마자 표기법이 존재하느냐 하는 원론적 문제로 들어가면 무성음 'ㄱ'을 'k'로 표시하고 유성음 'ㄱ'은 'g'로 표시할 수 있을 것이다.

첫째와 다섯째의 유성음 표기 여부 문제가 가장 큰 논란임을 알 수 있다. 만약 유성음 표기를 따로 하지 않는다는 전제에서 볼 때 이런 다섯 가지 기준을 모두 충족시킨 것은 현행 ⑥ 〈국어의 로마자 표기법〉(2000, 2014)이다. 로마자 이외의 부가기호 사용을 하지 않는다는 점에는 모두가 동의를 하지만, 유성음 표기를 따로 하지 않는다는 데에는 영국 등에서는 비판을 하고 있다. 결국 전사법보다는 전자법 차원으로 기울어져 있어서, 유성음을 중시하는 서양인을 고려하지 않는다는 비판을 하곤 한다.

〈4〉는 남한의 모음 로마자 표기법의 변천 내용을 도표로 제시한 것이다. 모음 표기법도 〈3〉의 자음 표기법과 마찬가지로 ④ 〈한글의 로마자 표기법〉(1959)만이 전자법 성격을 강하게 띠고 있고 현행 ⑥ 〈국어의 로마자 표기법〉(2000)이 전사법과 전자법이 어우러진 차원으로 반영됐다. 이는 다음과 같은 구체적인 모음 로마자 표기에서 확인할 수 있다.

모음을 로마자로 표기할 때 첫 번째로 문제가 되는 것은 'ㅓ'와 'ㅡ'를 어떻게 표기할 것인가이다. 〈4〉에도 나와 있지만 각각 'ŏ'와 'ŭ'처럼 반달표를 넣어서 표기할지 아니면 'eo'와 'eu'처럼 각각 두 개 모음으로 표기할지의 문제이다. 인공지능시대에 반달표와 같은 기호를 사용하지 않는다는 측면에서 보면 ④, ⑥에서처럼 'ㅓ'와 'ㅡ'를 각각 'eo'와 'eu'로 표기하는 게 나을 것 같다. 전사법을 원칙으로 하고 전자법을 일부 허용하고 있는 ③에서는 'ŭ'를 원칙으로 하면서 'eu'도 표기 가능한 것으로 제시하고 있다.[13]

두 번째로 모음 로마자 표기에서 논의되는 것은 'ㅝ'에 대한 표기이

13 문교부 제정 〈한글의 로마자 표기법〉(1959)을 소개하고 있는 김민수(1973; 1984: 855)에는 다음과 같이 '한글 로마자 표기법 제정에 대한 추가 설명'이 되어 있다.

ㅓ = eo 발음이 e와 o 사이에 있으므로 이를 합쳐서 표시함.

ㅝ = weo ㅜ(w)와 ㅓ(eo)의 합자이나, 발음이 u보다 w가 더욱 분명한 까닭임.

ㅢ = eui ㅡ와 ㅣ(i)의 합자이므로 eui로 하였음.

다. 'ㅝ'가 반모음 'w'와 단모음 'ㅓ'가 결합한 것이라면 당연히 ④에서처럼 'weo'로 표기하면 될 것이다. 그러나 반모음과 단모음이 결합됐는데 세 개 로마자로 표기하는 것이 부담스러워서 그냥 'wo'로 표기한 것이 ⑤와 ⑥이다. ②와 ③에서 'wŏ'로 표기한 것은 'ㅓ'의 발음

〈4〉 남한의 모음 로마자 표기법의 변천

	①MR (1939)	②조선어학회 (1941)	③문교부 (1948)	④문교부 (1959)	⑤문교부 (1984)	⑥문광부 (2000, 2014)
	전사법	전사법	전사법+전자법	전자법	전사법	전사법+전자법
ㅏ	a	a	a	a	a	a
ㅑ	ya	ya	ya	ya	ya	ya
ㅓ	ŏ	ŏ	ŏ	eo	ŏ	eo
ㅕ	y	y	y	yeo	y	yeo
ㅗ	o	o	o	o	o	o
ㅛ	yo	yo	yo	yo	yo	yo
ㅜ	u	u	u	u	u	u
ㅠ	yu	yu	yu	yu	yu	yu
ㅡ	ŭ	ŭ	ŭ(eu)	eu	ŭ	eu
ㅣ	i	i, yi[14]	i	i	i	i
ㅐ	ae	ĕ	ai	ae	ae	ae
ㅒ	yae	yĕ	yai	yae	yae	yae
ㅔ	e	e	e	e	e	e
ㅖ	ye	ye	ye	ye	ye	ye
ㅘ	wa	wa	wa	wa	wa	wa
ㅙ	wae	w	wai	wae	wae	wae
ㅚ	oe	oe	oe	oe	oe	oe
ㅝ	wŏ	wŏ	wŏ	weo	wo[15]	wo
ㅞ	we	we	we	we	we	we
ㅟ	wi	wi	wi	wi	wi	wi
ㅢ	ŭi	ŭi	ŭi	eui	ŭi	ui
전자법 개수	4	1	4.5	9	4	8
전자법 순위	4	5	3	1	4	2

을 그대로 반영한 것이며, ⑤와 ⑥에서 반달표를 제거하고 그냥 'wo'로만 표기한 것은 인공지능시대 불필요한 기호를 사용하지 않아도 다른 모음 로마자 표기와 변별 가능하다는 뜻을 담고 있다.

세 번째로 'ㅢ'를 로마자로 어떻게 표기할 것인지도 논란거리이다. ④의 'eui'는 'ㅡ'를 'eu'로 했으니 'ㅣ'가 붙은 'ㅢ'도 'eui'로 한다는 논리일 테고, ⑥에서 'ui'로 표기한 것은 [유이]로 발음해도 다르게 해석되지 않고 또 두 개만으로도 충분히 역할을 할 수 있다는 논리일 것이다. 물론 ②, ③, ⑤와 ① 매큔-라이샤워 체계에서는 'ŭi'로 표기하고 있다. 그러나 인공지능시대에 맞추어서 로마자 이외의 기호를 배제한다는 점에서 'ui'를 현행 ⑥에서 설정한 것이다.

네 번째로 'ㅐ'를 어떻게 로마자로 표기할 것인가도 논란이 된다. ① 매큔-라이샤워 체계와 ④, ⑤, ⑥에서 모두 'ae'로 적고 있다. ③의 'ai' 표기는 본래 15세기 때 'ㅐ'가 'ㅏ+ㅣ'로 구성되어 있던 것이었음을 드러낸 것이고 ②의 'ě'는 'ㅔ'를 표기하는 'e'와의 관련성을 주목한 것으로 생각해 볼 수 있다. 그렇다면 왜 대부분 규정에서 'ㅐ'를 'ae'로 표기할까? 'ai'로 할 경우 'ㅐ'가 아니라 그대로 '아이[童]'의 의미로 인식할 수 있기 때문이라 본다. 'ae'로 표기하면 다른 의미 해석이 불가능하기 때문이라는 것이다. 또한 'ㅚ'를 로마자로 표기할 때 모든 규정에서 'oe'로 표기하고 있어서 유사한 구조를 보이는 'ㅐ'도 'ai'가 아니라 'ae'로 해야 계열성을 보일 것이다.

---

14 조선어학회(1941: 46)에서는 'ㅣ'를 로마자로 표기할 때 일반적으로는 'i'로 나타내지만, 구개음으로 발음할 때는 'yi'로 표기한다. 즉 '승니(僧尼)'를 'sŭngnyi', '왕십리(往十里)'를 'Wangsibnyi'로 표기하고 있다.

15 여기서의 'wo'는 'wŏ'로 나타내야 하지 않았나 싶다. 어차피 반달표를 사용하여 'ㅓ'를 'ŏ'로 표기한 이상 반모음 'ㅜ'와 단모음 'ㅓ'가 결합하여 된 이중 모음 'ㅝ'를 'wŏ'로 표기하는 것은 당연하다는 말이다.

결국 인공지능시대에 맞추어서 로마자 이외의 부가기호 사용을 억제하고 또 다른 의미로의 해석 가능성을 차단하기 위해서 로마자 표기법이 변천되고 있음을 볼 수 있다. 더불어서 한 가지 더 검토할 것은 가능한 한 하나의 모음을 표기하는 로마자의 수를 최소화하는 방법도 모색하고 있다. 'ㅝ'와 'ㅢ'를 표기한 'wo'와 'ui'가 그것이다. 그런데 그냥 이 둘을 'weo', 'eui'로 표기해도 그리 큰 문제를 일으킬 것 같지는 않다. 차라리 기억부담감은 해소시켰을 것 같다. 왜냐하면 어차피 'ㅓ', 'ㅡ'는 'eo', 'eu'로 표기하기 때문이다.

그렇다면 'ㅕ'와 'ㅒ'와 'ㅙ'를 나타낸 'yeo'와 'yae'와 'wae'는 왜 로마자 세 개로 이루어졌을까? 그것은 'ㅕ'를 'ye' 혹은 'yo'로 했을 경우 각각 'ㅖ' 혹은 'ㅛ' 표기와 같아지기 때문이다. 또한 'ㅒ'를 'ya' 혹은 'ye'로 했을 경우 각각 'ㅑ' 혹은 'ㅖ' 표기와 같아지기 때문이다. 마찬가지로 'ㅙ'를 'wa' 혹은 'we'로 했을 경우 각각 'ㅘ' 혹은 'ㅞ' 표기와 같아지기 때문이다.

여기서 한 가지 더 생각해 볼 게 있다. 반모음을 표기할 때 왜 'y'를 사용하는지에 대한 것이다. 흔히 반모음 'ㅣ'라고 말하곤 하는데, 왜 굳이 'y'를 사용했을까? 김민수(1973; 1984: 855)에서는 'ㅕ'를 'yeo'로 표기하는 이유에 대하여 "ㅣ(y)와 ㅓ(eo)이나, ieo보다 yeo가 더욱 분명한 까닭임"이라고 밝히고 있다. 그러니까 반모음 'ㅣ'를 'y'로 표기하는 것이 필수불가결한 것은 아니라는 말이다. 마찬가지로 'ㅝ'를 'weo'로 나타낼 때 반모음 표기로 'w'를 사용하는 이유에 대하여, "ㅜ(w)와 ㅓ(eo)의 합자이나, 발음이 u보다 w가 더욱 분명한 까닭임"이라고 밝히고 있다.

요컨대 남한의 로마자 표기법은 전사법을 기본으로 하면서 음운 대응의 일대일 불일치로 인해서 전자법 표기를 일부 도입하지 않을 수 없는 정도성 문제를 내포하고 있다. 이런 관점에서 모음 표기 하나하나에 대한 전자법 원칙 적용 여부를 고려하여 그 숫자를 적으면 〈4〉의 하단에 제시한 바와 같다. 상대적으로 전자법을 많이 적용한 순서대로 나열하면 ④-⑥-②-⑤(①)-③과 같이 제시할 수 있다. 전체 21개 모음 표기 가운데 숫자에 들어가지 않은 것들은 모두 전사법 표기라고 말할 수 있다.

9.3 북한 로마자 표기법의 변천

앞에서도 살펴본 바, 한국어의 로마자 표기법은 전자법과 전사법으로 나뉜다. 로마자 표기가 외국인을 위한 것이라는 전제에서 볼 때 로마자 표기법의 기본 원칙은 전사법이 되어야 옳을 것이다. 그러나 인공지능시대에 적합한 로마자 이외의 기호를 사용하지 않는다는 전제에서 볼 때 이 두 원칙은 그 어느 것이든 절대적인 가치를 가지지는 않는다. 즉 상대적 전자법과 상대적 전사법만이 있을 뿐이다. 이 두 방법에 대한 북한에서의 기본적인 인식은 다음에서 잘 확인할 수 있다.

〈5〉 전자법과 전사법에 대한 북한의 인식(정순기 외, 2005: 342)

ㄱ. 전자법과 전사법은 조선어를 외국어자모에 의하여 적는다는 측면에서는 공통적이지만 자기의 고유한 내용과 표기원칙이 있다.

ㄴ. 전자법은 음운을 나타내는 글자를 기준으로 하여 옮겨적는것이고 전사법은 발음을 기준으로 하여 옮겨적는것이다.

전자법과 전사법에 대한 북한의 인식은 분명하다. 외국어 자모, 여기서는 로마자 자음자와 모음자로 국어를 적는다고 할 때 기본적으로 자기의 고유한 내용과 표기 원칙이 있다고 말하고 있다. 즉 목적에 따라서 두 가지 방법 중 하나를 택할 수 있다는 논리로 이해할 수 있다. 실제로 북한의 로마자 표기법은 전사법과 전자법 원칙을 왔다 갔다 하면서 적용하고 있는 것을 확인할 수 있다.

〈6〉 북한의 로마자 표기법 변천[16]

ㄱ. 조선어학회(1941), 附錄二 朝鮮語音羅馬字表記法, 〈외래어표기법통일안〉

ㄴ. 조선민주주의인민공화국(1956), 제III장 로마 자모에 의한 조선어 표기에 관한 일반적 규칙, 〈외국 자모에 의한 조선어 표기법〉, 《조선어 외래어 표기법》

ㄷ. 국어사정위원회(1969), 〈영어문자에 의한 조선어표기법〉, 《외국문자에 의한 조선어표기법》

ㄹ. 국어사정위원회(1985), 〈조선말라틴자적기법〉, 《외국말적기법》

ㅁ. 외국어번역용어 통일 및 급수사정위원회(1992), 〈조선어의 라틴문자 표기법〉[17]

---

16 북한의 로마자 표기법은 잘 알려져 있지 않다. 여기서 논의되는 자료는 대개 조선어학전서 시리즈로 나온 저서들 가운데 특히 박재수(1999), 리호경(2005), 정순기 외(2005) 등에 힘입은 바 크다.

17 〈6ㅁ〉은 박재수(1999: 43-44), 하빛나(2017)에서 제시하는 내용이다. 그런데 고대영(2019: 59)에서는 이것은 UN안, 곧 〈Guideline to the Romanization of Korean〉이라고 말하고 있다. 그런데, 1992년에 제시된 유엔안을 보니까, 표지는 위 영문으로 되

Democratic People's Republic of Korea(1992), *GUIDELINE FOR THE ROMANIZATION OF KOREAN*, Pyongyang. (Sixth United Nations Conference on the Standardization of Geographical Names, United Nations. (New York, 25th August-3 September, 1992)

ㅂ. Democratic People's Republic of Korea(2012), *The Rules of Latin Alphabetic Transcription of Korean Language*, Tenth United Nations Conference on the Standardization of Geographical Names, United Nations.

북한의 고유한 로마자 표기법은 1956년에 나왔다. 다시 말하면 그 이전에는 분단 이전의 조선어학회(1941)의 '조선어음 라마자 표기법'을 남한과 마찬가지로 사용하고 있었다고 추정해 볼 수 있다(〈6ㄱ〉). 일찍이 1939년에 나온 MR 표기법에 영향을 많이 받은 '조선어음 라마자 표기법'은 발음을 표기하는 전사법을 기본으로 하고 있다. 이 영향을 받아서 북한의 〈로마 자모에 의한 조선어 표기에 관한 일반적 규칙〉(〈6ㄴ〉)도 전사법을 기본으로 하고 있었다. 이러한 사실은 〈7ㄱ〉에 나와 있듯이 러시아어 자모와 로마 자모로 조선어를 표기할 때 따라야 할 기본 원칙을 해당 외국어를 사용하는 사람들을 대상으로 한다고 분명히 밝히고 있다. 이에 대한 구체적인 예는 바로 'ㄱ'을 표기할 때 일반적으로는 'k'로 하지만 유성음 사이에서 'ㄱ'이 오면 'g'로 표기한다는 규정에서 그런 사항을 알 수 있다.

1960년대를 지나면서 북한도 국제사회에서 활동하기 시작했다. 이에 로마자 표기법에 대한 관심과 연구가 이루어질 수밖에 없었다.

어 있으나, 실제 라틴문자표에는 "GUIDELINE FOR THE ROMANIZATION OF KOREAN"이라고 되어 있다. 결국 본래 북한의 사정위원회에서 〈조선어의 라틴문자 표기법〉(1992)이 제시됐고, 그 내용이 영문판으로 유엔에 제출된 것으로 파악된다.

1969년에 〈영어문자에 의한 조선어표기법〉(〈6ㄷ〉)이 등장하게 된다. 외국어 자모에 없는 새로운 기호를 사용하지 않는다거나 보조적 기호를 사용하지 않는다는 〈7ㄴ〉의 입장은 결국 전자법 성격의 표기법을 지향한다는 것이다. 이는 〈8〉 도표에서도 보겠지만, 'ㄱ' 표기를 무성음, 유성음 상관없이 'k'로만 한다는 데서도 그런 전자법 특성을 보여준다. 그렇다고 〈7ㄴ〉이 완전한 전자법을 준수하느냐 하면 그렇지는 않다. 〈8〉에서 보듯이 'ㄹ'을 표기할 때 초성과 종성에서 'r, l'을 구분하여 표기하는 것을 보면 일면 전사법 특성도 지니고 있다.

〈7〉 북한의 로마자 표기법 원칙

ㄱ. 1956년, 제III장 로마 자모에 의한 조선어 표기에 관한 일반적 규칙[18]

---

18 1956에 나온 〈외국 자모에 의한 조선어 표기법〉은 다음과 같이 구성되어 있다.
제1장 서론
제1항 외국 자모로써 조선어를 표기함에 있어서는 조선 음운을 충실히 반영시킴을 원칙으로 하되, 조선어 받침을 중심으로 하는 어음 교체 현상과, 조선 어음의 결합적 변화만은 변화되는 대로 표기한다./그러나 조선어의 매개 단어의 형태론적 구성을 특히 명시할 필요가 있는 그런 경우에는, 조선어 철자법에 충실하게 외국 자모를 대조시킨다.
제2항 외국 자모로써 조선어를 표기함에 있어서의 표기상 단위는, 조선어 철자법의 일반적 규정을 준수한다./즉, 매개 단어는 띄여 쓰되, 각종의 보조적 단어는 붙여 표기한다.
제3항 외국 자모로써 조선어를 표기함에 있어서는, 해당 외국어의 현행 자모 체계에 의거하며, 새로운 자모, 새로운 보조적 기호를 사용하지 않는다.
제4항 외국 자모로써 조선어를 표기함에 있어서는, 해당 외국어의 음운 조직과 그의 정칙 발음법의 일반적 원칙과 모순될 수 없다.
제5항 본 표기법에서는 로씨아어 자모와 로마 자모로써 조선어를 표기함에 관한 일반적 규칙을 규정한다.
[부기] 외국 자모에 의한 조선어 표기법은 어디까지나 해당 외국어를 사용하는 사람들을 대상으로 하며, 따라서 외국 자모를 사용하는 조선 문자의 알파비트적 사용과 관련되는, 문자 개혁적 시도와는 구별된다. 그렇기 때문에 알파비트적 사용법에 대하여 규정하지 않는다.

- 외국 자모에 의한 조선어 표기법은 어디까지나 해당 외국어를 사용하는 사람들을 대상으로 하며, 따라서 외국 자모를 사용하는 조선 문자의 알파비트적 사용과 관련되는, 문자 개혁적 시도와는 구별된다. 그렇기 때문에 알파비트적 사용법에 대하여 규정하지 않는다.
- 제20항 로마 자모로써 조선어를 표기함에 있어서는, 특수한 어음론적 변화가 없는 한, 조선어의 매개자모에 대하여 다음과 같이 조선어 자모를 대조시킨다.

ㄴ. 1969년, 〈영어문자에 의한 조선어표기법〉, 《외국문자에 의한 조선어표기법》

- 주체58(1969)년의 《외국문자에 의한 조선어표기법》은 총칙에서 조선어의 어휘일반을 대상으로 하되 주로 조선의 지명, 인명 등 고유명사들을 외국문자로 표기하는 방법을 규정하는데 목적이 있다는것과 현재 외국어자모체계에 없는 새로운 자모나 보조적기호를 사용하지 않는다는 원칙을 내세우고있다.
- 주체58(1969)년의 조선어표기법에서는 된소리 《ㄲ, ㄸ, ㅃ》 등의 라틴자표기를 무성음자의 복합글자로 즉 《kk, tt, pp》식으로 표기한것이 아니라 유성음자의 반복으로 즉 《gg, dd, bb》로 표기하도록 하였다.

박재수(1999: 40)

ㄷ. 1985년 〈조선말라틴자적기법〉[19]

우리의 전자법은 다음과 같은 원칙에 기초하여 작성되였다.

첫째로, 우리의 전자법은 말그대로 전자법의 기본요구들을 철저히 구

19 이러한 표기법 이름은 리호경(2005: 129)에 근거한 것이다. 동일한 표기법에 대하여 정순기 외(2005: 342–344)에서는 〈라틴글자에 의한 조선어적기법〉으로 소개되

현하도록 하였다.[20]

둘째로, 우리 말의 음운구조적특성을 최대한 살리도록 하였다.

셋째로, 조선어어음발전의 력사적특성을 충분히 고려하도록 하였다.

넷째로, 우리 글자의 구조적특성을 존중하도록 하였다.

다섯째로, 전자의 기술적인 측면들도 충분히 고려하도록 하였다.

ㄹ. 1992년, 〈조선어의 라틴문자표기법〉

전사법은 전자법과는 달리 발음대로 적을것을 요구한다. 따라서 전사법에는 발음상에서 나타나는 이러저러한 현상들이 과학적으로 반영되어야 한다./조선어의 발음양상이 매우 복잡하여 전사법에서 일정한 원칙을 세우도록 하였다./그리하여 조선어에 대한 라틴문자전사는 기본적으로 조선어표준발음규범에 준하여 조선어를 전사하는 라틴문자를 사용하고있는 어느 한 나라의 발음에 치우치지 않도록 하였다./그리고 《조선어의 라틴문자표기법》을 전사법으로 조선어를 옮겨적는 모든 분

고 있다.

북한에서는 〈외국말적기법〉(1969)을 다시 검토하고 수정 보충하여 1982년에 새로 〈외국말적기법〉을 제정하면서 중국어, 로씨아어, 도이취어, 프랑스어, 영어, 일본어, 라틴어 등 18개 외국말적기규정을 제정했다. 1985년에는 가장 많이 쓰이는 7개 나라 말을 묶어서 〈외국말적기법 1〉을 내보냈다. 이후 2001년에는 새로운 〈외국말적기법〉을 냈는데 여기서는 그 대상 언어 수가 51개에 달한다고 한다(리호경, 2005: 125-132 참조).

20 송기중(1988: 117-118)에 소개된 바 ISO의 규정에는 다음과 같은 사항들이 명시되어 있다고 한다. "1) 로마자로 표기된 결과는 로마자를 사용하여 온 어떤 언어의 전통적 표기음에 의거하여 발음하였을 때 본래의 음가가 실현되지 않을 수 있다. 오직 정확한 원래의 표기를 찾아내는 기능을 한다. 2) 따라서 로마자 표기는 그 표기법과 원어(原語)에 익숙한 사람만이 정확히 발음할 수 있다. 3) 경우에 따라 이러한 목적의 국제 표준 전자법과 다른 국내용 전자법을 가질 수 있다. 4) 필요에 따라서 로마자 2자 합성자(digraph)나 부가기호를 사용할 수 있으나, 그 경우 순전히 관습적 혹은 자의적 표기자를 회피하고, 어떤 음성학적 논리성이 내재하도록 해야 한다"[ISO/TC46/SC2 N207(1987-04-21) "Conversion of System of Writing" 참고].

야 즉 출판, 통신, 보도, 지도, 간판, 상표, 각종 대내외문건 기타에서 유일적으로 적용하도록 하였다.

정순기 외(2005: 344-346)

ㅁ. Democratic People's Republic of Korea(2012), *The Rules of Latin Alphabetic Transcription of Korean Language*, Tenth United Nations Conference on the Standardization of Geographical Names, United Nations.

북한의 로마자 표기법 변천사에서 전자법을 표방하면서 등장한 것은 1985년에 나온 〈6ㄷ〉이다. 1984년 ISO에서는 남한과 북한에 한글의 로마자 표기안을 내 달라고 요청했고 1985년 4월에 북한이, 1986년에 남한이 안을 제출했고, 5월에 드디어 남북한과 프랑스 및 기타 참가국 대표들이 협의를 했다. 비록 합의안 도출이 무산되기는 했지만 협의 그 자체로도 아주 고무적인 일이었다.[21] ISO에서는 한국어가 아닌 한글의 로마자 표기법을 남북 공동 합의하에 제정하기를 원했었다. 이에 북한에서 제출한 로마자 표기법 내용이 바로 전자법을 표방한 바로 이 안이다(〈6ㄹ〉, 〈7ㄷ〉).

〈7ㄷ〉에서 보듯이 이 전자법에서는 "해당 민족어의 음운구조적특성과 어음발전의 력사적특성을 최대한 살리고있다"(박재수,1999: 42). 그리하여 유성음 환경에서도 'ㄱ'을 'g'가 아닌 'k'로 적고 있으며, 'ㄹ'을 'r' 하나로만 표기하고 있다. 또한 'ㅐ'를 'ai'로 적고 있는데, 바로 중세 국어에서 'ㅏ'와 'ㅣ'가 합해졌던 것을 나타내어서 그리 표기한다(〈9⑤〉).

21 이상 내용에 대해서는 송기중(1988: 118-119)에 자세히 소개되어 있다. 그때 제출된 북한의 로마자 표기법 안이 여기서 살필 내용이다.

북한에서 현재 사용되고 있는 로마자 표기법은 1992년에 제정된 〈조선어의 라틴문자표기법〉(〈6ㅁ〉)으로 알려져 있다. 이것은 "전자법의 원칙과 모순되지 않는" 표기법이라 하면서 "외국인들의 조선어학습과 발음교육에 유리한 조건을 지어주었으며 지명, 인명 등 고유명사들에서 현대발음에 가깝게 표기하여 청각상 혼동이 없도록 하는데 기여하게 되였다"(박재수, 1999: 44)라고 보고 있다. 한 가지 예를 들면 '국문'을 표기할 때, 전자법으로 하면 'kukmun'으로 하는데 전사법으로 하면 'kungmun'으로 한다고 그 차이를 보이고 있다. 전자법은 글자를, 전사법은 발음을 표기한다고 말하고, 〈조선어의 라틴문자표기법〉(1992)(〈6ㅁ〉)이 로마자를 사용하는 나라 가운데 특정한 한 나라의 발음에 치우치지 않는 표기법이라고 했으며, 출판, 통신, 보도, 지도, 간판, 상표, 각종 대내외 문건 기타에서 유일적으로 적용하도록 한다고 보고 있다(정순기 외, 2005: 344–346).

결국 북한의 로마자 표기법의 대표는 〈6ㅁ〉이라고 말할 수 있다. 그건 2012년에 북한에서 ISO에 제시한 〈6ㅂ〉을 통해서도 확인할 수 있다.[22] 〈8〉에서 자세히 보겠지만 그 구체적인 로마자 표기법 내용이 〈6ㅂ〉과 〈6ㅁ〉이 동일하다. 여기서 한 가지 짚고 넘어가야 할 내용이 있다. 북한의 로마자 표기법에서는 〈6ㄱ~ㅂ〉 모두에서 로마자 이외의 기호를 사용하고 있는 점이다. 붙임표(-)는 그렇다쳐도 캐론(ˇ) 혹은 반달표(˘)를 항상 사용하고 있다는 점이다. 전자법을 표방하는 1985년의 〈6ㄹ〉에서도 그렇고 전사법을 표방하는 1992년의 〈6ㅁ〉에

22 최병수(2008: 24–33)에서는 2002년에 조선민주주의인민공화국 국가품질감독국에서 〈조선글자의 라틴문자 표기전자법〉을 내놓았다고 말하고 있다. 그러나 이것 역시 새로운 내용을 담고 있지 않고 단지 1992년 것을 약간 손본 것일 뿐이다. 해당 내용은 'Romanization of Korean'라는 제목으로 해서 사회과학원 이름으로 유엔에 제출됐다[https://en.wikipedia.org/wiki/Romanization_of_Korean_(North)].

서도 그렇다. 그러나 인공지능시대 기계화를 위한 로마자 표기법에서는 로마자 이외의 부가기호 사용은 재고해야 하지 않을까 싶다.

〈8〉 북한의 자음 로마자 표기법 변천[23]

	①MR(1939)	②조선어학회 (1941)	③1956	④1969	⑤1985	⑥1992	⑦2012
	전사법	전사법	전사법	전자법	전자법	전사법	전사법
ㄱ	k, g	s	k, g[24]	k	k	k, g	k, g
ㄴ	n	n	n	n	n	n	n
ㄷ	t, d	d	t, d	t	t	t, d	t, d
ㄹ	r, l	r, l	r, l	r, l	r	r, l[25]	r, l
ㅁ	m	m	m	m	m	m	m
ㅂ	p, b	b	p, b	p	p	p, b	p, b
ㅅ	s, sh	s	s	s	s	s	s
ㅇ	ng	ng	ng	ng	ng	ng	ng
ㅈ	ch, j	z	ts	ts	c	j	j
ㅊ	ch′	cz	tsh	tsh	ch	ch	ch
ㅋ	k′	k	kh	kh	kh	kh	kh
ㅌ	t′	t	th	th	th	th	th
ㅍ	p′	p	ph	ph	ph	ph	ph
ㅎ	h	h	h	h	h	h	h
ㄲ	kk	gg	kk	gg	kk	kk	kk
ㄸ	tt	dd	tt	dd	tt	tt	tt
ㅃ	pp	bb	pp	bb	pp	pp	pp
ㅆ	ss	ss	ss	ss	ss	ss	ss
ㅉ	tch	zz	tss	tss	cc	jj	jj

〈8〉은 북한의 자음 로마자 표기를 시대순으로 나열해 둔 것이다. 몇 가지 특징을 보면 다음과 같다. 첫째, 북한에서는 1985년 전자법과 1992년 전사법 표기를 구분하고 있으며, 대외적으로는 전사법을 표방하고 있다. 여기서 과연 로마자 표기를 이원화할 필요가 있는지 의문이 든다. 대내적으로 전자법으로 표기하고 대외적으로 전사법으로

표기한다면, 로마자 표기를 사용할 주체가 서로 다른가 하는 점이다. 로마자 표기는 대외적인 것이 맞다고 본다. 결국 북한의 현행 로마자 표기법은 전사법이라고 봐야 할 것이다.

둘째, 북한에서는 유성음과 무성음을 서로 다른 로마자로 표기하고 있다. 'ㄱ'을 무성음 환경에서는 'k', 유성음 환경에서는 'g'로 표기하고 있다. 로마자 표기의 주체를 확실하게 외국인으로 보고 있다는 증거이다. 그런데 'ㄹ'을 표기할 때는 전자법과 전사법 모두에서 'r, l'을 사용하고 있다. 초성과 종성 출현 위치에 따라서 동일한 문자 'ㄹ'을 달리 표기하고 있는 것이다. 이는 결국 전자법이라 해서 절대적 전자법을 따르는 건 아니라는 말이다.

셋째, 북한에서는 'ㄱ–ㄲ–ㅋ', 'ㄷ–ㄸ–ㅌ', 'ㅂ–ㅃ–ㅍ'의 소위 '삼류음체계', 즉 삼지적 상관속 체계를 중시하고 있다. 그리하여 북한의 로

---

23 1985년과 1992년의 북한의 자음 로마자 표기는 직접 원본을 보지 못했다. 1985년 것은 리호경(2005: 130), 1992년 것은 정순기 외(2005)에서 가져왔다. 이들에서는 자음자가 모두 대문자로 다음과 같이 제시되어 있다. 그러나 1992년 것은 전사법에 의한 것이기 때문에 실제로는 유성음 표시인 'G, D, B'와 설측음 표시인 'L'이 사용됐다. 〈8〉에서는 이를 반영해 둔 것이다.

	ㄱ	ㄴ	ㄷ	ㄹ	ㅁ	ㅂ	ㅅ	ㅇ	ㅈ	ㅊ	ㅋ	ㅌ	ㅍ	ㅎ	ㄲ	ㄸ	ㅃ	ㅆ	ㅉ	19개
1985	K	N	T	R	M	P	S	NG	C	CH	KH	TH	PH	H	KK	TT	PP	SS	CC	
1992	K	N	T	R	M	P	S	NG	J	CH	KH	TH	PH	H	KK	TT	PP	SS	JJ	

24 1956년 "일반적 규칙" 제20항 대조표에는 'ㄱ'에 대해서 'k'로만 제시되어 있다. 그러나 제21항 로마 자모에 의한 조선어 받침의 대조 부분에서는 'ㄱ' 받침이 모음 앞에 올 때 'g'로, 자음 앞 또는 어말에 올 때 'k'로 적는다고 제시하고 있다. 이는 유성음으로 발음되면 무성음 표시 'k'가 아니라 유성음 표시 'g'로 한다는 것을 보여 주고 있다.

25 1992년에 유엔에 보고된 북한의 로마자 표기법에서는 공명음(resonant sounds) 가운데 'ㄹ'에 대한 로마자로 'r'만 제시하고 있다. 그러나 'ㄹ'이 자음 앞이나 단어 끝에 올 때는 'l'로 표기된다고 밝히고 있다. 그리하여 여기에 'r, l'을 함께 제시했다. 2012년에 보고한 한 표에서는 애초부터 'r, l' 둘 다 올리고 있다.

마자 표기법인 ③~⑦ 모두에서 'k-kk-kh', 't-tt-th', 'p-pp-ph' 체계를 유지하고 있다. 물론 ④에서만 'ㄲ, ㄸ, ㅃ'을 나타낼 때 'gg, dd, bb'로 표기하고 있는데, 이에 대해 북한 자체에서도 유성음자를 반복으로 표기한 것은 어음법칙에 맞지 않았다고 나중에 밝히고 있다(박재수, 1999: 41).

넷째, 사실 삼지적 상관속이라 하면 'ㅈ-ㅉ-ㅊ'도 해당한다. ⑤의 'c-cc-ch' 표기가 바로 그런 뜻을 나타낸다. ⑥의 전사법에서는 'j-jj-ch'로 나타내고, ③의 전사법에서는 'ts-tss-tsh'로 나타내며, 전자법에 기울어지는 ④에서도 'ts-tss-tsh'로 표기하고 있다. ⑤의 'c-cc-ch' 방법을 선택한다면 다른 삼지적 상관속을 보이는 'ㄱ, ㄷ, ㅂ' 계열과 일관된 체계성을 유지할 수 있을 것이다. 특히 이들의 유성음 표기로 'g, d, b, j'를 쓸 수 있다.

다섯째, ③~⑦ 북한의 자음 로마자 표기법에서 로마자 이외의 다른 기호를 사용하지 않고 있다는 것은 무척 바람직하다고 본다. 전사법을 따른다 하여 우리는 ①의 MR 표기법을 늘 떠올리지만 굳이 어깨점을 사용한 표기(k', t', p', ch')를 하지 않아도 충분히 로마자 표기가 가능하다는 점이다.

여섯째, 다른 말이긴 하지만 하나의 자음을 표기하는 데 있어서 로마자를 하나 혹은 둘만 사용한다는 점도 주목할 만하다. 이것은 앞서 ISO에서 권고하는 것이기도 하다.

〈9〉는 북한의 모음 로마자 표기법의 변천을 나타낸 표이다. ①과 ②는 남북 분단 이전에 있었던 것이고 ③~⑦만이 북한의 모음 로마자 표기법이라 할 수 있다. 이 가운데 ⑦은 ⑥과 실질적 내용의 변화가 없으니 구체적인 북한의 온전한 모음 로마자 표기법 종류는 ③, ④, ⑤, ⑥ 네 가지이다.[26] 주목되는 몇 가지 특징을 보면 다음과 같다.

〈9〉 북한의 모음 로마자 표기법 변천

	①MR(1939)	②조선어학회 (1941)	③1956	④1969	⑤1985[27]	⑥1992	⑦2012
	전사법	전사법	전사법	전자법	전자법	전사법	전사법
ㅏ	a	a	a	a	a	a	a
ㅑ	ya	ya	ya	ya	ya	ya	ya
ㅓ	ŏ	ŏ	ŏ	ŏ	ŏ[28]	ŏ	ŏ
ㅕ	yŏ	yŏ	yŏ	yŏ	yŏ	yŏ	yŏ
ㅗ	o	o	o	o	o	o	o
ㅛ	yo	yo	yo	yo	yo	yo	yo
ㅜ	u	u	u	u	u	u	u
ㅠ	yu	yu	yu	yu	yu	yu	yu
ㅡ	ŭ	ŭ	ŭ	ŭ	ŭ	ŭ	ŭ
ㅣ	i	i, yi[29]	i	i	i	i	i
ㅐ	ae	ĕ	ai	ae	ai	ae	ae
ㅒ	yae	yĕ	yai	yae	yai	yae	yae
ㅔ	e	e	e	e	e	e	e
ㅖ	ye	ye	ye	ye	ye	ye	ye
ㅘ	wa	wa	wa	wa	wa	wa	wa
ㅙ	wae	wĕ	wai	wae	wai	wae	wae
ㅚ	oe	oe	oi	oi	oi	oe	oe
ㅝ	wŏ	wŏ	wŏ	wŏ	wŏ	wŏ	wŏ
ㅞ	we	we	we	we	we	we	we
ㅟ	wi	wi	wi	wi	ui	wi	wi
ㅣ	ŭi	ŭi	ŭi	ŭi	ŭi	ŭi	ŭi

첫째, 북한의 현행 모음 로마자 표기법이라고 할 수 있는 ⑥을 보면 ①의 MR 표기법과 완전히 일치한다. 주지의 사실이다시피 1939년에 나온 MR 표기법은 서양인을 위한 국외용 로마자 표기법이다. 이는 전사법으로 내놓은 북한의 모음 로마자 표기법이 철저하게 외국인을 위

26 북한의 2012 표기법은 2012년 유엔 지형학적 명칭 표준화 회의 자료로 북한 측에서 제출한 것이다. 이것은 근본적으로 1992년 것과 동일하다. 단지 'ŏ, ŭ, yŏ, wŏ, ŭi'에 붙었었던 caron 표시(ˇ)가 breve 표시, 즉 반달표(˘)로 바뀌었을 뿐이다.

한 표기법임을 알려 준다.

둘째, 특히 모음을 로마자로 표기할 때 가장 논란이 되는 것이 'ㅓ'와 'ㅡ' 표기인데, 북한에서는 ③~⑦ 로마자 표기법에서 'ŏ'와 'ŭ'를 사용하고 있다. 'ㅕ'와 'ㅝ'를 'yŏ'와 'yŭ'로 표기하고, 'ㅢ'를 'ŭi'로 표기하는 것은 그에 따른 조치이다. 그러나 이러한 로마자 이외의 부가 기호 사용은 결국 인공지능시대에 기계화를 위한 표기법과는 무관하다고 할 수 있다. 사실 완전한 전사법은 〈9〉에서 찾아볼 수가 없다. ②에서 'ㅣ'를 표기할 때 구개음화된 'ㅣ'를 'yi'로 제시하고 있는데, 같은 전사법 성격을 띤다는 ①, ③, ⑥, ⑦ 그 어디에도 이것을 제시하고 있지는 않다.

셋째, 북한의 모음 로마자 표기법을 논할 때 또 주목되는 것은 'ㅐ'를 나타내는 'ai' 표기에 대한 것이다. 전사법을 취한 ③도 그렇고 전자법을 취한 ⑤도 'ai'로 표기했었다. 그 이유를 "조선어음발전의 력사적특성을 충분히 고려하도록 하였"기 때문이라고 했다(〈7ㄷ〉). 즉 15세기 때 'ㅐ'는 이중 모음이었음을 고려하여 'ai'로 표기한다는 것

27 여기 제시된 로마자 표기는 송기중(1988), 박재수(1999), 리호경(2005: 130)에 대부분 기댔다. 대부분이란 표현을 쓴 것은 이들 세 개가 약간씩 다르기 때문이다. 송기중(1988)에서는 'ㅢ'를 'ui'로 표기하고 있는데, 이는 'ŭi'의 오타라고 보아야 하며, 이는 'ㅡ'를 'ŭ'로 표기하고 있고 또 'ui'는 'ㅟ'의 표기로 제시되어 있기 때문이라고 했다. 한편 리호경(2005: 130)에서 'ㅝ'를 'wo'로 표기하고 있는데 이것은 'wŏ'의 오타라고 보아야 한다.

28 박재수(1999: 43)에서는 'ㅓ, ㅡ, ㅝ, ㅢ'를 각각 'o, u, wo, ui'로 표기하고 있다. 이것은 각각 'ŏ, ŭ, wŏ, ŭi'의 오류(혹은 오타)로 보인다. 최순기 외(2005)를 보면 이를 확인할 수 있다. 이때 사용된 '˘'는 '˘'와 차이를 보인다. "우리는 전자법에서《˘》(브레베), 《-》(하이픈)밖에 다른 부호는 사용하지 않도록 하였다"라는 최순기 외(2005: 344)를 보면 이를 확인할 수 있다.

29 조선어학회(1941: 46)에서는 'ㅣ'를 로마자로 표기할 때 일반적으로는 'i'로 나타내지만, 구개음으로 발음될 때는 'yi'로 표기한다. 즉 '승니(僧尼)'를 'sŭngnyi', '왕십리(往十里)'를 'Wangsibnyi'로 표기하는 것이다.

이었다. ③과 ⑤에서 'ㅒ'와 'ㅙ'를 'yai'와 'wai'로 표기한 것도 그렇고, 'ㅚ'와 'ㅟ'를 'oi'와 'ui'로 표기한 것도 마찬가지 이유였다. 그런데 전사법이 원칙인 ③에서는 'ㅟ'를 'wi'로 표기하고 있어서 차이가 있다. 실제로 북한의 기준인 "조선어음 발전의 력사적 특성" 고려가 일관적이지 않음을 보인다. 사실 ⑤를 제외한 모든 표기법에서 'ㅟ'는 'wi'로 제시하고 있다. 그런데 최종안이라고 할 수 있는 ⑥, ⑦에서는 'ㅐ'가 'ae'로 결정됐다. 사실 ①의 MR 표기법에서도 'ae'로 되어 있었다.[30]

넷째, 자음 로마자 표기법에서도 언급했지만, 과연 절대적 전자법과 절대적 전사법이 존재할지 의문이다. 실제로 로마자로 국어를 표기하는데, 대내적 전자법과 대외적 전사법이 따로 있어서 두 가지가 모두 사용될 수는 없는 것이다. 어차피 대외적으로 우리말의 고유 명사 등을 표시해 주는 기능을 하기 때문에 하나의 로마자 표기법이 있어야 한다. 변천 차원에서 시기별로 어느 쪽을 택하느냐의 경향성은 있을지 몰라도 이 두 가지 방법이 동시에 사용될 수는 없는 것이다.

다섯째, 북한의 모음 로마자 표기법은 ②의 조선어학회의 로마자 표기법 영향은 많이 받지는 않은 것 같다. 그것은 ②의 독특한 모음 로마자 표기법인 'ㅐ', 'ㅒ', 'ㅙ'에 대한 'ĕ' 'yĕ' 'wĕ' 표기가 전혀 반영된 적이 없었다는 데서 알 수 있다. 결과론적 얘기일지는 모르나 분단 이후 10년간은 북한에서는 ①의 MR 표기법을 사용했었다고 보는 게 맞는 것 같다.

30 사실 'ai'는 '아이'로 이해될 수도 있고, 또 'nai' 같은 경우 '내'인지 '나이'인지 혼란스럽기도 하다. 독일어 등의 언어에서 국어의 'ㅐ' 'ㅚ'와 유사한 음이 부가기호를 쓰지 않을 경우, 'ae'와 'oe'로 흔히 표기되기도 한다(송기중, 1988: 122–123 참조).

9.4 남북한 로마자 표기법의 비교 및 과제

남북한의 로마자 표기법은 국제화 차원에서 변천을 해 왔다고 해도 과언이 아니다. 그것은 국제표준화조직(ISO)에서 한글의 로마자 표기법을 남북에 요청을 했고 그것을 단일화하는 과정에서 남북 학자들이 만나서 협의도 하면서 그 차이점과 공통점을 짚으면서 나아갔기 때문이다. 즉 우리말을 로마자로 표기한다는 것은 대외적 차원에서, 그리고 헷갈림 없이 가능한 한 복원 가능할 정도로 단일화해야 할 필요가 있다. 전자법으로 하느냐 전사법으로 하느냐 기준의 문제가 있긴 하지만, 결국 하나의 한국어, 하나의 한글은 하나의 로마자로 표기되는 것이 이상적이기 때문이다. 따라서 전자법으로는 어떻게 하고 전사법으로는 어떻게 한다는 차원이 아니라, 한국어, 혹은 한글을 로마자로 표기할 때 어떻게 하느냐 하는 구체적인 통일 방안을 모색해 보도록 한다.

서로 이질적인 표기법들을 대상으로 하여 하나의 통일안을 모색하려는 이 글에서는 다음 몇 가지 사항을 기준으로 삼으려고 한다. 첫째는 인공지능시대에 로마자 이외의 부가기호는 굳이 사용할 필요가 없다고 본다. 국제화 시대에 컴퓨터가 일할 수 있는, 다시 말하면 기계화 체계에 적합한 국어의 로마자 표기법이 필요할 것이다. 둘째는 대외적 사용을 위해서 로마자 표기법이 필요하지만 어차피 한국어를 로마자로 표기하는 것이니 한국어 특징을 로마자 표기에 반영해야 한다는 점이다. 여기에는 로마자는 특정 한 국가 한 민족만이 사용하는 것이 아니라는 사실을 전제하고 있다. 셋째는, 당연한 말이겠지만 로마자 표기법이 논리성과 체계성이 있어야 한다는 점이다. 다양한 국어, 한글의 자모를 로마자로 표기하려면 각각의 특이성뿐만 아니라 그것은 형태적·기능적 연계성도 고려해야 할 것이다.

앞서 살핀 여러 로마자 표기법 가운데 남한의 1984년과 2000년(2014년) 표기법, 그리고 북한의 1985년과 1992년(2012년) 표기법을 갖고 통일안을 모색해 보도록 한다. 이것들은 각각 남한의 전사법과 전자법, 북한의 전자법과 전사법을 대표한다고 알려진 것들이다. 더불어서 현재 유엔에서 사용하고 있는 〈ISO/TR 11941〉(1996)과 1992년에 남북학자들이 만나서 일순간이었지만 동의했던 합의안(1992)을 함께 검토해 보도록 한다.

〈10〉 남북한의 자음 로마자 표기법

	남한 (1984)	남한 (2000, 2014)	북한 (1985)	북한 (1992, 2012)	ISO/TR 11941 (1996)	합의안 (1992)	통일안 (2021)
	전사법	전사법+전자법	전자법	전사법	전사법	전사법〈전자법	전사법〉전자법
ㄱ	k, g	g, k	k	k, g	k, g	k	k, g
ㄴ	n	n	n	n	n	n	n
ㄷ	t, d	d, t	t	t, d	t, d	t	t, d
ㄹ	r, l	r, l	r	r, l	r, l	r, l	r, l
ㅁ	m	m	m	m	m	m	m
ㅂ	p, b	b, p	p	p, b	p, b	p	p, b
ㅅ	s, sh	s	s	s	s	s	s
ㅇ	ng	ng	ng	ng	ng	–, ng	ng
ㅈ	ch	j	c	j	c, j	c	c, j
ㅊ	ch′	ch	ch	ch	ch, c	ch	ch
ㅋ	k′	k	kh	kh	kh, k	kh	kh
ㅌ	t′	t	th	th	th, t	th	th
ㅍ	p′	p	ph	ph	ph, p	ph	ph
ㅎ	h	h	h	h	h	h	h
ㄲ	kk	kk	kk	kk	kk, gg	kk	kk
ㄸ	tt	tt	tt	tt	tt, dd	tt	tt
ㅃ	pp	pp	pp	pp	pp, bb	pp	pp
ㅆ	ss	ss	ss	ss	ss	ss	ss
ㅉ	tch	jj	cc	jj	cc, jj	cc	cc
19개							

〈10〉은 남북한 자음 로마자 표기법들 가운데 대표적인 몇 가지를 제시해 본 것이다. 이 표를 보면서 남북한의 자음 로마자 표기법 '통일안'을 모색해 보도록 한다.

첫째, 한국어의 특징으로 소위 삼지적 상관속이라는 게 있다. 'ㄱ-ㄲ-ㅋ'이 서로 연관성이 있다는 것이다. 이를 반영한다면 각각은 'k-kk-kh'로 로마자를 정하는 게 타당하다고 본다. 형태상으로도 그렇고 조음 위치 등 기능상으로도 그렇다. 더 나아가 한국어에서 'ㄱ+ㅎ=ㅋ'이라는 보편적인 발음 현상에도 잘 어울려서 'k+h=kh'라고 쉽게 설명할 수 있다. 'ㄷ-ㄸ-ㅌ', 'ㅂ-ㅃ-ㅍ', 'ㅈ-ㅉ-ㅊ'도 같은 원리로 해서 't-tt-th', 'p-pp-ph', 'c-cc-ch'로 로마자 표기를 할 수 있다. 'ㅈ'의 로마자 표기가 남한(2000, 2014)과 북한(1992, 2012)의 'j'와 차이가 나긴 하지만 기계화와 논리성 차원에서 보면 장점이 더 많아 보인다. 실제로 합의안(1992)에서도 이런 입장을 가지고 있었다.

이런 입장을 받아들인다면, 1992년 합의안 당시 북한 학자들이 제기했던 '삼류음체제'로 대표되는 민족적 특성의 반영과 또 기본적으로 '김'을 항상 'Kim'으로 써야만 한다는 주장도 모두 담을 수 있다. 문제는 'ㅈ'을 'c'로 적을 수 있느냐 하는 것이다. 남한에서는 1984년 안에서는 'ch', 2000년 안에서는 'j'로 설정을 했다. 북한에서는 1985년 안(전자법)에서는 'c'로, 2012년 안(전사법)에서는 'j'로 표기했다. 그러나 북한의 2012년 안은 유성음 표기의 근본적인 문제를 안고 있다. 합의안(1992)에서처럼 'ㅈ'을 'c'로 하면 유성음 문제뿐이 아니라 삼류음체제 문제와 유성음 표기 문제가 함께 해결될 수 있다. 이런 방식을 따르게 되면 로마자 이외의 기호를 사용하는 문제도 일거에 해결할 수 있다. 더 이상 남한의 1984년 안에서 사용한 어깨점(′)을 사용할 필요가 없게 된다.

둘째, 만약에 자음과 모음의 위치에 따라서 다른 로마자 표기를 해야 한다고 하면, 즉 'ㄹ'의 'r, l'처럼 위치에 따라서 발음이 완전히 다르게 날 경우는 전사법 차원에서 받아들일 수 있을 것이다. 이에 대해서는 북한의 1985년 안(전자법) 이외의 〈10〉의 모든 로마자 표기법에서 받아들이고 있다. 즉 발음을 로마자 표기에 반영한다는 것이다.

이 문제와 함께 더불어서 결국 로마자는 외국인용이라는 점을 들어서 'ㄱ, ㄷ, ㅂ, ㅈ'의 경우 성대의 떨림이 완전히 느껴지는 유성음을 표기에 반영해야 한다는 주장이 만만치 않다. 남한의 1984년 안, 북한의 2012년 안은 물론 〈ISO/TR 11941〉(1996)에서도 유성음 표기를 하고 있다. 이것을 반영한다면 이들 자음을 각각 'g, d, b, j'로 표기할 수 있을 것이다.

셋째, 당연한 말이겠지만, 'ㄴ, ㅁ, ㅅ, ㅇ, ㅎ, ㅆ'을 표기할 때 각각 'n, m, s, ng, h, ss'를 사용할 수 있을 것이다. 이것은 〈10〉에 있는 모든 표기법에서 제시한 것이다. 다만 'ㅇ'의 경우 합의안(1992)에서 초성이 아닌 종성에서만 그렇게 표기한다는 뜻을 표하고 있다. 당연한 말이다. 다른 표기법에서는 그것을 그냥 전제하고 있을 뿐이다.

요컨대, 자음을 로마자로 표기할 때 자음자의 형태적 체계성과 대외적 외국인을 위한 유성음 발음을 표기에 반영하고자 했다. 이러한 입장은 근본적으로 남한보다는 북한의 의견이 많이 반영된 견해이다. 결국 절대적 전자법과 절대적 전사법에 얽매이지 않는 입장을 보인 것이다. 우리는 이런 관점을 반영하여 〈10〉에서 통일안(2021)을 구체적으로 제시했다.

〈11〉은 한국어의 모음을 로마자로 표기하는 방법을 최근의 것을 중심으로 하여 제시한 것이다. 우리는 궁극적으로 '통일안'을 주장할 것인데, 그 이유를 다음 몇 가지로 나누어 제시한다.

〈11〉 남북한의 모음 로마자 표기법

	남한 (1984)	남한 (2000, 2014)	북한 (1985)	북한 (1992, 2012)	ISO/TR 11941 (1996)	합의안 (1992)	통일안 (2021)
	전사법	전자법+전사법	전자법	전사법	전자법	전자법	전자법
ㅏ	a	a	a	a	a	a	a
ㅑ	ya	ya	ya	ya	ya	ya	ya
ㅓ	ŏ	eo	ŏ	ŏ	eo	eo	eo
ㅕ	y	yeo	y	y	yeo	yeo	yeo
ㅗ	o	o	o	o	o	o	o
ㅛ	yo	yo	yo	yo	yo	yo	yo
ㅜ	u	u	u	u	u	u	u
ㅠ	yu	yu	yu	yu	yu	yu	yu
ㅡ	ŭ	eu	ŭ	ŭ	eu	eu	eu
ㅣ	i	i	i	i	i	i	i
ㅐ	ae	ae	ai	ae	ae	ae	ae
ㅒ	yae	yae	yai	yae	yae	yae	yae
ㅔ	e	e	e	e	e	e	e
ㅖ	ye	ye	ye	ye	ye	ye	ye
ㅘ	wa	wa	wa	wa	wa	wa	wa
ㅙ	wae	wae	wai	wae	wae	wae	wae
ㅚ	oe	oe	oi	oe	oe	oe	oe
ㅝ	wo	wo	wŏ	wŏ	weo	weo	weo
ㅞ	we	we	we	we	we	we	we
ㅟ	wi	wi	ui	wi	wi	wi	wi
ㅢ	ŭi	ui	ŭi	ŭi	yi	yi	eui

첫째, 모음의 로마자 표기법에서 가장 중요한 문제는 'ㅓ'와 'ㅡ'를 어떻게 표기할 것인가이다. 로마자 이외의 부가기호를 사용하지 않는다는 대전제에서 볼 때 각각 'eo'와 'eu'로 표기하는 게 좋다고 본다. 'ㅓ'의 발음이 'e'와 'o' 사이에서 나기도 하겠지만 남한(2000, 2014)과 북한(1992, 2012)에서도 그렇고, 〈ISO/TR 11941〉(1996)과 합의안(1992)에서도 그렇기 때문이다. 이와 함께 자동적으로 'ㅕ'와 'ㅢ'도 'yeo'와 'eui'로 표기하는 게 논리성이 있다. 어차피 3개 로마자가

사용되는 예들이 있는 이상 굳이 'ㅢ'를 'ui'로 쓸 필요가 없으며, 더욱이 'yi'로 쓸 필요가 없다고 본다. 〈ISO/TR 11941〉(1996)와 합의안(1992)에서 'yi'를 제시하고 있으나, 'ㅢ'의 'ㅡ'를 'y'로 표기할 필요성이 전혀 없다. 'ㅢ'의 발음은 '의, 이, 에' 등 여러 가지이기 때문이다.[31]

둘째, 'ㅐ'와 'ㅚ'를 어떻게 표기할지도 논란거리이다. 북한(1985)에서만 역사적 특성을 이유로 해서 'ai'와 'oi'로 표기하고 있는데, 이는 다른 모든 표기법에서 제안하는 것처럼 'ae'와 'oe'로 표기하는 게 좋을 듯하다. 앞서 언급한 것처럼 'ai'와 'oi'로 하면 'ㅐ'인지 '아이'인지 또 'ㅚ'인지 '오이'인지 헷갈릴 수도 있기 때문이다. 이에 연계하여 'ㅒ, ㅙ'는 각각 'yae, wae'로 표기된다.

셋째, 'ㅟ'를 표기할 때 대부분 'wi'로 하지만 북한(1985)에서는 'ui'로 하고 있다. 이것은 반모음을 표시한다는 측면에서 'wi'로 하는 게 좋다고 본다. 이는 'ㅘ, ㅝ, ㅞ'를 'wa, weo, we'로 각각 표기하는 것과 궤를 같이 한다. 'ㅝ'를 'weo'로 제시했는데, 이는 'ㅓ'가 'eo'로 표기되기 때문이며, 그 숫자는 2개가 되든 3개가 되든 그리 큰 문제가 아니기 때문이다.

넷째, 'ㅑ, ㅕ, ㅛ, ㅠ, ㅒ, ㅖ'를 표기할 때 일상적으로 반모음 표시를 'y'로 나타내곤 한다. 본래 반모음 표시는 'w' 혹은 'j'로 하는데, 왜 여기서는 'ya, yeo, yo, yu, yae, yeo'에서 보듯이 'y'로 할까? 보통 'j'는 한국어의 'ㅈ'을 표기하는 것으로 알려져 있기 때문이다. 앞서 필자는 'ㅈ'의 유성음 표기로 'j'를 제시한 바 있다. 또한 반모음을 표시하는데 자음성의 'j'보다는 모음성의 'y'가 유리한 이유도 있다.

---

31 남한의 표준어 규정의 제2부 표준 발음법 제5항에 따르면 'ㅢ'는 출현 환경에 따라 다음과 같이 다르게 발음되거나 또 발음될 수 있다고 말한다.

다만 3. 자음을 첫소리로 가지고 있는 음절의 'ㅢ'는 [ㅣ]로 발음한다.

다만 4. 단어의 첫음절 이외의 '의'는 [ㅣ]로, 조사 '의'는 [ㅔ]로 발음함도 허용한다.

요컨대, 모음을 로마자로 표기하는 데 있어서 형태적 특성과 논리적 체계성을 기준으로 하여 〈11〉의 통일안(2021)을 제시할 수 있다. 로마자 이외 부가기호를 배제했으며 모음의 로마자 표기는 관련된 다른 모음의 로마자 표기와 연계를 지어서 표기했다. 결국 모음의 로마자 표기법은 남한의 표기법(2000, 2014)과 무척 닮아 있다. 단지 'ㅝ'와 'ㅢ'를 'wo'와 'ui'로 표기하지 않은 것은 3개 로마자 숫자 제한이 이미 무의미하고, 또 'weo'와 'yeu'로 표기하므로 'ㅓ'와 'ㅡ'를 'eo'와 'eu'로 표기하는 것과 논리적 타당성을 지닌다고 할 수 있기 때문이다.

9.5 나가기

1984년에 국제표준화기구(ISO)에서 남북한에 한글을 로마자로 적는 법을 제출해 달라고 요청했다. 이에 북한에서는 1985년 전자법으로 된 안을 제출했고 남한은 공업진흥청 차원에서 급히 연구하여 〈기계화를 위한 한글의 로마자 표기법〉을 1986년에 제출했다. 결국 국제화 차원에서 한글의 로마자 표기 통일안을 모색한 것이며 남북한이 이에 동의했다는 것이다. 그런데 처음에는 '한글'의 로마자 표기로 시작됐으나 결국은 '한국어'의 로마자 표기로 귀결됐으며, 이로 인하여 한국어를 로마자로 국제사회에 통일되게 표기할 수 있는 수단을 남북한은 협의하게 됐고, 잠정적으로나마 1992년에 그것을 도출해 내었다. 이를 바탕을 하여 국제표준화기구(ISO)에서는 〈ISO/TR 11941〉(1996)을 제정했고 이 로마자 표기법을 공식화하여 사용하고 있는 중이다. 이것은 앞서 〈10〉, 〈11〉에서 보았듯이 기본적으로 로마자 이외의 부가기호를 사용하지 않는 전자법에 기울어진 표기법이라고 할 수 있다. 물론 완전한 전자법은 아니다. 한국어의 음운 변동을 로마자 표기에 일부 적용하기도 했다.

이에 남한에서는 전사법에 기초했던 1984년 〈국어의 로마자 표기법〉을 전자법에 기울어진 2000년 〈국어의 로마자 표기법〉으로 개정을 했다. 로마자 이외의 부가기호 사용 배제는 물론이고 나아가 서구식 유성음 표기 고려까지 전적으로 배제했다. 2000년 개정 당시 영국에서는 한국의 국수주의자들이 세계화가 아닌 한국식 로마자 표기법을 제정하고 있다는 비판까지 했을 정도이다. 어쨌든 ISO 로마자 표기법의 영향으로 남한의 로마자 표기법은 대외적 성격도 고려했겠지만 그보다는 대내적 성격을 무척 많이 띠게 된 셈이다. 이는 인공지능 시대 기계화를 위한 고육책이었다고 볼 수 있다.

한편 북한에서는 전자법과 전사법을 확연하게 구분하고 있으며, 전사법을 표방한 그들의 1992년 안을 지금도 고수하고 있다. 이는 2012년에 유엔에 제출한 그들의 로마자 표기법을 통해서 확인할 수 있다. 로마자 이외의 부가기호, 특히 반달표(˘)를 지금도 사용하고 있으며, 더불어 유성음 표시도 하고 있다. 모음의 로마자 표기법은 MR 표기법과 완전히 일치하고 있으며 자음 표기도 대부분 MR 표기법과 유사한 모습을 띠고 있다. 그러나 국제사회에서 한국어를 로마자로 표기하여 사용할 때 전자법과 전사법 각각을 적용하여 따로 사용하지는 않는다. 따라서 본질적으로 하나의 방법으로만 로마자 표기법이 있어야 한다는 것이다. 절대적 전자법도 절대적 전사법도 아닌, 실용성과 논리적 체계성을 확보한 로마자 표기법이 필요할 것이다. 또한 남북한 공히 MR 표기법 영향을 많이 받았다고 할 수 있으며, 한글의 로마자 표기법보다는 한국어의 로마자 표기법을 기본으로 하면서 동시에 대내적 한글의 로마자 표기도 어느 정도 반영하고 있다고 말할 수 있다.

필자는 이런 여러 요소를 고려하여 남북한 로마자 표기법의 통일방안을 구체적으로 다음과 같이 제시했다. 결과론적이긴 하지만 자음은 북한 것, 모음은 남한 것을 주로 따른 표기법이다. 이는 배제의 원리가 아니라 좋은 특성을 받아들인 협동의 원리를 근본적으로 띠고 있다.

남북한의 자음 로마자 표기법 통일안(2021)

ㄱ	ㄴ	ㄷ	ㄹ	ㅁ	ㅂ	ㅅ	ㅇ	ㅈ	ㅊ
k, g	n	t, d	r, l	m	p, b	s	ng	c	ch
ㅋ	ㅌ	ㅍ	ㅎ	ㄲ	ㄸ	ㅃ	ㅆ	ㅉ	
kh	th	ph	h	kk	tt	pp	ss	cc	

남북한의 모음 로마자 표기법 통일안(2021)

ㅏ	ㅑ	ㅓ	ㅕ	ㅗ	ㅛ	ㅜ	ㅠ	ㅡ	ㅣ	ㅐ
a	ya	eo	yeo	o	yo	u	yu	eu	i	ae
ㅒ	ㅔ	ㅖ	ㅘ	ㅙ	ㅚ	ㅝ	ㅞ	ㅟ	ㅢ	
yae	e	ye	wa	wae	oe	weo	we	wi	eui	

제10장

결론

우리는 남북한의 어문 규범을 변천 차원에서 비교 대조해 보면서 남북한 통일 어문 규범을 지향한다는 목표를 갖고 지금까지 살펴보았다. 이제 연구 내용을 요약해 보고 몇 가지 제언을 하도록 하겠다.

10.1 요약

제1장 '서론'에서는 연구의 목적과 필요성, 연구의 내용, 연구의 방법과 자료를 제시했다.

분단은 현재이고 통일은 미래이기 때문에 다음 세대들을 위해서라도 남북한 어문 규범의 동질성 회복은 꼭 필요하다. 이는 어문 규범이 현재 사용되는 것이기도 하고 결국 어문 교육에서 필수불가결한 것이기 때문이다. 그래서 이 책에서는 남북한 어문 규범의 상황을 지금뿐이 아니라 그 형성 과정, 즉 변천 양상을 살펴보고 이를 통해서 남북한 어문 규범의 동질성 회복을 모색해 봤다. 그 구체적인 내용은 철두철미 객관적 자료에 근거하고자 했다. 잘 알려져 있는 남한 어문 규범 자료는 물론이고 그렇지 않은 북한의 어문 규범 자료들도 샅샅이 찾아내어 검토해 보고자 했다. 일부 자료는 직접 볼 수가 없기 때문에 간접적으로 북한에서 나온 저술이나 심지어 유엔에 제출된 북한 자료들까지 이 연구의 자료로 활용됐다.

제2장 '남북한 어문 규범의 개념과 범위'에서는 이 책에서 사용되는 용어에 대한 개념과 그 용어가 지니는 범위를, 특히 이 책에서 다루고자 하는 자료를 염두에 두고서 제한해 두고자 했다.

남한에서는 '어문 규범'과 '어문 규정'이 혼재되어 사용되고 있다. 국립국어원에서 발간된《한국 어문 규정집》(2017)이 있는가 하면 같은 기관의 누리집에는 범주 표시로 '어문 규범'이라는 용어가 사용되고 있기도 하다. 한편 북한에서는 '어문 규범'이라는 용어만 사용되고 있다. 현행 북한의《조선말규범집》(2010)에서 짐작할 수 있으며, 실제로 북한 사전에도 '어문 규범'만 올림말로 존재할 뿐 '어문 규정'은 없다. 사실 '규범'이라는 용어는 일반성, 추상성을 띠고 있으며 '규정'이라는 용어는 구체성, 실제성을 띤다. 다시 말하면 '어문 규범'은 우리 말글의 규정들을 뭉뚱그려서 일반적으로 지칭할 때 사용하고, 구체적으로 사용되는 규정 하나하나를 가리킬 때는 '어문 규정' 혹은 그냥 '규정'이라고 말하곤 한다. 따라서 이 책에서는 맞춤법, 띄어쓰기법, 문장 부호법, 발음법, 외래어 표기법, 로마자 표기법 등을 한꺼번에 일컬을 때는 '어문 규범' 용어를 사용한다. 그렇지만 개별 어문 규범들을 지칭하거나 이것들의 항목 하나하나를 말할 때는 '규정'이라는 용어를 사용하기도 한다.

한편 '어문 규범'이라는 용어도 크게 두 가지 의미를 띠고 있다. 흔히 맞춤법, 띄어쓰기법, 문장 부호법, 외래어 표기법, 로마자 표기법은 일정한 국가 차원의 규범이 있다. 이러한 의미를 지닌 규범은 협의의 어문 규범이라 할 것이다. 이 책에서 사용하는 '어문 규범'이 바로 이 협의의 어문 규범이다. 또 한 가지는 광의의 어문 규범이다. 이것은 협의 어문 규범 내용들은 물론이고 한국어의 전반적인 언어 규범을 뜻하는데, 예를 들면 표준 언어 예절은 물론이고 학교 문법 같은 것도 포함한다. '어문 규범'은 본래 어(語)와 문(文)을 포함하고 있기 때문에 협의의 어문 규범과 광의의 어문 규범 양쪽 의미로 쓰일 수 있다는 말이다. 북한에서는 '어문 규범'이라는 용어 대신에 '언어 규범'이라는 용어를 사용하고 있는데, 광의의 어문 규범이 바로 이 '언어 규범'인 것이다. 일단 이 책에서는 남한에서 사용되고 있는 '어문 규범'이라는 용어를 사용하겠으나, 장기적으로는 '언어 규범'이라는 용어의 사용도 고려해 볼 수 있을 것 같다. 이는 어문 규범이 언어생활 속에서 존재해야 할 것이기 때문이다. 그런 면에서 보면, 북한에서 제시된 '언어 사용 규범'이라는 용어도 주목되는 표현이다.

제3장 '남북한 어문 정책의 사상적 배경과 어문 규범 변천 및 과제'에서는 남북한에서 언어를 바라보는 사상을 미리 진단해 보고, 이를 통해서 남북한 어문 규범 정책의 사상적 배경을 알아보고자 했으며, 나아가 남북한 어문 규범 정책의 동질성 회복 방안을 모색해 보았다.

언어를 사고와 관련지어서 바라보는 관점은 도구관, 일체관, 형성관이다. 남한은 도구관과 일체관, 북한은 일체관과 형성관을 지니고 있는데, 언어-사고 일체관에서 남북한 공통점이 발견된다. 남한은 물론이고 북한도 김두봉, 이극로 등 일제 때 조선어학회와 직·간접적으로 관련 있는 학자들이 어문 규범 정책을 주도했기 때문에, 남북한은 공통적으로 조선어학회의 〈한글 마춤법 통일안〉(1933)을 기초로 한 〈한글 맞춤법 통일안〉(1946)을 광복 직후 사용했다.

남한은 이후 한글학회의 어문 규범이 영향력을 끼쳐 왔으며, 지금은 그 사상을 이은 〈한글 맞춤법〉(1988, 2014), 〈표준어 규정〉(1988, 2017), 〈외래어 표기법〉(1986, 2017), 〈국어의 로마자 표기법〉(2000, 2014)이 사용되고 있다. 북한은 신문자 여섯 개를 만들어서 적용시킨 《조선어 신철자법》(1950)[1948 공포]이 나와서 자칫 심각한 남북한 이질화 길로 바로 들어설 뻔했으나, 《조선어철자법》(1954) 이후 지속적으로 나온 《조선말규범집》(1966, 1988, 2010)에서 다행히 남한과 동질적인 요소가 훨씬 많은 어문 규범을 유지하고 있다. 요컨대 남북한은 현재 조선어학회의 1933년 원칙을 대부분 따르고 있어서 이질적인 요소보다는 동질적인 요소가 훨씬 많은 바람직한 남북한 어문 규범 성격을 띠고 있다고 하겠다.

제4장 '남북한 한글 맞춤법의 원리와 변천 및 과제'에서는 남북한의 공통된 맞춤법 원리를 추출해 내고자 했다. 이를 위해서 한글이 창제된 이후부터 지금까지 변천해 온 맞춤법의 원리를 살펴보았다.

1933년에 나온 〈한글 마춤법 통일안〉에서는 맞춤법을 적을 때 "그 소리대로 적되 語法에 맞도록"이라는 원칙을 정하고 있고, 남한에서 지금 시행되고 있는 〈한글 맞춤법〉(1988)에서도 "소리대로 적되, 어법에 맞도록" 하는 것을 원칙으로 하고 있다. 우리말이 뒤에서 오는 것에 방점이 놓인다는 점을 염두에 두면 분명 형태주의를 원칙으로 하고 음소주의를 허용한다는 원리를 생각해 볼 수 있다. 이는 조선어학회의 원조라고 할 수 있는 주시경 선생의 맞춤법 사상이기도 했고, 그래야만 현행 남한의 한글 맞춤법 원칙이 설명되기도 한다. 이에 비해서 북한에서는 맞춤법의 형태주의 원칙을 확실하게 못 박고 있다. 현행 북한의《조선말규범집》(2010)의 〈맞춤법〉 총칙에서는 "조선말 맞춤법은 단어에서 뜻을 가지는 매개 부분을 언제나 같게 적는 원칙을 기본으로 하면서 일부 경우 소리나는대로 적거나 관습을 따르는 것을 허용한다"라고 말하고 있다. 실제 남북한의 맞춤법 용례들을 보면 차이보다는 동질적인 것들이 훨씬 많다.

형태주의 원리를 기본으로 하고 음소주의를 허용으로 한다는 남북한의 한글 맞춤법 원칙을 좀 더 구체적으로 보기 위해서 15세기 한글 창제 이후부터 현행 맞춤법까지 그 원리들을 종성 표기라는 점을 기준으로 해서 살펴보았다. 창제 때는 음소주의가 원칙이고 형태주의가 허용인 듯하지만, 실제 한글을 창제한 세종이 관여한 용비어천가, 월인천강지곡에서는 형태주의로 맞춤법이 실행됐다. 맞춤법의 중요성을 인지하기 시작한 개화기 때는 지석영의《신정국문》(1905)에서 음소주의가 제시되어 있으나 주시경이 활약한 국문연구소에서 제출한 〈국문연구의정안〉(1909)에서는 형태주의가 원칙으로 제시되고 있다. 이러한 음소주의와 형태주의의 대립은 일제 강점기에도 발견된다. 조선총독부가 주도한 〈보통학교용 언문철자법〉(1912), 〈보통학교용 언문철자법대요〉(1921)에서는 음소주의가 제시되고 있으나, 최현배 등 조선어학회 회원들이 참여한 〈언문철자법〉(1930)에서는 형태주의가 원칙으로 제시되고 있다. 곧 이어서 나온 조선어학회의 〈한글 마춤법 통일안〉(1933)에서 형태주의 원리가 주도권을 잡게 된 것은 물론이다. 다시 한 번 말하지만, 여기서의 형태주의란 분철, 연철의 문제가 아니라 종성 표기에 8종성 표기만 하느냐 그 이외의 많은 다른 받침 표기를 하느냐의 문제이다. 물론 현재 남북한에서는 종성 표기를 아주 많이 사용하고 있다. 그것도 분철 표기를 원칙으로 하면서 말이다.

제5장 '남북한 띄어쓰기법의 변천과 과제'에서는 남북한 띄어쓰기 규범의 변천 양상을 살펴보면서 동질성 회복의 방향을 과제 차원에서 살펴보았다.

띄어쓰기는 본래 가독성을 높이기 위해서 존재한다. 따라서 모두 붙여 써도 가독성에 문제가 없다면 상관없다. 실제로 한글이 처음 세상에 등장했을 때 문헌들을 보면 모두 붙어 써져 있었다. 물론 용비어천가에서 의미 단위에 따라서 일정한 기호들이 사용되는 경우가 있기는 했었지만 기본적으로 한문처럼 한글도 붙어 써져 있었다. 그러다가 점차 읽기에 도움을 주기 위해서 띄어 써지기 시작해서, 개화기 때 오면 띄어 쓰는 경우가 많아졌고 결국 〈한글 마춤법 통일안〉(1933)에 와서는 단어마다 띄어 쓴다는 원칙이 생기게 됐다. 그러나 이때에 의존 명사와 보조 용언은 앞 말에 붙여 쓰도록 되어 있었다.

남북한의 띄어쓰기법이 변천해 온 역사를 살피게 되면 기본적으로 단어를 띄어 쓴다는 원칙은 동일하다. 그러나 남한에서는 단어를 엄격하게 띄어 쓰는 원칙을 기본적으로 고수하고 있다. 물론 조사는 단어로 인정되지만 붙여 쓰도록 하고 있기도 하고 보조 용언은 본용언에 붙여 쓸 수도 있게 허용되기도 한다. 그러나 의존 명사 및 명사 연결 단위들을 기본적으로 띄어 쓰게 한다거나 하면서 띄어 쓰는 것을 대체로 고수하고 있다. 이에 비해 북한도 기본적으로는 단어를 단위로 띄어 쓰는 것을 원칙으로 하고 있으나, 의존 명사와 보조 용언을 붙여 쓴다거나 명사 연결체들도 붙여 쓴다거나 나아가 용언들끼리도 붙여 쓰고 있다. 다시 말하면 북한은 남한에 비해서 붙여 쓰는 경우가 훨씬 많다는 말이다. 지나친 붙여쓰기는 읽기에 불편할 수 있을지 몰라도 적절한 붙여쓰기는 의미 파악에 도움을 준다. 최근에 남한에서도 점차 띄어쓰기 원칙에서 적절하게 붙여 쓰는 규정이 늘어나고 있는 실정이다.

띄어쓰기 문제에서 한 가지 어려움이 있다면, 인공지능시대에 말과 글이 컴퓨터에 저장되어서 각종 통계 및 실제 언어생활에서 응용될 때에 단어별로 철저하게 띄어 쓰는 것은 큰 도움이 된다는 사실이다. 띄어쓰기를 중시하는 북한에서는 일례로 용언과 용언을 붙여 쓰다가 2000년에 한시적으로 띄어 쓰도록 했다. 그 이유가 전산언어 처리 차원에서 단어별로 띄어 주어야 도움이 된다는 논리였다고 한다. 2003년에 바로 원상복귀 되어서 지금까지 계속 용언과 용언을 붙여서 쓰고 있긴 하지만, 인공지능시대 전산 처리 차원과 가독성 고양의 차원 사이에서 띄어쓰기 문제가 논란이 되고 있다.

제6장 '남북한 문장 부호법의 변천과 과제'에서는 남북한에서 사용되어 온 문장 부호법들의 변천을 검토하면서 동질성 회복의 차원에서 구체적인 방안을 제시하여 보았다.

〈띄여쓰기규정〉(2010)과 함께 〈문장부호법〉(2010)은 북한에서 무척 중요하게 다루어지고 있다. 1966년, 1988년, 2010년에 지속적으로 간행된《조선말규범집》에서 '맞춤법, 문장부호법, 문화어발음법, 띄여쓰기규정'은 독립적 단위로 다루어져 왔던 것이다. 이에 비해 남한에서는 〈한글 마춤법 통일안〉(1933)에서 부록으로 다루어진 이래로 지금까지도 부록으로 다루어지고 있다. 물론 남한에서는 1964년 13개, 1988년 17개, 2014년 21개 등 지속적으로 문장 부호가 검토 및 수정되어 왔지만, 여전히 독립적 위치를 차지하고 있지는 않다. 이에 비해 북한에서는 1950년 11개, 1954년 11개, 1966년 17개, 1988년 17개, 2010년 16개로 문장 부호들이 안정적인 개수와 독립적인 위상을 차지해 오고 있다.

그러나 위상 문제만 남북한에 차이가 있을 뿐 실제 선정된 문장 부호는 유사한 점이 많다. 현행 문장 부호로 보면, 남한은 21개의 숫자를 지니고 있고, 북한은 16개 문장 부호를 갖추고 있다. 남한의 것들은 최종적으로 '마침표, 물음표, 느낌표, 쉼표, 쌍점, 따옴표, 줄표, 붙임표, 가운뎃점, 줄임표, 괄호, 드러냄표, 빠짐표, 쌍반점, 물결표, 빗금' 16개를 설정할 수 있다. 북한 것에서도 16개 문장 부호 가운데 '인용표'와 '거듭인용표'는 '인용표'로, '쌍괄호'와 '꺾쇠괄호는 '괄호'로 묶으면 14개가 되며, 여기에다가 문장 부호법 변천을 통해서 많이 나타난 바 있었던 '빗금'과 '쌍반점'을 추가하면 결국 16개의 남북한 통일 문장 부호들을 설정할 수 있게 된다.

제7장 '남북한 표준어와 발음법의 변천과 과제'에서는 남한의 표준어와 북한의 문화어가 형성되어 온 과정을 먼저 살피고, 이어서 남북한 표준 발음법의 변천을 살피면서 앞으로의 과제를 검토하여 보았다.

남북한은 동일한 언어를 사용하는 소위 '단일민족'이라고 한다. 그렇지만 남북한에서는 서울을 중심으로 하는 표준어를, 북한에서는 평양을 중심으로 하는 문화어를 각각 표준적인 언어로 설정하고 있다. 물론 이때 표준어와 문화어는 각각 다른 언어가 아니라 같은 언어이면서 단지 지역적 특성만을 반영하는 일종의 지역 방언이라고 할 수 있다. 그러나 지역 방언이라고 해도 하나의 약속된 표준적인 표준어 및 문화어이기 때문에 일종의 인공어라고도 말할 수 있다.

조선어학회의 〈한글 마춤법 통일안〉(1933)에서는 서울말을 중심으로 한 표준어를 일찌감치 언급했다. 그로 인해서 표준말 모음이 설정되고 이어서 큰사전이 출판될 수 있었다. 〈표준어 규정〉(1988)이 국가 차원에서 어문 규범으로 공포됐고, 거기에서 '제1부 표준어 사정 원칙'이 설정됐고 또한 '제2부 표준 발음법'이 등장하게 된다. 한편 북한에서는 1966년 김일성의 담화를 통해서 구체적으로 평양말을 중심으로 한 '문화어' 제정의 필요성을 언급하게 된다. 지금까지도 특별한 '문화어 규정'이 존재하는 것은 아니지만, 북한은 "문화어는 영생불멸의 주체사상이 구현되어 이루어진 우리민족어의 최고형태"라고 칭송하고 있다.

북한에서는 특별히 발음법에 대해서 강조하고 있다. 일찍이 1954년 《조선어 철자법》, 1960년 《조선어 문법 1》에서 '표준 발음법'이라는 용어를 사용하기 시작하더니, 급기야 《조선말규범집》(1966, 1988, 2010)에서는 발음법을 하나의 독립적인 어문 규범으로 공포를 하고 있다. 남한에서 〈표준어 규정〉의 제2부에서 '표준 발음법'으로 나온 게 1988년인 것을 염두에 두면, 북한에서는 무척 이른 시기에 발음법 규범을 만들었던 것이다. 이것은 북한 지역 방언이 지니고 있는 억양 등의 문제와 웅변식 연설의 중요성을 강조하는 사회주의 체제의 특성을 반영한 듯하다.

그러나 남북한의 발음법을 구체적인 내용으로 들어가서 살펴보면 무척 많은 공통점을 발견할 수 있다. 각각의 중요도는 다를지 몰라도 그 내용의 질과 양은 그리 크게 차이가 나지 않는다. 모음의 발음, 자음의 발음, 받침 자모의 발음, 된소리 발음, 닮기 현상 발음, 사잇소리 현상 발음 등 실제 발음법 내용은 남북이 거의 유사하다. 단지 두음 법칙 등 몇몇 지역 방언으로서의 특성 때문에 그 세부 내용에서 차이가 나는 것들은 있다. 결국 남북한 분단 체제 속에서 표준어와 문화어 설정으로 인해서 생기는 차이는 있을지언정, 근본적으로 동일한 언어를 발음하는 방법에서는 동질성이 훨씬 많다는 것을 확인하게 된다.

제8장 '남북한 외래어 표기법의 변천과 과제'에서는 근본적으로 외래어와 외국어의 개념 구분 필요성을 제기하면서, 남북한의 외래어 표기법 변천 과정을 살펴보았다. 그와 동시에 외래어 표기법이 아니라 외국어 표기법이 필요하다는 것과 한자 문화권 고유 명사에 대한 외래어 표기법으로 한국 한자음 표기 주장을 펼치기도 했다.

외래어는 외국에서 온 국어화된 말이고, 외국어는 그냥 외국말이다. '버스'는 외래어이기 때문에 남한의 〈외래어 표기법〉(1986)에 의해서 '뻐스'로 적지 못한다. 만약에 버스가 국어의 일부로서의 외래어가 아니라면 분명히 발음대로 [뻐스]라고 발음하고 적을 것이다. 조선어학회의 〈한글 마춤법 통일안〉(1933)의 제6장 외래어 표기 원칙에서는 "새 문자나 부호를 쓰지 않고, 표음주의 원칙"을 지킨다는 원칙을 담고 있었다. 비록 문교부의 〈들온말 적는 법〉(1948)에서 'ㆄ, ㅸ, ㅿ, ᄙ' 같은 새로운 기호들을 도입한 경우도 있긴 했지만, 〈로마 자의 한글화 표기법〉(1958)이나 현행 〈외래어 표기법〉(1986)에서는 원지음주의를 따르고 새로운 문자 혹은 기호를 사용하지 않는 원칙을 지키고 있다. 여기서 원지음주의를 따른다고 하는 것은 결국 외국말이 해당 외국에서 발음하는 대로 한글로 표기한다는 것이다. 앞서 '버스' 표기는 이를 어긴 것이다.

한편 북한에서는 《조선어 외래어 표기법》(1956)에서 "외국의 지명, 인명 등의 고유 명사는 조선어로 번역하지 않고, 그의 어음론적 및 표기법적 특성에 의거하여" 한글로 적는다는, 곧 원지음주의를 따른다는 원칙을 확인하고 있다. 북한에서는 '뻐스'라고 표기하고 있다. 결국 북한에서의 외래어라는 것은 외국어라고 이해하는 게 옳다. 실제로 1969년에 공포한 〈외국말적기법〉부터는 확실하게 외국말이라고 말하면서, 역시 원지음주의를 실천하고 있다. 1982년, 2001년에 계속 수정 보완된 〈외국말적기법〉을 발표했다. 남한에서는 본래 일제 때 우리말 큰사전에 올릴 표제어를 선정하기 위해서 외국어가 아닌 우리말의 일부로서의 '외래어'를 목록화하고자 했다. 그 결과로 지금까지도 〈외래어 표기법〉(1986)이 존재하고 있는 것이다. 그러나 애석하게도 이 외래어 표기법에서 예로 들어간 실례들이 반 이상이 외래어가 아닌 '외국어'라고 하는 사실은 크나큰 과제를 던져 준다.

외래어 표기법에서 또 한 가지 중요한 것은 한자문화권에서의 한자어를 원지음으로 표기할 것인지 아니면 한국 내에서 발음되는 한국 한자음으로 표기할 것인지의 문제이다. 잘 알다시피 일본어는 일본 현지음으로 표기하고 중국어는 신해혁명을 기점으로 해서 그 이전은 한국 한자음으로, 그 이후는 원지음으로 한글 표기를 하고 있다. '공자'는 [꽁쯔]가 아닌 '공자'로 적고 '습진평'은 [시진핑] 발음에 따라 '시진핑'으로 적는다는 것이다. 일본의 '풍신수길'은 [도요토미 히데요시]로 발음하고 표기한다는 것이다. 과거는 묻지 말고 현재 활동하는 사람 혹은 지명을 한글 표기할 때 과연 원지음으로 해야 할까 아니면 한국 한자음으로 표기해야 할까? 애석하게도 지금 중국과 일본에서는 결코 한국식 한자음으로 발음도 표기도 하지 않는다. 우리만 중국식, 일본식으로 해 주고 있다. 물론 원지음주의에 충실하게 말이다. 동양 3국의 독특한 과거 및 현재의 역사적 관점에 비추어서 우리는 어떻게 하는 게 바람직할까? 최근의 북한 신문 등에서는 '후진타오'를 '호금도(후진타오)' 혹은 '호금도'라고도 쓰고 있다. 남한에서는 몇 년 전에는 '등소평'이라고만 썼는데, 최근에는 '덩샤오핑'으로만 쓰고 있다. 남한이나 북한이나 모두 원지음주의를 원칙으로 하고 있다. 그러나 한반도에 한국 한자음 혹은 조선 한자음이 자체적으로 존재하는 이상 굳이 중국식 혹은 일본식으로 표기해 주어야만 하는지는 의문이다. 들리는 바, 북한에서는 문서로는 원지음주의를 지니지만, 실제로는 현지음주의, 즉 북한 나름대로의 조선 한자음대로 발음하고 표기하고 있다고 한다. 자고로 중국이든 일본이든 상호 국가들이 같은 기준으로 어문살이를 해야 할 것이다.

제9장 '남북한 로마자 표기법의 변천과 과제'에서는 우리말을 로마자로 표기하는 데 있어서 따라야 하는 로마자 표기법의 변천 양상을 살펴보았다. 말을 표기하는가 글을 표기하는가 하는 남북한의 인식 차이가 있기는 하지만 특히 인공지능시대 모든 것이 전산화되는 지금 시기에 효용성 있는 로마자 표기법은 무엇인지 이런 차원에서 남북한 로마자 표기법의 통일 방안을 모색하여 보았다.

우리 말글을 로마자로 표기하는 방법은 말을 표기하는 전사법과 글을 표기하는 전자법으로 나뉜다. 조선어학회의 '조선어음 라마자 표기법'(1941)에서는 전사법에 가까운 성격으로 로마자 표기법을 제안했으며, 이후 남한 문교부의 〈한글을 로오마 자로 적는법〉(1948)에서도 전사법 원칙을 확인할 수 있다. 그런데 〈한글의 로마자 표기법〉(1959)에서는 한글 글자대로 로마자를 표기하는 전자법을 따르고 있었으며, 이후 〈국어의 로마자 표기법〉(1984)에서는 다시 전사법으로 한글이 아닌 국어를 로마자로 표기하고 있다. 전사법을 제안한 1941, 1948, 1984년 안들은 모두 로마자 이외의 반달표(˘) 등 부가 기호를 사용하고 있다. 이는 한국어 발음과 로마자 사용 언어의 발음이 다르기 때문에 어쩔 수 없이 나온 조치이다. 그러나 세상이 인공지능시대로 들어가고 모든 것을 컴퓨터로 작업하는 시점에서 로마자 이외의 부가 기호 사용은 폐기될 운명에 처하게 됐다. 이에 남한에서는 현행 〈국어의 로마자 표기법〉(2000, 2014)을 공포하게 됐다. 이것은 남북한의 도움을 받아서 결국 ISO에서 제안한 〈ISO/TR 11941〉(1996)을 적극 받아들인 표기법이다. 물론 로마자 이외의 부가 기호 사용을 하지 않다 보니, 결과론적으로는 전자법 성격을 짙게 띠게 됐다.

한편 북한에서는 1956년《조선어 외래어 표기법》의 '제III장 로마자모에 의한 조선어 표기법에 관한 일반적 규칙'에서 전사법을 따른다고 했고 이후《외국문자에 의한 조선어표기법》(1969)의 〈영어문자에 의한 조선어표기법〉과 〈조선말라틴자적기법〉(1985)에서는 전자법을 따르고 있다. 그러다가 〈조선어의 라틴문자표기법〉(1992)에서는 전사법을 따르고 있다. 또한 북한 사회과학원에서 유엔에 제시한 것으로 알려진 〈The Rules of Latin Alphabetic Transcription of Korean Language〉(2012)도 바로 이것이다. 결국 북한의 대외적 로마자 표기법은 전사법을 따른 것이라 할 수 있다. 이것은 북한 안에서 반달표 등의 부가 기호가 여전히 사용되고 있는 데서 실제로 확인할 수 있다. 북한의 자음 로마자 표기법은 1939년에 공포된 MR 표기법과 완전히 일치하고 있다는 것이 주목된다.

우리는 로마자 이외 부가 기호를 배제한다는 기본 전제 하에 남북한 통일안을 마련해 보았다. 이것은 기본적으로 1992년에 ISO 주재로 남북 단일안 모색을 협의할 때 합의했던 것을 많이 받아들인 것이다. 참고로 모음자는 북한 것을, 자음자는 남한 것을 많이 수용한 안이다.

제10장 '결론'에서는 연구의 내용들을 요약했으며, 앞으로의 남북한 어문 규범의 동질성 회복을 위해서 해야 할 일들이 무엇일지 다음과 같이 제언한다.

10.2 제언

남북한의 어문 규범은 기본적으로 국어의 어문 규범을 뜻한다. 어(語)는 우리말이고 문(文)은 우리글이다. 다시 말하면 한국어의 발음법과 표기법을 규정하고 있는 것이 바로 남북한의 어문 규범인 것이다.

첫째, 발음법에 대해서는 북한에서 '표준 발음법' 혹은 '문화어발음법'이라 하여 일찍부터 매우 중요하게 규범으로 다루어 왔고 남한에서는 〈표준어 규정〉(1988)의 '제2부 표준 발음법'에서 공식화했다. 그렇다고 해서 남한에서 전혀 발음법을 다루지 않았던 것은 아니다. 〈한글 마춤법 통일안〉(1933)의 '第2章 聲音에 關한 것'에서 발음 관련 표기를 다뤘고 현행 〈한글 맞춤법〉(1988)의 '제3장 소리에 관한 것'에서도 발음 관련 표기를 다루고 있다. 특히 남한에서는 1970년대 된소리와 장단음과 관련하여 여러 조사 연구를 실시했고 그 결과가 '표준 발음법'에서 긴소리를 규정한 내용으로 들어가 있다. 북한에서도 발음법이 1960년대부터 독립적인 규범으로 등장했고 1950년, 1954년 책에서는 초창기 남한에서처럼 소리와 관련한 한글 표기 차원에서 다루어져 왔었다.

결과론적인 것이긴 하지만, 남한이나 북한이나 발음법을 다룬 '표준 발음법'과 〈문화어발음법〉 내용은 크게 차이가 나지 않는다. 질적인 면에서도 그렇고 양적인 면에서도 그렇다. 결국 동일한 언어인 한국어의 발음을 규정했기 때문이리라. 단지 두음 법칙 등 몇몇 사항에서만 차이가 나는데, 이는 지역 차이를 반영한 결과일 뿐이다. 북한, 특히 평양에서는 두음 법칙이나 구개음화가 적용되지 않는다. 그러니 당연히 발음법에서 남북한 차이가 날 수밖에 없다. 결국 발음법에서의 남북한 어문 규범 차이는 지역적 특성이 반영된 것일 뿐이라고 볼 수가 있다.

이런 점을 염두에 둔다고 하면 앞으로 남북한의 지역별 발음법이 어떠한지 실태 조사하는 것이 의미가 있을 것 같다. 남북한의 문제라기보다는 한국인이 사용하는 한국어의 소리가 각 지역별로 어떠한지 면밀히 조사한다는 말이다. 사실 한반도의 대표적인 여섯 개 지역 방언들 가운데 제주도 방언이 가장 독특한 특성을 지니고 있지 않은가? 평안 방언의 특성이 〈문화어발음법〉에 반영되어 있는 것이고, 서울 방언의 특성이 '표준 발음법'에 반영되어 있을 뿐이라는 말이다. 글자를 다룬 다른 규범들에 비해서 소리를 다룬 발음법 규범이 현재 상대적으로 부실하다는 점을 염두에 둔다면 앞으로 한반도 지역별 발음 조사 및 정리가 먼저 해야 할 문제로 떠오른다.

한 가지 덧붙이자면, 현재의 남북한 발음법 규범들에서는 초성, 중성, 종성과 같은 음소들 차원에서 주로 발음법을 다루고 있다. 단어 차원의 것까지 일부 포함하고 있지만, 궁극적 의사소통의 기본 완성체인 문장, 나아가 담화 차원의 소리에 대해서는 발음법 규범에서 전혀 다루고 있지 않다. 북한에서 일반 논저에서 제시되고 있는 '소리마루' 같은 것이 주목되는 이유가 바로 여기에 있다. 최근 남한에서도 '억양' 단위에 대한 관심이 높아져 가고 있다. 결국 발음법 규범이 더욱 공고해지려면 음운, 단어, 문장, 담화 등 모든 언어 단위들의 소리를 어떻게 규범으로 삼을지 고민해야 할 것이다.

둘째, 남북한 어문 규범에서 대부분을 차지하고 있는 것은 표기법이다. 한글 맞춤법, 띄어쓰기법, 문장 부호법, 외래어 표기법, 로마자 표기법, 이 모든 것들이 표기법 소관이다. 이들은 모두 기본적으로 가독성을 높이기 위한 가장 좋은 방법을 지향한다.

맞춤법은 표현과 이해라는 측면 가운데 특히 어떻게 하면 독자가 더욱 잘 이해할 수 있을까 하는 가독성 차원에서 형태주의 원리를 중요시한다. 따라서 남북한 어문 규범은 형태주의라는 공통점을 지니고 있다. 일반적으로 배운 사람들은 형태주의에 입각한 맞춤법에 익숙하며 교육을 많이 받지 않은 사람들은 맞춤법을 어려워하는 경우가 많다. 그리하여 특별히 공부하지 않아도 쉽게 쓸 수 있다는 이유에서 음소주의를 주장하는 경우가 있다. 그냥 소리대로 표기하면 되는데, 굳이 맞춤법을 따로 암기해야 하는 부담감을 독자에게 줄 필요가 있느냐는 것이다. 의미 전달과 이해의 정확성을 중시할 것인지 아니면 그냥 편의성만 따를 것인지의 문제이다. 그런 의미에서 보면, 형태주의에 입각한 현행 〈한글 맞춤법〉 가운데 혹시 불필요한 '규정'은 없는지, 수정할 것은 없는지 고민해 봐야 할 것이다. 언뜻 떠오르는 것이 있다. '먹었다'와 '먹엇다' 가운데 맞춤법에 맞는 것은 '먹었다'이지만, 그냥 '먹엇다'로 쓰기로 한다면 안 될까? 시옷(ㅅ)을 두 개 쓰는 것보다 하나만 쓰는 게 더 쉽지 않을까 하는 이런 생각들이다.

띄어쓰기법과 문장 부호법도 따지고 보면 필자의 의도를 독자에게 어떻게 하면 더욱 잘 전달할 수 있을지를 규정하고 있는 규범들이다. 띄어쓰기법 같은 경우는 전통적으로 언제나 붙여 써 왔다. 한글 창제 당시는 물론이고 개화기에도 그랬다. 지금은 단어 단위로 띄는 것을 원칙으로 하고 있지만, 북한에서는 의존 명사와 보조 용언 같은 것은 언제나 붙여 쓰고 있다. 어쩌면 가독성 차원에서 더욱 효과적일 수 있다. 지나친 붙여쓰기는 가독성을 떨어뜨릴 수 있겠지만, '고려 대학교'보다는 '고려대학교'가 더 가독성이 있는 게 아닐까? '잘했어'와 '잘 했어'는 그게 그 의미 같은데 굳이 붙이고 띄는 데 따라서 의미 차이가 있다고 하니 정말 띄어쓰기가 어렵다고 느껴지는 건 아닐까? 단어 단위보다 의미 기능 단위로 띄어 쓰는 게 더욱 효과적이 아닐까 하는 그런 생각을 하게 된다. 문장 부호법 같은 경우 남북한이 유사한 점들이 참 많다. 지나친 규제보다는 사용자의 창의성을 더욱 잘 발휘할 수 있게 할 수는 없을까? 줄임표(…) 숫자를 3개니 6개니 9개니 못 박지 말고 자유롭게 2개도 되고 4개도 되고, 생각할 게 많으면 20개를 쓸 수도 있는 게 아닐까?

외래어 표기법은 이 책에서 논란이 무척 많다고 기술했다. 외래어 선정은 국어사전의 표제어를 정할 때 하면 되는 것이고, 우리가 논하는 것은 외국어 표기법이 아니냐는 것이다. 실제로 외국의 인명, 지명을 한글로 표기하는 문제라는 말이다. 결국 외래어 표기법이 아니라 외국어 표기법이 되어야 할 것이다. 로마자 표기법은 인공지능시대에 로마자 외 부가 기호 사용을 제한하자고 주장을 했다. 이것이야말로 남북한이 반드시 통일안을 만들어서 국제사회 속에서 한 가지 방식으로 사용해야 할 것이다. 부가 기호를 사용하지 않아야 하다 보니 자음에서는 북한 안을, 모음에서는 남한 안을 거의 수용하게 된 통일안을 제시하여 보았다.

남북한 어문 규범의 표기법과 관련된 사항을 논하면서, 꼭 지적하고 싶은 것이 있다. 과연 한글은 음소문자인가 하는 문제이다. 우리는 한글의 자음자와 모음자는 그 하나하나가 의미를 변별하는 음소 역할을 한다고 하면서 한글의 위대성을 말해 왔다. 자음자는 분명히 음소 역할을 한다. 그러나 모음자에 대해서는 논란이 많이 있는 것 같다. 반모음이 음소인지 문제를 제기하는 것이다. 현행 남북한의 어문 규범에는 모음이 단모음과 이중 모음으로 나뉜다고 하면서, 단모음은 물론이고 이중 모음도 하나의 음운(음소)이라고 기술되어 있다. 이 말은 'ㅑ, ㅕ, ㅛ, ㅠ, ㅘ, ㅝ' 같은 이중 모음이 각각 하나의 음소로 역할을 한다는 말이다. 그러나 반모음을 하나의 음소로 설정할 경우 이들은 각각 'j, w'와 같은 반모음을 지닌 두 개의 음소로 설정되어야 할 것이다. 더욱이 'w'는 'ㅘ, ㅝ'에 있는 반모음이기 때문에 그것이 'ㅗ'인지 'ㅜ'인지 또 다른 고민을 야기한다. 또 'ㅢ' 같은 경우는 반모음이 'ɰ' 인지 'j'인지 설정하는 것도 논란의 대상이다.

맞춤법 부분에서 이것을 다룬다면 문자 차원의 것이니까 'j, w, ɰ'의 음소 여부 문제는 다룰 필요가 없다. 그러나 발음법 부분에서 반모음과 관련하여 '한글은 과연 음소문자인가' 라는 근본적인 문제를 제기하게 된다. 여하튼 현재의 남북한 어문 규범에서는 모음은 단모음과 이중 모음으로 나뉜다고 하면서 특별히 반모음을 설정하고 있지는 않다. 반모음을 하나의 음소로 바라본다면 남북한 어문 규범의 동질성 회복은 더욱더 어려워질 것이고, 특히 한글의 과학성은 치명타를 입게 될 것이다.

부록

어문 규범 연구 논저 목록*

1. 한글 맞춤법

1.1 한글 맞춤법—학위 논문

강정훈. (1976). 〈現代國語의 「사이시옷」에 關한 硏究〉. 충남대학교 석사논문.

김귀옥. (1984). 〈중학생 맞춤법 표기 실태에 관한 연구—현행 한글 맞춤법과 개정안을 중심으로〉. 이화여자대학교 교육대학원 석사논문.

어수정. (1986). 〈한글철자법 제정의 시대적 고찰—조선총독부 '언문철자법'을 중심으로〉. 이화여자대학교 교육대학원 석사논문.

홍선희. (1986). 〈국어정서법중 받침표기의 오류 유형과 그 교정에 대하여〉. 연세대학교 교육대학원 석사논문.

위호정. (1990). 〈中學生의 正書法 誤謬 分析 및 그 矯正을 위한 實驗 硏究形—態音韻論的 誤謬를 中心으로〉. 서울대학교 석사논문.

정도복. (1990). 〈남북한 국어정책의 비교 연구〉. 조선대학교 교육대학원 석사논문.

이미라. (1991). 〈효율적인 맞춤법 지도 방안 연구—국민학교 4학년을 대상으로〉. 경북대학교 교육대학원 석사논문.

조영환. (1991). 〈한글 맞춤법 교정기의 설계 및 구현〉. 한국과학기술원 석사논문.

---

1. 이 연구 논저 목록은 1930년대부터 2021년 현재까지 어문 규범 관련 연구 논저들을 연대순으로 정리한 것이다. 주로 남한의 것을 제시하였으며, 북한의 것은 이 책의 참고 문헌에 제시된 바 있다.
2. 남한의 4대 어문 규범인 한글 맞춤법, 표준어 규정, 외래어 표기법, 로마자 표기법 각각에 대한 연구 논저를 학위 논문, 일반 논문, 단행본 순서로 각각 목록화하여 제시했다.
3. 일부 논저 목록은 4대 어문 규범 내용을 모두 다룬 경우 각 분야에서 중복 제시했다.

* 이 작업을 하는 데 고려대학교 대학원생인 신희성, 정혜현, 권혁수가 많은 도움을 주었음을 밝힌다. 연구 논저들을 빠뜨리지 않으려고 노력했으나 이 목록에서 누락된 논저가 있을 수 있다. 독자들의 양해를 바란다.

최경화. (1991). 〈中學生의 맞춤법 表記實態 分析을 通한 指導方法 硏究〉. 한국외국어대학교 석사논문.

김동우. (1992). 〈초등학교 학생들의 국어 표기법 사용실태에 대한 조사 연구〉. 수원대학교 교육대학원 석사논문.

김재원. (1992). 〈한글 맞춤법 오류의 교정 기법에 관한 연구〉. 부산대학교 석사논문.

김영진. (1993). 〈南北韓의 語文規程 比較 硏究〉. 수원대학교 교육대학원 석사논문.

이승주. (1994). 〈올바른 언어생활을 위한 맞춤법 표기 및 표준어 사용 실태조사 연구〉. 이화여자대학교 교육대학원 석사논문.

박봉래. (1995). 〈대용량 한글 텍스트 데이타베이스 맞춤법 오류 교정 시스템의 구현〉. 고려대학교 석사논문.

이은애. (1995). 〈'사이시옷'의 교수-학습 방안〉. 전남대학교 교육대학원 석사논문.

김동주. (1997). 〈형태소 결합 제약을 강화한 맞춤법 검사기〉. 한양대학교 석사논문.

김태준. (1997). 〈한글 맞춤법의 문제점에 대한 연구—예외 및 허용 규정을 중심으로〉. 경남대학교 교육대학원 석사논문.

부용균. (1997). 〈한글 맞춤법의 使用實態와 指導方法 硏究〉. 청주대학교 교육대학원 석사논문.

정운용. (1997). 〈맞춤법 검사기 성능향상을 위한 어절사전의 구축〉. 한양대학교 석사논문.

김선이. (1998). 〈國語 表記法의 變遷過程에서 본 現行 한글 맞춤법의 改善方向〉. 공주대학교 석사논문.

김성. (1998). 〈國語 맞춤법 指導 方法 硏究—中學校 1, 2, 3學年 國語敎科를 中心으로〉. 성균관대학교 교육대학원 석사논문.

남미자. (1998). 〈효율적인 맞춤법 지도 방안 연구—초등학교 고학년 학생을 대상으로〉. 충북대학교 교육대학원 석사논문.

오현숙. (1998). 〈쓰기 지도 프로그램이 약시 아동의 쓰기 능력 및 맞춤법 교정에 미치는 효과〉. 우석대학교 석사논문.

온지봉. (1998). 〈지체부자유학생의 한글 맞춤법 오용실태에 관한 연구〉. 우석대학교 석사논문.

이주영. (1998). 〈중등학교에서의 맞춤법 지도 방안 연구〉. 이화여자대학교 교육대학원 석사논문.

강미순. (1999). 〈초등학생의 맞춤법 지도 방안 연구〉. 인하대학교 교육대학원 석사논문.

곽덕신. (1999). 〈한글 맞춤법의 문제점 연구〉. 공주대학교 교육대학원 석사논문.

원효채. (1999). 〈컴퓨터를 利用한 맞춤법 敎授方法 硏究〉. 서울교육대학교 교육대학원 석사논문.

李玹受. (1999). 〈國語 띄어쓰기 使用 實態 硏究〉. 숙명여자대학교 교육대학원 석사논문.
정범순. (1999). 〈중학생의 맞춤법 오용실태 연구〉. 충남대학교 교육대학원 석사논문.
김유정. (2000). 〈한글 맞춤법 인지 실태 분석과 지도 방안〉. 전남대학교 교육대학원 석사논문.
박선희. (2000). 〈고등학생의 어문 규정 활용 실태 연구〉. 충남대학교 교육대학원 석사논문.
정옥룡. (2000). 〈남북한 어문 규범 비교 연구—한글 맞춤법, 띄어쓰기, 문장 부호, 표준 발음법을 중심으로〉. 홍익대학교 교육대학원 석사논문.
최연화. (2000). 〈한글 맞춤법의 문제점에 대한 연구〉. 충남대학교 교육대학원 석사논문.
강수진. (2001). 〈한글 맞춤법의 교수·학습 방법〉. 부산외국어대학교 석사논문.
권용경. (2001). 〈국어 사이시옷에 대한 통시적 연구〉. 서울대학교 박사논문.
김보균. (2001). 〈학생들의 한글맞춤법 표기 실태에 관한 연구〉. 고려대학교 교육대학원 석사논문.
박문제. (2001). 〈한글 맞춤법 교육 내용 선정〉. 부산대학교 교육대학원 석사논문.
박성호. (2001). 〈한글의 띄어쓰기 연구〉. 경성대학교 교육대학원 석사논문.
박영하. (2001). 〈한글 맞춤법과 표준어 사용 실태에 따른 지도 방안〉. 목포대학교 교육대학원 석사논문.
신미나. (2001). 〈초등 학생의 띄어쓰기 지도 방안 연구〉. 서울교육대학교 교육대학원 석사논문.
윤진숙. (2001). 〈한글 워드프로세스에서 맞춤법 검사 오류 분석 연구—한글(97)과 MS word(97) 비교 연구〉. 창원대학교 교육대학원 석사논문.
이해석. (2001). 〈中等學校 正書法 指導에 관한 一硏究〉. 인하대학교 교육대학원 석사논문.
정동순. (2001). 〈오용 실태 분석을 통한 초등학생 한글 맞춤법 지도 방안 연구〉. 순천대학교 교육대학원 석사논문.
최용기. (2001). 〈남북한 국어 정책 변천사 연구〉. 단국대학교 박사논문.
강애경. (2002). 〈한글 맞춤법의 수준별 교수-학습 방안 연구〉. 가톨릭대학교 교육대학원 석사논문.
강혜원. (2002). 〈한글 맞춤법의 띄어쓰기에 관한 연구〉. 충남대학교 교육대학원 석사논문.
김애연. (2002). 〈정서법 운용 능력 향상을 위한 받아쓰기 지도요소 상세화 연구〉. 경인교육대학교 교육대학원 석사논문.
김현진. (2002). 〈남북한 맞춤법 규범의 비교연구〉. 상명대학교 교육대학원 석사논문.

정해수. (2002). 〈남·북한 정서법에 관한 비교 연구〉. 군산대학교 교육대학원 석사논문.
정훈탁. (2002). 〈남·북한 언어규범의 비교와 통일 방안 연구〉. 조선대학교 교육대학원 석사논문.
김성의. (2003). 〈탐구학습을 통한 맞춤법 지도 모형 탐색〉. 경북대학교 교육대학원 석사논문.
김정숙. (2003). 〈한글 맞춤법의 문제와 개선 방향—시대별 변천과정에서 본 받침규정을 중심으로〉. 서남대학교 교육대학원 석사논문.
이승후. (2003). 〈國語 文章符號 硏究—현행 규정과 세칙안 검토를 중심으로〉. 명지대학교 박사논문.
전덕주. (2003). 〈웹 자료 개발·적용을 통한 맞춤법 지도 방법 연구〉. 진주교육대학교 교육대학원 석사논문.
정혜정. (2003). 〈국어 지식 영역의 맞춤법 지도 연구〉. 전북대학교 교육대학원 석사논문.
조미선. (2003). 〈남북한의 언어 정책과 띄어쓰기 규범에 대한 연구〉. 홍익대학교 교육대학원 석사논문.
차향미. (2003). 〈시각장애학생과 정안학생의 한글맞춤법과 표준어 사용 비교 연구〉. 대구대학교 특수교육대학원 석사논문.
함관영. (2003). 〈한글 맞춤법 오류 실태 및 지도방안에 대한 연구—초등학교 5학년 학생의 자료를 중심으로〉. 가톨릭대학교 교육대학원 석사논문.
김규리. (2004). 〈중학생의 한글 맞춤법 인지도 분석 연구〉. 충남대학교 교육대학원 석사논문.
김정경. (2004). 〈중학생을 위한 맞춤법 교수-학습 방안 연구〉. 상명대학교 교육대학원 석사논문.
김정오. (2004). 〈국어과 웹기반 한글 맞춤법 수업 프로그램의 개발〉. 대구교육대학교 교육대학원 석사논문.
양지연. (2004). 〈통신언어 자료를 이용한 한글 맞춤법 지도방안—중학생을 대상으로〉. 건국대학교 교육대학원 석사논문.
이송월. (2004). 〈국어 맞춤법의 실태와 지도 방안〉. 대구교육대학교 교육대학원 석사논문.
이정윤. (2004). 〈오류 유형에 따른 맞춤법 지도가 초등학교 1학년 쓰기 부진아의 받아쓰기 정확도에 미치는 영향〉. 경인교육대학교 교육대학원 석사논문.
임은경. (2004). 〈제7차 국어과 교과서에 나타난 표준어, 맞춤법 교육 연구〉. 이화여자대학교 교육대학원 석사논문.
정수영. (2004). 〈남북 어문 규정 통일에 관한 연구—한글 자모의 이름과 배열 순서의 통일을 중심으로〉. 서울교육대학교 교육대학원 석사논문.

정영섭. (2004). 〈고등학생의 맞춤법 오류 분석과 교정 지도 방안 연구〉. 부경대학교 교육대학원 석사논문.
조미경. (2004). 〈한글 맞춤법 교육과 사용 실태 분석 및 지도방안〉. 한양대학교 교육대학원 석사논문.
한송이. (2004). 〈사잇소리 지도 방안 연구〉. 한국교원대학교 교육대학원 석사논문.
한수진. (2004). 〈한글 맞춤법 지도 방안 연구—9학년을 중심으로〉. 인제대학교 교육대학원 석사논문.
구정모. (2005). 〈한글 맞춤법 사용 실태 및 맞춤법 교육의 문제—고등학생을 중심으로〉. 세종대학교 교육대학원 석사논문.
김미향. (2005). 〈표기 오류 실태 분석을 통한 한글 맞춤법 지도 연구〉. 공주대학교 석사논문.
김세중. (2005). 〈맞춤법 수업을 위한 만화교재 활용 방안 연구—여중 1학년 학생을 대상으로〉. 공주대학교 교육대학원 석사논문.
박정숙. (2005). 〈활용 어미를 통한 국어 정서법 지도 방안 연구〉. 서울교육대학교 교육대학원 석사논문.
申鉉善. (2005). 〈한글 맞춤법 사용 실태와 지도 방안 연구〉. 숙명여자대학교 교육대학원 석사논문.
유은정. (2005). 〈한글 맞춤법과 표준어 규정의 형성 과정에 관한 연구〉. 전북대학교 교육대학원 석사논문.
윤근수. (2005). 〈휴리스틱 정보를 이용한 한국어 맞춤법 교정기의 교정률 최적화〉. 부산대학교 박사논문.
이유신. (2005). 〈강남과 강북학생들의 국어 어문규정 사용실태 비교 연구—중, 고등학교 학생들을 중심으로〉. 한양대학교 교육대학원 석사논문.
이은희. (2005). 〈중학교 생활 국어 교과서 맞춤법 관련 단원의 지도 내용 연구〉. 계명대학교 교육대학원 석사논문.
장보현. (2005). 〈고등학생의 어문 규범 인지 정도에 대한 분석적 고찰〉. 충남대학교 교육대학원 석사논문.
전은실. (2005). 〈한글 맞춤법과 조선말 규범집을 통한 남북한 언어의 비교분석〉. 원광대학교 교육대학원 석사논문.
정세경. (2005). 〈받아쓰기를 통한 한글 맞춤법 사용 실태 조사 및 지도 방안—초등학교 3학년 아동을 중심으로〉. 고려대학교 교육대학원 석사논문.
고광옥. (2006). 〈사이시옷 교육 방법론〉. 세종대학교 교육대학원 석사논문.
김지연. (2006). 〈신문에서의 띄어쓰기 실태 분석 고찰〉. 충남대학교 석사논문.

김지예. (2006). 〈초등학교 한글맞춤법 교육을 위한 탐구학습 설계 및 적용〉. 부산대학교 석사논문.
김철순. (2006). 〈한글 맞춤법·표준어의 사용 방안 연구—서울 지역 20대들의 언어 사용 실태를 중심으로〉. 동국대학교 석사논문.
김희선. (2006). 〈탐구학습과 협동학습의 혼합모형에 의한 맞춤법 지도 방안 연구〉. 성신여자대학교 교육대학원 석사논문.
박기순. (2006). 〈웹 기반 원고지 사용법 및 맞춤법 학습 프로그램의 개발 및 적용〉. 청주교육대학교 교육대학원 석사논문.
박미자. (2006). 〈초등학생의 맞춤법 오류실태분석과 지도방안〉. 세명대학교 교육대학원 석사논문.
박지언. (2006). 〈중학생의 띄어쓰기 사용 실태 연구—3학년 학생의 글을 중심으로〉. 한국교원대학교 교육대학원 석사논문.
신미경. (2006). 〈7차 〈문법〉 교과서와 〈국어생활〉 교과서의 비교 연구—표준어와 맞춤법 교육을 중심으로〉. 아주대학교 석사논문.
장기순. (2006). 〈현대국어 '사이시옷' 교수-학습 방안〉. 단국대학교 교육대학원 석사논문.
전영신. (2006). 〈탐구학습 모형을 활용한 띄어쓰기 지도방안〉. 경성대학교 교육대학원 석사논문.
홍성익. (2006). 〈초등학교 한글 맞춤법 학습시스템 설계 및 규현〉. 청주교육대학교 교육대학원 석사논문.
황성현. (2006). 〈중학생의 작문에 나타난 한글 맞춤법 오류 분석 및 지도 방안 연구—중학교 2학년 학생의 글을 중심으로〉. 한양대학교 교육대학원 석사논문.
권운정. (2007). 〈중학생 작문에 나타난 맞춤법과 띄어쓰기 오류 실태 및 지도 방안—중학교 1학년 학생을 대상으로〉. 성신여자대학교 교육대학원 석사논문.
金鍾來. (2007). 〈北韓 高等中學校 國語 教科書 分析을 통한 南北韓 語文 規範 比較 研究〉. 충북대학교 석사논문.
김양규. (2007). 〈한글 맞춤법 규정의 문제점과 개선 방안 연구〉. 순천대학교 석사논문.
김지영. (2007). 〈중학교 국어 교과서의 맞춤법·표준어 교육 연구〉. 아주대학교 교육대학원 석사논문.
박정아. (2007). 〈중학생의 한글 맞춤법 인지 실태 분석 및 교수·학습 방안 연구〉. 충남대학교 교육대학원 석사논문.
반정록. (2007). 〈형태 오류 분석을 활용한 맞춤법 지도 방안 연구〉. 서울교육대학교 교육대학원 석사논문.

안홍근. (2007). 〈교과서의 국어 규범 내용 및 문제점 분석〉. 한양대학교 교육대학원 석사논문.

이선화. (2007). 〈PBL(문제중심학습)을 활용한 중등학교 어문규범 지도방안 연구〉. 경희대학교 교육대학원 석사논문.

정은혜. (2007). 〈시각장애초등학생과 정안초등학생의 한글맞춤법 수행수준 및 오류양상 비교〉. 조선대학교 교육대학원 석사논문.

조희령. (2007). 〈음운의 변동 규칙과 한글 맞춤법 교육〉. 연세대학교 교육대학원 석사논문.

진달래. (2007). 〈쓰기 공간에 따른 맞춤법 오류 양상 분석〉. 한국교원대학교 교육대학원 석사논문.

최정희. (2007). 〈한글 맞춤법·표준어 사용 실태 및 지도 방안에 관한 연구—인천지역 중·고등학생을 대상으로〉. 인하대학교 교육대학원 석사논문.

강민정. (2008). 〈초등학생 맞춤법 오류 분석과 지도 방안〉. 부산교육대학교 교육대학원 석사논문.

구명진. (2008). 〈남·북한 언어 규범 비교 연구〉. 충북대학교 석사논문.

김경언. (2008). 〈국어문장 부호 연구〉. 신라대학교 교육대학원 석사논문.

김륜희. (2008). 〈국어지식 영역 학습활동의 개선을 통한 한글 맞춤법 지도 방안—중학생을 대상으로〉. 부경대학교 교육대학원 석사논문.

김성광. (2008). 〈고등학생의 「한글 맞춤법」 인식에 대한 연구〉. 충남대학교 교육대학원 석사논문.

김한나. (2008). 〈국어 교육에서의 규범 교육 현황과 교육적 의의〉. 아주대학교 교육대학원 석사논문.

박여름. (2008). 〈문장부호에 대한 교육과정 지도상 문제점과 아동 사용 실태의 연구〉. 부산교육대학교 교육대학원 석사논문.

이석형. (2008). 〈국어 규범 교육의 문제점과 개선 방안 연구—고등학교 '국어생활'과 '문법' 교과서 '국어 규범' 단원을 통해〉. 성신여자대학교 교육대학원 석사논문.

이유진. (2008). 〈이주민 자녀들의 국어 정서법 오류 분석 및 교수 방안〉. 이화여자대학교 교육대학원 석사논문.

최성진. (2008). 〈중학생들의 띄어쓰기 실태와 지도 방안 연구—제천지역7·8·9학년을 중심으로〉. 세명대학교 교육대학원 석사논문.

박주희. (2009). 〈방송 매체를 활용한 맞춤법 교육이 학습자의 문법 학습 효과에 미치는 영향 연구〉. 고려대학교 교육대학원 석사논문.

백미애. (2009). 〈남·북한 맞춤법의 차이점과 그 원인 연구〉. 영남대학교 교육대학원 석사논문.

송서영. (2009). 〈교사 글에 나타난 문장부호 오류 유형 연구—부산교육대학교 교육대학원 석사학위논문을 중심으로〉. 부산교육대학교 교육대학원 석사논문.
이근영. (2009). 〈중학생의 맞춤법 지도 방안 연구〉. 동아대학교 교육대학원 석사논문.
임용빈. (2009). 〈남한과 북한의 띄어쓰기 규정 통일 방안 연구〉. 공주대학교 석사논문.
김두식. (2010). 〈고등학생의 표준어 · 한글 맞춤법 인지 실태 분석 연구〉. 충남대학교 교육대학원 석사논문.
김보현. (2010). 〈학습자의 언어인식 고양을 통한 한글 맞춤법 교육 방안〉. 이화여자대학교 교육대학원 석사논문.
김연정. (2010). 〈띄어쓰기 교수-학습 방안 연구—초등학교 6학년을 대상으로〉. 안동대학교 석사논문.
김지연. (2010). 〈ARCS 동기전략을 적용한 한글 맞춤법의 웹 코스웨어 개발 및 적용〉. 대구교육대학교 교육대학원 석사논문.
묘로. (2010). 〈외국인 학습자 맞춤법 사용 실태 연구〉. 충남대학교 석사논문.
박은행. (2010). 〈고등학교 맞춤법 교육 개선 방안 연구—〈문법〉, 〈국어생활〉 교과서를 중심으로〉. 경희대학교 교육대학원 석사논문.
정송이. (2010). 〈시각장애 중 · 고등학생의 한글 맞춤법 오류 양상 및 지도 방안〉. 조선대학교 교육대학원 석사논문.
조성민. (2010). 〈외국어로서의 한국어 맞춤법 요류 분석 및 교수 방안—중국유학생을 대상으로〉. 군산대학교 교육대학원 석사논문.
곽유정. (2011). 〈국어 능력 향상을 위한 어문 규범 교육 방안〉. 진주교육대학교 교육대학원 석사논문.
김진화. (2011). 〈국어 어문 규정에 어긋난 표기의 실태—2010년 개정 중학교 1-1 국어 교과서를 중심으로〉. 계명대학교 교육대학원 석사논문.
박샛별. (2011). 〈남북 언어 통합 사전 편찬을 위한 어문 규범 연구—두음법칙 표기와 사이시옷 표기를 중심으로〉. 한양대학교 석사논문.
방실이. (2011). 〈중 · 고등학교 띄어쓰기 교육의 개선 방안 연구〉. 인하대학교 교육대학원 석사논문.
부이티응옥빛. (2011). 〈한국어와 베트남어의 어문 규정 대조 연구〉. 영남대학교 석사논문.
석춘녀. (2011). 〈한글맞춤법과 조선말맞춤법의 비교 연구〉. 충남대학교 석사논문.
송순이. (2011). 〈중등 학습자를 위한 문장부호 교육 내용 연구〉. 이화여자대학교 교육대학원 석사논문.
양군. (2011). 〈中國人 學習者를 對象으로 한 韓國語 綴字法 敎育에 관한 硏究—子音과 母音의 文字習得 中心으로〉. 중앙대학교 석사논문.

이명숙. (2011). 〈두음법칙과 한자의 한글 표기〉. 계명대학교 교육대학원 석사논문.

이승왕. (2011). 〈초등학교 국어 교범 교육 내용 연구〉. 부산대학교 박사논문.

전경숙. (2011). 〈한국어 중급 학습자의 한글 맞춤법 교육 방안 연구—여성결혼이민자를 중심으로〉. 인하대학교 교육대학원 석사논문.

주로. (2011). 〈중국인 학습자를 위한 한글 맞춤법 지도 방안 연구〉. 호서대학교 석사논문.

김경덕. (2012). 〈한글 맞춤법의 문제점과 개선 방안 연구〉. 공주대학교 석사논문.

김도영. (2012). 〈재미동포를 위한 웹기반 한글 맞춤법 교육 프로그램 연구〉. 고려대학교 교육대학원 석사논문.

김미미. (2012). 〈국어 교육을 위한 한글 子母字 체제의 음운론적 연구〉. 고려대학교 석사논문.

김지영. (2012). 〈고등학생의 어문규정 인지 실태 연구〉. 충남대학교 교육대학원 석사논문.

신설화. (2012). 〈다문화가정 학습장애 중학생의 국어 맞춤법 오류 유형 및 작문 오류 유형 분석〉. 단국대학교 특수교육대학원 석사논문.

이정민. (2012). 〈탐구 학습을 통한 사이시옷 표기의 교수·학습 방안 연구〉. 고려대학교 교육대학원 석사논문.

홍연정. (2012). 〈원리 중심의 한글 맞춤법 교육 방안 연구〉. 경북대학교 교육대학원 석사논문.

백지은. (2012). 〈학교 문법의 띄어쓰기 교육 방안 연구—보조용언 "하다"를 기준으로 한 띄어쓰기〉. 영남대학교 교육대학원 석사논문.

남혜진. (2013). 〈한글 맞춤법·표준어 규정 교육의 실태와 개선 방안〉. 인하대학교 교육대학원 석사논문.

문은희. (2013). 〈중국 조선어 규범과 한국 어문 규범 비교 연구〉. 연세대학교 석사논문.

안현정. (2013). 〈교과서에 나타난 문장 부호의 사용 실태—중학교 3학년 국어 교과서를 중심으로〉. 경기대학교 교육대학원 석사논문.

유정. (2013). 〈중국인 한국어 학습자를 위한 띄어쓰기 교육 방안 연구〉. 인하대학교 석사논문.

이균신. (2013). 〈고등학교 교과서 문장 부호 사용 실태 연구—고등학교 국어 상·하를 중심으로〉. 경기대학교 교육대학원 석사논문.

이혜경. (2013). 〈이주노동자를 위한 한국어 띄어쓰기 지도 방안 연구〉. 인하대학교 교육대학원 석사논문.

권아영. (2014). 〈방송 언어를 활용한 맞춤법 교육 연구〉. 전남대학교 교육대학원 석사논문.

김은미. (2014). 〈국어 맞춤법 교육의 실태와 지도방안 연구〉. 경희대학교 교육대학원 석사논문.

성원연. (2014). 〈고등학교 맞춤법 지도방안 연구—2009 개정 〈독서와 문법II〉 교과서 중심으로〉. 경희대학교 교육대학원 석사논문.

안수영. (2014). 〈2009 개정 교육과정의 어문 규범 성취 기준 연구—중학교 국어교과서를 중심으로〉. 공주대학교 교육대학원 석사논문.

현명화. (2014). 〈문제중심학습 모형을 활용한 사이시옷 표기 지도 방안 연구〉. 한국교원대학교 석사논문.

강인순. (2015). 〈초등학생의 국어 규범 의식 연구—5·6학년 설문 조사를 바탕으로〉. 한국교원대학교 박사논문.

김명순. (2015). 〈한글 맞춤법 교육의 개선 방안〉. 전남대학교 석사논문.

유예서. (2015). 〈국어 어문 규범에 대한 중·고등학생들의 인식 실태 조사〉. 한국교원대학교 석사논문.

이원진. (2015). 〈중학교 한글 맞춤법 교육의 실태와 지도 방안〉. 인하대학교 교육대학원 석사논문.

이영선. (2015). 〈중국인 학습자를 위한 한글 맞춤법 지도 방안 연구〉. 전남대학교 박사논문.

李宗炫. (2015). 〈'한글 맞춤법 통일안(1933)' 前後 表記法 變化 硏究—당시 東亞日報 新聞 記事를 中心으로〉. 강원대학교 석사논문.

정종성. (2015). 〈통신 언어에 나타난 비의도적 맞춤법 오류 연구〉. 대구대학교 석사논문.

박정훈. (2016). 〈한글 맞춤법 교육에서의 학습자 오개념 형성 요인에 대한 연구〉. 인천대학교 석사논문.

박지연. (2016). 〈통합적 문법 교육에서의 한글 맞춤법 교육 내용 연구〉. 아주대학교 석사논문.

서경희. (2016). 〈초등학생 4-5학년 학생들의 받아쓰기에 나타난 맞춤법 오류유형 분석〉. 대구대학교 석사논문.

이은영. (2016). 〈한국어 학습자를 위한 효율적인 띄어쓰기 교육방안—한국어 학습자의 띄어쓰기 오류분석에 따른 문법교육 방안을 중심으로〉. 남서울대학교 석사논문.

정려란. (2016). 〈한국과 중국의 어문 규범에 대한 연구〉. 고려대학교 석사논문.

정혜현. (2016). 〈사이시옷 표기의 실태와 교육에 관한 연구〉. 고려대학교 석사논문.

하승희. (2016). 〈탐구 학습을 통한 한글 맞춤법 교육 내용 연구〉. 교원대학교 석사논문.

강주화. (2017). 〈한글 맞춤법에 대한 인식 및 사용 실태 분석과 지도 방안 연구〉. 부산대학교 석사논문.

김혜진. (2017). 〈한글 맞춤법 학습을 위한 받아쓰기 지도 내용 연구〉. 서울교육대학교 석사논문.

문정은. (2017). 〈초등학생 맞춤법 오류 유형별 교정 지도 방안 연구〉. 서울교육대학교 교육대학원 석사논문.

이하나. (2017). 〈띄어쓰기 규정 개선안 연구〉. 전남대학교 박사논문.

정엄지. (2017). 〈품사 지식과 연계한 고등학교 한글 맞춤법 교육 방안 연구〉. 이화여자대학교 석사논문.

조분경. (2017). 〈의도적 표기 변용에 초점을 둔 한글 맞춤법 교육 내용 연구〉. 이화여자대학교 교육대학원 석사논문.

김아영. (2018). 〈한글 맞춤법 교육내용의 학교 급별 위계화 연구〉. 이화여자대학교 교육대학원 석사논문.

노아. (2018). 〈국어 화자의 국어인식 양상에 기반한 국어 규범 교육 방안 연구〉. 이화여자대학교 석사논문.

문영희. (2018). 〈남북한과 중국 조선족 초등학교 교과서의 어문 규범 교수·학습 비교 연구〉. 한국교원대학교 박사논문.

박성호. (2018). 〈한글 맞춤법의 개선 방안 연구〉. 경성대학교 박사논문.

김유현. (2019). 〈한글 낱자 교육의 변천과 남북한의 한글 낱자 교육 비교 연구〉. 단국대학교 교육대학원 석사논문.

김은지. (2019). 〈교과서 재구성을 통한 사이시옷 표기 교육 방안 연구〉. 서강대학교 교육대학원 석사논문.

박진아. (2019). 〈사이시옷 표기 교육방안 연구〉. 연세대학교 교육대학원 석사논문.

석미순. (2019). 〈한글 맞춤법 사용 실태에 따른 지도 방안 연구〉. 단국대학교 교육대학원 석사논문.

손율교. (2019). 〈중국인 학습자를 위한 한국어 어문 규범 교육 연구〉. 전남대학교 석사논문.

오지은. (2019). 〈중국계 다문화 가정 학습자의 오류 양상을 고려한 맞춤법 교육〉. 서울대학교 석사논문.

윤금화. (2019). 〈한국 어문 규정과 조선말 규범의 비교 연구〉. 동국대학교 석사논문.

임재호. (2019). 〈한글 맞춤법 교육 연구—고등학교 〈국어〉 교과서를 중심으로〉. 연세대학교 교육대학원 석사논문.

진유. (2019). 〈한국어 학습자를 위한 맞춤법의 띄어쓰기 교육 방안 연구〉. 중앙대학교 석사논문.

윤가흔. (2020). 〈중국인 학습자를 위한 사이시옷 표기의 교육 방안 연구〉. 중앙대학교 석사논문.

이주미. (2020). 〈한글 맞춤법 교육 내용의 검토 및 개선 방안 연구〉. 경북대학교 교육대학원 석사논문.
하다현. (2020). 〈학습자 지식 구조 분석을 통한 한글 맞춤법 교육 내용 연구〉. 서울대학교 석사논문.

1.2 한글 맞춤법—일반 논문

국문연구소. (1909). 〈국문연구의정안〉. 《역문》 2-3-6.
이윤재. (1934). 〈한글 마춤법 통일안 제정의 경과 기략〉. 《한글》 1(10).
박승빈. (1935). 〈조선어학회사정 한글마춤법통일안에대한비판〉. 《정음》 10.
朝鮮語學會. (1940). 〈한글 맞춤법 통일안—原案 一部 改定〉. 《한글》 8(8).
김계곤. (1960). 〈국어(國語) 정서법(正書法)에 대하여〉. 《국어국문학》 22.
김일성. (1964). 〈조선어를 발전시키기 위한 몇가지 문제—언어학자들과 한 담화〉. 《김일성전집》 32.
高永根. (1966). 〈現代正書法의 몇 가지 檢討〉. 《국어국문학》 33.
김일성. (1966). 〈조선어의 민족적특성을 옳게 살려나갈데 대하여—언어학자들과 한 담화〉. 《김일성전집》 36.
徐在克. (1967). 〈맞춤법 및 標準語〉. 《국어국문학》 34-35.
李應百. (1967). 〈標準語와 正書法에 대하여〉. 《국어국문학》 34-35.
성환갑. (1969). 〈한글 표기법에 관한 시고—몇 가지 용례를 중심으로〉. 《어문논집》 5.
건국대학교 부설 한국고유문화연구소. (1971). 〈한글전용을 위한 현행 맞춤법에 대한 수정안〉. 《學術誌》 12(1).
국어국문학회. (1971). 〈국어정서법안(國語正書法案)과 한글 맞춤법 통일안과의 비교표(比較表)〉. 《국어국문학》 52.
국어국문학회. (1971). 〈국어정서법안〉. 《국어국문학》 52.
국어국문학회. (1971). 〈국어정서법안(國語正書法案) 제안취지(提案趣旨) 해설(解說)〉. 《국어국문학》 52.
金鍾塤. (1971). 〈한글 맞춤법과 받침問題〉. 《語文論集》 6.
김민수. (1971). 〈맞춤법 개정(改定)의 준비작업(準備作業) 문제(問題)〉. 《국어국문학》 51.
朴炳采. (1971). 〈맞춤법의 原則 設定 問題〉. 《국어국문학》 51.
도수희. (1972). 〈한글 맞춤법의 개정 문제〉. 《語文研究》 8.
李元植. (1975). 〈현행 "한글 맞춤법 통일안"의 改正 方向—맞춤법의 公式化를 提起함〉.

《論文集》8.

李吉鹿. (1976). 〈國語表記論의 序說的 考察—表記의 原理와 正書法의 基本方向〉. 《應用言語學》8(1).

이병건. (1977). 〈음운론의 측면에서 본 한글 맞춤법〉. 《語學研究》13(2).

申昌淳. (1977). 〈한글 맞춤법의 根據〉. 《코기토》16.

신창순. (1977). 〈國語의 特質과 한글맞춤법의 原則—국어의 특질과 한글맞춤법의 원칙〉. 《國語國文學》13-14.

朴甲洙. (1978). 〈한글 맞춤법의 問題點에 대하여〉. 《語文研究》6(1-2).

金鎭奎. (1979). 〈맞춤법 · 표준말 改定試案에 對한 一考〉. 《語文研究》7(3).

南廣祐. (1979). 〈맞춤법 문제〉. 《국어국문학》81.

류준형. (1979). 〈작문 분석을 통한 맞춤법의 오용에 관한 고찰〉. 《새국어교육》29(1).

閔忠煥. (1979). 〈한글 맞춤법 表記의 問題點—「받아쓰기」결과에 나타난 現況을 中心으로〉. 《語文研究》7(4).

이현복. (1979). 〈한글 맞춤법 개정 시안의 문제점〉. 《한글》165.

이현복. (1979). 〈한글맞춤법의 재사정에 따르는 문제점〉. 《한글》162.

金文昌. (1980). 〈正書法 修正案의 問題點〉. 《語文研究》8(1-2).

閔忠煥. (1980). 〈現行 國語 맞춤법의 問題點에 대한 考察〉. 《論文集》1.

최현배. (1980). 〈한글 난해의 심리 분석—한글 맞춤법 통일안은 어렵다는 것이 과연 진정한 사실일까〉. 《나라사랑》35.

김민수. (1981). 〈북한언어정책의 실태와 문화어〉. 《북한》117.

김형규. (1981). 〈표준말 및 어문관계 표기법 개정안의 문제점〉. 《세종대학 논문집》8.

신석환. (1981). 〈교과서의 정서법 고찰—고3 국어를 중심으로〉. 《국어교육》38.

신창순. (1981). 〈한글 맞춤법의 原理〉. 《언어연구》4.

이강언. (1981). 〈국어 표기법에 있어서의 형태주의와 표음주의의 갈등〉. 《어문학교육》4.

임홍빈. (1981). 〈사이시옷 문제의 해결을 위하여〉. 《국어학》10.

민현식. (1982). 〈국어 맞춤법의 문제점에 대하여(1)—통일안(1933), 문교부 개정시안(1979), 한글학회안(1980)의 비교를 중심으로〉. 《先淸語文》13(1).

김경한. (1983). 〈맞춤법안(1979. 12, 문교부안)의 문제점고(問題點考)〉. 《국어국문학》89.

리의도. (1983). 〈띄어쓰기 방법의 변해온 발자취〉. 《한글》182.

박용수. (1983). 〈맞춤법 쉽게 고칠 수 없을까〉. 《말과 글》17.

申昌淳. (1983). 〈國語漢字語 한글 表記論 批判—'한글맞춤법통일안 第四章 漢字語'와 關聯하여〉. 《語文研究》11(3).

이기문. (1983). 〈한국어 표기법의 변천과 원리〉. 《한국어문의 제문제》. 일지사.

李相億. (1983). 〈현대 국어 正書法의 문제점들에 대한 종합 검토—맞춤법 改定을 앞두고〉. 《語學研究》 19(2).
申昌淳. (1984). 〈한글 맞춤법 통일안의 檢討〉. 《語文研究》 12(1).
동북3성조선어문사업협의회소조판공실. (1985). 〈조선말맞춤법〉. 《조선말규범집》. 연변인민출판사.
신선희. (1985). 〈국어 문장 부호에 관한 이론적 고찰〉. 《국어과교육》 5.
허웅. (1985). 〈국어의 변동 규칙과 한글 맞춤법〉. 《한글》 187.
金成煥. (1986). 〈띄어쓰기의 원칙과 실제〉. 《論文集》 21.
류영남. (1986). 〈남·북한의 표기법 비교와 그 나아갈 길〉. 《어문학교육》 9.
국어연구소. (1987). 〈한글맞춤법 및 표준어 개정안 주요 내용〉. 《국어생활》 9.
김민수. (1987). 〈국어 표기법 논쟁사〉. 《국어생활》 9.
南廣祐. (1987). 〈現行 맞춤법의 原理와 그 問題點〉. 《국어생활》 9.
정길남. (1987). 〈개화기 국어의 표기법에 대한 연구〉. 《국어생활》 9.
허웅. (1987). 〈목숨을 걸고 한글 맞춤법 통일안을 지킨 최 현배〉. 《한국인》 6(8).
김계원. (1988). 〈개정이 아니라 표절이고 쾌거가 아니라 우민정책이다〉. 《한글새소식》 188.
김성재. (1988). 〈혼란만 빚게 할 어처구니 없는 규범이다〉. 《한글새소식》 188.
김정수. (1988). 〈언어학의 이치를 뒷전으로 밀어 붙인 제2의 '한글파동'이다〉. 《한글새소식》 188.
金希珍. (1988). 〈쓰기 教育을 위한 한글 맞춤법 개정안 變遷考—국어심의회안·학술원안·국어연구소안을 중심으로〉. 《韓國教育論叢》 1.
박홍길. (1988). 〈맞춤법과 표준말의 논의점—문교부의 것을 중심으로〉. 《새얼語文論集》 4.
서정수. (1988). 〈한글맞춤법과 표준어규정의 최종 심의에 참여하고〉. 《말과 글》 33.
시정곤. (1988). 〈한글 맞춤법 개정안에 대한 검토〉. 《한국어문교육》 3.
安秉禧. (1988). 〈한글 맞춤법의 歷史〉. 《국어생활》 13.
안주호. (1988). 〈'실용성'과 '체계성' 두 마리의 토끼를 다 놓치고 말았다〉. 《한글새소식》 188.
여명희. (1988). 〈잘못된 현실을 허용하기만 한다면 어디까지 가야 할까〉. 《한글새소식》 188.
柳穆相. (1988). 〈'한글 맞춤법' 해설〉. 《국어생활》 13.
이민우. (1988). 〈한글맞춤법의 이해와 적용〉. 《말과 글》 37.
이예리자. (1988). 〈규범을 함부로 바꾸려는 자세를 버려야 한다〉. 《한글새소식》 188.
정동환. (1988). 〈이제 막 뿌리 내리려는 나무를 뒤흔드는 마음보는 무엇인가〉. 《한글새소식》 188.
정재도. (1988). 〈맞춤법 표준말규정 발음법—문교부 규정들(1988)의 문제점〉. 《한글새소식》 189.

정준섭. (1988). 〈한글맞춤법 개정 배경과 운용 방향〉. 《말과 글》 34.
허웅. (1988). 〈맞춤법 · 표준말과 국어 생활〉. 《국어생활》 13.
허웅. (1988). 〈변동 규칙과 맞춤법〉. 《한힌샘 주시경연구》 1.
허웅. (1988). 〈문교부에서 확정 발표한 한글맞춤법과 표준어규정을 보고〉. 《한글새소식》 188.
김민수. (1989). 〈남북한의 현행 맞춤법, 표준어 문제〉. 《새국어교육》 45(1).
서정수. (1989). 〈맞춤법 개정의 주요점〉. 《새국어교육》 45(1).
유만근. (1989). 〈한글맞춤법의 문제점 몇가지〉. 《語文硏究》 17(2).
이은정. (1989). 〈남북한 맞춤법 비교 검토〉. 《한글》 205.
이은정. (1989). 〈새 맞춤법과 표준어규정에서의 몇 문제에 대하여〉. 《한글새소식》 201.
이응백. (1989). 〈달라진 한글 맞춤법과 표준어〉. 《국어교육》 65.
田光鉉. (1989). 〈國語 字母의 排列 順序에 대하여〉. 《국어생활》 18.
정재도. (1989). 〈고친 맞춤법과 표준말 적용하는 데 조심해야〉. 《말과 글》 38.
정준섭. (1989). 〈맞춤법 개정의 경위와 개요〉. 《동양문학》 2.
김경석. (1990). 〈한글 전산화의 입장에서 살펴본 한글 맞춤법의 문젯점과 그 해결 방안〉. 《교육한글》 3.
박용수. (1990). 〈국어 정서법과 언어관〉. 《말과 글》 42.
魏好廷. (1990). 〈中學生의 正書法 誤謬 分析 및 그 矯正을 위한 實驗 硏究〉. 《국어교육연구》 39.
유만근. (1990). 〈현행 맞춤법의 문제점〉. 《국어 정서법의 종합적 검토》. 한국정신문화연구원.
이익섭. (1990). 〈표기법〉. 《국어 연구 어디까지 왔나》. 동아출판사.
조영환 · 김덕봉 · 최기선 · 김길창. (1990). 〈한글 맞춤법 오류 검사 및 교정 시스템〉. 《한국정보과학회 학술발표논문집》 17.
崔世和. (1990). 〈國語正書法의 綜合的 檢討〉. 《정신문화연구》 13(4).
김재원 · 권혁철. (1991). 〈한글 철자 검색 시스템에서의 맞춤법 오류 교정〉. 《한국정보과학회 학술발표논문집》 18(2).
金亨奎. (1991). 〈'우리어문학회' 그리고 개정된 '한글 맞춤법'에 대하여〉. 《국어학》 21.
박승도. (1991). 〈한글맞춤법의 오류경향에 대한 지도 방법 구안, 적용을 통한 문장 표기 능력 신장〉. 《새국어교육》 47(1).
申昌淳. (1991). 〈國語正書法의 批判的 回顧〉. 《語文硏究》 19(1).
유만근. (1991). 〈한글 맞춤법의 문제점과 그 개선방향〉. 《語文硏究》 19(1).
이상억. (1991). 〈현행 맞춤법 규정의 문제점〉. 《미원 우인섭 선생 정년퇴임 기념논문집》. 한일문화사.

이성우. (1991). 〈개정된 맞춤법 · 표준어 얼마나 잘 쓰이고 있나〉. 《말과 글》 46.
한재영. (1991). 〈한글 맞춤법의 복합어와 파생어 표기에 대하여〉. 《울산어문논집》 17.
김경석. (1992). 〈한글 전산화의 입장에서 살펴본 남 · 북한 한글 맞춤법의 차잇점과 그 통일 방안(1)—한글 가나다순〉. 《한글》 215.
김세중. (1992). 〈표준어규정과 한글맞춤법의 몇 가지 문제〉. 《말과글》 51.
김희진. (1992). 〈한글 맞춤법과 표준어 규정의 개정 경위〉. 《난대 이응백 박사 고희 기념 논문집》. 한샘.
박홍길. (1992). 〈'한글 맞춤법 연구' 분야에 대하여〉. 《한글》 216.
위호정. (1992). 〈정서법 지도 서설〉. 《國語教育學硏究》 2(1).
유만근. (1992). 〈한글 맞춤법의 表音未備點과 發音教育 問題〉. 《語文硏究》 20(2–3).
간노 히로오미(管野裕臣). (1993). 〈한글과 정서법〉. 《국어학》 23.
민현식. (1993). 〈'한글 맞춤법'(1988)의 문제점에 대하여(2)〉. 《韓國學硏究》 3.
신희삼. (1993). 〈정서법에 관한 몇 가지 제언〉. 《論文集》 12.
우형식. (1993). 〈국어 받침 표기 규정의 변천〉. 《우암어문론집》 3.
유만근. (1993). 〈한글전용엔 맞춤법 개선이 필수〉. 《語文硏究》 21(3).
이현희. (1993). 〈한글 맞춤법의 성립 과정〉. 《주시경학보》 12.
기세관 · 최호철. (1994). 〈남북한 통일 맞춤법을 위하여〉. 《언어학》 16.
김동우. (1994). 〈初等學校 學生들의 國語 表記法 使用實態에 대한 調査 硏究〉. 《畿甸語文學》 8-9.
김문창. (1994). 〈정서법 연구 서설〉. 《인하어문연구》 1.
리의도. (1994). 〈표준어 규정과 한글 맞춤법에 대한 비판적 검토〉. 《국제어문》 16.
민현식. (1994). 〈한글 맞춤법(1988)의 문제점에 대하여(1)〉. 《국어학연구(남천 박갑수 선생 화갑 기념 논문집)》. 태학사.
朴甲洙. (1994). 〈南北 맞춤法의 差異와 그 統一問題〉. 《語文硏究》 22(1–2).
이광호. (1994). 〈일석 이희승 선생과 한글 맞춤법〉. 《새국어생활》 4(3).
이윤자. (1994). 〈한글 맞춤법 표음불비—한자사용불가피〉. 《語文硏究》 22(1–2).
이익섭. (1994). 〈모아쓰기와 한글맞춤법〉. 《우리말 연구의 샘터(연산도수희선생 화갑기념논총》. 문경출판사.
강창석. (1995). 〈한글과 한글 표기법 이론의 체계화에 대하여〉. 《국어학》 25.
리의도. (1995). 〈〈표준어 규정(1988)〉과 〈한글 맞춤법(1988)〉에 대한 비판적 검토〉. 《국제어문》 16.
민현식. (1995). 〈국어 띄어쓰기법 개선에 관한 연구〉. 《韓國學硏究》 4.
민현식. (1995). 〈정서법에서의 발음과 표기의 상관성 연구〉. 《성곡논총》 26.

박갑수. (1995). 〈남북한 정서법의 통일문제〉. 《국어교육연구》 7.
박홍길. (1995). 〈국어 표기법의 변천에 관한 연구〉. 《새얼語文論集》 8.
임규홍. (1995). 〈개정 〈한글 맞춤법〉과 〈표준어 규정〉, 그 잘못에 대하여〉. 《배달말교육》 13(1).
정동환. (1995). 〈'한글 맞춤법 연구' 분야에 대하여〉. 《한글》 230.
허동진. (1995). 〈조선말맞춤법에 대한 몇가지 문제—남북조선말맞춤법의 차이를 두고〉. 《중국조선어문》 76.
강승식 · 장병탁. (1996). 〈음절 특성을 이용한 범용 한국어 형태소 분석기 및 맞춤법 검사기〉. 《정보과학회논문지(B)》 23(5).
김정우. (1996). 〈한글 맞춤법 이해를 위한 몇 가지 전제〉. 《신상철 교수 회갑 기념 국어국문학 논총》. 문양사.
柳穆相. (1996). 〈「한글 맞춤법」의 앞날을 위하여〉. 《語文研究》 24(4).
리의도. (1996). 〈〈표준어규정(1988)〉과 〈한글 맞춤법(1988)〉에 대한 비판적 검토〉. 《人文社會教育研究》 1.
박종갑. (1996). 〈띄어쓰기의 효과적인 방법에 대하여〉. 《국어국문학연구》 24.
이복규. (1996). 〈우리의 옛 문장부호와 교정부호〉. 《古文書研究》 9(1).
이은정. (1996). 〈'한글 맞춤법 통일안' 제정과 표준말 사정〉. 《한힌샘 주시경연구》 9.
이익섭. (1996). 〈국어 문장 부호의 기능〉. 《冠嶽語文研究》 21(1).
강창석. (1997). 〈한글 맞춤법의 체제와 이론에 대하여〉. 《오당조항근선생 화갑기념논총》. 보고사.
연규동. (1997). 〈한글 맞춤법을 다시 읽는다〉. 《언어학》 21.
이경희. (1997). 〈현행 남북한의 표기법 연구〉. 《牛岩斯黎》 7.
정원수. (1997). 〈한글 맞춤법과 관련한 몇 문제〉. 《언어》 18.
유형선. (1997). 〈남한과 북한의 문장 부호에 대하여(1)〉. 《한국어학》 6(1).
유형선. (1997). 〈남한과 북한의 문장 부호에 대하여(2)〉. 《우리어문연구》 11(1).
金京勳. (1998). 〈맞춤법과 實用文(I)—맞춤법을 중심으로〉. 《논문집》 30(1).
朴德裕. (1998). 〈國語 語文 規程에 대하여—'한글 맞춤법'과 '표준어 규정'의 문제점을 중심으로〉. 《한국학연구》 9.
徐康和. (1998). 〈韓國新聞 文章符號(約物) 변천의 考察—文章符號는 또 하나의 意味文字이다〉. 《語文研究》 26(3).
신창순. (1998). 〈복합어의 맞춤법과 국문법〉. 《한국어학》 8(1).
沈材箕. (1998). 〈南廣祐 선생의 國語正書法〉. 《語文研究》 26(1).
엄태수. (1998). 〈한글 맞춤법의 검토〉. 《새국어교육》 56(1).

이옥련. (1998). 〈남북한 언어정책과 어문규정의 차이〉. 《통일논총》 16.
임동훈. (1998). 〈한글 맞춤법과 띄어쓰기〉. 《국어문화학교》 1.
신창순. (1999). 〈이른바 "철자법논쟁"의 분석—박승빈의 주시경 철자법이론 비판〉. 《한국어학》 10(1).
전병용. (1999). 〈한글 맞춤법 오용에 대한 교정론적 연구〉. 《출판학연구》 41.
정동규. (1999). 〈국어와 독어의 정서법에 반영된 표기원칙〉. 《한국어학》 10(1).
차재은. (1999). 〈문장 부호의 사용과 그 교육에 대하여—초·중·고 국어 교과서를 중심으로〉. 《한국어학》 9(1).
채완. (1999). 〈《훈몽자회》와 한글 맞춤법〉. 《새국어생활》 9(3).
홍순성. (1999). 〈현행 한글 맞춤법의 문제점 몇 가지〉. 《한국학논집》 26.
위호정. (1999). 〈한글 맞춤법의 원리에 대한 새로운 이해〉. 《한성어문학》 18.
위호정. (1999). 〈고등학교 문법 교과서에 나타난 맞춤법 교육의 문제점〉. 《국어교육학연구》 9(1).
고창운. (2000). 〈남북한 통일 어문규정 시안 마련을 위한 모색—총칙, 자모와 소리, 형태의 표기 차이를 중심으로〉. 《한말연구》 6.
김계곤. (2000). 〈남·북한 한글 맞춤법〉. 《교육한글》 13.
민현식. (2000). 〈언어 규범 정책〉. 《21세기의 국어정책》 1.
민현식. (2000). 〈한국어 교육에서의 정서법 교육에 대하여〉. 《한국어 교육》 11(1).
원효재. (2000). 〈컴퓨터를 이용한 맞춤법 교수 방법 연구〉. 《초등 국어교육》 10.
정동환. (2000). 〈한국과 중국의 한글 맞춤법에 대하여〉. 《중국조선어문》 109.
정원수. (2000). 〈한글 맞춤법, 표준어 규정 그리고 국어의 로마자 표기법에 대하여〉. 《인문학연구》 27(2).
정희창. (2000). 〈《표준국어대사전》에 반영된 '어문 규범'의 원리와 실제〉. 《새국어생활》 10(1).
허동진. (2000). 〈일부 불완전명사의 띄어쓰기에 대하여—남북 차이를 두고〉. 《중국조선어문》 2000(4).
강창석. (2001). 〈국어 표기법 연구의 몇 가지 과제〉. 《울산어문논집》 15.
곽재용. (2001). 〈진주교대생들의 한글 맞춤법 사용 실태에 관한 조사〉. 《학생생활연구》 9.
김미옥. (2001). 〈맞춤법 오류에 관한 연구—재미교포를 중심으로〉. 《외국어로서의 한국어교육》 25(1).
김정태. (2001). 〈현행 한글 맞춤법에 대한 대학생들의 의식 고찰〉. 《인문학연구》 28(1).
김진아. (2001). 〈문장부호 중요성에 따른 한국어·중국어 문장부호 비교〉. 《통번역학연구》 5.

김택구. (2001). 〈남·북한 언어 규범의 비교와 통일방안의 모색〉. 《인문과학연구》 9.
박문제. (2001). 〈한글 맞춤법 교육 내용의 선정〉. 《국어교과교육연구》 2.
신창순. (2001). 〈국문연구소 '국문연구의정안'의 검토〉. 《어문논집》 44.
安秉禧. (2001). 〈北韓의 맞춤법과 金枓奉의 학설〉. 《정신문화연구》 24(1).
엄태수. (2001). 〈한글 맞춤법의 원리에 대한 검토〉. 《시학과 언어학》 1.
이경호. (2001). 〈자연 언어 처리와 문장 부호〉. 《국제어문》 24.
李丞宰. (2001). 〈符號字의 文字論的 意義〉. 《국어학》 38.
이승후. (2001). 〈국어 문장부호에 관하여〉. 《새국어교육》 62.
이진성. (2001). 〈한국대학생들의 맞춤법 오용 실태—통신어의 영향을 중심으로〉. 《사회언어학》 9(2).
이희자. (2001). 〈한국 대학생들의 맞춤법 사용 실태에 대하여〉. 《강남어문》 11.
전수태. (2001). 〈서로 다른 표기법의 통일 방안〉. 《새국어생활》 11-1.
정달영. (2001). 〈한국과 조선의 현행 맞춤법 비교 연구〉. 《한민족문화연구》 8.
姜昶錫. (2002). 〈국어 표기법과 漢子〉. 《개신어문연구》 19.
김선호. (2002). 〈대전 소재 대학생들의 한글 맞춤법, 표준어 규정에 대한 인지 실태 연구〉. 《어문연구》 38.
김주미. (2002). 〈통일 시대의 문장 부호—';'를 쓰십니까?〉. 《한말연구》 11.
민현식. (2002). 〈남북 띄어쓰기 규범 문제의 현안—새로 나온 〈조선말 띄여쓰기 규범〉과 비교하여〉. 《국제고려학회 서울지회 논문집》 3.
박선우. (2002). 〈남북한 맞춤법의 변천과정과 통일방안—자모배열 및 형태에 관한 사항을 중심으로〉. 《남북의 언어 어떻게 통일할 것인가》. 국학자료원.
안배근. (2002). 〈사이시옷 표기의 변천〉. 《국어국문학》 37.
안병섭. (2002). 〈남북한 띄어쓰기 규정의 통일 방향〉. 《남북의 언어 어떻게 통일할 것인가》. 국학자료원.
윤천탁. (2002). 〈어문 규범의 측면에서 본 국어 교과서 표기의 문제점〉. 《청람어문교육》 25.
이익섭. (2002). 〈띄어쓰기의 현황과 전망〉. 《새국어생활》 12(1).
장은하. (2002). 〈남북한 맞춤법의 분화와 통일—소리에 관한 부분을 중심으로〉. 《남북의 언어 어떻게 통일할 것인가》. 국학자료원.
정희성. (2002). 〈틀리기 쉬운 띄어쓰기〉. 《새국어생활》 12(1).
최호철. (2002). 〈남북한 언어 통일과 정보화〉. 《한국어와 정보화》. 태학사.
하치근. (2002). 〈남북 맞춤법의 통일화 방안〉. 《국제고려학회 서울지회 논문집》 3.
국어사정위원회. (2003). 〈띄여쓰기규정〉. 《한국어학》 25. 한국어학회.
김양진. (2003). 〈남북한 맞춤법 통일 방안—형태 규범(표기법)을 중심으로〉. 《우리어문

연구》20.
김영선. (2003). 〈품사 태그를 위한 형태 분석과 국어 맞춤법〉.《우리말연구》13.
민현식. (2003). 〈언어 규범 정책의 방향〉.《국어교육연구》12.
박덕유. (2003). 〈국어 語文規定의 認知 실태와 교육의 필요성〉.《새국어교육》66.
박정규. (2003). 〈국어 띄어쓰기 규정의 재검토〉.《시학과 언어학》6.
오영섭. (2003). 〈1950년대 전반 한글파동의 전개와 성격〉.《사학연구》72.
이선웅. (2003). 〈띄어쓰기에 관한 몇 가지 문제〉.《국어국문학》134.
이승후. (2003). 〈한글 字母의 명칭에 대하여—자모 명칭에 대한 인식 정확도 조사 결과를 중심으로〉.《새국어교육》66.
조영희. (2003). 〈올바른 띄어쓰기 方案—《한글 띄어쓰기 사전》 편찬의 변〉.《새국어교육》66.
崔溶奇. (2003). 〈한글 띄어쓰기의 변천 연구〉.《國文學論集》19.
최형용. (2003). 〈규범 문법과 학문 문법의 親疎—한글 맞춤법과 표준어 규정을 중심으로〉.《한중인문학연구》11.
허재영. (2003). 〈근대 계몽기 이후의 국어 연구가 한글맞춤법에 미친 영향〉.《겨레어문학》31.
김정태. (2004). 〈대학생들의 맞춤법 인식과 실제〉.《學生生活研究》30.
김정헌. (2004). 〈사이시옷 표기에 대한 연구 성과 고찰〉.《한어문교육》12.
김형배. (2004). 〈파생 부사의 원형밝히기와 접미사 "-이, -히"의 표기 문제—"한글 맞춤법" 조항의 문제점을 중심으로〉.《한말연구》15.
위진. (2004). 〈/ㄲ/ 두음법칙에 대한 통시적 연구〉.《한중인문학연구》12.
이해균 · 차향미. (2004). 〈시각장애학생과 정안학생의 한글맞춤법 사용 비교 연구〉.《특수교육연구》11(2).
정달영. (2004). 〈한국어와 조선어의 맞춤법 비교 및 통일 방안 연구〉.《한민족문화연구》15.
정훈탁. (2004). 〈남 · 북한 맞춤법 비교와 통일 방안〉.《인문학연구》31.
최호철. (2004). 〈남북 띄어쓰기 규범 통일에 대하여〉.《한국어학》25.
姜昶錫. (2005). 〈漢字語의 한글 표기에 대하여〉.《국어학》45.
김상태. (2005). 〈〈한글맞춤법〉의 자소체계 연구—정보화시대 입력단위 관점에서〉.《새국어교육》71.
김세중. (2005). 〈맞춤법 수업을 위한 만화교재 활용 방안 연구〉.《한어문교육》14.
김주필. (2005). 〈한글 맞춤법 원칙의 특성과 의미〉.《語文學論叢》24.
金希珍. (2005). 〈중국의 "조선말맞춤법"과 한국어교육〉.《국어교육연구》16.
민현식. (2005). 〈국어정책 60년의 평가와 반성, 국어정책학회〉. (준) 4차 월례발표회.

송철의. (2005). 〈한글 맞춤법의 몇 가지 문제점〉. 《Korean 연구와 교육》 1.
윤석민. (2005). 〈일제시대 어문규범 정리과정에서 나타난 수용과 변천의 양상—〈언문 철자법〉과 〈한글 맞춤법 통일안〉을 중심으로〉. 《한국언어문학》 55.
이관규. (2005). 〈한국의 국어 정책과 국어 교육, 그리고 국어 운동〉. 《국어교육》 117.
정달영. (2005). 〈한국어와 조선어의 맞춤법 차이와 통합 방안〉. 《한국어정보학》 7(3).
황경수. (2005). 〈남북한의 언어규범〉. 《인문과학논집》 31.
고영근. (2006). 〈통일언어철학의 탐색방향〉. 《어문학》 91.
김덕신. (2006). 〈'한글 마춤법 통일안'(1933) 보급을 위한 조선어학회의 활동—'한글'(1934)지를 대상으로〉. 《語文學》 91.
김동식. (2006). 〈동북3성 및 남북의 한국어 표기법—통일 어문 규범을 위하여〉. 《국제학술대회》 16.
김상준. (2006). 〈두음법칙, 가볍게 다룰 수 없다〉. 《관훈저널》 100.
김홍석. (2006). 〈현행 정서법에 어긋난 몇 가지 사항에 대하여〉. 《새국어교육》 72.
박동근. (2006). 〈남북한 맞춤법 통일 방안에 대한 비판적 검토〉. 《겨레어문학》 37.
박석준. (2006). 〈한국어 학습자의 어문 규범 오류에 대하여〉. 《문법 교육》 5.
朴錠奎. (2006). 〈국어 띄어쓰기 規定의 改善案 연구〉. 《語文研究》 34(4).
이동석. (2006). 〈신문 방송 언어의 실태와 언어 규범〉. 《한국어학》 33.
이상태. (2006). 〈말소리의 정책과 교육〉. 《어문학》 94.
이승후. (2006). 〈문장 부호 사용 실태의 조사 분석〉. 《새국어교육》 74.
조재윤. (2006). 〈문자의 기능에 비추어 본 맞춤법의 몇 가지 문제〉. 《人文論叢》 23.
김봉국. (2007). 〈국어 문장 부호의 몇 가지 문제점〉. 《어문학교육》 35.
김선철. (2007). 〈성씨 표기에서 두음법칙의 예외 허용에 대하여〉. 《언어학》 49.
김형배. (2007). 〈현행 한국어 어문규정의 문제점—국어 상담 사례를 중심으로〉. 《한민족문화연구》 22.
김홍석. (2007). 〈대중가요 노랫말 속의 정서법 소고(小考)〉. 《한어문교육》 17.
박정규. (2007). 〈국어의 문장 부호 규정에 나타난 몇 문제〉. 《시학과 언어학》 14.
엄태수. (2007). 〈사이시옷 현상과 한글 맞춤법〉. 《시학과 언어학》 13.
全基廷. (2007). 〈한중 문장부호 대조 분석〉. 《중국어문학논집》 46.
정은혜 · 김영일. (2007). 〈시각장애초등학생과 정안초등학생의 한글맞춤법 수행수준 및 오류양상 비교〉. 《視覺障碍研究》 23(2).
최인실. (2007). 〈영어권 동포아동의 효율적 한글 맞춤법 학습을 위한 기초 연구—뉴질랜드에서의 조사를 중심으로〉. 《한국어교육》 18(2).
한용운. (2007). 〈남북 규범어의 통합 방안〉. 《韓國思想과 文化》 40.

허칠구. (2007). 〈'한글 맞춤법'의 원리에 대한 일고〉. 《士林語文硏究》 17.
구본관. (2008). 〈맞춤법 교육 내용 연구—한글 맞춤법의 원리를 중심으로〉. 《국어교육》 127.
김슬옹. (2008). 〈혼동 맞춤법 문제 연구—원형 밝히기를 중심으로〉. 《겨레어문학》 40.
김정남. (2008). 〈한글맞춤법의 원리—총칙 제1항의 의미 해석을 중심으로〉. 《한국어 의미학》 27.
김정수. (2008). 〈한글 맞춤법의 역사와 개선안〉. 《한국언어문화》 37.
민현식. (2008). 〈한글 맞춤법 교육의 체계화 방안—문법 교육과 맞춤법 교육의 관계 정립을 위한 시론(試論)〉. 《국어교육연구》 21.
송창선. (2008). 〈현행 한글 맞춤법의 몇 가지 문제점〉. 《語文學》 100.
임석규. (2008). 〈사이시옷 규정의 문제점 고찰〉. 《우리말글》 43.
최형용. (2008). 〈사잇소리 현상과 표기〉. 《한중인문학연구》 23.
강민정. (2009). 〈초등학생 맞춤법 오류 분석과 지도 방안〉. 《어문학교육》 38.
강희숙. (2009). 〈중국인 한국어 학습자의 맞춤법 오류 연구〉. 《韓民族語文學》 54.
金貞男. (2009). 〈漢字語의 한글 表記에 나타나는 頭音法則과 그 例外 條項에 대한 考察〉. 《語文硏究》 37(4).
송서영. (2009). 〈교사 글에 나타난 문장부호 오류 유형 연구—부산교육대학교 석사학위 논문을 중심으로〉. 《어문학교육》 38.
신호철. (2009). 〈국어 문장 부호에 대한 고찰〉. 《국어교육》 128.
양명희. (2009). 〈외국인 학습자를 위한 한글 자모와 발음 교육 방법에 대하여〉. 《語文論集》 41.
엄태수. (2009). 〈표준어의 음운론적 기술과 표기법에 대한 연구〉. 《새국어교육》 83.
임보선. (2009). 〈남북 문장부호 규정의 비교와 통일 방안—체계적인 측면과 형식적인 측면에서〉. 《泮矯語文硏究》 26.
조규태. (2009). 〈낱말머리 "ㄹ" 표기의 바뀌어옴에 대하여〉. 《배달말》 45.
최형용. (2009). 〈〈한글 맞춤법〉 총칙 제1항과 표기의 원리〉. 《한중인문학연구》 26.
황경수. (2009). 〈공문서의 띄어쓰기와 문장 부호 오류 양상—표준국어대사전을 중심으로〉. 《새국어교육》 81.
김도훈. (2010). 〈영어와 한국어 문장부호의 비교 연구—Colon(쌍점)과 Dash(줄표)를 중심으로〉. 《영어영문학21》 23(1).
김진규. (2010). 〈국어정서법에 나타난 몇 가지 문제—형태 밝혀 적기의 수월성을 중심으로〉. 《한어문교육》 23.
박대아. (2010). 〈대학생 글쓰기의 띄어쓰기 오류 유형과 지도 방안〉. 《우리어문연구》 38.
유형선. (2010). 〈구성주의 관점으로 본 한글 맞춤법〉. 《한국학연구》 33.

윤근수. (2010). 〈한국어 맞춤법교정기의 문제점〉. 《한국전자통신학회 학술대회지》 4(2).
이선웅. (2010). 〈새국어생활과 어문 규범 논의〉. 《새국어생활》 20(4).
이승왕 · 이병운. (2010). 〈초등학교 국어과 맞춤법 교육의 체계화〉. 《한국초등국어교육》 42.
정송이 · 김영일. (2010). 〈시각장애 중 · 고등학생의 한글 맞춤법 오류 양상 및 지도 방안〉. 《視覺障碍研究》 26(3).
정철. (2010). 〈웹사전과 맞춤법 자동교정기의 논리와 개선〉. 《국어교육학연구》 39.
최호철. (2010). 〈북한 『조선말규범집』의 2010년 개정과 그 의미〉. 《어문논집》 65.
김도훈. (2011). 〈영어 문장부호 일립시스(Ellipsis)와 한국어 문장부호 줄임표의 비교 및 일립시스의 번역 전략〉. 《영어영문학21》 24(1).
김인균. (2011). 〈국어 문장 부호에 대한 반성적 접근〉. 《시학과 언어학》 21.
박덕유. (2011). 〈국어 어문 규정의 두음 법칙 위계화 연구〉. 《새국어교육》 88.
朴錠奎. (2011). 〈國語 띄어쓰기 規定의 검토와 改善案 연구〉. 《語文研究》 39(3).
박중희. (2011). 〈한글 점자 받아쓰기 학습 시스템이 시각장애학생의 맞춤법 능력 향상에 미치는 효과〉. 《視覺障碍研究》 27(4).
송철의. (2011). 〈일석 이희승 선생의 어문관과 한글 맞춤법〉. 《애산학보》 37.
신호철. (2011). 〈문장 부호의 재개념화와 설정 기준〉. 《국어교육》 135.
양명희. (2011). 〈문장 부호 개정과 국어 정책〉. 《한국어학》 61.
양순임. (2011). 〈사잇소리 현상과 사이시옷 표기에 대하여〉. 《한글》 293.
윤구희. (2011). 〈문장부호 "따옴표"의 국어 교과서 사용 실태 분석—중학교 1학년 국어 교과서를 중심으로〉. 《문법 교육》 15.
윤근수. (2011). 〈유전 알고리즘을 이용한 한국어 맞춤법 오류교정〉. 《정보과학회 컴퓨팅의 실제 논문지》 17(2).
윤미영 · 박덕유. (2011). 〈태국 교포 아동의 맞춤법 오류 분석과 교육 방안—푸껫 거주 교포 아동의 맞춤법 오류를 중심으로〉. 《새국어교육》 88.
이관규. (2011). 〈국어 정책과 국어 교육 정책의 현황과 방향〉. 《국어교육연구》 28.
이관규 · 신호철. (2011). 〈국어 어문 규범 교재의 성격과 어휘 선정 원리〉. 《문법 교육》 14.
이관규 · 신호철. (2011). 〈문장 부호에 대한 전문가 인식 실태 조사〉. 《한국어문교육》 9.
이동석. (2011). 〈현행 사이시옷 규정과 관련된 몇 문제〉. 《民族文化研究》 54.
이동석 · 양세희. (2011). 〈국어 문장 부호 규정의 몇 가지 논점—외국 문장 부호와의 비교를 중심으로〉. 《문법 교육》 14.
이영호. (2011). 〈맞춤법 교육 내용에 대한 비판적 검토—초등 국어 교과서를 중심으로〉. 《문법 교육》 15.
정희창. (2011). 〈한글 맞춤법의 "역사적 표기법"과 교육 내용 구성〉. 《문법 교육》 14.

주세형 · 신호철. (2011). 〈국어 어문 규범 교육의 목표 및 내용의 재구성—초등학교, 중학교, 고등학교급의 위계성을 중심으로〉. 《국어교육연구》 28.

최규홍. (2011). 〈초등학생의 맞춤법 지도 방법 연구〉. 《청람어문교육》 43.

최형용. (2011). 〈전문 용어로서의 문장 부호의 명칭에 대하여〉. 《한중인문학연구》 34.

하성욱. (2011). 〈고등학생용 어문 규범 지식 측정 도구 개발 연구—한글 맞춤법 규정을 중심으로〉. 《한국문법교육학회 학술발표논문집》 2011(1).

한원형. (2011). 〈문장부호 '?' '!'의 한일 대조 연구〉. 《일본언어문화》 18.

허재영 · 이규범. (2011). 〈어문 규범 교재의 실제〉. 《문법 교육》 14.

신호철. (2011). 〈중, 고등학생의 문장 부호 사용 양상 조사〉. 《한민족문화연구》 37.

신호철. (2011). 〈문장 부호의 재개념화와 설정 기준〉. 《국어교육》 135.

허재영. (2011). 〈국어 표기 규범화 과정에서 나타난 '역사적 철자법'의 성격〉. 《어문연구》 68.

김미미. (2012). 〈한글 子音字 배열의 역사적 변천과 그 수정의 필요성〉. 《국어사연구》 14.

박동근. (2012). 〈웹 검색 엔진을 활용한 어문규범 오류 실태의 계량적 추출 방법〉. 《언어과학연구》 63.

박준범. (2012). 〈부사파생접미사 "–이", "–히" 관련 몇 가지 문제—한글 맞춤법 제25항과 제51항을 중심으로〉. 《人文研究》 65.

송대헌. (2012). 〈한글 맞춤법 고찰—한글 맞춤법의 예외 규정을 중심으로〉. 《牛岩論叢》 34.

신호철. (2012). 〈대학 글쓰기 수업에서 문장 부호 교육 방안 연구—대학생의 문장 부호 사용과 인식 실태 조사를 중심으로〉. 《우리어문연구》 43.

양순임. (2012). 〈'ㅎ' 불규칙용언의 표기 규정에 대한 고찰〉. 《韓民族語文學》 62.

윤근수. (2012). 〈등산법을 이용한 한국어 맞춤법교정기의 분석〉. 《한국전자통신학회 논문집》 7(4).

윤천탁. (2012). 〈교과용 도서의 문장 부호 사용 실태와 문제점 해결 방안〉. 《청람어문교육》 45.

이관규. (2012). 〈한글 맞춤법의 성격과 원리〉. 《한말연구》 30.

이상혁. (2012). 〈〈훈민정음〉(1446)과 어문규정(1988)의 역사적 상관성 연구—〈해례〉의 규정과 〈한글 맞춤법〉을 중심으로〉. 《漢城語文學》 31.

이선웅. (2012). 〈문장부호에 대한 국어학적 고찰〉. 《국어학》 64.

임보선. (2012). 〈남북 문장부호 규정의 비교와 통일 방안—내용적 측면 중 기능에 대해서〉. 《泮橋語文研究》 33.

정희창. (2012). 〈'국어 규범'과 '글쓰기'〉. 《작문연구》 14.

최호철. (2012). 〈북한 「조선말규범집」의 2010년 개정과 그 의미〉. 《어문논집》 65.

강보선. (2013). 〈한글 맞춤법 교육 내용 연구〉. 《국어교육연구》 31.
고영근. (2013). 〈문장 부호와 각주 배치 및 문단 잡기 등에 대한 소견〉. 《새국어생활》 23(4).
곽재용. (2013). 〈이중언어 강사 교육에서 한국어문규범 지도 방안〉. 《한국초등국어교육》 53.
김도훈. (2013). 〈영어 문장부호 하이픈(hyphen)과 한국어 문장부호 붙임표의 비교 및 영한 번역 전략〉. 《영어영문학21》 26(1).
김한샘. (2013). 〈"문장 부호" 개정의 쟁점과 과제〉. 《한국어학》 61.
柳勝國. (2013). 〈文章符號 規定의 改定方向에 대한 考察〉. 《국어국문학》 163.
리의도. (2013). 〈어문규범 갖추기에 쏟은 조선어학회의 노력〉. 《국제어문》 59.
리의도. (2013). 〈한국어 한글 표기법의 변천〉. 《한글》 301.
박상훈. (2013). 〈북과 남의 차이에 대한 고찰〉. 《중국조선어문》 185.
여은지. (2013). 〈대학 글쓰기 수업에서의 어문 규정 교육—한글 맞춤법을 중심으로〉. 《건지인문학》 9.
유성희 · 김정남. (2013). 〈'X-이'형 부사와 'X-히'형 부사의 형태와 표기〉. 《우리말글》 58.
이관규. (2013). 〈문장 부호와 국어 교육〉. 《한국어학》 61.
이상혁. (2013). 〈남북 서사규범의 역사성과 그 상관 관계 연구—〈훈민정음〉(1446) 및 〈한글마춤법통일안〉(1933)과의 대응을 중심으로〉. 《漢城語文學》 32.
임보선. (2013). 〈문장부호 개정안(2013)과 "문장부호법"(2010)의 비교〉. 《한국어학》 61.
정희창. (2013). 〈국어 표기법의 문법적 해석〉. 《泮矯語文硏究》 34.
정희창. (2013). 〈문장 부호의 띄어쓰기〉. 《한국어학》 61.
고아라. (2014). 〈한글 맞춤법 해설 텍스트 분석〉. 《건지인문학》 12.
권경일. (2014). 〈탐구 능력 향상을 위한 어문 규범 교육 내용 구성의 제안〉. 《문법 교육》 22.
김성옥. (2014). 〈두음법칙의 표기에 대한 고찰〉. 《한국언어문학》 88.
김정선. (2014). 〈대학생의 어문규범 실태 조사와 능력 평가〉. 《한국언어문학》 90.
리의도. (2014). 〈한국 언론매체의 말글과 어문 규범〉. 《겨레어문학》 53.
박동근. (2014). 〈웹 검색을 이용한 맞춤법 오류의 변화 양상 연구—사이시옷 표기를 중심으로〉. 《문법 교육》 21.
박종호 · 김보은. (2014). 〈대학생들의 띄어쓰기 사용 실태 분석과 그 교육 방안 연구—교양 글쓰기 수강 대학 1학년을 대상으로〉. 《교양교육연구》 8(3).
송철의. (2014). 〈주 시경 선생의 표기법〉. 《한글》 305.
양영희. (2014). 〈현행 한글맞춤법의 호칭어 띄어쓰기 혼란에 대한 해결 방안 제시—'(-)님'과 '(-)씨'를 중심으로〉. 《사회언어학》 22(3).

연규동. (2014). 〈표기 규범과 문자—한자어의 표기 원리〉. 《한글》 304.
우형식. (2014). 〈국어 된소리 표기법의 변천 양상〉. 《우리말연구》 39.
이진성. (2014). 〈한국 대학생들의 맞춤법 오용실태〉. 《사회언어학》 22(3).
정희창. (2014). 〈어문 규범의 현황과 전망〉. 《우리말 글》 60.
강진주. (2015). 〈1930년대 중반 조선중앙일보에 실린 신문연재소설의 표기 변화에 대한 연구—이태준의 장편 소설 3편을 대상으로〉. 《우리어문연구》 51.
신호철. (2015). 〈문장 부호 규정의 수정과 앞으로의 방향〉. 《한국어학》 67.
김양진. (2015). 〈띄어쓰기의 성립과 어절의 개념〉. 《국어국문학》 171.
민현식. (2015). 〈우리 말글 정책의 회고와 전망. 《광복 70년의 말글 사용 변천에 관한 자료 조사》〉. 국립국어원.
박종덕. (2015). 〈어간의 끝음절 "하-" 준말 표기 양상—국민 통합 차원의 「한글 맞춤법」을 모색하며〉. 《한민족문화연구》 50.
박종미. (2015). 〈한글 맞춤법 이해력 신장을 위한 문법 교육 내용 연구〉. 《우리말글》 64.
신호철. (2015). 〈국가 수준 평가 문항 분석을 통한 어문 규범 교수·학습 방안〉. 《語文論集》 64.
신호철·김부연·이규범. (2015). 〈〈한글 맞춤법〉 오표기 양상에 대한 연구〉. 《문법 교육》 23.
안예리. (2015). 〈한글마춤법통일안과 《동아일보》의 철자법—어문 규범과 언어 현실의 관계에 대한 고찰〉. 《泮橋語文研究》 39.
유현경·유미향·박보현. (2015). 〈한글 맞춤법 개선 방향 제시를 위한 외국의 표기 규범 비교〉. 《문법 교육》 23.
이관규. (2015). 〈한글 맞춤법의 변천〉. 《문법 교육》 25.
이관규. (2015). 〈어문 규범 정책의 전개와 과제〉. 《광복 70년의 말글 사용 변천에 관한 자료 조사》. 국립국어원.
이관규·유미향·박보현. (2015). 〈어문 규범 영향 평가의 개념 및 연구 방법〉. 《국어교육》 150.
이관규·주세형·정지현. (2015). 〈〈한글 맞춤법〉 쟁점 조항에 대한 이해도와 수용도 조사 연구〉. 《문법 교육》 23.
이동석·이경숙·이지현. (2015). 〈한글 맞춤법 조항에 대한 몇 가지 쟁점—전문가의 의식 조사를 바탕으로〉. 《문법 교육》 23.
이상혁. (2015). 〈〈한글간소화방안〉과 표음주의, 그 국어학사의 굴절—〈한글 맞춤법 통일안〉 형태주의와의 대립을 중심으로〉. 《한성어문학》 34.
이선웅·양명희. (2015). 〈한글 맞춤법 총칙 제1항과 일부 조항에 대한 검토〉. 《국어교육연구》 58.

이승희. (2015). 〈어문 규범 교육과 연계한 국어사 교육 연구—고등학교 "국어 2" 교과서를 중심으로〉. 《한민족문화연구》 49.
임석규. (2015). 〈〈한글 맞춤법〉의 용례 제시 방식에 대하여〉. 《한국어학》 69.
정희창. (2015). 〈어법과 문법—한글 맞춤법을 중심으로〉. 《比較文化硏究》 39.
정희창. (2015). 〈한글 맞춤법의 비판적 검토와 개정 방향〉. 《우리말글》 65.
조창규. (2015). 〈중등학교 문법 수업과 연계한 어문 규범 교육 방안〉. 《한국언어문학》 95.
하성욱. (2015). 〈고등학생용 한글 맞춤법 지식 측정 도구 개발 연구〉. 《한국어문교육》 18.
허재영 · 신희성. (2015). 〈한글 맞춤법 관리 방법 개선에 대한 기초 연구〉. 《문법 교육》 23.
박종관. (2016). 〈남북한 맞춤법의 비교 · 분석을 통한 맞춤법 교수 · 학습 내용 연구〉. 《국어국문학》 175.
박종미. (2016). 〈알고-휴리스틱 이론을 적용한 한글 맞춤법 원리의 교수 설계 방법〉. 《국어교육》 155.
박창원. (2016). 〈한글맞춤법 총칙 제1항의 음운론(1)—"소리"라는 존재의 본질과 실재〉. 《언어와 정보 사회》 27.
박창원. (2016). 〈한글맞춤법 총칙 제1항의 음운론(2)—'어법'으로 표출된 공시태와 통시태〉. 《이화어문논집》 40.
손현익. (2016). 〈한국어 문장 부호법과 러시아어 구두법 비교 연구—2015 「한글 맞춤법 일부 개정안」을 중심으로〉. 《동유럽발칸연구》 40(1).
양정호. (2016). 〈〈한글 맞춤법〉의 텍스트 내적 완결성에 대한 거시적 측면에서의 고찰〉. 《텍스트언어학》 40.
이관규. (2016). 〈남북한 어문 정책의 동질성 회복 방안에 대한 연구〉. 《국어국문학》 176.
이동석. (2016). 〈한글 맞춤법 어원 설명의 문제점〉. 《民族文化硏究》 71.
정경일. (2016). 〈국어 어문규범의 표기대상—한글맞춤법과 외래어표기법의 경우〉. 《한국어학》 71.
정희창. (2016). 〈어문 규범의 대중화와 국어사전〉. 《語文學》 131.
정희창 · 이선영. (2016). 〈국어 준말의 규범적 분석〉. 《한민족문화연구》 56.
김미월. (2017). 〈중국 조선어와 한국어 어휘의 표기 차이〉. 《중국조선어문》 210.
김원. (2017). 〈독일어와 한국어의 문장 부호 규정 비교〉. 《人文科學硏究》 35.
김인택. (2017). 〈한글맞춤법 통일에서의 주변부의 역할〉. 《코기토》 81.
김정태. (2017). 〈《우리말본》과 한글 맞춤법〉. 《나라사랑》 126.
문영희 · 조일영. (2017). 〈중국 2016년 개정 「조선말 띄여쓰기」의 변화 내용과 남북한 현행 띄어쓰기 규정 비교〉. 《어문논집》 81.
양정호. (2017). 〈〈한글 맞춤법〉의 텍스트 내적 완결성에 대한 미시적 측면에서의 고찰〉.

《텍스트언어학》 42.
유경민. (2017). 〈국어 불규칙 활용에 대한 기술 내용의 변화—'한글 맞춤법'류 및 '학교 문법서'류를 중심으로〉. 《국어교육》 156.
유민호. (2017). 〈'갖다'는 '가지다'의 준말인가?〉. 《형태론》 19(2).
이성우 · 신중진. (2017). 〈남북 전문용어 통합과 어문 규범 및 문제〉. 《한국사전학》 29.
이지수. (2017). 〈부사 파생 접미사 '-이/-히'에 대한 표기사적 검토〉. 《국제어문》 72.
주지연. (2017). 〈의사결정수업을 활용한 어문규범 교육 방안 연구—〈한글맞춤법〉 내용 중, 의존명사의 띄어쓰기 문제를 중심으로〉. 《國語教育學硏究》 52(4).
한재영. (2017). 〈외국인을 위한 한글맞춤법 시안 연구〉. 《한국어교육》 28(4).
허재영. (2017). 〈일제 강점기 한글 표기론과 교수 방법론의 국어교육사적 의미〉. 《어문론총》 73.
강소영. (2018). 〈대학 글쓰기에서 어문 규정에 대한 효과적인 교육 방법 연구—한국교통대학교 글쓰기 수업 사례를 중심으로〉. 《한국문예창작》 17(2).
박정규. (2018). 〈《한글 맞춤법》의 '띄어쓰기 규정' 개선안 일고찰〉. 《우리말연구》 54.
손춘섭. (2018). 〈한국어 어문 규범의 복잡성과 표기 오류의 상관성 연구〉. 《한국어교육연구》 9.
이경미. (2018). 〈대학생의 글에 나타난 띄어쓰기 오류 유형〉. 《어문연구》 97.
이보라미 · 정희창. (2018). 〈국어 교사를 위한 한글 맞춤법 교육 내용 연구〉. 《우리말글》 78.
이선웅. (2018). 〈표준어 관련 규정 및 새 해설에 대한 검토〉. 《泮橋語文硏究》 48.
임석규. (2018). 〈경음화(硬音化)와 한글 맞춤법〉. 《어문연구》 46(1).
정희창. (2018). 〈'한글 맞춤법 해설'의 분석과 발전 방향〉. 《泮橋語文硏究》 48.
제민경. (2018). 〈학습자의 탐구 활동과 문법 지식—언어 규범에 대한 탐구 활동에서 비계로 작용하는 지식은 무엇인가〉. 《학습자중심교과교육연구》 18(7).
최형기. (2018). 〈고등학교 국어 수업에서 한글 맞춤법 교육 내용 연구〉. 《인문사회 21》 9(6).
최형용. (2018). 〈실태 조사를 바탕으로 한 사이시옷 표기 규정의 개선 방안에 대하여〉. 《언어와 정보 사회》 34.
한지형 · 김윤슬 · 염철호. (2018). 〈일제강점기 가톨릭교회의 한글 맞춤법 이해—《Viribus Unitis》를 중심으로〉. 《가톨릭신학》 33.
황경수. (2018). 〈한글 맞춤법으로 본 조명희의 《봄잔듸밧위에》 연구〉. 《영주어문》 40.
민현식. (2019). 〈한글 맞춤법 띄어쓰기의 실용성 증진 방안 연구〉. 《문법 교육》 35.
박종관. (2019). 〈중학교 학습자를 위한 연음 중심의 한글 맞춤법 교수 · 학습 내용 연구〉. 《문법 교육》 36.

신지연. (2019). 〈〈한글맞춤법〉 '소리대로 적되'의 의미〉. 《국어학》 92.
이기연. (2019). 〈어문규범의 교육 방향 탐색—한글맞춤법을 중심으로〉. 《國語教育學研究》 54(4).
이상신. (2019). 〈겹받침 관련 어문 규정 연구〉. 《어문연구》 47(2).
이지수. (2019). 〈'한글 맞춤법 해설(2018)'의 개정 내용 분석 및 교육적 활용 방안〉. 《泮橋語文研究》 51.
전경. (2019). 〈우리말 띄여쓰기에 대한 소견〉. 《중국조선어문》 222.
정희창. (2019). 〈표기 단위로서의 형태소〉. 《한민족문화연구》 65.
남윤진. (2020). 〈한국어 학습자의 한글 맞춤법 오류에 대한 고찰〉. 《인문과학연구》 65.
박용찬. (2020). 〈'한글 맞춤법'의 원칙 및 원리에 대한 재고찰〉. 《語文學》 147.
박정아. (2020). 〈한국인과 외국인 학습자의 한글맞춤법 지식 정도 차이 연구〉. 《우리말연구》 61.
박효정. (2020). 〈「한글 맞춤법」(1988)의 '사이시옷'에 대해서〉. 《인문과학연구》 65.
정희창. (2020). 〈남북 어문 규범의 단일성과 다양성—표준어 맞춤법, 문화어 맞춤법을 중심으로〉. 《국제어문》 84.

1.3 한글 맞춤법—단행본

조선총독부. (1912). 〈보통학교용 언문철자법〉. 《역문》 2-3-8.
조선총독부. (1921). 〈보통학교용 언문철자법대요〉. 《역문》 2-3-8.
조선총독부. (1930). 〈언문철자법〉. 《역문》 2-3-8.
박승빈. (1936). 《'한글마춤법통일안' 비판》. 경성: 통문관.
조선어학회. (1946). 《한글 맞춤법 통일안》. 조선어학회.
김병제. (1946). 《한글맞춤법 해설》. 정음사.
김용진 편. (1946). 《한글 맞춤법 해설 방안》. 평양: 조선출판사.
조선 어문 연구회. (1950)[1948 공포]. 《조선어 신철자법》. 평양: 조선 어문 연구회.
조선어 및 조선 문학 연구소. (1954). 《조선어 철자법》. 조선민주주의인민공화국 과학원 편집 출판 위원회.
한글학회. (1958). 《한글 맞춤법 통일안》. 한글학회.
이희승. (1959). 《한글맞춤법통일안 강의》. 신구문화사.
이기문. (1963). 《국어표기법의 역사적 연구》. 한국연구원.
국어사정위원회. (1966). 《조선말규범집》. 평양: 사회과학원출판사.

김민수. (1969).《국어 표기법 사전》. 일조각.
한글학회. (1971).《한글학회 50년사》. 한글학회.
김민수. (1973).《국어정책론》. 탑출판사.
김희보. (1980).《한글 바로 띄어쓰기》. 종로서적.
한글학회. (1980).《한글 맞춤법》. 한글학회.
김민수. (1982).《신국어학사》. 일조각.
대구대어문연구회. (1982).《한글맞춤법과 표준어 규정》. 대구대학교출판부.
김민수. (1985).《북한의 국어연구》. 고려대학교출판부.
남광우. (1985).《국어국자논집》. 일조각.
김계곤. (1987).《한글 맞춤법 풀이》. 과학사.
문교부. (1987).《편수자료 II-2-외래어 표기 용례(인명 · 지명)》. 대한교과서주식회사.
국어사정위원회. (1988)[1987 공포].《조선말규범집(수정판)》. 평양: 사회과학출판사.
문교부. (1988).《편수자료 II-4-한글맞춤법,표준어규정,국어의 로마자표기법(표기용례)》. 대한교과서주식회사.
이민우. (1988).《새 맞춤법 · 표준어에 따른 바른말 사전》. 탑출판사.
이은정. (1988).《한글맞춤법 표준어 해설》. 대제각.
조영희. (1988).《새 한글 맞춤법 띄어쓰기의 이론과 실제》. 신아출판사.
허웅. (1988).〈맞춤법 · 표준말과 국어생활〉.《국어생활》13. 국어연구소.
고영근 편. (1989).《북한의 말과 글》. 을유문화사.
미승우. (1989).《새 맞춤법과 표준어 해설》. 지학사.
북한언어연구회 편. (1989).《북한의 어학혁명》. 백의.
이희승 · 안병희. (1989).《한글 맞춤법 강의》. 신구문화사. (개정판 1994)
최태영. (1989).《한글 맞춤법 강해》. 숭실대학교 출판부.
한글학회. (1989).《한글 맞춤법 통일안(1933~1980)》. 한글학회.
이승구. (1990).《정서법자료》. 대한교과서.
최종근. (1990).《새한글 맞춤법 용례집》. 이사야법조각.
김민수 편. (1991).《북한의 조선어 연구사 1~4》. 녹진.
국립국어연구원. (1992).《북한의 언어 정책》. 국립국어연구원.
신창순. (1992).《국어정서법연구》. 집문당.
신창수 · 지춘수 · 이인섭 · 김중진. (1992).《국어표기법의 전개와 검토》. 한국정신문화연구원.
이익섭. (1992).《국어 표기법 연구》. 서울대학교출판부.
이은정. (1992).《남북한 어문 규범 어떻게 다른가》. 국어문화원.

조영희. (1992).《한글 맞춤법 띄어쓰기 방법》. 문예연구사.
원영섭. (1993).《띄어쓰기 · 맞춤법 용례》. 세창출판사.
이은정. (1993).《남북한 어문 규범 비교》. 대제각.
한글연구회. (1993).《새한글 맞춤법 및 용례집》. 이사야법조각.
강병륜. (1994).《국어정서법》. 장원전자출판.
고영근. (1994).《통일시대의 語文問題》. 길벗.
류영남. (1994).《말글밭》. 육일문화사.
이상억. (1994).《국어 표기 4법 논의》. 서울대학교출판부.
전영우. (1994).《바른 말 고운 말》. 집문당.
최기호. (1994).《한글맞춤법 새 길라잡이》. 토담.
최종근. (1994).《새한글 맞춤법 강의》. 이사야법조각.
편집부. (1994).《편수자료 II—한글 맞춤법 · 표준어 규정 · 국어의 로마자 표기법, 표기용례》. 문교부.
김봉모. (1995).《국어정서법》. 세종출판사.
박갑수. (1995).《우리말 바로 써야 한다 1》. 집문당.
박인환. (1995).《바른 우리말》. 자유시대사.
이광호 · 장소원. (1995).《국어 정서법》. 한국방송통신대학출판부.
최태영. (1995).《한글 맞춤법 강해》. 숭실대학교출판부.
설의웅. (1996).《띄어쓰기와 맞춤법 문장 구조와 도해법》. 대광문화사.
이성구. (1996).《국어 정서법》. 애플기획.
이은정. (1996).《남북한 어문 규범 고찰》. 백산출판사.
임규홍. (1996).《틀리기 쉬운 우리말 바로 쓰기》. 신아사.
리의도. (1997).《말을 잘하고 글을 잘 쓰려면 꼭 알아야 할 것들》. 석필.
서정욱. (1997).《국어 정서법의 이론과 실제》. 문창사.
우형식. (1997).《국어 정서법》. 부산외국어대학교 출판부.
원영섭. (1997).《사진으로 배우는 한글 맞춤법》. 세창출판사.
원영섭. (1997).《예문으로 배우는 한글 맞춤법》. 세창출판사.
김민수 편. (1997).《김정일 시대의 북한언어》. 태학사.
이현복 · 임홍빈 · 김하수 · 박형익. (1997).《한글 맞춤법 무엇이 문제인가》. 태학사.
편집부. (1997).《국어정서법》. 학문사.
성기지. (1998).《맞춤법 사슬을 풀어주는 27개의 열쇠》. 박이정.
연규동. (1998).《「통일시대」의 한글 맞춤법》. 박이정.
이기문. (1998).《훈몽자회연구》. 서울대학교출판부.

훈민정음연구소. (1998).《국어 정서법 익히기》. 애플기획.
권용경. (1999).《새한글 맞춤법사전》. 집현전.
남태현. (1999).《새한글 맞춤법 띄어쓰기와 교정의 실제》. 연암출판사.
리의도. (1999).《이야기 한글 맞춤법》. 석필.
민현식. (1999).《국어 정서법 연구》. 태학사.
박홍길. (1999).《국어 정서법 연구》. 한국문화사.
이종운. (1999).《새한글 맞춤법사전》. 집현전.
고영근 편. (2000).《북한 및 재외교민의 철자법 집성》. 역락.
국어사정위원회. (2000).《조선말 띄여쓰기규범》. 동경: 학우서방.
미승우. (2000).《새 맞춤법과 교정의 실제》. 어문각.
성기지. (2000).《생활 속의 맞춤법 이야기》. 역락.
이재석. (2000).《알기쉬운 어문규범집》. 문화관광부.
이한. (2000).《띄어쓰기 · 맞춤법》. 초록배매직스.
정현필. (2000).《우리말 편람》. 한올출판사.
조선로동당출판사. (2000).《김일성전집》32. 조선로동당출판사.
기주연. (2001).《한글 맞춤법 안내》. 박이정.
김기혁 · 최상진 · 김지형 · 호정은. (2001).《국어의 문법과 맞춤법》. 경진문화사.
조선로동당출판사. (2001).《김일성전집》36. 조선로동당출판사.
최기호. (2001).《좋은글 올바른 글 쓰기 새 길라잡이》. 동광출판사.
최혜원. (2001).《어문 규범 준수 실태 조사》. 국립국어연구원.
국립국어연구원. (2002).《한글 맞춤법, 표준어 규정 해설집 발간을 위한 기초 연구》. 국립국어연구원.
김민수 편. (2002).《남북의 언어 어떻게 통일할 것인가》. 국학자료원.
김창근. (2002).《바른말 바른글》. 육일문화사.
나찬연. (2002).《한글 맞춤법의 이해》. 월인.
박인환. (2002).《선생님 이 말이 맞아요?》. 세원미디어.
엄태수. (2002).《한글 표기법과 글쓰기에 관한 연구》. 지식과교양.
원영섭. (2002).《바른 띄어쓰기 맞춤법》. 세창출판사.
원영섭. (2002).《틀린말 바른말》. 참이슬.
이선웅. (2002).《우리말 우리글 묻고 답하기》. 태학사.
이정란. (2002).《고운말 바른글 여행》. 한반도.
KBS한국어연구회. (2003).《바른말 고운말》. 한국방송출판.
강희숙. (2003).《국어 정서법의 이해》. 역락.

김기혁. (2003).《우리말 알고 쓰기》. 경진문화사.
최병선. (2003).《한글 정서법의 실제와 원리》. 경진문화사.
편집부. (2003).《한글 맞춤법 띄어쓰기—표준어 · 외래어표기 · 문장부호》. 민족문화사.
국립국어원. (2004).《남북한 어문 규범 비교 연구》. 국립국어원.
우형식. (2004).《한글과 정서법》. 부산외국어대학교 출판부.
이수열. (2004).《말이 올라야 나라가 오른다 1》. 한겨레.
전태익. (2004).《전태익의 우리말 사랑》. 오늘의문학사.
한용운 · 정상훈. (2004).《한글 맞춤법의 이해와 실제》. 한국문화사.
김동찬. (2005).《조선어규범리론》. 평양: 사회과학출판사.
김인후. (2005).《조선인민의 글자생활사》. 평양: 사회과학출판사.
김정태. (2005).《한글맞춤법의 이해와 실제》. 충남대학교 출판부.
김주미. (2005).《현대인의 바른 국어 생활》. 경진문화사.
김진규. (2005).《맞춤법과 표준어》. 공주대학교출판부.
북피아 편집부. (2005).《한글맞춤법 띄어쓰기》. 북피아.
이주행. (2005).《한국어 어문 규범의 이해》. 보고사.
이진원. (2005).《우리말에 대한 예의》. 서해문집.
전수태. (2005).《남북한 어문 규범 연구사》. 국립국어원.
정순기 · 리근용 · 리호경 · 장근수 · 장영남 · 안순남. (2005).《조선로동당언어정책사》. 평양: 사회과학출판사.
중앙일보 어문연구소 우리말 바루기 팀. (2005).《한국어가 있다 1》. 커뮤니케이션북스.
최병선. (2005).《좋은글의 시작 올바른 맞춤법》. 동광출판사.
최정후 · 김성근. (2005).《조선어규범변천사》. 평양: 사회과학출판사.
최정후 · 김성근 · 류렬. (2005).《조선어규범변천사》. 평양: 사회과학출판사.
고광노. (2006).《잡았다 한글맞춤법》. 사이시옷.
고창운. (2006).《한글 맞춤법 해설과 이해》. 경진문화사.
김슬옹 외. (2006).《나만 모르는 우리말》. 모멘토.
김유동. (2006).《편집자도 헷갈리는 우리말》. 삶과꿈.
김정우. (2006).《국어 어문규범 365》. 경남대학교출판부.
박인환. (2006).《간추린 우리말 바로쓰기》. 지식산업사.
이종운. (2006).《국어의 맞춤법 표기》. 세창출판사.
강희숙. (2007).《시로 읽는 국어 정서법》. 글누림.
구법회. (2007).《우리말 돋보기》. 보고사.
김광희. (2007).《어문규범과 언어생활》. 학문사.

김봉모. (2007).《국어 정서법 강의》. 세종출판사.
나찬연. (2007).《국어의 규범》. 제이앤씨.
박종덕. (2007).《생활국어 정서법 연구》. 정인.
신창순. (2007).《국어 근대 표기법의 전개》. 태학사.
정희창. (2007).《우리말 맞춤법 띄어쓰기》. 랜덤하우스코리아.
중국조선어사정위원회 편찬. (2007).《조선말규범집》. 연길: 연변인민출판사.
종이책 편집부. (2007).《친절한 맞춤법》. 종이책.
김영선. (2008).《국어정서법》. 세종출판사.
박갑수. (2008).《통일시대의 어문문제》. 길벗.
박종덕. (2008).《한글 맞춤법 연구》. 파미르.
박형익. (2008).《한국 어문 규정의 이해》. 태학사.
황경수. (2008).《한국 어문 규정의 이해》. 청운.
김정우. (2009).《국어 어문규범 365가지》. 경남대학교출판부.
이정란. (2009).《글 잘쓰기 위한 쉬운 맞춤법》. 버들미디어.
최병선. (2009).《(교양의 조건) 한글 맞춤법》. 역락.
강희숙. (2010).《국어 정서법의 이해》. 역락.
국어사정위원회. (2010).《조선말규범집》. 제2판. 평양: 사회과학원인쇄공장.
김광희. (2010).《정서법과 바른 국어생활》. 학문사.
김기종. (2010).《우리말 4원칙의 현황과 통일안 모색》. 한국문화사.
김미형 외. (2010).《한국어 정서법과 교열》. 한국문화사.
여세주. (2010).《한국어 어문 규정 강의》. 정림사.
유태영. (2010).《2주 완성 한글 맞춤법》. 신구문화사.
이관규 · 이동석 · 신호철. (2010).《문장 부호 규정 개정의 정책 효과 연구》. 문화체육관광부.
이희승 · 안병희 · 한재영. (2010).《한글 맞춤법 강의》. 신구문화사. (증보판 2015; 개정판 2016; 보정판 2018)
전영표. (2010).《국어 표준 규정과 편집기호 콘텐츠》. 시간의물레.
강희숙. (2011).《국어 정서법의 이해(개정판)》. 역락.
김진규. (2011).《국어 정서법의 이해》. 공주대학교출판부.
운재열. (2011).《고교생이 알아야 할 우리말》. 글벗.
허재영. (2011).《나는 국어의 정석이다》. 행성B잎새.
황경수. (2011).《문식력을 키우는 우리말글》. 청운.
황경수. (2011).《글쓰기 위한 우리말 좋은글》. 청운.
권재일. (2012).《북한의《조선어학전서》연구》. 서울대학교출판문화원.

金永寿. (2012).《中国朝鲜语规范原则与规范细则研究》. 베이징: 人民出版社.
김진규. (2012).《한글 맞춤법 바로 알기》. 다래헌.
미래컨텐츠창작연구소. (2012).《60초 생활코칭—맞춤법&띄어쓰기》. 21세기북스.
박창원. (2012).《한국어의 표기와 발음》. 지식과교양.
윤천한. (2012).《세종대왕님이 진노하신다》. 숨소리.
이관규 · 허재영 · 김유범 · 주세형 · 신호철 · 이영호. (2012).《차곡차곡 익히는 우리말 우리글 1》. 박이정.
이관규 · 허재영 · 김유범 · 주세형 · 신호철 · 이영호. (2012).《차곡차곡 익히는 우리말 우리글 2》. 박이정.
정영벽 · 김진호. (2012).《생활 속 글쓰기의 어문규범》. 박이정.
김남미. (2013).《100명 중 98명이 틀리는 한글 맞춤법》. 나무의철학.
김주우. (2013).《하루 3분 우리말 맞춤법》. 길벗이지톡.
나찬연. (2013).《국어 어문 규범의 이해》. 월인.
서덕주. (2013).《한글 맞춤법과 어법》. 형설.
서상준 · 손춘섭. (2013).《한국어 어문 규범》. 역락.
여문주. (2013).《어이없이 틀리는 우리말 맞춤법 500》. 인이레.
이주행. (2013).《어문 규범의 이해》. 보고사.
최윤곤 · 김성주. (2013).《한국어 어문 규정 입문》. 한국문화사.
한용운 · 정상훈. (2013).《한국 어문 규정》. 한국문화사.
강희숙. (2014).《우리말편지》. 소통.
구법회. (2014).《우리말이 보인다》. 보고사.
권재일. (2014).《남북 언어의 어휘 단일화》. 서울대학교출판문화원.
김하수 · 연규동. (2014).《남과 북의 맞춤법》. 커뮤니케이션북스.
나찬연. (2014).《벼리 국어 어문 규범》. 월인.
박숙희. (2014).《국어 어문 규범》. 역락.
세종과노벨 출판부. (2014).《3시간 만에 배우는 한글 맞춤법 강의》. 유페이퍼.
이관규 · 유현경 · 허재영 · 신호철 · 이동석 · 주세형 · 김수영. (2014).《한글 맞춤법 영향 평가》. 국립국어원.
임성규. (2014).《교사를 위한 국어맞춤법 길라잡이》. 교육과학사.
최종희. (2014).《달인의 띄어쓰기 · 맞춤법》. 국민출판.
고흥준. (2015).《선생님도 헷갈리는 맞춤법 띄어쓰기》. 스콜라.
국립국어원. (2015).《한글 맞춤법 영향 평가》. 휴먼컬처아리랑.
나윤정. (2015).《우리말 밭다리 걸기》. 들녘.

박대순. (2015).《말이 편해야 생각이 편하다》. 일송북.
박태하. (2015).《책 쓰자면 맞춤법》. 엑스북스.
송대헌. (2015).《취업을 위한 우리말 · 글 바로쓰기》. 조율.
스토리클래스 편집부. (2015).《하루 1분 맞춤법 Quiz》. 스토리클래스.
시정곤. (2015).《훈민정음을 사랑한 변호사 박승빈》. 박이정.
이서현. (2015).《맞춤법이 헷갈려?!》. 서울문화사.
이선웅 · 이승희 · 정희창. (2015).《한국어 정서법》. 사회평론.
이영환 · 김홍범. (2015).《과학에서 규범으로》. 율곡출판사.
정재윤. (2015).《틀리기 쉬운 우리말 바로 쓰기》. 현북스.
조창규 · 최형기. (2015).《교사를 위한 국어 어문 규정 강의》. 태학사.
허철구. (2015).《우리말 규범의 이해》. 역락.
박창원. (2016).《한국어의 음운과 문자》. 지식과교양.
백두현. (2016).《한국어는 나의 힘》. 한국문화사.
최종희. (2016).《달인의 띄어쓰기 · 맞춤법》. 국민출판.
홍성지. (2016).《맞춤범 잡는 글쓰기》. 지에밥.
강희숙. (2017).《한국어 어문 규정의 이해》. 역락.
김영주. (2017).《어휘 맞춤법 띄어쓰기》. 휴먼어린이.
박종호. (2017).《교양으로 알아야할 문법과 맞춤법》. 청운.
엄지인. (2017).《안녕? 나의 한글 맞춤법》. 다락원.
이주희. (2017).《맞춤법이 궁금해?》. 좋은꿈.
이호권. (2017).《맞춤법과 표준어》. 한국방송통신대학교출판문화원.
임규홍. (2017).《국어문법 언어규범 공공언어 강의》. 박이정.
장은주. (2017).《우리말의 특급 비밀, 맞춤법 따라쓰기》. 다락원.
정희창. (2017).《'한글 맞춤법', '표준어 규정' 해설 개정》. 국립국어원.
조형일. (2017).《한국 어문 규범》. 박이정.
종이책. (2017).《똑똑한 우리말 맞춤법》. 종이책.
국립국어원. (2018).《한국 어문 규정집》. 국립국어원.
백태명. (2018).《공부왕이 즐겨 찾는 맞춤법 · 띄어쓰기》. 국민.
손춘섭. (2018).《한국어의 규범과 예절》. 역락.
심택월. (2018).《우리말을 알다》. 지식공감.
안남영. (2018).《까칠한 우리말》. 리상.
이정은. (2018).《SNS 맞춤법》. 다봄.
임석규. (2018).《맞춤법 따라가기》. 역락.

강미영 · 김수정 · 임지영. (2019).《쉽게 풀어쓴 한국어 어문 규범》. 박문사.
국립국어원. (2019).《한글 맞춤법 표준어 규정 해설》. 부크크.
김홍중. (2019).《현대문법 어문규정》. 넥슨미디어.
나찬연. (2019).《국어 어문 규정의 이해》. 월인.
한재영 · 박지영. (2019).《한국어 교사를 위한 한국어 어문 규범》. 신구문화사.
나찬연. (2020).《벼리 국어 어문 규범》. 2판. 월인.
김남미. (2020).《더+맞춤법》. 태학사.
송현정. (2020).《국어 표기법의 이해와 실제》. 제주대학교출판부.
장은하. (2020).《남북한 맞춤법과 한국어 어휘 연구》. 푸른사상.

2. 표준어 규정

2.1 표준어 규정—학위 논문

정도복. (1990). 〈남북한 국어정책의 비교 연구〉. 조선대학교 교육대학원 석사논문.
김준배. (1992). 〈국어발음 바로 내기를 위한 학습지도 방안—새로 제정된 '표준발음법'에 근거하여〉. 한양대학교 교육대학원 석사논문.
김영진. (1993). 〈남북한의 어문규정 비교 연구〉. 수원대학교 교육대학원 석사논문.
이승주. (1994). 〈올바른 언어생활을 위한 맞춤법 표기 및 표준어 사용 실태조사 연구〉. 이화여자대학교 교육대학원 석사논문.
손정희. (1995). 〈국어 표준어 규정의 어휘 연구〉. 숙명여자대학교 교육대학원 석사논문.
장용수. (1999). 〈중학생들의 표준어 사용에 관한 실태 조사 연구—2학년을 대상으로〉. 건국대학교 교육대학원 석사논문.
함광연. (1999). 〈중학생의 표준어 교육에 관한 연구—춘천지역을 중심으로〉. 강원대학교 교육대학원 석사논문.
박선희. (2000). 〈고등학생의 어문 규정 활용 실태 연구〉. 충남대학교 교육대학원 석사논문.
이경희. (2000). 〈국어 표준어 규정의 문제점 연구〉. 충남대학교 교육대학원 석사논문.
정옥룡. (2000). 〈남북한 어문 규범 비교 연구—한글 맞춤법, 띄어쓰기, 문장 부호, 표준발음법을 중심으로〉. 홍익대학교 교육대학원 석사논문.
김정이. (2001). 〈장단음 교육의 실태 연구—중학교 교육을 중심으로〉. 인천대학교 교육대학원 석사논문.
박영하. (2001). 〈한글 맞춤법과 표준어 사용 실태에 따른 지도 방안〉. 목포대학교 교육대학원 석사논문.
최용기. (2001). 〈남북한 국어 정책 변천사 연구〉. 단국대학교 박사논문.
강성원. (2002). 〈표준발음과 고교생의 현실발음에 대한 비교 연구〉. 가톨릭대학교 교육대학원 석사논문.
차향미. (2003). 〈시각장애학생과 정안학생의 한글맞춤법과 표준어 사용 비교 연구〉. 대구대학교 특수교육대학원 석사논문.
최병림. (2003). 〈탐구 학습을 통한 국어 발음 지도 방안 연구〉. 동아대학교 교육대학원 석사논문.
김태순. (2004). 〈초등학생의 표준발음 지도 방안 연구—받침 발음을 중심으로〉. 한국교원대학교 교육대학원 석사논문.
김평원. (2004). 〈포먼트(formant) 및 '표준 발음법'을 통한 국어 발음 교육 연구〉. 서울대학교 석사논문.
김소희. (2005). 〈표준 어휘 선정 방안 연구〉. 경북대학교 석사논문.
우재규. (2005). 〈표준 발음 학습을 위한 WBI 시스템의 설계 및 구현〉. 부산교육대학교 교육대학원 석사논문.
유은정. (2005). 〈한글 맞춤법과 표준어 규정의 형성 과정에 관한 연구〉. 전북대학교 교육대학원 석사논문.
이수연. (2005). 〈겹받침 체언의 표준 발음 교육에 관한 연구〉. 성균관대학교 교육대학원 석사논문.
이유신. (2005). 〈강남과 강북학생들의 국어 어문규정 사용실태 비교 연구—중 · 고등학교 학생들을 중심으로〉. 한양대학교 교육대학원 석사논문.
임은경. (2005). 〈제7차 국어과 교과서에 나타난 표준어, 맞춤법 교육 연구〉. 이화여자대학교 교육대학원 석사논문.
장보현. (2005). 〈고등학생의 어문 규범 인지 정도에 대한 분석적 고찰〉. 충남대학교 교육대학원 석사논문.
최희선. (2005). 〈국어의 표준 발음 지도 방안 연구〉. 국민대학교 교육대학원 석사논문.
강준상. (2006). 〈초등학교 발음 교육 연구〉. 아주대학교 석사논문.
김지은. (2006). 〈음운 단원을 통한 표준 발음 지도 방안 연구—상황학습이론을 적용한 혼합모형 중심으로〉. 성신여자대학교 교육대학원 석사논문.
김철순. (2006). 〈한글 맞춤법 · 표준어의 사용 방안 연구—서울 지역 20대들의 언어 사용 실태를 중심으로〉. 동국대학교 석사논문.
김현숙. (2006). 〈표준 발음법의 비판적 검토〉. 충북대학교 교육대학원 석사논문.
신미경. (2006). 〈7차 〈문법〉 교과서와 〈국어생활〉 교과서의 비교 연구—표준어와 맞춤법 교육을 중심으로〉. 아주대학교 석사논문.
태려령. (2006). 〈표준어규정에 반영된 음운현상 연구〉. 충남대학교 석사논문.
김지영. (2007). 〈중학교 국어 교과서의 맞춤법 · 표준어 교육 연구〉. 아주대학교 교육대학원 석사논문.
신영선. (2007). 〈유음화 현상에 관한 연구—고등학생의 발음실태를 중심으로〉. 대진대학교 교육대학원 석사논문.
안홍근. (2007). 〈교과서의 국어 규범 내용 및 문제점 분석〉. 한양대학교 교육대학원 석사논문.
조희령. (2007). 〈음운의 변동 규칙과 한글 맞춤법 교육〉. 연세대학교 교육대학원 석사논문.
최정희. (2007). 〈한글 맞춤법 · 표준어 사용 실태 및 지도 방안에 관한 연구—인천지역 중 · 고등학생을 대상으로〉. 인하대학교 교육대학원 석사논문.
강민정. (2008). 〈초등학생 맞춤법 오류 분석과 지도 방안〉. 부산교육대학교 교육대학원 석사논문.
구명진. (2008). 〈남 · 북한 언어 규범 비교 연구〉. 충북대학교 석사논문.
김한나. (2008). 〈국어 교육에서의 규범 교육 현황과 교육적 의의〉. 아주대학교 교육대학원 석사논문.
박혜란. (2008). 〈청소년들의 국어발음실태분석—'ㅚ, ㅟ'를 중심으로〉. 건국대학교 교육대학원 석사논문.
송정애. (2008). 〈다양한 활동을 통한 표준 발음 지도 방안 연구〉. 한국교원대학교 교육대학원 석사논문.
오윤영. (2008). 〈대전 지역 고등학생의 표준어 사용 실태 연구〉. 충남대학교 교육대학원 석사논문.
이경현. (2008). 〈용언의 겹받침 'ㄺ', 'ㄼ'에 대한 음성적 실현 연구—서울 거주 화자들을 중심으로〉. 한국교원대학교 석사논문.
이석형. (2008). 〈국어 규범 교육의 문제점과 개선 방안 연구—고등학교 '국어생활'과 '문법' 교과서 '국어 규범' 단원을 통해〉. 성신여자대학교 교육대학원 석사논문.
이정현. (2008). 〈중학생의 겹받침 발음 실태에 관한 연구〉. 대진대학교 교육대학원 석사논문.
서진희. (2009). 〈남북한 발음법 비교 연구—변동규칙을 바탕으로〉. 대진대학교 석사논문.
이창진. (2009). 〈초등학교 국어과 받침 발음 지도 방안〉. 진주교육대학교 교육대학원 석사논문.
김두식. (2010). 〈고등학생의 표준어 · 한글 맞춤법 인지 실태 분석 연구〉. 충남대학교 교육대학원 석사논문.
박종덕. (2010). 〈국어 교사의 표준어 인식과 사용 실태 연구〉. 연세대학교 특수대학원 석사논문.
최유리. (2010). 〈중학생의 효과적인 발음 교육 방안 연구—춘천 지역 중학생을 중심으로〉. 강원대학교 교육대학원 석사논문.
곽유정. (2011). 〈국어 능력 향상을 위한 어문 규범 교육 방안〉. 진주교육대학교 교육대학원 석사논문.
김남희. (2011). 〈겹받침 발음의 사용 실태와 교수-학습 방안—서울 지역 고등학생을 중심으로〉. 고려대학교 석사논문.
부이티웅옥빛. (2011). 〈한국어와 베트남어의 어문 규정 대조 연구〉. 영남대학교 석사논문.
이규범. (2011). 〈국어 규범 교육을 위한 '표준 발음법' 연구〉. 고려대학교 석사논문.
이승왕. (2011). 〈초등학교 국어 교범 교육 내용 연구〉. 부산대학교 박사논문.
김지영. (2012). 〈고등학생의 어문규정 인지 실태 연구〉. 충남대학교 교육대학원 석사논문.
김지원. (2012). 〈고등학교 표준발음 교육의 효과적 지도방안 연구—2007 개정 교육과정에 따른 고등학교 국어교과서를 중심으로〉. 경희대학교 교육대학원 석사논문.
박영선. (2012). 〈외래어 표기법의 문제점 및 지도 방안 연구〉. 계명대학교 교육대학원 석사논문.
전효진. (2012). 〈표준어 규정의 문제점과 개선 방안 연구〉. 인하대학교 교육대학원 석사논문.
김성아. (2013). 〈표준어 규정의 문제점 연구—제1부 표준어 사정 원칙을 중심으로〉. 부산교육대학교 교육대학원 석사논문.
남혜진. (2013). 〈한글 맞춤법·표준어 규정 교육의 실태와 개선 방안〉. 인하대학교 교육대학원 석사논문.
문은희. (2013). 〈중국 조선어 규범과 한국 어문 규범 비교 연구〉. 연세대학교 석사논문.
임수록. (2013). 〈'ㄴ+ㄹ'과 'ㄹ+ㄴ' 연접형 발음 실태 연구—창원지역 화자를 대상으로〉. 창원대학교 석사논문.
조선화. (2013). 〈텍스트 중심의 영역 통합적 표준어 교육 방안〉. 동국대학교 석사논문.
안수영. (2014). 〈2009 개정 교육과정의 어문 규범 성취 기준 연구—중학교 국어교과서를 중심으로〉. 공주대학교 교육대학원 석사논문.
강인순. (2015). 〈초등학생의 국어 규범 의식 연구—5·6학년 설문 조사를 바탕으로〉. 한국교원대학교 박사논문.
김혜선. (2015). 〈중국인 한국어 학습자의 학습 수준에 따른 발음 특성 연구〉. 영남대학교 석사논문.
문성희. (2015). 〈사잇소리(硬音化) 현상과 聲調의 상관성 연구〉. 경희대학교 석사논문.
박진홍. (2015). 〈중학교 단계에 있는 학생들에 대한 음운 교육 방안 연구〉. 경희대학교 교육대학원 석사논문.
박진홍. (2015). 〈중학교 단계에 있는 학생들에 대한 음운 교육 방안 연구—2009 개정 교육과정 및 새로운 교과서 분석〉. 학생들의 표준 발음 실태 조사를 중심으로 경희대학교 교육대학원 석사논문.
신동혁. (2015). 〈복합어에서 나타나는 경음화 실현 양상 분석〉. 고려대학교 석사논문.
유예서. (2015). 〈국어 어문 규범에 대한 중·고등학생들의 인식 실태 조사〉. 한국교원대학교 석사논문.
이미영. (2015). 〈한국인과 외국인의 한국어 겹받침 발음 실태 비교 및 교육방안 연구〉. 군산대학교 교육대학원 석사논문.
정대찬. (2015). 〈올바른 표준어 구사를 위한 훈련법 연구〉. 경성대학교 석사논문.
한민. (2015). 〈고등학생 표준발음 실태와 효율적 지도방안 연구〉. 서울시립대학교 석사논문.
한민. (2015). 〈고등학생 표준발음 실태와 효율적 지도방안 연구—협력학습을 통한 완전학습을 중심으로〉. 서울시립대학교 대학원 석사논문.
홍문숙. (2015). 〈겹받침 읽기 요소의 체계화 및 지도방안 연구〉. 경인교육대학교 석사논문.
강재연. (2016). 〈현대 국어 /ㄴ/과 /ㄹ/ 연쇄의 발음 실태 조사〉. 연세대학교 석사논문.
고조. (2016). 〈중국인 한국어 학습자의 한국어 겹받침 발음 오류 양상 연구〉. 숭실대학교 석사논문.
김진순. (2016). 〈표준어 인식 실태에 관한 연구〉. 중부대학교 석사논문.
등정정. (2016). 〈한국어와 대만 민남어의 음운론적 대조 연구〉. 숭실대학교 석사논문.
박성희. (2016). 〈한국어 음운 변동 규칙의 교육 방안 연구〉. 인하대학교 교육대학원 석사논문.
정려란. (2016). 〈한국과 중국의 어문 규범에 대한 연구〉. 고려대학교 석사논문.
한형주. (2016). 〈표준 발음법의 교육 내용 연구〉. 한국교원대학교 석사논문.
강은진. (2017). 〈교사와 학습자 발음의 상관관계 분석〉. 전남대학교 석사논문.
박체우. (2017). 〈부산 지역 초등 교사의 국어 발음에 대한 인식 및 실태 조사 연구〉. 부산대학교 교육대학원 석사논문.
이보용. (2017). 〈현대 한국어 발음 사전 편찬을 위한 기초 연구〉. 경기대학교 석사논문.
이재호. (2017). 〈우리말 자음군 단순화의 음성실현에 대해서 'ㄺ, ㄼ, ㄿ'을 중심으로〉. 충남대학교 석사논문.

임선우. (2017). 〈한국어 발음교육을 위한 수의적 음운현상 연구〉. 숭실대학교 석사논문.
노아. (2018). 〈국어 화자의 국어인식 양상에 기반한 국어 규범 교육 방안 연구〉. 이화여자대학교 석사논문.
문영희. (2018). 〈남북한과 중국 조선족 초등학교 교과서의 어문 규범 교수·학습 비교 연구〉. 한국교원대학교 박사논문.
박영은. (2018). 〈고등학교 심화 수준의 '표준 발음법' 교육 내용 연구〉. 이화여자대학교 교육대학원 석사논문.
심혜란. (2018). 〈사잇소리 현상의 교육 내용 연구〉. 한국교원대학교 석사논문.
윤서진. (2018). 〈한국어 학습자를 위한 한글 자모 및 발음 교수 방안 연구〉. 남서울대학교 석사논문.
이의. (2018). 〈사잇소리 경음화에 대한 발음 교육 방안 연구〉. 숙명여자대학교 석사논문.
정광미. (2018). 〈중국인 고급 학습자를 위한 한국어 발음 교육 연구〉. 부산대학교 석사논문.
조다영. (2018). 〈/ㅁ/-/ㄹ/, /ㅇ/-/ㄹ/ 연쇄 발음 연구〉. 연세대학교 석사논문.
손율교. (2019). 〈중국인 학습자를 위한 한국어 어문 규범 교육 연구〉. 전남대학교 석사논문.
송희은. (2019). 〈표준발음법의 교육적 적용 방안 연구〉. 연세대학교 교육대학원 석사논문.
윤재향. (2019). 〈표준 발음법에 기반한 발음 중심 지도가 다문화 학생의 읽기, 쓰기에 미치는 효과에 관한 사례연구〉. 공주교육대학교 교육대학원 석사논문.
진세린. (2019) 〈한국어 겹받침 발음 연구〉. 이화여자대학교 석사논문.
최익찬. (2019). 〈표준어 교육 내용의 재구성 방안 연구〉. 경북대학교 석사논문.

2.2 표준어 규정—일반 논문

이희승. (1932). 〈표준어에 대하여〉. 《조선어문학회보》 3.
정인섭. (1935). 〈표준어 문제〉. 《한글》 3(7).
이윤재. (1936). 〈'사정한 조선어 표준말 모음'의 내용—표준어 발포식 석상에서 설명한 것〉. 《한글》 4(11).
정인승. (1936). 〈표준어 사정과 한자어의 표준음〉. 《한글》 4(11).
송주성. (1937). 〈표준어와 교육〉. 《한글》 5(7).

이극로. (1937). 〈표준어와 사전〉. 《한글》 5(7).
이희승. (1937). 〈표준어 이야기〉. 《한글》 5(7).
조선어 및 조선문학연구소. (1954). 〈제6장 표준 발음법 및 표준어와 관련된 철자법〉. 《조선어 철자법》. 평양: 과학원출판사.
공석기. (1960). 〈국어교육에 있어서 표준어의 중요성〉. 《명지어문학》 1.
언어 문학 연구소. (1960). 〈§13. 표준 발음법〉. 《조선어 문법 1》. 평양: 과학원 출판사.
국어사정위원회. (1966). 〈표준발음법〉. 《조선말규범집》. 조선민주주의인민공화국내각 직속 국어사정위원회.
이강로. (1966). 〈표준어와 발음의 시급한 정상화〉. 《새교실》 11(3).
서재극. (1967). 〈맞춤법 및 표준어〉. 《국어국문학》 34–35.
이응백. (1967). 〈표준어와 정서법에 대하여〉. 《국어국문학》 34–35.
김민수. (1972). 〈표준어문제사〉. 《국어국문학》 68.
남광우. (1973). 〈표준 발음 확립을 위한 준비 작업—기초 한자의 긴소리, 된소리 연구〉. 《문교부연구보고서》.
이원식. (1976). 〈표준어 사정문제〉. 《논문집》 10.
이응백. (1978). 〈표준어에 대하여〉. 《어문연구》 6.
金鎭奎. (1979). 〈맞춤법 · 표준말 改定試案에 對한 一考〉. 《語文研究》 7(3).
남광우. (1979). 〈서울말의 발음 경향과 표준말 재사정 시안의 문제점〉. 《국어순화와 교육》.
이현복. (1979). 〈표준말의 재사정에 따른 문제점〉. 《한글》 163.
남광우 · 이철수 · 유만근. (1980). 〈표준 발음의 검토〉. 《어문연구》 8(3).
이철수. (1980). 〈표준말의 발음 표시〉. 《어문연구》 27.
김형규. (1981). 〈표준말 및 어문관계 표기법 개정안의 문제점〉. 《세종대학 논문집》 8.
남광우 외. (1982). 〈표준국어발음사전 간행을 위한 조사연구〉. 《어문연구》 33.
이익섭. (1983). 〈한국어 표준어의 제문제〉. 《한국 어문의 제문제》. 일지사.
허웅. (1985). 〈국어의 변동 규칙과 한글 맞춤법〉. 《한글》 187.
국어사정위원회. (1985). 〈새로 다듬은 말 몇 가지〉. 《문화어 학습》 1.
국어사정위원회. (1987). 〈문화어발음법〉. 《조선말규범집》. 조선민주주의인민공화국 국어사정위원회.
류영남. (1986). 〈남 · 북한의 표기법 비교와 그 나아갈 길〉. 《어문학교육》 9.
국어연구소. (1987). 〈한글맞춤법 및 표준어 개정안 주요 내용〉. 《국어생활》 9.
국어연구소. (1988). 〈맞춤법 및 표준어 개정 경위〉. 《국어생활》 13.
김문창. (1988). 〈표준어의 제문제〉. 《말과글》 37.
김민수. (1988). 〈개정된 맞춤법과 표준어〉. 《방송심의》 80(4).

박홍길. (1988). 〈맞춤법과 표준말의 논의점—문교부의 것을 중심으로〉. 《새얼어문논집》 4.
서정수. (1988). 〈한글맞춤법과 표준어규정의 최종 심의에 참여하고〉. 《말과글》 33.
이익섭. (1988). 〈국어 표준어의 형성과 변천〉. 《국어생활》 13.
이응백. (1988). 〈'표준어 규정' 해설〉. 《국어생활》 13.
전수태. (1988). 〈북한문화어의 한자어와 외래어〉. 《국어생활》 15.
정재도. (1988). 〈맞춤법 · 표준말규정 · 발음법—문교부 규정들(1988)의 문제점〉. 《한글새소식》 189.
허웅. (1988). 〈맞춤법 · 표준말과 국어 생활〉. 《국어생활》 13.
허웅. (1988). 〈문교부에서 확정 발표한 한글맞춤법과 표준어규정을 보고〉. 《한글새소식》 188.
김무림. (1989). 〈남 · 북한의 표준발음법〉. 《북한의 어학혁명》. 백의.
김민수. (1989). 〈남북한의 현행 맞춤법, 표준어 문제〉. 《새국어교육》 45(1).
김희진. (1989). 〈말하기 교육을 위한 표준어 규정 개정안 변천고〉. 《국어교육》 65.
김희진. (1989). 〈말하기 교육을 위한 표준어 규정 개정안 변천고(II)—어휘 선택의 변화에 따른 표준어 규정을 중심으로〉. 《국제어문》 9-10.
이승욱. (1989). 〈北韓의 文化語에 대한 硏究〉. 《동아연구》 18.
이은정. (1989). 〈새 맞춤법과 표준어규정에서의 몇 문제에 대하여〉. 《한글새소식》 201.
이응백. (1989). 〈달라진 한글 맞춤법과 표준어〉. 《국어교육》 65.
정재도. (1989). 〈고친 맞춤법과 표준말 적용해야 하는 데 조심해야〉. 《말과글》 38.
학회자료. (1989). 〈표준어 규정 해설〉. 《국어교육》 67.
국어연구소. (1990). 〈표준어 모음(문화부 공고 제36호)〉. 《국어생활》 22. 별책.
국어연구소. (1990). 〈표준어모음〉. 《국어생활》 22.
김주필. (1990). 〈'표준어 모음'의 심의 경위와 해설〉. 《국어생활》 22.
김희진. (1990). 〈표준어 규정 고시 이후의 몇 문제〉. 《국어생활》 20.
조재수. (1990). 〈새 표준말을 살펴보니〉. 《한글새소식》 213.
홍연숙. (1990). 〈북한의 문화어와 언어정책〉. 《공산권연구논총》 2.
김주필. (1991). 〈'표준어 모음'의 심의 경위와 해설〉. 《국어생활》 22.
김주필. (1991). 〈'표준어 모음'의 심의 경위와 해설〉. 《한국어연구논문》 28.
송나리. (1991). 〈북한의 표준어사〉. 《북한의 조선어연구사》 2. 녹진.
이성우. (1991). 〈개정된 맞춤법 · 표준어 얼마나 잘 쓰이고 있나〉. 《말과글》 46.
김세중. (1992). 〈표준어규정과 한글맞춤법의 몇 가지 문제〉. 《말과글》 51.
김희진. (1992). 〈한글 맞춤법과 표준어 규정의 개정 경위〉. 《난대 이응백 박사 고희 기념 논문집》.

권인한. (1993). 〈'표준 발음법'과 '문화어발음법' 규정〉. 《새국어생활》 3(1).
송철의. (1993). 〈자음의 발음〉. 《새국어생활》 3(1).
신희삼. (1993). 〈정서법에 관한 몇 가지 제언〉. 《논문집》 12.
리의도. (1995). 〈'표준어규정(1988)'과 '한글 맞춤법(1988)'에 대한 비판적 검토〉. 《국제어문》 16.
이관규. (1995). 〈학교 문법, 한글 맞춤법, 표준 발음법, 외국어 표기법, 국어의 로마자 표기법에 나타난 상치점〉. 《새국어교육》 51(1).
임규홍. (1995). 〈개정 '한글맞춤법'과 '표준어규정', 그 잘못에 대하여〉. 《배달말교육》 13(1).
김상준. (1996). 〈외래어와 발음 문제〉. 《새국어생활》 6(4).
리의도. (1996). 〈'표준어규정(1988)'과 '한글 맞춤법(1988)'에 대한 비판적 검토〉. 《인문사회교육연구》 1.
송철의. (1996). 〈표준어, 표준 발음과 국어 생활의 실제〉. 《새국어생활》 6(2).
이은정. (1996). 〈〈한글 맞춤법 통일안〉 제정과 표준말 사정〉. 《한힌샘 주시경연구》 9.
조창규. (1996). 〈국어의 표준 발음법과 그 교육〉. 《논문집》 17.
이봉원. (1997). 〈북한 표준 발음의 실상〉. 《김정일시대의 북한 언어》. 탑출판사.
이석주. (1997). 〈복수 표기 설정과 표준어 확대 사정〉. 《어문회보》 22.
박덕유. (1998). 〈국어 어문 규정에 대하여—'한글 맞춤법'과 '표준어 규정'의 문제점을 중심으로〉. 《한국학연구》 9.
이옥련. (1998). 〈남북한 언어정책과 어문규정의 차이〉. 《통일논총》 16.
함광연. (1999). 〈춘천 지역 중학생의 표준어 사용 실태 분석〉. 《강원문화연구》 18.
권인한. (2000). 〈표준 발음〉. 《새국어생활》 10(3).
민현식. (2000). 〈언어 규범 정책〉. 《21세기의 국어정책》 1.
정원수. (2000). 〈한글 맞춤법, 표준어 규정 그리고 국어의 로마자 표기법에 대하여〉. 《인문학연구》 27(2).
정희창. (2000). 〈'표준국어대사전'에 반영된 '어문 규범'의 원리와 실제〉. 《새국어생활》 10(1).
황인권. (2000). 〈남북한 표준 발음법에 대한 음운현상 고찰(1)〉. 《한남어문학》 24.
유재원. (2001). 〈한국어 표준 발음법의 문제점과 개선 방향〉. 《KBS한국어연구논문》 52.
이홍식. (2001). 〈외래어 표기법에 대하여〉. 《성심어문논집》 23.
전수태. (2001). 〈서로 다른 표기법의 통일 방안〉. 《새국어생활》 11(1).
허춘. (2001). 〈우리말 '표준 발음법' 보완〉. 《어문학》 74.
권인한. (2002). 〈발음법의 통일 방안 모색〉. 《국제고려학회 서울지회 논문집》 3.

김선호. (2002). 〈대전 소재 대학생들의 한글 맞춤법,표준어 규정에 대한 인지 실태 연구〉. 《어문연구》 38.
성낙수. (2002). 〈중국 연변 지역의 한국어 연구—'조선말표준발음법'을 중심으로〉. 《한국어문교육》 11.
박덕유. (2003). 〈국어 어문규정의 인지 실태와 교육의 필요성〉. 《새국어교육》 66.
신승용. (2003). 〈표준발음의 실제와 표준발음법 교육의 필요성—중등교육을 중심으로〉. 《어문연구》 32.
이봉원. (2003). 〈남북 표준 발음의 통일 방안〉. 《우리어문연구》 20.
김선철. (2004). 〈표준 발음법 분석과 대안〉. 《말소리》 50.
김선철. (2004). 〈표준 발음법과 언어 현실〉. 《새국어생활》 14(1).
김세중. (2004). 〈표준어 정책에 대하여〉. 《새국어생활》 14(1).
김주필. (2004). 〈표준어 사정 기준과 표준어의 성격〉. 《새국어생활》 14(1).
김세중 · 이호영 · 민현식 · 이상규 · 박경희 · 엄민용 · 안상순. (2004). 〈새로운 표준어 정책의 모색을 위하여〉. 《새국어생활》 14(1).
남기심 · 김민수 · 강신항 · 김석득 · 이기문 · 박갑수 · 이익섭. (2004). 〈광복 이후 표준어 정책의 회고와 전망〉. 《새국어생활》 14(1).
민현식. (2004). 〈'새로운 표준어 정책의 모색'에 대한 토론회〉. 《새국어생활》 14(1).
박갑수. (2004). 〈표준어 정책의 회고와 반성〉. 《새국어생활》 14(1).
박용찬. (2004). 〈신어와 표준어〉. 《새국어생활》 14(1).
안상순. (2004). 〈표준어, 어떻게 할 것인가〉. 《새국어생활》 14(1).
이근영. (2005). 〈'ㄴ'의 'ㄹ' 되기 발음 실태 연구—표준 발음법과 언어 현실의 문제를 중심으로〉. 《한말연구》 16.
황경수. (2005). 〈남북한의 언어규범〉. 《인문과학논집》 31.
박석준. (2006). 〈한국어 학습자의 어문 규범 오류에 대하여〉. 《문법 교육》 5.
배주채. (2006). 〈표준발음법의 이상〉. 《어문연구》 34.
신지영. (2006). 〈표준 발음법에 대한 비판적 검토〉. 《한국어학》 30.
이상태. (2006). 〈말소리의 정책과 교육〉. 《어문학》 94.
최경봉. (2006). 〈표준어 정책과 교육의 현재적 의미〉. 《한국어학》 31.
황경수. (2006). 〈우리말글 어문규정 바로 알고 쓰기〉. 《인문과학논집》 34.
김형배. (2007). 〈현행 한국어 어문규정의 문제점—국어 상담 사례를 중심으로〉. 《한민족문화연구》 22.
엄태수. (2007). 〈표준어 규정에 대한 연구〉. 《한중인문학연구》 22.
차재은. (2007). 〈외래어 표준 발음 문제에 대한 고찰〉. 《한국어학》 35.

김봉국. (2008). 〈음운론적 관점에서 본 '표준어 규정(제2부 표준 발음법)'의 문제점〉. 《열린정신 인문학연구》 9.
남경완. (2008). 〈대학 글쓰기 교육 속에서 이루어지는 어문 규정 교육의 현황 분석과 방향 모색—각 대학의 신입생 대상 글쓰기 교재 분석을 통하여〉. 《우리어문연구》 31.
박종덕. (2008). 〈표준어의 탈표준성에 관한 연구—한민족문화의 통합을 전체로〉. 《한민족문화연구》 25.
이진호. (2008). 〈국어 표준 발음법의 제정 과정〉. 《어문학》 100.
김옥영. (2009). 〈국어 표준발음법과 음운제약〉. 《언어와 정보사회》 11.
양명희. (2009). 〈외국인 학습자를 위한 한글 자모와 발음 교육 방법에 대하여〉. 《語文論集》 41.
엄태수. (2009). 〈표준어의 음운론적 기술과 표기법에 대한 연구〉. 《새국어교육》 83.
황경수. (2009). 〈한국어 발음 표기의 오류 실태—표준발음법을 중심으로〉. 《새국어교육》 82.
국어사정위원회. (2010). 〈문화어발음법〉. 《조선말규범집》. 조선민주주의인민공화국 국어사정위원회.
김남미. (2010). 〈대학생을 위한 '표준발음법' 교육원칙〉. 《서강인문논총》 29.
남경완. (2010). 〈표준어 규정과 표준어 정책에 대하여—국어 교육의 측면을 중심으로〉. 《한국학연구》 33.
안병섭. (2010). 〈표준 발음법과 언어 현실—현실음과 국어의 전통성 및 합리성의 문제를 중심으로〉. 《한국학연구》 33.
엄태수. (2010). 〈'ㄴ' 첨가에 대한 표준어 규정의 연구〉. 《국제어문》 50.
이선웅. (2010). 〈새국어생활과 어문 규범 논의〉. 《새국어생활》 20(4).
정영호. (2010). 〈발음 및 표기 오류의 음운 교육적 접근〉. 《우리말글》 48.
신지영. (2011). 〈음운론과 어문 규범〉. 《한국어학》 50.
신지영. (2011). 〈어문 규정 폐지를 통한 어문 규정의 현실화 정책을 펼 때〉. 《새국어생활》 21(4).
안용순. (2011). 〈짜장면을 외치는 학생들, 이제 고민하지마!〉. 《새국어생활》 21(4).
양순임. (2011). 〈사잇소리 현상과 사이시옷 표기에 대하여〉. 《한글》 293.
이관규. (2011). 〈표준어 교육의 실태와 방향〉. 《새국어생활》 21(4).
이규범. (2011). 〈표준 발음법'의 구성 체계 검토—[붙임]과 '다만'을 중심으로〉. 《한국어문교육》 9.
임성규. (2011). 〈'ㅔ, ㅐ' 발음의 교육방법 연구〉. 《한국초등국어교육》 45.
장소원. (2011). 〈표준어 규범 영향 평가의 결과〉. 《새국어생활》 21(4).

주세형 · 신호철. (2011). 〈국어 어문 규범 교육의 목표 및 내용의 재구성—초등학교, 중학교, 고등학교급의 위계성을 중심으로〉. 《국어교육연구》 28.
차익종. (2011). 〈자장면~짜장면, 만날~맨날, 복수 표준어를 확대한 사정—남기심 전 국어심의회 위원장을 찾아서〉. 《새국어생활》 21(4).
최혜원. (2011). 〈표준어 정책의 새로운 방향—복수 표준어 발표의 경과와 의의〉. 《새국어생활》 21(4).
한성우. (2011). 〈방언과 복수 표준어〉. 《새국어생활》 21(4).
한재영. (2011). 〈외국의 표준어 정책〉. 《새국어생활》 21(4).
양순임. (2012). 〈'ㅎ' 불규칙용언의 표기 규정에 대한 고찰〉. 《한민족어문학》 62.
이동석. (2012). 〈'효과'의 발음에 대하여〉. 《우리어문학회》 43.
이창덕. (2012). 〈국어 겹받침 발음의 원리와 교육에 대하여〉. 《한국초등국어교육학회》 49.
정희창. (2012). 〈'국어 규범'과 '글쓰기'〉. 《작문연구》 14.
곽재용. (2013). 〈이중언어 강사 교육에서 한국어문규범 지도 방안〉. 《한국초등국어교육》 53.
김봉국. (2013). 〈국어사 지식을 고려한 표준어 선정〉. 《영주어문》 25.
리의도. (2013). 〈어문규범 갖추기에 쏟은 조선어학회의 노력〉. 《국제어문》 59.
박동근. (2013). 〈'표준어 규정' 무용론에 대한 비판적 접근〉. 《한말연구》 32.
송홍규. (2013). 〈유기음화와 어문 규정〉. 《우리어문연구》 46.
이상신. (2013). 〈'ㅎ'과 관련되어 있는 어문규정의 몇 문제〉. 《열린정신 인문학연구》 13.
강보선. (2014). 〈표준 발음법 교육 방향〉. 《국어교육학연구》 49.
김정선. (2014). 〈대학생의 어문규범 실태 조사와 능력 평가〉. 《한국언어문학》 90.
리의도. (2014). 〈한국 언론매체의 말글과 어문 규범〉. 《겨레어문학》 53.
신승용. (2014). 〈표준어 정책의 문제점과 대안〉. 《어문학》 123.
장충덕. (2014). 〈청주 지역 대학생의 표준 발음 사용 실태 고찰〉. 《어문론집》 59.
정희창. (2014). 〈어문 규범의 현황과 전망〉. 《우리말글》 60.
김남미 · 주세형. (2015). 〈음운 체계가 "표준 발음 교육"과 맺는 관계에 대하여—〈국어1〉 교과서에 나타난 내용을 중심으로〉. 《언어와 정보 사회》 26.
김봉국. (2015). 〈국어 교육과 발음〉. 《새국어생활》 25(1).
박동근. (2015). 〈표준어 선정 원칙에 대한 새로운 방향 모색〉. 《한국어학》 67.
배주채. (2015). 〈국어 발음 정책과 발음 교육의 방향〉. 《새국어생활》 25(1).
신호철. (2105). 〈국가 수준 평가 문항 분석을 통한 어문 규범교수 · 학습 방안〉. 《語文論集》 64.
이승희. (2015). 〈어문 규범 교육과 연계한 국어사 교육 연구—고등학교 "국어 2" 교과서를 중심으로〉.《한민족문화연구》49.
이은경. (2015). 〈외래어의 표준 발음과 어문 규범〉.《비교문화연구》38.
이진호. (2015). 〈국어의 표준 발음과 언어 현실〉.《새국어생활》25(1).
정희창. (2015). 〈복수 표준어의 개념과 의미〉.《한민족문화연구》50.
정희창. (2015). 〈표준어의 성립과 변화—"표준말 모음(1936)"에서 "표준국어대사전(1999)"까지〉. 《泮橋語文硏究》39.
조창규. (2015). 〈중등학교 문법 수업과 연계한 어문 규범 교육 방안〉.《한국언어문학》95.
황경수. (2015). 〈대학생들의 표준어 사용 인식 실태에 대하여—표준어 규정을 중심으로〉.《영주어문》31.
박동근. (2016). 〈표준 외래어 정립을 위한 정책 분석과 대안〉.《한말연구》40.
서민정. (2016). 〈20C 전반기, 표준어에 대한 인식 검토〉.《코기토》79.
신승용. (2016). 〈〈標準發音法〉 爭點과 표준 발음 政策의 方向〉.《어문연구》44(1).
신승용. (2016). 〈음운 교육 내용으로 〈표준 발음법〉이 타당한가〉.《語文學》132.
신지현 · 최영환. (2016). 〈받침의 연음 방법 체계화와 교재 구성 방향 연구〉.《한국초등국어교육》61.
이관규. (2016). 〈남북한 어문 정책의 동질성 회복 방안에 대한 연구〉.《국어국문학》176.
정희창. (2016). 〈어문 규범의 대중화와 국어사전〉.《語文學》131.
정희창 · 김한샘. (2016). 〈구어의 규범적 해석〉.《한말연구》42.
정희창 · 이선영. (2016). 〈국어 준말의 규범적 분석〉.《한민족문화연구》56.
조태린. (2016). 〈성문화된 규정 중심의 표준어 정책 비판에 대한 오해와 재론〉.《국어학》79.
고도연 · 엄홍준. (2017). 〈음의 동화에 대한 실제 발음의 양적 연구〉.《語文論集》69.
김용갑. (2017). 〈한국 방언 보전 방안 연구—무형문화재 지정 및 표준어 정책을 중심으로〉.《한국전통문화연구》20.
이성우 · 신중진. (2017). 〈남북 전문용어 통합과 어문 규범 몇 문제〉.《한국사전학》29.
정희창. (2017). 〈"표준어 모음"의 분석적 연구〉.《국제어문》74.
강소영. (2018). 〈대학 글쓰기에서 어문 규정에 대한 효과적인 교육 방법 연구—한국교통대학교 글쓰기 수업 사례를 중심으로〉.《한국문예창작》17(2).
손춘섭. (2018). 〈한국어 어문 규범의 복잡성과 표기 오류의 상관성 연구〉.《한국어교육연구》9.
이상신. (2018). 〈'표준 발음법'의 "두 단어" 포함 조항의 명료성 연구〉.《열린정신 인문학연구》19(3).
이선웅. (2018). 〈표준어 관련 규정 및 새 해설에 대한 검토〉.《泮橋語文硏究》48.
이진호. (2018). 〈표준 발음법 해설의 분석과 발전 방향〉.《泮橋語文硏究》48.

이찬규. (2018). 〈남북한 표준어 정책 전환의 필요성—포스트휴머니즘 시대 표준어가 소통에 미치는 영향을 중심으로〉. 《東洋學》 72.
임현열. (2018). 〈표준 발음법 교육을 위한 교육 항목 선정과 내용 구성에 대하여〉. 《교양학연구》 7.
정희창. (2018). 〈'한글 맞춤법 해설'의 분석과 발전 방향〉. 《泮橋語文研究》 48.
지문건. (2018). 〈몽골인 한국어 학습자의 한국어 쓰기와 한글 맞춤법의 구조 관계〉. 《언어학》 26(4).
최형강. (2018). 〈'사이시옷'과 '두음 법칙' 재고(再考)〉. 《語文學》 140.
김기유·엄홍준. (2019). 〈한국어 겹받침 발음의 실태 조사〉. 《語文論集》 78.
김재원. (2019). 〈남한 표준어 규정 정책의 변화 연구〉. 《韓國思想과 文化》 100.
문영희. (2019). 〈남한·북한·중국 조선족의 표준 발음법 비교 연구〉. 《語文學》 144.
박정아. (2020). 〈한국인과 외국인 학습자의 한글맞춤법 지식 정도 차이 연구〉. 《우리말연구》 61.
이상신. (2019). 〈겹받침 관련 어문 규정 연구〉. 《어문연구》 47(2).

2.3 표준어 규정—단행본

대구대어문연구회. (1982). 《한글맞춤법과 표준어 규정》. 대구대학교출판부.
남광우. (1985). 《국어국자논집》. 일조각.
문교부. (1987). 《편수자료 II-2—외래어 표기 용례(인명·지명)》. 대한교과서주식회사.
국어연구소. (1988). 《표준어 규정 해설》. 국어연구소.
문교부. (1988). 《편수자료 II-4—한글맞춤법·표준어규정·국어의로마자표기법(표기용례)》. 대한교과서주식회사.
이은정. (1988). 《한글맞춤법 표준어 해설》. 대제각.
미승우. (1988). 《새 맞춤법과 표준어 해설》. 지학사.
이희승·안병희. (1989). 《한글맞춤법강의》. 신구문화사.
문교부. (1990). 《국어 어문 규정집》. 대한교과서주식회사.
이승구. (1990). 《정서법자료》. 대한교과서.
신창순. (1992). 《국어정서법연구》. 집문당.
이은정. (1992). 《표준 발음법에 따른 우리말 발음 사전》. 백산출판사.
남태현. (1992). 《새한글 맞춤법 띄어쓰기와 교정의 실제》. 연암출판사.
이은정. (1993). 《남북한 어문 규범 비교》. 대제각.

류영남. (1994).《말글밭》. 육일문화사.
이상억. (1994).《국어 표기 4법 논의》. 서울대학교출판부.
전영우. (1994).《바른 말 고운 말》. 집문당.
편집부. (1994).《편수자료 II—한글 맞춤법 · 표준어 규정 · 국어의 로마자 표기법, 표기용례》. 문교부.
문교부. (1995).《한국 어문 규정집》. 대한교과서.
박갑수. (1995).《우리말 바로 써야 한다 1》. 집문당.
박인환. (1995).《바른 우리말》. 자유시대사.
성기지. (1996).《우리글 바로잡기 연습》. 타래.
이은정. (1996).《남북한 어문 규범 고찰》. 백산출판사.
임규홍. (1996).《틀리기 쉬운 우리말 바로 쓰기》. 신아사.
전영표. (1996).《새 국어 표기법》. 동일출판사.
이현복. (1996).《한국어의 표준발음》. 교육과학사.
국립국어연구원. (1997).《국어 교사의 표준어 사용 실태 조사 1》. 국립국어연구원.
리의도. (1997).《말을 잘하고 글을 잘 쓰려면 꼭 알아야 할 것들》. 석필.
우형식. (1997).《국어정서법》. 부산외국어대학교출판부.
원영섭. (1997).《사진으로 배우는 한글 맞춤법》. 세창출판사.
원영섭. (1997).《한글맞춤법》. 세창출판사.
이현복. (1997).《한글 맞춤법 무엇이 문제인가》. 태학사.
편집부. (1997).《국어정서법》. 학문사.
서정욱. (1998).《국어 정서법의 이론과 실제》. 문창사.
성기지. (1998).《맞춤법 사슬을 풀어주는 27개의 열쇠》. 박이정.
훈민정음연구소. (1998).《국어 정서법 익히기》. 애플기획.
미승우. (1998).《새 맞춤법과 교정의 실제》. 어문각.
이종운. (1998).《국어의 맞춤법 표기》. 세창출판사. (2판 2006)
민현식. (1999).《국어 정서법 연구》. 태학사.
박홍길. (1999).《국어 정서법 연구》. 한국문화사.
이종운. (1999).《새한글 맞춤법사전》. 집현전.
성기지. (2000).《생활 속의 맞춤법 이야기》. 역락.
이재석. (2000).《알기쉬운 어문규범집》. 문화관광부.
정현필. (2000).《우리말 편람》. 한올출판사.
최기호. (2001).《좋은글 올바른 글 쓰기 새 길라잡이》. 동광출판사.
편집부. (2001).《우리말 우리글 바로쓰기》. 문화관광부.

김봉모. (2001).《국어 정서법 강의》. 세종출판사.
최혜원. (2002).《표준 발음 실태 조사》. 국립국어연구원.
국립국어연구원. (2002).《한글 맞춤법, 표준어 규정 해설집 발간을 위한 기초 연구》. 국립국어연구원.
김창근. (2002).《바른말 바른글》. 육일문화사.
나찬연. (2002).《한글 맞춤법의 이해》. 월인.
박인환. (2002).《선생님 이 말이 맞아요?》. 세원미디어.
엄태수. (2002).《한글 표기법과 글쓰기에 관한 연구》. 지식과교양.
원영섭. (2002).《틀린말 바른말》. 참이슬.
이선웅. (2002).《우리말 우리글 묻고 답하기》. 태학사.
이정란. (2002).《고운말 바른글 여행》. 한반도.
KBS한국어연구회. (2003).《바른말 고운말》. 한국방송출판.
국립국어연구원. (2003).《표준 발음 실태 조사 2》. 국립국어연구원.
김기혁. (2003).《우리말 알고 쓰기》. 경진문화사.
김선철. (2003).《표준 발음 실태 조사 2》. 국립국어연구원.
이성복. (2003).《우리말 바른 표기》. 세창미디어.
최병선. (2003).《한글 정서법의 실제와 원리》. 경진문화사.
편집부. (2003).《한글 맞춤법 띄어쓰기—표준어 · 외래어표기 · 문장부호》. 민족문화사.
강희숙. (2003).《국어 정서법의 이해》. 역락.
국립국어원. (2004).《표준 발음 실태 조사 3》. 국립국어원.
우형식. (2004).《한글과 정서법》. 부산외국어대학교 출판부.
이수열. (2004).《말이 올라야 나라가 오른다 1》. 한겨레.
이주행. (2004).《표준 한국어발음사전》. 지구문화사.
전태익. (2004).《전태익의 우리말 사랑》. 오늘의문학사.
최혜원. (2004).《표준 발음 실태 조사 3》. 국립국어연구원.
한용운 · 정상훈. (2004).《한글 맞춤법의 이해와 실제》. 한국문화사.
김주미. (2005).《현대인의 바른 국어 생활》. 경진문화사.
김진규. (2005).《맞춤법과 표준어》. 공주대학교출판부.
리호경. (2005).《조선문화어건설리론》. 평양: 사회과학출판사.
백문식. (2005).《우리말 표준 발음 연습》. 박이정.
북피아 편집부. (2005).《한글맞춤법 띄어쓰기》. 북피아.
이주행. (2005).《한국어 어문 규범의 이해》. 보고사.
이진원. (2005).《우리말에 대한 예의》. 서해문집.

중앙일보 어문연구소 우리말 바루기 팀. (2005).《한국어가 있다 1》. 커뮤니케이션북스.
김선철. (2006).《중앙어의 음운론적 변이 양상》. 경진문화사.
김슬옹 외. (2006).《나만 모르는 우리말》. 모멘토.
김유동. (2006).《편집자도 헷갈리는 우리말》. 삶과꿈.
김희숙 외. (2006).《우리말글 조금만 알면 쉽다》. 청운.
박인환. (2006).《간추린 우리말 바로쓰기》. 지식산업사.
강희숙. (2007).《시로 읽는 국어 정서법》. 글누림.
구법회. (2007).《우리말 돋보기》. 보고사.
나찬연. (2007).《국어의 규범》. 제이앤씨.
박종덕. (2007).《생활국어 정서법 연구》. 정인.
전영우. (2007).《한국어발음사전》. 민지사.
전영표. (2007).《새 국어 표기법》. 상록문화정보연구소.
김민수. (2008).《현대어문정책론—그 실태와 개선안》. 한국문화사.
김영선. (2008).《국어정서법》. 세종출판사.
박형익. (2008).《한국 어문 규정의 이해》. 태학사.
이주행. (2008).《표준 한국어 발음 사전》. 지구문화사.
임성규. (2008).《교사를 위한 국어맞춤법 길라잡이》. 교육과학사.
황경수. (2008).《한국 어문 규정의 이해》. 청운.
김정우. (2009).《국어 어문규범 365가지》. 경남대학교 출판부.
김희숙 · 황경수 · 박종호. (2009).《세계화 시대에 한국어 한국인이 모른다》. 청운.
김광희. (2010).《정서법과 바른 국어생활》. 학문사.
김기종. (2010).《우리말 4원칙의 현황과 통일안 모색》. 한국문화사.
김미형 외. (2010).《국어표기법의 이해》. 한국문화사.
김미형 외. (2010).《한국어 정서법과 교열》. 한국문화사.
여세주. (2010).《한국어 어문 규정 강의》. 정림사.
이경우 외. (2010).《한국말 바로쓰기》. 역락.
이선웅 외. (2010).《우리말 우리글 묻고 답하기》. 태학사.
이희승 · 안병희 · 한재영. (2010).《한글 맞춤법 강의》. 신구문화사. (증보판 2015; 개정판 2016; 보정판 2018)
전영표. (2010).《국어 표준 규정과 편집기호 콘텐츠》. 시간의물레.
윤재열. (2011).《고교생이 알아야 할 우리말》. 글벗.
이현복. (2011).《한국어 발음의 이론과 실용》. 한국학술정보.
허재영. (2011).《나는 국어의 정석이다》. 행성B잎새.

황경수. (2011).《문식력을 키우는 우리말글》. 청운.
황경수. (2011).《글쓰기 위한 우리말 좋은글》. 청운.
김진규. (2011).《국어 정서법의 이해》. 공주대학교 출판부.
김진규. (2012).《한글 맞춤법 바로알기》. 다래헌.
김진호 외. (2012).《생활속 글쓰기의 어문규범》. 박이정.
대한교과서주식회사. (2012).《국어어문규정집》. 대한교과서.
미래컨텐츠창작연구소. (2012).《60초 생활코칭—맞춤법&띄어쓰기》. 21세기북스.
박창원. (2012).《한국어의 표기와 발음》. 지식과교양.
윤천한. (2012).《세종대왕님이 진노하신다》. 숨소리.
이관규 · 허재영 · 김유범 · 주세형 · 신호철 · 이영호. (2012).《차곡차곡 익히는 우리말 우리글 1》. 박이정.
이관규 · 허재영 · 김유범 · 주세형 · 신호철 · 이영호. (2012).《차곡차곡 익히는 우리말 우리글 2》. 박이정.
이진호. (2012).《한국어의 표준 발음과 현실 발음》. 아카넷.
임성규. (2012).《교사를 위한 국어 맞춤법 길라잡이》. 교육과학사.
김선태. (2013).《표준발음 어떻게 지도할까》. 유페이퍼.
김주우. (2013).《하루 3분 우리말 맞춤법》. 길벗이지톡.
나찬연. (2013).《국어 어문 규범의 이해》. 월인.
나찬연. (2013).《표준 발음법의 이해》. 월인.
서덕주. (2013).《한글 맞춤법과 어법》. 형설.
서상준 · 손춘섭. (2013).《한국어 어문 규범》. 역락.
이주행. (2013).《어문 규범의 이해》. 보고사.
최윤곤 · 김성주. (2013).《한국어 어문 규정 입문》. 한국문화사.
한국시각장애인연합회 외. (2013).《표준어 규정》. 한국시각장애인연합회.
한국시각장애인연합회 외. (2013).《우리말 우리글 묻고 답하기—한글 맞춤법과 표준어 중심》. 한국시각장애인연합회.
한용운 · 정상훈. (2013).《한국 어문 규정》. 한국문화사.
강희숙. (2014).《우리말편지》. 소통.
구법회. (2014).《우리말이 보인다》. 보고사.
국립국어원. (2014).《한국 어문 규정집》. 휴먼컬쳐아리랑.
나찬연. (2014).《벼리 국어 어문 규범》. 월인.
박숙희. (2014).《국어 어문 규범》. 역락.
세종과노벨 출판부. (2014).《3시간 만에 배우는 한글 맞춤법 강의》. 유페이퍼.

임성규. (2014).《교사를 위한 국어맞춤법 길라잡이》. 교육과학사.
황경수. (2014).《어문 규정 바로 알기》. 청운.
고홍준. (2015).《선생님도 헷갈리는 맞춤법 띄어쓰기》. 스콜라.
국립국어원. (2015).《표준발음법 영향 평가》. 휴먼컬처아리랑.
김성규. (2015).《표준 발음법 영향 평가》. 생각쉼표.
나윤정. (2015).《우리말 밭다리 걸기》. 들녘.
박대순. (2015).《말이 편해야 생각이 편하다》. 일송북.
조창규 · 최형기. (2015).《교사를 위한 국어 어문 규정 강의》. 태학사.
허철구. (2015).《우리말 규범의 이해》. 역락. (증보판 2016).
박창원. (2016).《한국어의 음운과 문자》. 지식과교양.
백두현. (2016).《한국어는 나의 힘》. 한국문화사.
정희창. (2016).《정부 · 언론 표준어사정심의위원회 논의 자료》. 국립국어원
황인권. (2016).《초등국어의 표기와 발음》. 푸른사상.
황인권. (2016).《한국어 발음 교육의 실제》. 푸른사상.
강희숙. (2017).《한국어 어문 규정의 이해》. 역락.
박종호. (2017).《교양으로 알아야할 문법과 맞춤법》. 청운.
이호권. (2017).《맞춤법과 표준어》. 한국방송통신대학교출판문화원.
정희창. (2017).《'한글 맞춤법', '표준어 규정' 해설 개정》. 국립국어원.
조형일. (2017).《한국 어문 규범》. 박이정.
최윤곤. (2017).《한국 어문 규정 입문》. 한국문화사.
최종희. (2017).《열공 우리말》. 원더박스.
김종욱. (2018).《대한민국 표준국어 어법 사전》. 미문사.
백태명. (2018).《공부왕이 즐겨 찾는 맞춤법 · 띄어쓰기》. 국민출판.
손춘섭. (2018).《한국어의 규범과 예절》. 역락.
심택월. (2018).《우리말을 알다》. 지식공감.
안남영. (2018).《까칠한 우리말》. 리상.
강미영. (2019).《한국어 어문규범》 박문사.
국립국어원. (2019).《한글 맞춤법 표준어 규정 해설》. 휴먼컬처아리랑.
김홍중. (2019).《현대문법 어문규정》. 넥슨미디어.
나찬연. (2019).《국어 어문 규정의 이해》. 월인.
변정수. (2019).《한판 붙자, 맞춤법!》. 뿌리와이파리.
한재영. (2019).《한국어 어문 규범》. 신구문화사.
송현정. (2020).《국어 표기법의 이해와 실제》. 제주대학교출판부.

3. 외래어 표기법

3.1 외래어 표기법—학위 논문

변동헌. (1973). 〈외래어 표기법에 관한 자료연구와 표기혼란에 대한 시정책〉. 계명대학교 석사논문.

김기중. (1974). 〈'외래어쓰기 통일안'을 위한 고찰—'로마자의 한글화 표기법'과 '외래어표기법 통일안'의 비판적 결합〉. 서울대학교 석사논문.

김용달. (1977). 〈외래어 표기 및 그 교육상의 문제〉. 연세대학교 교육대학원 석사논문.

이일우. (1983). 〈외래어 표기법 연구〉. 영남대학교 교육대학원 석사논문.

지영호. (1986). 〈외래어 표기법 연구〉. 원광대학교 교육대학원 석사논문.

정도복. (1990). 〈남북한 국어정책의 비교 연구〉. 조선대학교 교육대학원 석사논문.

김외규. (1991). 〈고등학교 국어 교과서에 나타난 외래어 연구〉. 경남대학교 석사논문.

김태성. (1993). 〈건축 외래어 표기동일화에 관한 연구—건축재료 용어를 중심으로〉. 건국대학교 산업대학원 석사논문.

권영주. (1995). 〈외래어의 규정표기와 관용표기의 차이 연구〉. 숙명여자대학교 교육대학원 석사논문.

김석순. (1997). 〈외래어 표기와 사용실태 연구〉. 계명대학교 교육대학원 석사논문.

박선희. (2000). 〈고등학생의 어문 규정 활용 실태 연구〉. 충남대학교 교육대학원 석사논문.

신유식. (2000). 〈개화기 국어표기법 연구〉. 청주대학교 박사논문.

이강만. (2000). 〈외래어 표기법의 문제점 연구〉. 충남대학교 교육대학원 석사논문.

이은혜. (2001). 〈현행 프랑스어 한글 표기의 문제점과 개선방향〉. 이화여자대학교 교육대학원 석사논문.

최용기. (2001). 〈남북한 국어 정책 변천사 연구〉. 단국대학교 박사논문.

김수현. (2002). 〈외래어 표기법 연구〉. 이화여자대학교 박사논문.

김문향. (2005). 〈외래어 표기 실태 연구〉. 안동대학교 교육대학원 석사논문.

황재성. (2006). 〈외래어 표기법 연구〉. 단국대학교 교육대학원 석사논문.

김혜경. (2007). 〈국어의 외래어 표기법 지도방안〉. 경성대학교 교육대학원 석사논문.

송미숙. (2007). 〈한국 외래어 표기법 비교 연구—서구어계차용어의 표기를 중심으로〉. 인천대학교 교육대학원 석사논문.

이선화. (2007). 〈PBL(문제중심학습)을 활용한 중등학교 어문규범 지도방안 연구〉. 경희대학교 교육대학원 석사논문.

김한나. (2008). 〈국어 교육에서의 규범 교육 현황과 교육적 의의〉. 아주대학교 교육대학원 석사논문.
김희성. (2008). 〈한국어 활음을 활용한 중국어 표기법 연구〉. 연세대학교 석사논문.
이석형. (2008). 〈국어 규범 교육의 문제점과 개선 방안 연구—고등학교 '국어생활'과 '문법' 교과서 '국어 규범' 단원을 통해〉. 성신여자대학교 교육대학원 석사논문.
허윤희. (2008). 〈외래어 표기의 실태 분석 연구—외래어 표기법의 영어 표기 세칙을 중심으로〉. 아주대학교 석사논문.
김영희. (2009). 〈한·중 외래어 표기 대조 연구—미국, 영국 지명을 중심으로〉. 부산외대학교 석사논문.
문히얼건. (2009). 〈현대 몽골어의 한글 표기에 대한 연구〉. 충남대학교 석사논문.
유지영. (2009). 〈중국 지명·인명 한글표기 원음주의 문제점 고찰〉. 전북대학교 교육대학원 석사논문.
이현아. (2010). 〈대응규칙화를 통한 일본어 외래어 표기법 지도방안에 관한 연구—자음체계를 중심으로〉. 동국대학교 교육대학원 석사논문.
곽유정. (2011). 〈국어 능력 향상을 위한 어문 규범 교육 방안〉. 진주교육대학교 교육대학원 석사논문.
부이티응옥빛. (2011). 〈한국어와 베트남어의 어문 규정 대조 연구〉. 영남대학교 석사논문.
정지예. (2011). 〈한·중 외래어 표기 대조 연구—영어, 불어, 독어 인명을 중심으로〉. 부산외대학교 통역번역대학원 석사논문.
김지영. (2012). 〈고등학생의 어문규정 인지 실태 연구〉. 충남대학교 교육대학원 석사논문.
박영선. (2012). 〈외래어 표기법의 문제점 및 지도 방안 연구〉. 계명대학교 교육대학원 석사논문.
문은희. (2013). 〈중국 조선어 규범과 한국 어문 규범 비교 연구〉. 연세대학교 석사논문.
손초. (2013). 〈한·중 영어 외래어 표기법 실태 연구〉. 한양대학교 석사논문.
양예희. (2013). 〈한국의 중국어 외래어 표기법에 관한 분석〉. 한양대학교 석사논문.
린린. (2014). 〈중국 인명의 한글 표기에서 나타나는 문제점에 관한 연구〉. 단국대학교 석사논문.
안수영. (2014). 〈2009 개정 교육과정의 어문 규범 성취 기준 연구—중학교 국어교과서를 중심으로〉. 공주대학교 교육대학원 석사논문.
최정일. (2014). 〈한국어 외래어 표기 오류 분석 및 활용 방안—한국어·태국어 외래어 표기법을 중심으로〉. 부산외국어대학교 석사논문.
김대영. (2015). 〈韓日 兩國語의 外來語表記法에 關한 硏究〉. 동국대학교 박사논문.

김정인. (2015). 〈외래어 표기법 문제점 연구〉. 이화여자대학교 석사논문.
삼양자. (2015). 〈한국어 외래어와 일본어 외래어의 음운 대조 분석〉. 연세대학교 석사논문.
왕령. (2015). 〈중국인 학습자를 위한 한국어 외래어 교육 방안 연구〉. 충남대학교 석사논문.
왕상. (2015). 〈한국어와 중국어 외래어 대조 연구〉. 상명대학교 석사논문.
유예서. (2015). 〈국어 어문 규범에 대한 중·고등학생들의 인식 실태 조사〉. 한국교원대학교 석사논문.
이보미. (2015). 〈영어 외래어가 한국 고등학생의 외래어 원음 음성인식에 미치는 영향〉. 서강대학교 교육대학원 석사논문.
임군. (2015). 〈외래어 표기현황과 교수방안 연구〉. 중부대학교 석사논문.
쑨엔. (2016). 〈중국인 학습자를 위한 영어 외래어 교육 방안 연구〉. 호남대학교 석사논문.
위흔교. (2016). 〈중국인 학습자를 위한 한·중 외래어 표기법 비교 연구〉. 공주대학교 석사논문.
정려란. (2016). 〈한국과 중국의 어문 규범에 대한 연구〉. 고려대학교 석사논문.
김태완. (2017). 〈중국어 외래어표기법 분석 및 개선방안 연구〉. 한양대학교 석사논문.
노아. (2018). 〈국어 화자의 국어인식 양상에 기반한 국어 규범 교육 방안 연구〉. 이화여자대학교 석사논문.
조동기. (2018). 〈한국어 번역 성경의 외래어 표기의 변천 연구〉. 전주대학교 교육대학원 석사논문.
김태현. (2019). 〈외래어 표기법에 따른 독일어 표기의 규정과 사례 분석〉. 경북대학교 석사논문.
정지영. (2019). 〈외래어 표기법 된소리 표기 연구〉. 공주대학교 석사논문.
이빙. (2020). 〈중국인 학습자를 위한 한국어 외래어 교육 방안 연구〉. 부산대학교 박사논문.
ZHU WENJIA. (2020). 〈한국어 외래어 표기 연구—중국인 한국어 학습자를 중심으로〉. 세종대학교 박사논문.

3.2 외래어 표기법—일반 논문

이극로. (1935). 〈외래어 표기에 대하야〉. 《한글》 3(6).
고루. (1940). 〈외래어 표기 통일난〉. 《한글》 8(7).
최현배. (1956). 〈들온말 적는 법에 관한 물음에 대한 외국 어학자들의 대답〉. 《한글》 120.

금수현. (1959). 〈외래어 표기의 바른 지식〉. 《새교육》 11(9).
편집부. (1959). 〈외래어 표기 원칙〉. 《한글》 124.
박갑천. (1961). 〈외래어표기의 통일문제〉. 《관훈클럽》 2.
박갑오. (1962). 〈외래어 표기의 원칙〉. 《교육평론》 44.
황오정. (1964). 〈외래어의 표기 통일을 위한 편수 자료 제4집에 대한 시비〉. 《새교육》 16(2).
금수현. (1968). 〈외래어 표기에 있어서 장음 생략의 한계〉. 《한글》 141.
국어심의위원회 외래어분과위원회. (1971). 〈로마자의 한글화 표기법〉. 《국어국문학》 20.
박갑천. (1971). 〈신문 외래어표기의 현실적 고민〉. 《관훈저널》 17.
유재천. (1971). 〈외래어 표기법에 관한 자료수집 연구〉. 《논문집》.
윤재천. (1971). 〈외래어 표기법에 관한 자요수집연구—합리한 점에 대한 시정책〉. 《상명대논문집》 1.
김규선. (1972). 〈한국 외래어의 연구—그 표기법을 중심으로〉. 《논문집》 8.
국어국문학회 외래어표기법위원회. (1975). 〈외래어 표기법의 문제점〉. 《국어국문학》 68-69.
남광우. (1975). 〈외래어 표기법의 문제점. 《국어국문학》 68.
배양서. (1975). 〈외래어 표기의 원리—삽입모음을 중심으로〉. 《명대》 6.
배양서. (1975). 〈한국 외래어의 원어 판정과 표기〉. 《응용언어학》 7(2).
이기문. (1975). 〈외래어 표기법의 원리〉. 《국어국문학》 68.
이병호. (1975). 〈외래어 표기법 제정 경위〉. 《학술회의발표문집》 2.
김경한. (1976). 〈외래어표기 문제에 대한 통시적 고찰〉. 《국어국문학》 72-73.
김현창. (1976). 〈외래어의 문제점과 언어정책〉. 《언어와 언어학》 4.
박갑천. (1976). 〈외래어표기의 전제조건〉. 《관훈저널》 23.
한국어문교육연구회(편집자). (1977). 〈국어국문학회소식—외래어 표기법안 제정발표〉. 《어문연구》 5.
고영근. (1978). 〈외래어 표기〉. 《언어》 3(2).
김기중. (1978). 〈'외래어표기' 통일안에 관한 소고〉. 《크로노스》 9.
김민수. (1978). 〈외래어 표기에 대한 반성과 문제점〉. 《어문연구》 6.
이기백. (1978). 〈외래어 표기법의 문제점〉. 《어문연구》 6.
국어국문학회. (1979). 〈국어국문학회 외래어표기법안〉. 《국어국문학》 79.
오지호. (1979). 〈현행 외래어 표기법과 그 안출의 사상적 배경〉. 《어문연구》 7.
이현복. (1979). 〈외래어 표기법 개정 시안의 문제점〉. 《어학연구》 15.
유만근. (1980). 〈외래어의 국자표기와 그 발음〉. 《동대논총》 8.

김형규. (1981). 〈표준말 및 어문관계 표기법 개정안의 문제점〉. 《세종대학 논문집》 8.
이상억. (1982). 〈외래어 표기법 문제의 종합 검토〉. 《외국어로서의 한국어교육》 7.
김파. (1984). 〈외래어표기의 이모저모〉. 《중국조선어문》 3.
국어사정위원회. (1984). 〈고친 외래어 표기〉. 《문화어 학습》 3.
국어사정위원회. (1985). 〈남조선 소식《신문, 방송에 쏟아지는 외래어》〉. 《문화어 학습》 2.
이민우. (1986). 〈외래어 표기법 확정과 수용전망〉. 《관훈저널》 41.
강덕수. (1987). 〈노어의 한글표기 어떻게 할 것인가—한 · 노 음운체계 비교를 바탕으로〉. 《한국노어노문학회 기타간행물》.
이강로. (1987). 〈외래어표기 원칙의 적용 범위〉. 《한글과 한자의 만남》. 신구문화사.
이숭녕 외. (1987). 〈외래어 사용 실태 조사 연구〉. 《연구보고서》 1.
이응백. (1987). 〈외래어 표기와 발음 문제〉. 《국어교육》 59.
강덕수. (1988). 〈노어의 한글표기 어떻게 할 것인가—한 · 노 음운체계 비교를 바탕으로〉. 《노어노문학》 1.
배현숙. (1989). 〈남북한 외래어 표기법 분석〉. 《북한의 어학혁명》. 백의.
성광수. (1989). 〈북한의 외래어 표기법〉. 《북한의 말과 글》. 을유문화사.
유만근. (1989). 〈외래어 표기의 바른 길〉. 《한국어연구논문》 22.
김세중. (1990). 〈외래어 표기의 변천과 실태〉. 《국어생활》 23.
김중서. (1990). 〈외래어의 동어이표기와 표기법 설정의 방향—영어(I)〉. 《새국어교육》 46.
권미정. (1991). 〈북한의 외래어사〉. 《북한의 조선어 연구사》 2. 녹진.
김완진. (1991). 〈한국에서의 외래어 문제〉. 《새국어생활》 1(4).
김세중. (1993). 〈외래어 표기 규범의 방향〉. 《언어학》 15.
신희삼. (1993). 〈정서법에 관한 몇 가지 제언〉. 《논문집》 12.
유경숙. (1993). 〈국어정서법상의 외래어표기문제—프랑스어를 중심으로〉. 《논문집》 14.
유만근. (1993). 〈외래어 표기원칙 고치자〉. 《어문연구》 21.
김원필. (1994). 〈국내 로망스어 외래어의 문제—외래어 표기법을 중심으로〉. 《스페인어문학》 6.
유경숙. (1994). 〈중국인명, 지명의 한글 표기문제〉. 《논문집》 15.
유만근. (1994). 〈외래어현지 원음식 표기 있을 수 없는 일〉. 《어문연구》 22.
박춘은. (1995). 〈러시아 인명 및 지명의 한글 표기에 대하여〉. 《슬라브학보》 10.
유만근. (1995). 〈'외래어' 표기와 '외국어' 표기〉. 《어문연구》 23.
이관규. (1995). 〈학교 문법, 한글 맞춤법, 표준 발음법, 외국어 표기법, 국어의 로마자 표기법에 나타난 상치점〉. 《새국어교육》 51(1).
허철고. (1995). 〈외래어 표기 양상과 된소리 수용〉. 《언어논총》 13.

강인선. (1996). 〈현행 일본어 표기법과 나의 의견〉. 《새국어생활》 6(4).
김문창. (1996). 〈외래어 표기법〉. 《어문연구》 24.
김상준. (1996). 〈외래어와 발음 문제〉. 《새국어생활》 6(4).
김세중. (1996). 〈외래어 표기법에 대한 비판 분석〉. 《새국어생활》 6(4).
김희진. (1996). 〈외래어 표기, 남북한이 어떻게 다른가—외래어 표기법 · 국어사전 · 국어 교과서를 중심으로〉. 《새국어생활》 6(4).
신형욱. (1996). 〈외래어 표기법과 나의 의견〉. 《새국어생활》 6(4).
엄익상. (1996). 〈중국어 한글 표기법의 문제점과 개선 방안〉. 《중국언어연구》 4.
임동훈. (1996). 〈외래어 표기법의 원리와 실제〉. 《새국어생활》 6(4).
임홍빈. (1996). 〈외래어 표기의 역사〉. 《새국어생활》 6(4).
김세중. (1997). 〈외래어 표기의 문제점〉. 《관훈저널》 64.
박광자. (1997). 〈독일어의 한글표기에 관하여〉. 《외국어로서의 독일어》 2.
임홍빈. (1997). 〈외래어의 개념과 그 표기법의 형성과 원리〉. 《한글맞춤법 무엇이 문제인가》. 태학사.
장성욱. (1997). 〈외래어 표기의 사용 실태〉. 《천잠어문학》 12.
김하수. (1999). 〈한국어 외래어 표기법의 문제점〉. 《배달말》 25.
문무영. (1999). 〈외래어 표기론〉. 《교육문화연구》 5.
편무진. (1999). 〈일본어 한글 표기의 합리적 방안—관용적 표기를 근간으로〉. 《일어일문학연구》 34.
민현식. (2000). 〈언어 규범 정책〉. 《21세기의 국어정책》 1.
시정곤. (2000). 〈전문용어와 외래어표기법〉. 《전문용어연구》 1.
유경숙. (2000). 〈스페인계 인명, 지명의 한글표기〉. 《논문집》 21.
이진성. (2000). 〈외래어 표기와 발음의 실태〉. 《사회언어학》 8.
정희창. (2000). 〈'표준국어대사전'에 반영된 '어문 규범'의 원리와 실제〉. 《새국어생활》 10(1).
김기중. (2001). 〈들온말 적기 문제에 관한 고찰—현행 '외래어표기'의 개선, 보완점〉. 《출판잡지연구》 9.
김태성. (2001). 〈중국어 한글 표기법에 관하여〉. 《중어중문학》 27.
박춘은. (2001). 〈러시아 인명 및 지명의 한글 표기 이론과 실제—러시아인 설문조사를 통한 연구〉. 《노어노문학》 13.
이홍식. (2001). 〈외래어 표기법에 대하여〉. 《성심어문논집》 23.
최문정. (2001). 〈러시아어 고유명사의 한글 표기법 비교 연구〉. 《슬라브학보》 16.
김정우. (2002). 〈번역의 관점에서 본 국어 외래어 표기법〉. 《국제어문》 25.

엄익상. (2002). 〈중국어 한글 표기법 재수정안〉. 《중어중문학》 31.
유경숙. (2002). 〈이탈리아인명, 지명의 한글표기〉. 《인문학논총》 5.
장한업. (2002). 〈불어의 한글 표기상 문제점과 개선안〉. 《프랑스어문교육》 13.
정동환. (2002). 〈통일 시대의 외래어 표기법〉. 《한말연구》 11.
김영만. (2003). 〈중국어 한글 표기법 현황과 개선 방안〉. 《중국어문논총》 25.
송정남. (2003). 〈베트남어의 한국어 표기법에 관한 연구〉. 《동남아연구》 12.
장호득. (2003). 〈중국어 한글 표기법의 원칙과 한계〉. 《중국어문논역총간》 11.
정국. (2003). 〈외래어 표기법과 외국어 발음〉. 《외국어교육연구》 17.
최금단. (2003). 〈한국 어문 규정의 외래어 표기 기본원칙에 관한 소고—중국유입 외래어 표기에 있어서의 합당성을 중심으로〉. 《중국어연구》 17.
한선희. (2003). 〈새 《외국말적기법》 작성에서 견지한 원칙과 방법, 그 실행에서 나서는 몇가지 문제〉. 《중국조선어문》 2003(4). 연길: 중국조선어문잡지사.
강신항. (2004). 〈외래어가 국어에 끼친 공과〉. 《새국어생활》 14(2).
김민수. (2004). 〈한자 표기 原地音主義의 문제〉. 《새국어생활》 14(2).
김기종. (2004). 〈우리 말 외래어표기법의 변천과 당면한 문제점(1)〉. 《중국조선어문》 130.
김기종. (2004). 〈우리 말 외래어표기법의 변천과 당면한 문제점(2)〉. 《중국조선어문》 131.
박창원 · 김수현. (2004). 〈외래어 표기 양상의 변천〉. 《새국어생활》 14(2).
박춘은. (2004). 〈새로운 음절 정의에 따른 러시아 인명 및 지명의 한글표기〉. 《노어노문학》 16.
유재원. (2004). 〈외래어의 올바른 수용 태도〉. 《새국어생활》 14(2).
이규철. (2004). 〈아랍 문자의 한글 표기에 관한 고찰〉. 《아랍어와 아랍문학》 8.
이명원. (2004). 〈아랍어 표기에 관한 연구—변별적 자질비교를 바탕으로〉. 《아랍어와 아랍문학》 8(1).
이승덕. (2004). 〈포르투갈어 한글표기 기준〉. 《중남미연구》 23.
정희원. (2004). 〈외래어의 개념과 범위〉. 《새국어생활》 14(2).
추이진단. (2004). 〈한국어문규정의 중국외래어 표기세칙 제2항에 관한 소고〉. 《중어중문학》 34.
김홍석. (2005). 〈외래어 표기의 실제와 그 대안에 대하여—고교생 설문 조사를 참고하여〉. 《새국어교육》 70.
장호종. (2005). 〈현행 "외래어 표기법" 중 '러시아 어의 표기 원칙'과 관련한 제 문제〉. 《한중인문학연구》 15.
황경수. (2005). 〈남북한의 언어규범〉. 《인문과학논집》 31.
김종환. (2006). 〈중국과 일본의 인명, 지명 표기〉. 《한글한자문화》 80.

박석준. (2006). 〈한국어 학습자의 어문 규범 오류에 대하여〉. 《문법 교육》 5.
연규동. (2006). 〈"짜장면"을 위한 변명—외래어 표기법을 다시 읽는다〉. 《한국어학》 30.
장호종. (2006). 〈"러시아어 외래어 표기법"의 비판적 이해〉. 《한중인문학연구》 18.
황경수. (2006). 〈우리말글 어문규정 바로 알고 쓰기〉. 《인문과학논집》 34.
김창진. (2007). 〈잘못된 '외래어 표기법'을 고쳐야 한다〉. 《한글한자문화》 100.
도혜숙 외. (2007). 〈어문학부-중국어 한글 표기법 개선안〉. 《중국학보》 55.
박종덕. (2007). 〈외래어 및 그 표기법에 관련된 몇 가지 문제〉. 《한민족문화연구》 23.
차재은. (2007). 〈외래어 표준 발음 문제에 대한 고찰〉. 《한국어학》 35.
강혜근. (2008). 〈중국어 한글표기법에서 고려되어야 할 문제와 표기 방안〉. 《중국어문학논집》 50.
김선철. (2008). 〈외래어 표기법의 한계와 극복 방안〉. 《언어학》 16.
김슬옹. (2008). 〈외래어표기법의 된소리 표기 허용에 대한 맥락 잡기〉. 《새국어생활》 18(4).
김정우. (2008). 〈번역의 관점에서 본 외래어 표기법과 로마자 표기법〉. 《번역학연구》 9(2).
남경완. (2008). 〈대학 글쓰기 교육 속에서 이루어지는 어문 규정 교육의 현황 분석과 방향 모색—각 대학의 신입생 대상 글쓰기 교재 분석을 통하여〉. 《우리어문연구》 31.
박정진. (2008). 〈외래어에 대한 된소리 표기 금지 원칙의 문제점과 대안 탐색〉. 《문법교육》 9.
박창원. (2008). 〈외래어표기법의 된소리 표기에 대하여〉. 《새국어생활》 18(4).
신아사. (2008). 〈중국어 한글표기법에 대하여〉. 《중국어문학논집》 52.
심재기. (2008). 〈외래어표기법의 문제점과 그 해결책〉. 《새국어생활》 18(4).
엄익상. (2008). 〈중국의 인명·지명을 원음으로 표기해야할 이유〉. 《중국인문학회 정기학술대회 발표논문집》.
엄익상. (2008). 〈중국어 외래어표기법 반성—원칙과 세칙의 문제〉. 《새국어생활》 18(4).
임홍빈. (2008). 〈외래어의 개념과 범위의 문제〉. 《새국어생활》 18(4).
최경봉. (2008). 〈언어 관습을 바탕으로 한 규범 정하기—외래어 표기, 특히 한자음 표기 규정과 관련하여〉. 《새국어생활》 18(4).
김병운. (2009). 〈국어학-중국에서의 한글 외래어표기의 현황과 문제점—한국 현행 외래어 표기법 중 중국의 인명, 지명 표기를 중심으로〉. 《겨레어문학》 42.
김수현. (2009). 〈외래어의 관용 표기에 관한 고찰〉. 《이중언어학》 39.
김창진 외. (2009). 〈한국어 전통을 파괴하는 '외래어 표기법'을 개정해야 한다〉. 《세계한국어문학회 학술대회》.
심재기. (2009). 〈외래어 표기법의 문제점과 그 해결책(1)〉. 《한글한자문화》 118.

심재기. (2009). 〈외래어 표기법의 문제점과 그 해결책(2)〉. 《한글한자문화》 119.
엄익상. (2009). 〈중국어 외래어 표기법 발음 괴리의 문제〉. 《중국어문학논집》 54.
오오카와 다이스케. (2009). 〈한국어와 일본어 외래어 표기법의 변천과 문제점〉. 《수행인문학》 39.
조규태. (2009). 〈낱말머리 "ㄹ" 표기의 바뀌어옴에 대하여〉. 《배달말》 45.
최호철. (2009). 〈남북 외래어 표기 차이와 단일화 모색〉. 《한겨레말글연구소 제3회 학술발표회》.
강현화. (2010). 〈전문용어의 외래어 표기법(초)〉. 《초록집》 48.
김영훈 · 김순배. (2010). 〈지명의 영문 표기 표준화 방안에 관한 연구—대안 제시를 중심으로〉. 《한국지도학회지》 10.
이선웅. (2010). 〈새국어생활과 어문 규범 논의〉. 《새국어생활》 20(4).
고석주. (2011). 〈중국어 고유명사 외래어 표기법에 대하여—한국식 한자음이 곧 말은 아니다〉. 《한글》 293.
구본관 외. (2011). 〈일본어 외래어의 한글 표기 규범에 대한 의식 조사 · 실태 조사 및 개정 방안〉. 《일본어학연구》 31.
구본관 · 오현아. (2011). 〈외래어 표기 규범에 대한 국어교육적 고찰〉. 《문법교육》 14.
김창진. (2011). 〈일본어 · 중국어 외래어 표기법의 폐기 필요성〉. 《어문연구》 39.
박영록. (2011). 〈중국 한자어 원지음 표기의 문제점〉. 《대동문화연구》 76.
박용찬. (2011). 〈외래어 표기법 해설—정의와 표기 원칙을 중심으로〉. 《나랏말싸》 26.
이상규. (2011). 〈국어기본법에 근거한 '외래어 표기법'의 문제〉. 《국어국문학》 158.
이진희. (2011). 〈독일어에서 차용된 외래어의 표기 규정과 사용 실태 분석〉. 《독일언어문학》 51.
조문환 · 강순행 외. (2011). 〈이탈리아어 한글표기규정 개선방안 연구〉. 《이탈리아어문학》 32.
주세형 · 신호철. (2011). 〈국어 어문 규범 교육의 목표 및 내용의 재구성—초등학교, 중학교, 고등학교급의 위계성을 중심으로〉. 《국어교육연구》 28.
최금좌. (2011). 〈포르투갈어 한글 표기 어떻게 해야 할 것인가?—'브라질 한인이민 50년사' 출판기념회를 마치고〉. 《포르투갈-브라질 연구》 8.
박병규. (2012). 〈스페인어의 우리말 표기 문제〉. 《스페인어문학》 63.
박승준. (2012). 〈중국어 한글 표기 다시 생각해봐야 할 때〉. 《관훈저널》 123.
윤병태. (2012). 〈외래어 표기의 정신〉. 《헤겔연구》 31.
이경철. (2012). 〈국어의 가나 문자 표기법(2002)의 문제점〉. 《한국일본어문학회 학술발표대회논문집》 4.

정희창. (2012). 〈'국어 규범'과 '글쓰기'〉. 《작문연구》 14.
리의도. (2013). 〈어문규범 갖추기에 쏟은 조선어학회의 노력〉. 《국제어문》 59.
유사양. (2013). 〈중국어 어휘의 한국어 표기법 세칙에 대한 고찰—중국 지명 표기를 중심으로〉. 《언어사실과 관점》 31.
이소영. (2013). 〈학문목적 외국인 학습자를 대상으로 한 외래어 표기법 교육 방안—교양 수업을 바탕으로〉. 《우리말교육현장연구》 7.
조참훈. (2013). 〈중국어 외래어 표기법'에 대한 원론적 접근〉. 《중국언어연구》 44.
김정선. (2014). 〈대학생의 어문규범 실태 조사와 능력 평가〉. 《한국언어문학》 90.
변군혁. (2014). 〈러시아어와 이탈리아어의 외래어 표기법 비교연구〉. 《이탈리아어문학》 42.
엄홍준. (2014). 〈외래어 표기법에 대한 한 제언〉. 《어문논집》 58.
최지영. (2014). 〈러시아어의 한글 표기 실태〉. 《노어노문학》 26.
왕지국. (2015). 〈한국어의 외래어와 외래어 표기법 교육—오류 형태를 중심으로〉. 《중한언어문화연구》 9.
이은경. (2015). 〈외래어의 표준 발음과 어문 규범〉. 《비교문화연구》 38.
조남신 · 박수빈. (2015). 〈러시아어 한글 표기법에 대한 제안〉. 《슬라브어연구》 20(2).
조창규. (2015). 〈중등학교 문법 수업과 연계한 어문 규범 교육 방안〉. 《한국언어문학》 95.
최유숙 · 양명희 · 이찬규 · 임현열. (2015). 〈남북 언어 통합 연구에 대한 통합적 연구〉. 《다문화콘텐츠연구》 18.
김건영. (2016). 〈미얀마 어 외래어 표기법의 제정을 위한 기초 연구〉. 《우리말연구》 45.
이경숙. (2016). 〈문교부의 '외래어 표기법' 변천 과정과 수용 양상〉. 《한국학》 39(1).
이관규. (2016). 〈남북한 어문 정책의 동질성 회복 방안에 대한 연구〉. 《국어국문학》 176.
정경일. (2016). 〈국어 어문규범의 표기대상—한글맞춤법과 외래어표기법의 경우〉. 《한국어학》 71.
한명숙. (2016). 〈대학생들의 외래어 표기와 발음의 상관성 연구〉. 《한말연구》 41.
강경원. (2017). 〈외국 지명 표기의 문제와 과제〉. 《教育論叢》 54(1).
백설비. (2017). 〈한국어 외래어 표기 오류 분석 및 교육 방안 연구—중국인 학습자를 중심으로〉. 《학습자중심교과교육연구》 17(3).
이성우 · 신중진. (2017). 〈남북 전문용어 통합과 어문 규범 및 문제〉. 《한국사전학》 29.
이하얀. (2017). 〈국어 외래어 표기법의 문제점과 보완 방향〉. 《언어와 정보 사회》 30.
정진영. (2017). 〈외래어 표기법 속 네덜란드어의 한글 표기법〉. 《한글》 317.
강소영. (2018). 〈대학 글쓰기에서 어문 규정에 대한 효과적인 교육 방법 연구—한국교통대학교 글쓰기 수업 사례를 중심으로〉. 《한국문예창작》 17(2).

리리 · 김정남. (2018). 〈패션 및 의류명(衣類名) 표기(表記)에 나타난 외래어(外來語) 오표기(誤表記)의 양상(樣相)〉. 《어문연구》 46(1).
유경민. (2018). 〈한국어 번역 성경의 외래어 표기 연구〉. 《語文學》 140.
박한상. (2019). 〈타이어 외래어 표기법의 문제점과 대안〉. 《한글》 326.
이영아 · 이재숙. (2019). 〈국내 헤어 논문 외래어 오류 실태 분석〉. 《디지털융복합연구》 17(1).
최유숙. (2019). 〈남북한 외래어 통합을 위한 기초 연구〉. 《문화와 융합》 41(6).
박경은 · 장태엽. (2020). 〈태국어 모음 /o/와 /ɔ/의 한글 표기—음향 분석을 통한 제안〉. 《한국어학》 87.
이관규. (2020). 〈북한 외래어 표기법의 변천 양상과 과제〉. 《한국어문교육》 32. 고려대학교 한국어문교육연구소.
이상일. (2020). 〈신약성경 그리스어 외래어 표기 방식에 대한 제안과 그 적용—마태복음을 중심으로〉. 《성경원문연구》 46.

3.3 외래어 표기법—단행본

조선어학회. (1941). 《외래어 표기법 통일안》. 조선어학회.
문교부. (1952). 《들온말 적는법》. 대문서적주식회사.
국어사정위원회. (1969). 《외국말적기법》. 평양: 과학, 백과사전출판사.
국어사정위원회. (1982). 《외국말적기법》. 평양: 과학, 백과사전출판사.
대구대어문연구회. (1982). 《한글맞춤법과 표준어 규정》. 대구대학교출판부.
남광우. (1985). 《국어국자논집》. 일조각.
국어연구소. (1986). 《외래어 표기 용례집—인명 · 지명편》. 국어연구소.
문교부. (1987). 《편수자료 II-2—외래어 표기 용례(인명 · 지명)》. 대한교과서주식회사.
국어연구소. (1988). 《외래어 표기 용례집—일반용어》. 국어연구소.
국어연구소. (1988). 《외래어 표기 용례집—지명 · 인명》. 국어연구소.
문교부. (1988). 《편수자료 II-4—한글맞춤법, 표준어규정, 국어의 로마자표기법(표기용례)》. 대한교과서주식회사.
미승우. (1988). 《새 맞춤법과 표준어 해설》. 지학사.
이기문. (1988). 《한국 어문의 제문제》. 일지사.
이은정. (1988). 《한글맞춤법 표준어 해설》. 대제각.
북한언어연구회 편. (1989). 《북한의 어학혁명》. 백의.

이희승 · 안병희. (1989).《한글맞춤법강의》. 신구문화사.
국어연구소. (1990).《외래어 표기 용례집》. 국어연구소.
문교부. (1990).《국어 어문 규정집》. 대한교과서주식회사.
이승구. (1990).《정서법자료》. 대한교과서.
신창순. (1992).《국어정서법연구》. 집문당.
종로서적 편집부. (1992).《외래어 표기법 1》. 종로서적.
종로서적 편집부. (1992).《외래어 표기법 2》. 종로서적.
남태현. (1992).《새한글 맞춤법 띄어쓰기와 교정의 실제》. 연암출판사.
국립국어연구원. (1993).《외래어 표기 용례집—동구권 지명 · 인명》. 국립국어연구원.
이은정. (1993).《남북한 어문 규범 비교》. 대제각.
류영남. (1994).《말글밭》. 육일문화사.
이상억. (1994).《국어 표기 4법 논의》. 서울대학교출판부.
전영우. (1994).《바른 말 고운 말》 집문당.
편집부. (1994).《편수자료 II—한글 맞춤법,표준어 규정,국어의 로마자 표기법, 표기용례》. 문교부.
국립국어연구원. (1995).《외래어 표기 용례집—북구권 지명 · 인명》. 국립국어연구원.
문교부. (1995).《한국 어문 규정집》. 대한교과서.
박갑수. (1995).《우리말 바로 써야 한다 1》. 집문당.
박인환. (1995).《바른 우리말》. 자유시대사.
편집부. (1995).《외래어 표기 용례》. 세창출판사.
성기지. (1996).《우리글 바로잡기 연습》. 타래.
이은정. (1996).《남북한 어문 규범 고찰》. 백산출판사.
임규홍. (1996).《틀리기 쉬운 우리말 바로 쓰기》. 신아사.
전영표. (1996).《새 국어 표기법》. 동일출판사.
국립국어연구원. (1997).《외래어 표기 용례집—정부언론외래어심의공동위원회 결정》. 국립국어연구원.
리의도. (1997).《말을 잘하고 글을 잘 쓰려면 꼭 알아야 할 것들》. 석필.
우형식. (1997).《국어정서법》. 부산외국어대학교 출판부.
원영섭. (1997).《한글맞춤법》. 세창출판사.
이현복 · 임홍빈 · 김하수 · 박형익. (1997).《한글 맞춤법 무엇이 문제인가》. 태학사.
편집부. (1997).《국어정서법》. 학문사.
국립국어연구원. (1998).《외래어 표기 용례집—일반용어》. 국립국어연구원.
서정욱. (1998).《국어 정서법의 이론과 실제》. 문창사.

성기지. (1998).《맞춤법 사슬을 풀어주는 27개의 열쇠》. 박이정.
이종운. (1998).《국어의 맞춤법 표기》. 세창출판사.
훈민정음연구소. (1998).《국어 정서법 익히기》. 애플기획.
미승우. (1998).《새 맞춤법과 교정의 실제》. 어문각.
이종운. (1998).《국어의 맞춤법 표기》. 세창출판사.
김기중. (1999).《언어문자의 전사표기론—외래어 표기와 로마자 표기의 정서론》. 광주: 반도.
민현식. (1999).《국어 정서법 연구》. 태학사.
박홍길. (1999).《국어 정서법 연구》. 한국문화사.
이종운. (1999).《새한글 맞춤법사전》. 집현전.
성기지. (2000).《생활 속의 맞춤법 이야기》. 역락.
이재석. (2000).《알기쉬운 어문규범집》. 문화관광부.
이한. (2000).《외래어 표기법》. 초록배매직스.
국어사정위원회. (2001).〈외국말적기법〉. 조선민주주의인민공화국과학원.
최기호. (2001).《좋은글 올바른 글 쓰기 새 길라잡이》. 동광출판사.
편집부. (2001).《우리말 우리글 바로쓰기》. 문화관광부.
김봉모. (2001).《국어 정서법 강의》. 세종출판사. (증보판 2007)
국립국어연구원. (2002).《외래어 표기 용례집—인명》. 국립국어연구원.
국립국어연구원. (2002).《외래어 표기 용례집—일반용어》. 국립국어연구원.
국립국어연구원. (2002).《표준어 규정 해설집 발간을 위한 기초 연구》. 국립국어연구원.
김창근. (2002).《바른말 바른글》. 육일문화사.
나찬연. (2002).《한글 맞춤법의 이해》. 월인.
박인환. (2002).《선생님 이 말이 맞아요?》. 세원미디어.
엄태수. (2002).《한글 표기법과 글쓰기에 관한 연구》. 지식과교양.
원영섭. (2002).《틀린말 바른말》. 참이슬.
이선웅 · 정희창. (2002).《우리말 우리글 묻고 답하기》. 태학사. (3판 2010)
이정란. (2002).《고운말 바른글 여행》. 한반도.
KBS한국어연구회. (2003).《바른말 고운말》. 한국방송출판.
김기혁. (2003).《우리말 알고 쓰기》. 경진문화사.
최병선. (2003).《한글 정서법의 실제와 원리》. 경진문화사.
편집부. (2003).《한글 맞춤법 띄어쓰기—표준어 · 외래어표기 · 문장부호》. 민족문화사.
강희숙. (2003).《국어 정서법의 이해》. 역락. (개정판 2010)
우형식. (2004).《한글과 정서법》. 부산외국어대학교출판부.

이수열. (2004).《말이 올라야 나라가 오른다》. 한겨레출판.
전태익. (2004).《전태익의 우리말 사랑》. 오늘의문학사.
정희원. (2004).《동남아시아 3개 언어 외래어 표기법 용례집》. 국립국어원.
한용운. (2004).《한글 맞춤법의 이해와 실제》. 한국문화사.
김주미. (2005).《현대인의 바른 국어 생활》. 경진문화사.
김진규. (2005).《맞춤법과 표준어》. 공주대학교 출판부.
북피아 편집부. (2005).《한글맞춤법 띄어쓰기》. 북피아.
이주행. (2005).《한국어 어문 규범의 이해》. 보고사.
이진원. (2005).《우리말에 대한 예의》. 서해문집.
정희원 외. (2005).《외래어 표기 용례집—포르투갈어 · 네덜란드어 · 러시아어》. 국립국어원.
중앙일보 어문연구소 우리말 바루기 팀. (2005).《한국어가 있다 1》. 커뮤니케이션북스.
김유동. (2006).《편집자도 헷갈리는 우리말》. 삶과꿈.
박인환. (2006).《간추린 우리말 바로쓰기》. 지식산업사.
조경숙 · 김슬옹 · 김형배. (2006).《나만 모르는 우리말》. 모멘토.
강희숙. (2007).《시로 읽는 국어 정서법》. 글누림.
구법회. (2007).《우리말 돋보기》. 보고사.
나찬연. (2007).《국어의 규범》. 제이앤씨.
박용찬. (2007).《외래어 표기법—핫도그를 먹을까 핫덕을 먹을까》. 랜덤하우스코리아.
박종덕. (2007).《생활국어 정서법 연구》. 정인.
전영표. (2007).《새 국어 표기법》. 상록문화정보연구소.
김영선. (2008).《국어정서법》. 세종출판사.
박형익. (2008).《한국 어문 규정의 이해》. 태학사.
임성규. (2008).《교사를 위한 국어맞춤법 길라잡이》. 교육과학사.
황경수. (2008).《한국 어문 규정의 이해》. 청운.
김정우. (2009).《국어 어문규범 365가지》. 경남대학교 출판부.
김희숙 · 황경수 · 박종호. (2009).《세계화 시대에 한국어 한국인이 모른다》. 청운.
구본관 · 박한상 · 이진희 · 박동열 · 이만기 · 조문환 · 민광준 · 손남호 · 오현아(2010).《외래어 표기 규범 영향 평가》. 문화체육관광부.
김광희. (2010).《정서법과 바른 국어생활》. 학문사.
김기종. (2010).《우리말 4원칙의 현황과 통일안 모색》. 한국문화사.
김미형 · 서은아. (2010).《국어표기법의 이해》. 한국문화사.
김미형 · 서은아. (2010).《한국어 정서법과 교열》. 한국문화사.
문화체육관광부. (2010).《외래어 표기 규범 영향 평가》. 문화체육관광부.

여세주. (2010).《한국어 어문 규정 강의》. 정림사.
이경우. (2010).《한국말 바로쓰기》. 역락.
전영표. (2010).《국어 표준 규정과 편집기호 콘텐츠》. 시간의물레.
이희승 · 안병희 · 한재영. (2010).《한글 맞춤법 강의》. 신구문화사. (증보판 2015; 개정판 2016; 보정판 2018)
김진규. (2011).《국어 정서법의 이해》. 공주대학교 출판부.
윤재열. (2011).《고교생이 알아야 할 우리말》. 글벗.
허재영. (2011).《한글 맞춤법의 이해》. 행성B잎새.
황경수. (2011).《문식력을 키우는 우리말글》. 청운.
황경수. (2011).《글쓰기 위한 우리말 좋은글》. 청운.
김진규. (2012).《한글 맞춤법 바로알기》. 다래헌.
김진호 · 정영벽. (2012).《생활속 글쓰기의 어문규범》. 박이정.
대한교과서주식회사. (2012).《국어어문규정집》. 대한교과서.
미래컨텐츠창작연구소. (2012).《60초 생활코칭—맞춤법&띄어쓰기》. 21세기북스.
박창원. (2012).《한국어의 표기와 발음》. 지식과교양.
윤천한. (2012).《세종대왕님이 진노하신다》. 숨소리.
이관규 · 허재영 · 김유범 · 주세형 · 신호철 · 이영호. (2012).《차곡차곡 익히는 우리말 우리글 1》. 박이정.
이관규 · 허재영 · 김유범 · 주세형 · 신호철 · 이영호. (2012).《차곡차곡 익히는 우리말 우리글 2》. 박이정.
임성규. (2012).《교사를 위한 국어맞춤법 길라잡이》. 교육과학사.
나찬연. (2013).《국어 어문 규범의 이해》. 월인.
서덕주. (2013).《한글 맞춤법과 어법》. 형설.
서상준 · 손춘섭. (2013).《한국어 어문 규범》. 역락.
이주행. (2013).《어문 규범의 이해》. 보고사.
최윤곤 · 김성주. (2013).《한국어 어문 규정 입문》. 한국문화사.
한국시각장애인연합회 외. (2013).《우리말 우리글 묻고 답하기—한글 맞춤법과 표준어 중심》. 한국시각장애인연합회.
한용운 · 정상훈. (2013).《한국 어문 규정》. 한국문화사.
강희숙. (2014).《우리말편지》. 소통.
구법회. (2014).《우리말이 보인다》. 보고사.
국립국어원. (2014).《문장 부호 해설》. 국립국어원.
국립국어원. (2014).《한국 어문 규정집》. 휴먼컬쳐아리랑.

나찬연. (2014).《벼리 국어 어문 규범》. 월인.
박숙희. (2014).《국어 어문 규범》. 역락.
세종과노벨 출판부. (2014).《3시간 만에 배우는 한글 맞춤법 강의》. 유페이퍼.
이은영 · 김미영. (2014).《빠리인가 파리인가—외국어 한글 표기》. 경북대학교출판부.
임성규. (2014).《교사를 위한 국어맞춤법 길라잡이》. 교육과학사.
전영표. (2014).《국어 표준 규정과 편집 기호 콘텐츠》. 시간의물레.
황경수. (2014).《어문 규정 바로 알기》. 청운.
나윤정. (2015).《우리말 밭다리 걸기》. 들녘.
박태하. (2015).《책 쓰자면 맞춤법》. 엑스북스.
조창규 · 최형기. (2015).《교사를 위한 국어 어문 규정 강의》. 태학사.
허철구. (2015).《우리말 규범의 이해》. 역락. (개정판 2016)
박성호. (2016).《외래어 표기법, 국어의 로마자 표기법》. 양성원.
박한상. (2016).《2016년 주요 외국 인명과 지명의 한글표기 구축》. 국립국어원.
정경일. (2016).《외래어표기법》. 커뮤니케이션북스.
최돈우. (2016).《우리말 바루기 말광》. 지식과감성.
국립국어원. (2017).《우리말샘》. 국립국어원 누리집.
박종호. (2017).《교양으로 알아야할 문법과 맞춤법》. 청운.
손춘섭. (2017).《한국어의 규범과 예절》. 역락.
이호권. (2017).《맞춤법과 표준어》. 한국방송통신대학교출판문화원.
조형일. (2017).《한국 어문 규범》. 박이정.
최윤곤. (2017).《한국 어문 규정 입문》. 한국문화사.
강희숙. (2018).《한국어 어문 규정의 이해》. 역락.
국립국어원. (2018).《한국 어문 규정집》. 국립국어원.
국립국어원. (2018).《한글 맞춤법, 표준어 규정 해설》. 국립국어원.
김종욱. (2018).《대한민국 표준국어 어법 사전》. 미문사.
백태명. (2018).《공부왕이 즐겨 찾는 맞춤법 · 띄어쓰기》. 국민.
이상규. (2018).《맑스 마르크스 마륵스》. 경진.
강미영. (2019).《한국어 어문규범》. 박문사.
국립국어원. (2019).《한글 맞춤법, 표준어 규정 해설》. 생각쉼표.
김홍중. (2019).《현대문법 어문규정》. 넥슨미디어.
나찬연. (2019).《국어 어문 규정의 이해》. 월인.
한재영. (2019).《한국어 어문 규범》. 신구문화사.
한학성. (2019).《우리 말글살이와 영어 표기》. 채륜.

송현정. (2020).《국어 표기법의 이해와 실제》. 제주대학교출판부.

4. 로마자 표기법

4.1 로마자 표기법—학위 논문

정도복. (1990). 〈남북한 국어정책의 비교 연구〉. 조선대학교 교육대학원 석사논문.

도형수. (1992). 〈한글의 로마자 表記에 關한 硏究〉. 효성여자대학교 박사논문.

강혜숙. (1998). 〈음절 위주의 한글의 로마자 표기형식에 관한 연구〉. 경희대학교 교육대학원 석사논문.

서기주. (1998). 〈로마자 表記法과 英文觀光案內文—佛國寺와 石窟庵을 中心으로〉. 계명대학교 석사논문.

韓受卿. (1999). 〈韓國語의 로마자 表記法에 관한 硏究〉. 한림대학교 석사논문.

김광현. (2000). 〈로마자 표기 한글 인명의 검색 방법〉. 숭실대학교 석사논문.

신유식. (2000). 〈개화기 국어표기법 연구〉. 청주대학교 박사논문.

고경아. (2001). 〈영어교사의 한글의 로마자 표기법 인식〉. 고려대학교 교육대학원 석사논문.

정윤희. (2001). 〈로마자 표기와 새 국어로마자표기법에 관한 연구〉. 계명대학교 석사논문.

최용기. (2001). 〈남북한 국어 정책 변천사 연구〉. 단국대학교 박사논문.

김지회. (2007). 〈국어의 로마자 표기법 지도 방안〉. 경성대학교 교육대학원 석사논문.

이선화. (2007). 〈PBL(문제중심학습)을 활용한 중등학교 어문규범 지도방안 연구〉. 경희대학교 교육대학원 석사논문.

이효이. (2007). 〈국어 로마자 표기법 실태와 학교교육의 필요성〉. 전북대학교 교육대학원 석사논문.

김한나. (2008). 〈국어 교육에서의 규범 교육 현황과 교육적 의의〉. 아주대학교 교육대학원 석사논문.

이석형. (2008). 〈국어 규범 교육의 문제점과 개선 방안 연구—고등학교 '국어생활'과 '문법' 교과서 '국어 규범' 단원을 통해〉. 성신여자대학교 교육대학원 석사논문.

이민호. (2010). 〈'국어의 로마자 표기법'의 전사적 표기방식 연구〉. 공주대학교 교육대학원 석사논문.

부이티응옥빛. (2011). 〈한국어와 베트남어의 어문 규정 대조 연구〉. 영남대학교 석사논문.

이상임. (2012). 〈국어 로마자 표기 사례별 조사 연구〉. 부경대학교 교육대학원 석사논문.

최희자. (2013). 〈한국어의 로마자 표기법에 관한 연구〉. 목원대학교 석사논문.
안수영. (2014). 〈2009 개정 교육과정의 어문 규범 성취 기준 연구—중학교 국어교과서를 중심으로〉. 공주대학교 교육대학원 석사논문.
유예서. (2015). 〈국어 어문 규범에 대한 중·고등학생들의 인식 실태 조사〉. 한국교원대학교 석사논문.
정려란. (2016). 〈한국과 중국의 어문 규범에 대한 연구〉. 고려대학교 석사논문.
노아. (2018). 〈국어 화자의 국어인식 양상에 기반한 국어 규범 교육 방안 연구〉. 이화여자대학교 석사논문.
추승희. (2018). 〈영어교과서 한국 고유문화 용어 영문표기에 대한 연구〉. 전주대학교 박사논문.
박은선. (2020). 〈〈국어의 로마자 표기법〉의 국어교육적 활용 연구〉. 연세대학교 교육대학원 석사논문.

4.2 로마자 표기법—일반 논문

조선어 및 조선 문학 연구소. (1956). 〈외국 자모에 의한 조선어 표기법—제III장 로마 자모에 의한 조선어 표기에 관한 일반적 규칙〉. 《조선어 외래어 표기법》. 평양: 조선민주주의인민공화국 과학원.
이병진. (1971). 〈영어단어 철자를 토대로 한 로마자의 한글화 표기에 관하여—현행의 일부 계선과 통일을 중심으로〉. 《안동교육대학교 논문집》 4(1).
裵亮瑞. (1975). 〈로마字化와 英語化〉. 《明大論文集》 8.
李康勳. (1975). 〈한글의 로마字 表記〉. 《서울여자대학논문집》 4.
배양서. (1976). 〈언어 접촉 이론에서 본 한글의 영자화〉. 《영어교육》 12.
金忠培. (1978). 〈우리말 로마자 표기 문제〉. 《언어》 3(2).
배양서. (1979). 〈외래어의 한글화 및 국어의 로마자화 시안 비판〉. 《영어교육》 17.
이현복. (1979). 〈로마자 표기법 개정시안의 문제점〉. 《외국어로서의 한국어교육》 4(1).
김형규. (1981). 〈표준말 및 어문관계 표기법 개정안의 문제점〉. 《세종대학 논문집》 8.
李相億. (1981). 〈국어의 로마자 표기법 문제 종합 검토—"누구를 위하여 로마자 표기를 하여야 하나?"〉. 《언어와 언어학》 7.
이현복. (1981). 〈한국어의 로마자 표기법—문제와 대책〉. 《말소리》 3.
李相億. (1982). 〈한국어 로마자 표기 '82〉. 《언어》 7(1).
김차균. (1983). 〈우리말 로마자 표기법의 근본문제와 그 해결 방안〉. 《語文研究》 12.

이현복. (1983). 〈로마자 표기법의 음성학적 실상과 허상〉.《말소리》6.

한글학회. (1984). 〈우리말 로마자 적기〉.《한글 맞춤법 통일안》. 한글학회.

정문수. (1984). 〈개정 로마자 표기법의 문제점과 그 개선방안〉.《論文集》3(1).

신석환. (1985). 〈國語의 로마자 表記法 考察〉.《昌原大學校 論文集》7(2).

兪萬根. (1985). 〈標準 韓國語 精密表音 로마字 맞춤法 硏究〉.《언어》10(1).

김기중. (1986). 〈現行 "로마字 表記法"의 문제점—McCune-Reischauer System을 비판함〉.《광주개방대학 논문집》3.

김복문. (1988). 〈한글의 Romanization 로마자표기법 관련 제 문제와 무역영어〉.《한국무역학회 학술대회》1988.

송기중. (1988). 〈북한의 로마자 표기법〉.《국어생활》15.

강주상. (1989). 〈한글문자의 로마문자 표기에 대한 제안〉.《한글 및 한국어 정보처리 학술발표 논문집》.

유만근. (1989). 〈우리말 로마자 맞춤법 안(案) '89—기계화를 염두에 두고, 실용예시를 곁들여〉.《人文科學》19(1).

이관규. (1989). 〈남북한 국어 로마자 표기법〉.《북한의 어학혁명》. 백의.

박철주. (1990). 〈국어의 로마자 표기법에 대한 음운론적 비판〉.《漢城語文學》9.

김복문. (1991). 〈모의발음부호법에 입각한 한글의 로마자 신표기법(안)과 무역교신—일본어의 영어발음위주 로마자 표기연구 포함〉.《産業과 經營》4(1).

김세중. (1991). 〈국어의 로마자 표기 문제〉.《주시경 학보》8.

서정수. (1991). 〈우리말 이름의 로마자 표기에 관하여〉.《새국어생활》1(1).

유경희. (1991). 〈한글의 로마자 표기법 통일안 및 그에 의한 통신방법 개발〉.《한국통신학회 전기통신학술연구과제 보고서》.

고정언. (1992). 〈제주지역의 로마자 오기실태 조사연구-도로 및 관광안내표지에 한정하여〉.《제주전문대학교 논문집》13.

이현복. (1993). 〈남·북한의 로마자 표기법 비교 연구—이른바 '남·북 단일안'을 중심으로〉.《한글》222.

김복문. (1995). 〈충북지역내소재 무역상사명의 영문로마자 표기실태와 그 오류(誤謬)에 관한 연구〉.《産業과 經營》8(1).

이관규. (1995). 〈학교 문법, 한글 맞춤법, 표준 발음법, 외국어 표기법, 국어의 로마자 표기법에 나타난 상치점〉.《새국어교육》51(1).

전영표. (1996). 〈ISO의 한글 로마자 표기 남북통일안 고찰〉.《언어학》19.

김병협. (1997). 〈'97 국어 로마자 표기법의 정부 개정안에 관한 연구〉.《영어영문학연구》22(1).

김세중. (1997). 〈국어의 로마자 표기 실태〉. 《새국어생활》 7(2).
양병선. (1997). 〈국어의 로마자표기법 및 영문도로 Sign 연구〉. 《인문과학연구》 3.
이상억. (1997). 〈로마자 표기법은 사용자 위주로〉. 《한국인》 16(7).
이익섭. (1997). 〈로마자 표기법의 성격〉. 《새국어생활》 7(2).
정경일. (1997). 〈한국 인명의 로마자표기 양상에 대하여〉. 《한국언어문학》 39.
정희원. (1997). 〈역대 주요 로마자 표기법 비교〉. 《새국어생활》 7(2).
金福文. (1998). 〈제대로 된 韓國語 로마자 表記法의 참모습—문화관광부 국어연구원 提示 現行國語 로마字 改正試案 批判評價〉. 《語文研究》 26(2).
김세환. (1998). 〈국어(한글)의 로마자표기법 개정에 대한 소견〉. 《논문집》 1.
김혜숙. (1998). 〈한국 인명의 로마자표기 순서 및 표기 양상〉. 《사회언어학》 6(1).
리의재. (1998). 〈한글 세계화의 첫걸음—"쉬운 로마자 표기법"에 관한 다각도 검증〉. 《신과학연구》 1.
박창화. (1998). 〈우리 말의 로마자표기법에 대하여〉. 《중국조선어문》 93.
손길영. (1998). 〈국어의 로마자 표기법과 매큔라이샤워 표기법의 비교 연구〉. 《교육논총》 14(1).
유만근. (1998). 〈한글 로마자 번자법(飜字法)과 우리말 로마자 표음법(表音法)—두 가지 서로 다른 표기방식 대비예시〉. 《말소리》 30.
이상억. (1998). 〈2원적 로마자 표기법의 필요성〉. 《논문집》 1.
정태충. (1998). 〈한글의 로마자표기법의 표기 형식에 관한 연구〉. 《논문집》 1.
이현복. (1998). 〈로마자 표기법의 이론과 실제—현행 표기법은 하루속히 개정되어야〉. 《한글》 240–241.
이현복. (1998). 〈로마자표기법의 실상과 허상〉. 《논문집》 1.
박홍길. (1999). 〈우리말 로마자 표기법에 관한 새 제안〉. 《새얼語文論集》 12.
배주채. (1999). 〈로마자표기법의 개정을 위하여〉. 《성심어문논집》 20·21.
정경일. (1999). 〈독립신문의 로마자 표기방식〉. 《한국어학》 9(1).
김명식. (2000). 〈확고한 의지, 광범하고 꾸준한 홍보—한글 로마자 표기법의 국제 사회 정착을 위한 방안〉. 《새국어생활》 10(4).
김세중. (2000). 〈국어의 로마자 표기법 개정 경위〉. 《새국어생활》 10(4).
김진규. (2000). 〈개정된 〈국어의 로마자 표기법〉의 문제점〉. 《한어문교육》 8.
김혜숙. (2000). 〈주요 로마자 표기법에 입각한 한국인의 성 표기 문제점—영어에 근거한 발음 및 의미〉. 《사회언어학》 8(1).
변명섭. (2000). 〈국어의 로마자 표기와 언어정책〉. 《언어학연구》 5.
兪萬根. (2000). 〈종전 로마자 표기법의 이론과 실용상 문제점〉. 《새국어생활》 10(4).

전병철. (2000). 〈국어의 로마자 표기법에 관한 일고찰〉. 《언어학연구》 4.
전영표. (2000). 〈개정된 새 '국어 로마자 표기법'의 몇 가지 문제〉. 《저널리즘비평》 31(1).
정원수. (2000). 〈한글 맞춤법, 표준어 규정 그리고 국어의 로마자 표기법에 대하여〉. 《인문학연구》 27(2).
정희원. (2000). 〈새 로마자 표기법의 특징〉. 《새국어생활》 10(4).
허철구. (2000). 〈성(姓)의 로마자 표기 방안〉. 《새국어생활》 10(4).
김종훈. (2000). 〈음운론적 관점에서 본 국어의 새 로마자 표기법〉. 《교육과학연구》 2.
양병선. (2000). 〈국어의 영문표기 및 로마자표기에 관한 제언〉. 《번역학연구》 1(1).
김종훈. (2000). 〈음운론적 관점에서 본 국어의 새 로마자 표기법〉. 《백록논총》 2.
양병선. (2000). 〈한국 인명 로마자 표기법 연구—음절단위 국어의 영자표기법〉. 《언어학》 8(3).
고경석. (2001). 〈국어의 로마자 표기법과 실용성〉. 《교육논총》 18.
김세중. (2001). 〈성씨의 로마자 표기 시안〉. 《도로명의 사이시옷 표기, 성씨의 로마자 표기 공개 토론회 자료집》. 국립국어원.
박형익. (2001). 〈한국 지명의 로마자 표기—「우편번호부」의 지역명을 중심으로〉. 《지명학》 6.
양병선. (2001). 〈언어간 음자번역으로서의 국어의 로마자 표기법 연구—음절단위 영자표기법〉. 《언어학》 9(3).
이상억. (2001). 〈200년 한국어 로마자 표기의 현 상황과 성씨 표기의 계량적 해결책—왜 '김'을 K로 해야 하는가?〉. 《계량언어학》 1.
정경일. (2001). 〈국어의 로마자표기법의 인식과 교육 실태〉. 《이중언어학》 18(1).
정경일. (2001). 〈남북한 로마자 표기법의 통일방안〉. 《국제고려학회 서울지회 논문집》 3.
최인호. (2001). 〈신문에서 로마자가 쓰이는 몇 가지 모습〉. 《새국어생활》 11(2).
김혜숙. (2001). 〈제4차 공식 표기법 "국어의 로마자 표기법"(2000)과 한국 인명의 로마자 표기〉. 《인문논총》 5.
정경일. (2001). 〈남북한 로마자 표기법의 통일방안〉. 《국제고려학회 서울지회 논문집》 3.
김혜숙. (2001). 〈초등 학교의 로마자 인명 표기 교육에 대한 제언〉. 《영어어문교육》 7(2).
김혜숙. (2001). 〈한국인의 로마자 인명 표기의 통일성과 일관성〉. 《영어학》 1(3).
김수남. (2002). 〈국어 로마자 표기법의 역사적 변천과 원리〉. 《인문학연구》 28.
박봉곤. (2002). 〈남북한 로마자 표기법의 변천과 통일방안〉. 《남북의 언어 어떻게 통일할 것인가》. 국학자료원.
유만근. (2002). 〈우리말글 로마자 표기법 종전안 비판과 대안〉. 《음성언어 연구의 어제와 오늘》. 태학사.

정경일. (2002). 〈영어교과서의 로마자표기양상〉. 《21세기 국어학의 현황과 과제》. 월인.
권재일. (2003). 〈설득, 이해, 실천의 의지—새 로마자 표기법의 성공적인 정착을 위하여〉. 《새국어생활》 10(4).
김진규. (2003). 〈Yale 체계에 따른 국어의 로마자 표기법 논의〉. 《한어문교육》 11.
배석주. (2003). 〈국어의 로마자화 표기법 기본원칙의 변천 연구〉. 《創意力開發研究》 6.
배석주. (2003). 〈한국어의 로마자화 표기의 이론과 실제—일본인에 의한 한국어의 로마자화 표기법과의 비교〉. 《일본어문학》 22.
신계성. (2003). 〈관광안내판과 수정된 국어의 로마자 표기법 연구〉. 《문화관광연구》 5(1).
정경일. (2003). 〈로마자 표기법의 남북통일방안〉. 《우리어문연구》 20.
양병선. (2003). 〈성씨의 로마자 표기에 관한 제언〉. 《인문과학연구》 7.
양병선. (2003). 〈전주지역 도로표지판 영문표기 현황 및 개선방안〉. 《인문과학연구》 9.
양병선. (2003). 〈우리말 한자 인명 로마자표기에 관한 연구〉. 《언어학》 11(4).
전홍식. (2004). 〈국어 로마자 표기 원칙의 언어 어문적 문제점과 사용 실태 연구〉. 《언어과학》 11(2).
전홍식. (2004). 〈로마자 표기법의 기준 및 문제점 연구〉. 《영산논총》 13.
정경일. (2004). 〈한, 중, 일의 로마자 표기법〉. 《우리어문연구》 22.
김혜숙. (2005). 〈초등 학교의 로마자 표기 교육—영어 교과서와 지도서를 중심으로〉. 《사회언어학》 13(2).
정경일. (2005). 〈미국 한인사회의 로마자 인명표기〉. 《우리어문연구》 25.
황경수. (2005). 〈남북한의 언어 규범〉. 《人文科學論集》 31.
양병선. (2006). 〈한글이름 로마자표기에 관한 제언〉. 《현대문법연구》 43.
정경일. (2006). 〈지역과 도로명의 로마자표기에 관한 제언〉. 《한국어학》 33.
황경수. (2006). 〈우리말글 어문규정 바로 알고 쓰기〉. 《인문과학논집》 34.
오경묵. (2007). 〈한글 로마자 표기에 대한 국제 기관의 규정과 표기의 실제에 관한 연구〉. 《情報管理學會誌》 24(4).
이진희. (2007). 〈국어 로마자 표기의 규정화 문제〉. 《독어학》 16.
김정우. (2008). 〈번역의 관점에서 본 외래어 표기법과 로마자 표기법〉. 《번역학연구》 9(2).
남경완. (2008). 〈대학 글쓰기 교육 속에서 이루어지는 어문 규정 교육의 현황 분석과 방향 모색—각 대학의 신입생 대상 글쓰기 교재 분석을 통하여〉. 《우리어문연구》 31.
양병선. (2008). 〈인명 영문 로마자 표기법—새전자주민증 사용에 대비하여〉. 《언어학》 16(1).
이응백. (2008). 〈국어(國語)의 로마자 표기법(表記法)에 대하여〉. 《한글한자문화》 109.
정경일. (2008). 〈로마자표기법의 언어정책적 현실〉. 《한국어문학연구》 50.

정호정. (2008). 〈번역된 문화텍스트의 정보성 등가와 로마자표기 방식의 문제점〉. 《통역과 번역》 10(1).
최병수. (2008). 〈조선어의 라틴글자표기에서 나서는 몇가지 문제〉. 《조선어문》 150. 평양: 과학백과사전출판사.
배재덕. (2009). 〈국어 로마자 표기법에 나타난 문제점과 개선 방안〉. 《동북아 문화연구》 21.
김희숙. (2010). 〈성(姓)씨로 본 한국어로마자표기 반성—환원주의(reductionism)적 규정 대 전체론(holism)적 현실〉. 《이중언어학》 44.
배재덕. (2010). 〈한국 대학생들의 국어 로마자 표기 산출 능력과 인식에 관한 연구〉. 《동북아 문화연구》 25.
이선웅. (2010). 〈새국어생활과 어문 규범 논의〉. 《새국어생활》 20(4).
정경일. (2010). 〈로마자표기의 규범과 현실〉. 《한국학연구》 33.
李弘植. (2011). 〈로마字 表記法에 대하여〉. 《語文硏究》 39(4).
정경일. (2011). 〈번역표기의 일관성과 로마자표기〉. 《어문논집》 63.
주세형 · 신호철. (2011). 〈국어 어문 규범 교육의 목표 및 내용의 재구성—초등학교, 중학교, 고등학교급의 위계성을 중심으로〉. 《국어교육연구》 28.
김선철. (2012). 〈국어의 로마자 표기법과 관련된 몇 가지 쟁점〉. 《한국어학》 56.
전홍식. (2012). 〈국어 로마자 표기의 사용상 혼란 원인에 관한 고찰〉. 《언어과학》 19(2).
정희창. (2012). 〈'국어 규범'과 '글쓰기'〉. 《작문연구》 14.
송홍규. (2013). 〈유기음화와 어문 규정〉. 《우리어문연구》 46.
엄익상. (2013). 〈한국어 로마자표기법의 수용도와 개정 방향〉. 《한중언어문화연구》 31.
김정선. (2014). 〈대학생의 어문규범 실태 조사와 능력 평가〉. 《한국언어문학》 90.
조창규. (2015). 〈중등학교 문법 수업과 연계한 어문 규범 교육 방안〉. 《한국언어문학》 95.
허철. (2015). 〈동양학 고유 학술용어의 특수성과 표준 로마자 표기, 영역 사전 구축의 필요성과 방안〉. 《漢字 漢文敎育》 38.
강미영. (2016). 〈'2000년 국어의 로마자 표기법' 표기 방식에 관한 소론 1〉. 《언어학연구》 41.
김구룡. (2016). 〈국어 로마자 표기법의 개선과 그 실용성 제고 방안에 관한 연구〉. 《한국어정보학》 18(2).
이관규. (2016). 〈남북한 어문 정책의 동질성 회복 방안에 대한 연구〉. 《국어국문학》 176.
하빛나. (2017). 〈남북한 로마자 표기법의 통일을 위한 연구—현행 남북한 로마자 표기법의 비교를 중심으로〉. 《한국어문교육》 22.
심보경. (2018). 〈공공언어 표기실태 연구—서울특별시 강남구 도로표지 로마자 · 영문 표기를 중심으로〉. 《인문과학연구》 58.

양병선. (2018). 〈「국어의 로마자표기법」 모음자 표기문제 및 제안—「2015 개정교육과정」 초등영어 1음절어를 중심으로〉. 《언어학》 26(2).
고대영. (2019). 〈남북한 로마자 표기법 통일 방안〉. 《泮橋語文硏究》 53.

4.3 로마자 표기법—단행본

이희승. (1959). 《한글맞춤법통일안 강의》. 신구문화사.
김선기. (1977). 《한국어의 로마자 표기법 연구》. 언어과학연구원.
김복문. (1982). 《한글의 로마字 新表記法(案)과 그 用途》. 유성문화사.
북한언어연구회 편. (1989). 《북한의 어학혁명》. 백의.
이희승·안병희. (1989). 《한글 맞춤법 강의》. 신구문화사.
이상억. (1994). 《국어 표기 4법 논의》. 서울대학교출판부.
김복문. (1996). 《한글의 영어발음기준 로마자 표기법 이론과 실제》. 무역출판사.
김복문. (1996). 《한·일 로마자 표기의 비교연구》. 무역출판사.
문화체육부. (1997). 《국어의 로마자 표기법 개정 공청회》. 문화체육부.
우형식. (1997). 《국어 정서법》. 부산외국어대학교 출판부.
이현복·임홍빈·김하수·박형익. (1997). 《한글 맞춤법 무엇이 문제인가》. 태학사.
성기지. (1998). 《맞춤법 사슬을 풀어주는 27개의 열쇠》. 박이정.
김기중. (1999). 《언어문자와 전사표기론—외래어 표기와 로마자 표기의 정서론》. 광주: 반도.
남태현. (1999). 《새한글 맞춤법 띄어쓰기와 교정의 실제》. 연암출판사.
민현식. (1999). 《국어 정서법 연구》. 태학사.
국립국어연구원. (2000). 《로마자 표기 용례 사전》. 국립국어연구원.
미승우. (2000). 《새 맞춤법과 교정의 실제》. 어문각.
성기지. (2000). 《생활 속의 맞춤법 이야기》. 역락.
국립국어연구원. (2001). 《로마자 표기 용례 사전》. 문화관광부.
국립국어연구원. (2001). 《로마자 표기법 왜 개정해야 하나》. 문화관광부.
한국번역학회. (2001). 《번역학을 바탕으로 한 국어의 바른 로마자 표기》. 한국번역학회.
김복문. (2002). 《국어의 영어식 로마자 표기법》. 무역출판사.
강희숙. (2003). 《국어 정서법의 이해》. 역락.
김진규. (2005). 《맞춤법과 표준어》. 공주대학교 출판부.
정태충. (2005). 《정음로마자 표기법》. 경희대학교 출판국.

이종운. (2006).《국어의 맞춤법 표기》. 세창출판사.
김봉모. (2007).《국어 정서법 강의》. 세종출판사.
박병일. (2007).《외국인 대상 로마자 표기법 반응 조사 결과 보고서》. 국립국어원.
손중선. (2007).《로마자 표기 현황 실태 분석》. 국립국어원.
이은영. (2007).《로마자 표기에 대한 외국인의 발음 분석》. 국립국어원.
김영선. (2008).《국어정서법》. 세종출판사.
배재덕. (2010).《로마자표기 길라잡이》. 부경대학교 출판부.
엄익상. (2010).《한글 로마자표기법 해외 사용실태 조사분석 보고서》. 국가경쟁력강화위원회.
이희승 · 안병희 · 한재영. (2010).《한글 맞춤법 강의》. 신구문화사. (증보판 2015; 개정판 2016; 보정판 2018)
한글학회 · 현대경제연구원(2010).《'국어의 로마자 표기법' 영향 평가》. 문화체육관광부.
김진규. (2011).《국어 정서법의 이해》. 공주대학교 출판부.
양병선. (2011).《국어의 음절단위 영문로마자 표기법》. 한국문화사.
김진규. (2012).《한글 맞춤법 바로 알기》. 다래헌.
엄태수. (2012).《한글 표기법과 글쓰기에 관한 연구》. 지식과교양.
정경일. (2012).《국어 로마자표기의 오늘과 내일》. 역락.
서상준 · 손춘섭. (2013).《한국어 어문 규범》. 역락.
이주행. (2013).《어문 규범의 이해》. 보고사.
임성규. (2014).《교사를 위한 국어맞춤법 길라잡이》. 교육과학사.
정경일. (2015).《국어의 로마자표기법》. 커뮤니케이션북스.
조창규. (2015).《교사를 위한 국어 어문 규정 강의》. 태학사.
허철구. (2015).《우리말 규범의 이해》. 역락.
박성호. (2016).《외래어 표기법, 국어의 로마자 표기법》. 양성원.
박한상. (2016).《2016년 주요 외국 인명과 지명의 한글표기 구축》. 국립국어원.
최돈우. (2016).《우리말 바루기 말광》. 지식과감성.
강희숙. (2017).《한국어 어문 규정의 이해》. 역락.
박종호. (2017).《교양으로 알아야할 문법과 맞춤법》. 청운.
이호권. (2017).《맞춤법과 표준어》. 한국방송통신대학교출판문화원.
조형일. (2017).《한국 어문 규범》. 박이정.
최윤곤. (2017).《한국 어문 규정 입문》. 한국문화사.
김종욱. (2018).《대한민국 표준국어 어법 사전》. 미문사.
손춘섭. (2018).《한국어의 규범과 예절》. 역락.

이영기. (2018).《한글 로마자 표기 용례 사전》. 경인문화사.
강미영. (2019).《한국어 어문규범》. 박문사.
나찬연. (2019).《국어 어문 규정의 이해》. 월인.
한재영. (2019).《한국어 어문 규범》. 신구문화사.
한학성. (2019).《우리 말글살이와 영어 표기》. 채륜.
송현정. (2020).《국어 표기법의 이해와 실제》. 제주대학교출판부.

참고 문헌

강미영 · 김수정 · 임지영. (2019).《쉽게 풀어쓴 한국어 어문 규범》. 박문사.

강보선. (2013). 〈한글 맞춤법 교육 내용 연구〉.《국어교육연구》31. 서울대학교 국어교육연구소.

강신항. (2004). 〈외래어가 국어에 끼친 공과〉.《새국어생활》14(2). 국립국어원.

강희숙. (2011).《국어 정서법의 이해》(개정판). 역락.

고대영. (2019). 〈남북한 로마자 표기법 통일 방안〉.《반교어문연구》53, 반교어문학회.

고려대학교 민족문화연구원. (2009).《고려대 한국어대사전》. 국어사전편찬실.

고영근 편. (1989).《북한의 말과 글》. 을유문화사.

고영근 편. (2000).《북한 및 재외교민의 철자법 집성》. 역락.

고영근. (1994).《통일시대의 어문문제》. 길벗.

고영근. (2006). 〈통일언어철학의 탐색방향〉.《어문학》91. 한국어문학회.

고영근. (2013). 〈문장 부호와 각주 배치 및 문단 잡기 등에 대한 소견〉.《새국어생활》23(4). 국립국어원.

고영근 · 구본관. (2008).《우리말 문법론》. 집문당.

교육인적자원부. (2002).《고등학교 문법》. 서울대학교 국어교육연구소.

구본관. (2008). 〈맞춤법 교육 내용 연구—한글 맞춤법의 원리를 중심으로〉.《국어교육》127. 한국어교육학회.

구본관 · 박한상 · 이진희 · 박동열 · 이만기 · 조문환 · 민광준 · 손남호 · 오현아. (2010).《외래어 표기 규범 영향 평가》. 문화체육관광부.

국립국어연구원. (1992).《북한의 언어 정책》.

국립국어연구원. (1999).《표준국어대사전》, 두산. (인터넷판 2021)

국립국어연구원. (2000).《로마자 표기 용례 사전》.

국립국어원. (2004).《남북한 어문 규범 비교 연구》. 국립국어원.

국립국어원. (2014).《문장 부호 해설》. 국립국어원.

국립국어원. (2017).《우리말샘》, 국립국어원 누리집.

국립국어원. (2018).《한국 어문 규정집》, 국립국어원.
국립국어원. (2018).《한글 맞춤법, 표준어 규정 해설》.
국문연구소. (1909). 국문연구의정안.《역문》2-3-6.
국어국문학회. (1971). 국어정서법안.《국어국문학》52. 국어국문학회.
국어사정위원회. (1966).《조선말규범집》. 평양: 사회과학원출판사.
국어사정위원회. (1969).《외국말적기법》. 평양: 과학, 백과사전출판사.
국어사정위원회. (1982).《외국말적기법》. 평양: 과학, 백과사전출판사.
국어사정위원회. (1984).〈고친 외래어 표기〉.《문화어 학습》3.
국어사정위원회. (1985).〈조선말라틴자적기법〉.
국어사정위원회. (1985).〈새로 다듬은 말 몇 가지〉.《문화어 학습》1.
국어사정위원회. (1987).〈문화어발음법〉.《조선말규범집》. 조선민주주의인민공화국 국어사정위원회.
국어사정위원회. (1988).《조선말규범집》(수정판). 평양: 사회과학원출판사.
국어사정위원회. (1992).〈조선어의 라틴문자표기법〉.
국어사정위원회. (2000).〈조선말 띄어쓰기규범〉. 동경: 학우서방.
국어사정위원회. (2001).《외국말적기법》, 조선민주주의인민공화국 과학원.
국어사정위원회. (2003).〈띄여쓰기규정〉.《한국어학》25. 한국어학회.
국어사정위원회. (2010).《조선말규범집》(제2판). 평양: 사회과학원인쇄공장.
국어연구소. (1987).《표준어 개정안》
국어연구소. (1988).《표준어 규정 해설》
국어연구소. (1990).〈표준어 모음〉(문화부 공고 제36호).《국어생활》22. 별책.
권미정. (1991).〈북한의 외래어사〉.《북한의 조선어 연구사》2. 녹진.
권영민. (2004).〈일제 강점 1년 후 '조선어 정책' 결정한 총독부의 원문 사료 발견〉.《문학사상》386. 문학사상사.
권인한. (1993).〈'표준 발음법'과 '문화어발음법' 규정〉.《새국어생활》3(1). 국립국어연구원.
권인한. (2000).〈표준 발음〉.《새국어생활》10(3). 국립국어원.
권재일. (2012).《북한의『조선어학전서』연구》. 서울대학교출판문화원.
권재일. (2014).《남북 언어의 어휘 단일화》. 서울대학교출판문화원.
김기중. (1999).《언어문자의 전사표기론—외래어 표기와 로마자 표기의 정서론》. 광주: 반도.
김동찬. (2005).《조선어규범리론》. 평양: 사회과학출판사.
김무림. (1989).〈남·북한의 표준발음법〉.《북한의 어학혁명》. 백의.

김민수. (1989).《북한의 어학혁명》. 백의.
김민수 편. (1991).《북한의 조선어 연구사 1~4》. 녹진.
김민수 편. (1997).《김정일 시대의 북한언어》. 태학사.
김민수 편. (2002).《남북의 언어 어떻게 통일할 것인가》. 국학자료원.
김민수. (1973).《국어정책론》. 탑출판사.
김민수. (1981).〈북한언어정책의 실태와 문화어〉.《북한》117. 북한연구소.
김민수. (1982).《신국어학사》. 일조각.
김민수. (1985).《북한의 국어 연구》. 고려대학교출판부.
김민수. (2004).〈한자 표기 原地音主義의 문제〉.《새국어생활》14(2). 국립국어원.
김민수. (2008).《현대어문정책론—그 실태와 개선안》. 한국문화사.
김병협. (1997).〈'97 국어 로마자 표기법의 정부 개정안에 관한 연구〉.《영어영문학연구》22(1).
김복문. (2002).《국어의 영어식 로마자 표기법》. 무역출판사.
김봉국. (2008).〈음운론적 관점에서 본「표준어 규정(제2부 표준 발음법)」의 문제점〉.《열린정신 인문학연구》9(1). 원광대학교 인문학연구소.
김봉국. (2015).〈국어 교육과 발음〉.《새국어생활》25(1). 국립국어원.
김봉모. (2001).《국어 정서법 강의》. 부산: 세종출판사.
김상준. (1996).〈외래와 발음 문제〉.《새국어생활》6(4). 국립국어연구원.
김선철. (2003).《표준 발음 실태 조사 2》. 국립국어연구원.
김선철. (2004).〈표준 발음법과 언어 현실〉.《새국어생활》14(1). 국립국어연구원.
김선철. (2006).《중앙어의 음운론적 변이 양상》. 경진문화사.
김선철. (2012).〈국어의 로마자 표기법과 관련된 몇 가지 쟁점〉.《한국어학》56. 한국어학회.
김세중. (1991).〈국어의 로마자 표기 문제〉.《주시경 학보》8. 주시경연구소.
김세중. (1993).〈외래어 표기의 방향〉.《언어학》15. 한국언어학회.
김세중. (1996).〈외래어 표기법에 대한 비판 분석〉.《새국어생활》6(4). 국립국어연구원.
김세중. (1997).〈국어의 로마자 표기 실태〉.《새국어생활》7(2). 국립국어연구원.
김세중. (2004).〈표준어 정책에 대하여〉.《새국어생활》14(1). 국립국어연구원.
김수현. (2002).〈외래어 표기법 연구〉. 이화여자대학교 박사논문.
김슬옹. (2008).〈외래어표기법의 된소리 표기 허용에 대한 맥락 잡기〉.《새국어생활》18(4). 국립국어원.
김양진. (2003).〈남북한 맞춤법 통일 방안—형태 규범(표기법)을 중심으로〉.《우리어문연구》20. 우리어문학회.
金永寿. (2012).《中国朝鲜语规范原则与规范细则研究》. 베이징: 人民出版社.

김영황. (2015).《현대국어문법론》. 평양: 과학백과사전출판사.
김영황·권승모 편. (1996).《주체의 조선어연구 50년사》. 김일성종합대학 조선어문학부.
김용진. (1946).《한글 맞춤법 해설 방안》. 평양: 조선출판사.
김유범. (2007).《국어 문법형태소의 역사적 이해》. 박이정.
김윤경. (1938).《한국문자급어학사》. 경성: 동국문화사.
김인후. (2005).《조선인민의 글자생활사》. 평양: 사회과학출판사.
김일성. (1964).〈조선어를 발전시키기 위한 몇가지 문제—언어학자들과 한 담화〉.《김일성전집》32.
김일성. (1966).〈조선어의 민족적특성을 옳게 살려나갈데 대하여—언어학자들과 한 담화〉.《김일성전집》36.
김정우. (2006).《국어 어문규범 365》. 경남대학교출판부.
김주필. (1991).〈'표준어 모음'의 심의 경위와 해설〉.《국어생활》22. 국어연구소.
김주필. (2004).〈표준어 사정 기준과 표준어 성격〉《새국어생활》14(1). 국립국어연구원.
김진규. (2011).《국어 정서법의 이해》. 공주대학교출판부.
김하수·연규동. (2014).《남과 북의 맞춤법》. 커뮤니케이션북스.
김희진. (1996).〈외래어 표기, 남북한이 어떻게 다른가—외래어 표기법 국어 사전 국어 교과서를 중심으로〉《새국어생활》6(4). 국립국어연구원.
나찬연. (2020).《벼리 국어 어문 규범》(2판). 월인.
남광우. (1980).〈표준 발음의 검토〉.《어문연구》8(3). 한국어문교육연구회.
노하늘·신희성. (2019).〈의미 규범의 문법교육적 재개념화〉.《학습자중심교과교육연구》19(2). 학습자중심교과교육학회.
도원영. (1991).〈북한의 화법사〉.《북한의 조선어 연구사 2》. 녹진.
동북3성조선어문사업현의회소조판공실. (1985).〈조선말맞춤법〉.《조선말규범집》. 연변: 연변인민출판사.
리의도. (1994).〈표준어 규정과 한글 맞춤법에 대한 비판적 검토〉.《국제어문》16. 국제어문학회.
리의도. (2013).〈한국어 한글 표기법의 변천〉.《한글》301. 한글학회.
리호경. (2005).《조선문화어건설리론》. 평양: 사회과학출판사.
문교부. (1948).〈한글을 로오마자로 적는 법〉.
문교부. (1954).〈한글 간소화 방안〉.《역문》3-14.
문교부. (1959).〈한글의 로마자 표기법〉.
문교부. (1979).《맞춤법안·표준말안·외래어 표기법안·국어의 로마자 표기법안》
문교부. (1984).〈국어의 로마자 표기법〉.

문교부. (1986). 〈외래어 표기법〉.
문교부. (1988). 《한글 맞춤법》. 정음사.
문영희. (2019). 〈남한·북한·중국 조선족의 표준 발음법 비교 연구〉. 《어문학》 144. 한국어문학회.
문영희·조일영. (2017). 〈중국 2016년 개정 「조선말 띄어쓰기」의 변화 내용과 남북한 현행 띄어쓰기 규정 비교〉. 《어문논집》 81. 민족어문학회.
문화체육관광부. (2000). 〈국어의 로마자 표기법〉.
문화체육관광부. (2010). 《국어 어문 규정집》. 대한교과서주식회사.
문화체육관광부. (2014). 〈국어의 로마자 표기법(일부 개정 공시)〉
문화체육관광부. (2005). 〈국어기본법〉
민현식. (1999). 《국어 정서법 연구》. 태학사.
민현식. (2002). 〈남북 띄어쓰기 규범 문제의 현안—새로 나온 〈조선말 띄여쓰기 규범〉과 비교하여〉 《국제고려학회 서울지회 논문집》 3. 국제고려학회 서울지회.
민현식. (2003). 〈언어 규범 정책의 방향〉. 《국어교육연구》 12. 서울대학교 국어교육연구소.
민현식. (2005). 〈국어정책 60년의 평가와 반성〉. 국어정책학회. (준) 4차 월례발표회.
민현식. (2015). 〈우리 말글 정책의 회고와 전망〉. 《광복 70년의 말글 사용 변천에 관한 자료 조사》. 국립국어원.
박갑수. (2004). 〈표준어 정책의 회고와 전망〉. 《새국어생활》 14(1). 국립국어연구원.
박갑수. (2008). 《통일시대의 어문문제》. 길벗.
박덕유. (1998). 〈국어 어문 규정에 대하여—'한글 맞춤법'과 '표준어 규정'의 문제점을 중심으로〉. 《한국학연구》 9. 인하대학교 한국학연구소.
박봉곤. (2002). 〈남북한 로마자 표기법의 변천과 통일방안〉. 《남북의 언어 어떻게 통일할 것인가》. 국학자료원.
박숙희. (2014). 《국어 어문 규범》. 역락.
박승빈. (1931). 《조선어학강의요지》. 보성전문학교.
박승빈. (1935). 〈조선어학회사정 한글마춤법통일안에대한비판〉. 《정음》 10. 조선어학연구회.
박용찬. (2004). 〈신어와 표준어〉. 《새국어생활》 14(1). 국립국어연구원.
박재수. (1999). 《조선인민민주주의공화국의 언어학에 대한 연구》. 사회과학출판사.
박재호. (1996). 〈언어규범연구사〉. 《주체의 조선어연구 50년사》. 김일성종합대학 조선어문학부.
박창원. (2008). 〈외래어표기법의 된소리 표기에 대하여〉. 《새국어생활》 18(4). 국립국어원.
박창원·김수현. (2004). 〈외래어 표기 양상의 변천〉. 《새국어생활》 14(2). 국립국어원.

박홍길. (1988). 〈맞춤법과 표준말의 논의점〉. 《새얼어문논집》 4. 동의대학교.
배주채. (2015). 〈국어의 발음 정책과 발음 교육의 방향〉. 《새국어생활》 25(1). 국립국어원.
배현숙. (1989). 〈남 · 북한 외래어 표기법 비교 분석〉. 《북한의 어학혁명》. 백의.
북한국어연구회 편. (1989). 《북한의 어학혁명》. 백의.
사회과학원 언어연구소 편. (1992). 《조선말대사전(상, 하)》. 동경: 동광출판사.
사회과학원 언어연구소 편. (1992). 《(증보판)조선말대사전》. 평양: 사회과학출판사. (2판 2006; 3판 2017)
서상준 · 손춘섭. (2013). 《한국어 어문 규범》. 역락.
성광수. (1989). 〈북한의 외래어 표기법〉. 《북한의 말과 글》. 을유문화사.
세종. (1447). 〈월인천강지곡〉.
송기중. (1988). 〈북한의 로마자 표기법〉. 《국어생활》 15. 국어연구소.
송나리. (1991). 〈북한의 표준어사〉. 《북한의 조선어연구사》 2. 녹진.
송홍규. (2013). 〈유기음화와 어문 규정〉. 《우리어문연구》 46. 우리어문학회.
시정곤. (2015). 《훈민정음을 사랑한 변호사 박승빈》. 박이정.
신지영. (2006). 〈표준 발음법에 대한 비판적 검토〉. 《한국어학》 30. 한국어학회.
신창수 · 지춘수 · 이인섭 · 김중진. (1992). 《국어표기법의 전개와 검토》. 한국정신문화연구원.
신창순. (1992). 《국어정서법연구》. 집문당.
신창순. (2001). 〈국문연구소 '국문연구의정안'의 검토〉. 《어문논집》 44. 민족어문학회.
신호철. (2009). 〈국어 문장 부호에 대한 고찰〉. 《국어교육》 128. 한국어교육학회.
신호철. (2011). 〈문장 부호의 재개념화와 설정 기준〉. 《국어교육》 135. 한국어교육학회.
신호철. (2015). 〈문장 부호 규정의 수정과 앞으로의 방향〉. 《한국어학》 67. 한국어학회.
심재기. (2008). 〈외래어표기법의 문제점과 그 해결책〉. 《새국어생활》 18(4). 국립국어원.
안병섭. (2010). 〈표준 발음법과 언어 현실—현실음과 국어의 전통성 및 합리성의 문제를 중심으로〉. 《한국학연구》 33. 고려대학교 한국학연구소.
양병선. (2003). 〈우리말 한자 인명 로마자 표기에 관한 연구〉. 《언어학》 11(4). 대한언어언학회.
양병선. (2018). 〈「국어의 로마자표기법」 모음자 표기문제 및 제안—「2015 개정교육과정」 초등영어 1음절어를 중심으로〉. 《언어학》 26(2). 대한언어학회.
양순임. (2016). 《한국어 어문규범 연구》. 태학사.
언어 문학 연구소. (1960). 〈제13절 표준 발음법〉. 《조선어 문법 1》. 평양: 과학원 출판사.
엄익상. (2013). 〈한국어 로마자표기법의 수용도와 개정 방향〉. 《한중언어문화연구》 31. 한국중국언어문화연구회.

연규동. (1998).《통일시대의 한글 맞춤법》. 박이정.
오영섭. (2003). 〈1950년대 전반 한글파동의 전개와 성격〉.《사학연구》72. 한국사학회.
우형식 편. (1995).《국어 정서법》. 부산외국어대학교 출판부.
유만근. (1989). 〈우리말 로마자 맞춤법 案 '89—기계화를 염두에 두고, 실용예시를 곁들여〉.《인문과학》19. 성균관대학교 인문학연구원.
유만근. (2000). 〈종전 로마자 표기법의 이론과 실용상의 문제점〉.《새국어생활》10(4). 국립국어연구원.
유목상. (1988). 〈한글맞춤법 해설〉.《국어생활》13. 국립국어연구소.
유재원. (2004). 〈외래어의 올바른 수용 태도〉.《새국어생활》14(2). 국립국어원.
이. 쓰딸린. (1950). 〈맑스주의와 언어학의 제 문제〉.《쁘라우다》. (1965.《쓰딸린선집 3》. 평양: 조선 로동당 출판사)
이관규. (1989). 〈남·북한 국어 로마자 표기법〉.《북한의 어학혁명》. 백의.
이관규. (1995). 〈학교 문법, 한글 맞춤법, 표준 발음법, 외국어 표기법, 국어의 로마자 표기법에 나타난 상치점〉.《새국어교육》51(1). 한국국어교육학회.
이관규. (1997). 〈남북한의 규범 문법에 대한 연구〉.《수련어문논집》23. 수련어문학회.
이관규. (1999). 〈북한의 학교 문법의 체계와 내용〉.《화법연구》창간호, 한국화법학회.
이관규. (2000). 〈사잇소리 현상과 된소리되기의 학교문법론적 접근〉.《21세기 국어학의 과제》. 월인.
이관규. (2002).《학교 문법론》(개정판). 월인. (3판 2012)
이관규. (2005). 〈한국의 국어 정책과 국어 교육. 그리고 국어 운동〉.《국어교육》117. 한국어교육학회.
이관규. (2011). 〈국어 정책과 국어 교육 정책의 현황과 방향〉.《국어교육연구》28. 서울대학교 국어교육연구소.
이관규. (2011). 〈표준어 교육의 실태와 방향〉.《새국어생활》21(4). 국립국어원.
이관규. (2012). 〈한글 맞춤법의 성격과 원리〉.《한말연구》30. 한말연구학회.
이관규. (2013). 〈문장 부호와 국어 교육〉.《한국어학》61. 한국어학회.
이관규. (2015). 〈어문 규범 정책의 전개와 과제〉. 《광복 70년의 말글 사용 변천에 관한 자료 조사》. 국립국어원.
이관규. (2015). 〈한글 맞춤법의 변천〉.《문법교육》25. 한국문법교육학회.
이관규. (2016). 〈남북한 어문 정책의 동질성 회복 방안에 대한 연구〉.《국어국문학》176. 국어국문학회.
이관규. (2020). 〈남북한과 연변의 초등학생용 국어사전의 현황과 과제〉.《한국사전학》35. 한국사전학회.

이관규. (2020). 〈북한 외래어 표기법의 변천 양상과 과제〉. 한국어문교육 32. 고려대학교 한국어문교육연구소.
이관규. (2021).《북한의 학교 문법론》. 역락.
이관규 · 신호철. (2011). 〈문장 부호에 대한 전문가 인식 실태 조사〉.《문법 교육》. 한국문법교육학회.
이관규 · 유미향 · 박보현. (2015). 〈어문 규범 영향 평가의 개념 및 연구 방법〉.《국어교육》150. 한국어교육학회.
이관규 · 유현경 · 허재영 · 신호철 · 이동석 · 주세형 · 김수영. (2014).《한글 맞춤법 영향 평가》. 국립국어원.
이관규 · 이동석 · 신호철. (2010).《문장 부호 규정 개정의 정책 효과 연구》. 문화체육관광부.
이관규 · 허재영 · 김유범 · 주세형 · 신호철 · 이영호. (2010).《어문 규범의 단계별 교재 개발을 위한 실태 조사 결과 보고서》. 국립국어원.
이규범. (2015). 〈국어 규범 교육을 위한 '표준 발음법' 연구〉. 고려대학교 석사논문.
이기문. (1963). 〈국어 표기법의 역사적 연구〉.《역문》2-3-14.
이기문. (1998).《훈몽자회연구》. 서울대학교출판부.
이봉원. (1997). 〈북한 표준 발음의 실상〉.《김정일시대의 북한 언어》. 탑출판사.
이봉원. (2003). 〈남북 표준 발음의 통일 방안〉.《우리어문연구》20. 우리어문학회.
이상억. (1981). 〈국어의 로마자 표기법 문제 종합 검토—"누구를 위하여 로마자 표기를 하여야 하나?"〉.《언어와 언어학》7. 한국외국어대학교 언어연구소.
이상억. (1983). 〈현대 국어 정서법의 문제점에 대한 종합 검토〉.《어학연구》19(2). 서울대학교 어학연구소.
이상억. (1994).《국어 표기 4법 논의》. 서울대학교출판부.
이선웅 · 이승희 · 정희창. (2015).《한국어 정서법》. 사회평론.
이승욱. (1989). 〈北韓의 文化語에 대한 硏究〉.《동아연구》18. 서강대학교 동아연구소.
이승재. (2001). 〈옛 文獻의 각종 符號를 찾아서〉.《새국어생활》12(4). 국립국어원.
이영환 · 김홍범. (2015).《과학에서 규범으로》. 율곡출판사.
이은정. (1992).《남북한 어문 규범 고찰》. 백산출판사. (수정 · 증보판 1996)
이은정. (1992).《남북한 어문 규범 어떻게 다른가》. 국어문화원.
이응백. (1989). 〈달라진 한글맞춤법과 표준어〉.《국어교육》65 · 66. 한국국어교육연구회.
이익섭. (1983). 〈한국어 표준어의 제문제〉.《한국 어문의 제문제》. 일지사.
이익섭. (1988). 〈국어 표준어의 형성과 변천〉.《국어생활》13. 국어연구소.
이익섭. (1992).《국어표기법 연구》. 서울대학교출판부.
이익섭. (1997). 〈로마자 표기법의 성격〉.《새국어생활》7(2). 국립국어연구원.

이주행. (2004). 〈남한과 북한의 규범 문법 비교 연구〉. 《국어교육》 113. 한국어교육학회.
이주행. (2013). 《어문 규범의 이해》(개정판). 보고사.
이진호. (2008). 〈국어 표준 발음법의 제정 과정〉. 《어문학》 100. 한국어문학회.
이진호. (2015). 〈국어의 표준 발음과 언어 현실〉. 《새국어생활》 25(1). 국립국어원.
이현복. (1979). 〈표준말의 재사정에 따른 문제점〉. 《한글》 163. 한글학회.
이현복. (1993). 〈남·북한의 로마자 표기법 비교 연구—이른바 '남·북 단일안'을 중심으로〉. 《한글》 222. 한글학회.
이현복. (1996). 〈이질화된 남북한 언어의 음성학적 비교 연구〉. 《성곡논총》 27(1). 성곡언론문화재단.
이홍식. (2011). 〈로마자 표기법에 대하여〉. 《어문연구》 39(4). 한국어문교육연구회.
이희승·안병희. (2004). 《(고친)한글 맞춤법 강의》. 신구문화사.
이희승·안병희·한재영. (2010). 《한글 맞춤법 강의》. 신구문화사. (증보판 2015; 개정판 2016; 보정판 2018)
임동훈. (1996). 〈외래어 표기법의 원리와 실제〉. 《새국어생활》 6(4). 국립국어연구원.
임홍빈. (1996). 〈외래어 표기의 역사〉. 《새국어생활》 6(4). 국립국어연구원.
임홍빈. (2008). 〈외래어의 개념과 범위의 문제〉. 《새국어생활》 18(4). 국립국어원.
전수태. (1988). 〈북한문화어의 한자어와 외래어〉. 《국어생활》 15. 국어연구소.
전수태. (1989). 〈북한어 화술연구〉. 《북한의 어학혁명》. 백의.
전수태. (2001). 〈서로 다른 표기법의 통일 방안〉. 《새국어생활》 11(1). 국립국어원.
전수태. (2005). 《남북한 어문 규범 연구사》. 국립국어원.
전수태·최호철. (1989). 《남북한 언어비교》. 녹진.
전영우. (1993). 〈〈조선말 화술〉에 대하여〉. 《한글》 222. 한글학회.
전영표. (1996). 〈ISO의 한글 로마자 표기 남북통일안 고찰〉. 《언어학》 19. 한국언어학회.
정경애. (1954). 〈철자법실태조사〉. 《역문》 2-3-32.
정경일. (2001). 〈남북한 로마자 표기법의 통일방안〉. 《국제고려학회 서울지회 논문집》 3. 국제고려학회.
정경일. (2003). 〈로마자 표기법의 남북통일방안〉. 《우리어문연구》 20. 우리어문학회.
정경일. (2010). 〈로마자표기의 규범과 현실〉. 《한국학연구》 33. 고려대학교 한국학연구소.
정경일. (2012). 《국어 로마자표기의 오늘과 내일》. 역락.
정도복. (1990). 〈남북한 국어정책의 비교연구〉. 조선대학교 박사논문.
정동환. (2002). 〈통일 시대의 외래어 표기법〉. 《한말연구》 11. 한말연구학회.
정순기·리근용·리호경·장근수·장영남·안순남. (2005). 《조선로동당언어정책사》. 평양: 사회과학출판사.

정영벽 · 김진호. (2012).《생활 속 글쓰기의 어문규범》. 박이정.
정인지 · 안지 · 권제. (1947). 〈용비어천가〉. (1945 지음)
정희원. (2000). 〈새 로마자 표기법의 특징〉.《새국어생활》10(4). 국립국어연구원.
정희원. (2004). 〈외래어의 개념과 범위〉.《새국어생활》14(2). 국립국어원.
정희창. (2012). 〈국어 규범과 '글쓰기'〉.《작문연구》14. 한국작문학회.
정희창. (2014). 〈어문 규범의 현황과 전망〉.《우리말글》60. 우리말글학회.
정희창. (2015). 〈표준어의 성립과 변화〉.《반교어문연구》39. 반교어문학회.
정희창. (2020). 〈남북 어문 규범의 단일성과 다양성—표준어 맞춤법 및 문화어 맞춤법을 중심으로〉.《국제어문》84. 국제어문학회.
조미선. (2003). 〈남북한의 언어 정책과 띄어쓰기 규범에 대한 연구〉. 홍익대학교 석사논문.
조선민주주의인민공화국 과학원. (1954).《조선어 철자법》, 조선민주주의인민공화국 과학원 편집 출판 위원회.
조선 어문 연구회. (1949).《조선어 연구》. 창간호. 평양: 서경사.
조선 어문 연구회. (1950)[1948 공포].《조선어 신철자법》. 평양: 조선 어문 연구회.
조선교육도서출판사. (1993).《조선말사전(학생용)》. 평양: 조선교육도서출판사.
조선말소사전편찬위원회. (1986).《조선말소사전(韓日 · 日朝對譯)》. 동경: 학우서방.
조선민주주의인민공화국 내각직속 국어사정위원회. (1966).《조선말규범집》. 평양: 사회과학원출판사.
조선어 및 조선 문학 연구소. (1954).《조선어 철자법》. 평양: 과학원 출판사.
조선어 및 조선 문학 연구소. (1956).《조선어 외래어 표기법》. 조선민주주의인민공화국 과학원.
조선어학회. (1933). 〈한글 마춤법 통일안〉.《역문》2-3-20.
조선어학회. (1936).《사정한 조선어 표준말 모음》
조선어학회. (1941). 〈외래어 표기법 통일안〉.《외래어표기법통일안》.
조선어학회. (1941). 〈조선어음라마자표기법〉.《외래어표기법통일안》.
조선어학회. (1946).《한글 맞춤법 통일안》. 조선어학회.
조선총독부. (1912). 〈보통학교용 언문철자법〉.《역문》2-3-8.
조선총독부. (1921). 〈보통학교용 언문철자법대요〉.《역문》2-3-8.
조선총독부. (1930). 〈언문철자법〉.《역문》2-3-8.
조형일. (2017).《한국어 어문 규범》. 박이정.
주시경. (1908).《국어문전음학》. 박문서관.
중국조선어사정위원회 편찬. (2007).《조선말규범집》. 연길: 연변인민출판사.
지석영. (1905). 〈신정국문〉. (1985.《지석영전집 1》. 아세아문화사)

쭈께르만, И. И. (1948). 〈Н. Я. 마르와 쏘베트 言語學〉. (김수경 역. 1949. 《조선어 연구》. 조선어문연구회. 평양: 서경사. 1-6, 89-130)

최경봉. (2008). 〈언어 관습을 바탕으로 한 규범 정하기—외래어표기, 특히 한자음 표기 규정과 관련하여〉. 《새국어생활》 18(4). 국립국어원.

최병수. (2008). 〈조선어의 라틴글자표기에서 나서는 몇가지 문제〉. 《조선어문》 150. 평양: 과학백과사전출판사.

최용기. (2001). 〈남북한 국어 정책 변천사 연구〉. 단국대학교 박사논문.

최유숙. (2019). 〈남북한 외래어 통합을 위한 기초 연구〉. 《문화와융합》 41(6). 한국문화융합학회.

최유숙 · 양명희 · 이찬규 · 임현열. (2015). 〈남북 언어 통합 연구에 대한 통합적 연구〉. 《다문화콘텐츠연구》 18. 중앙대학교문화콘텐츠연구원.

최윤곤. (2017). 《한국어문규정입문》. 한국문화사.

최정후. (2005). 《주체의 언어리론》. 평양: 사회과학출판사.

최정후 · 김성근. (2005). 《조선어규범변천사》. 평양: 사회과학출판사.

최정후 · 김성근 · 류렬. (2005). 《조선어규범변천사》. 평양: 사회과학출판사.

최혜원. (2001). 《어문 규범 준수 실태 조사》. 국립국어연구원.

최혜원. (2002). 《표준 발음 실태 조사 1, 3》. 국립국어연구원.

최혜원. (2011). 〈표준어 정책의 새로운 방향—복수 표준어 발표의 경과와 의의〉. 《새국어생활》 21(4). 국립국어원.

최호철. (2002). 〈남북한 언어 통일과 정보화〉. 《한국어와 정보화》. 태학사.

최호철. (2004). 〈남북 띄어쓰기 규범 통일에 대하여〉. 《한국어학》 25. 한국어학회.

최호철. (2009). 〈남북 외래어 표기 차이와 단일화 모색〉. 《한겨레말글연구소 제3회 학술발표회》.

최호철. (2010). 〈북한 『조선말규범집』의 2010년 개정과 그 의미〉. 《어문논집》 65. 민족어문학회.

편집부. (1971). 〈국어정서법안(國語正書法案) 제안취지(提案趣旨) 해설(解說)〉. 《국어국문학》 52. 국어국문학회.

편집부. (1971). 〈국어정서법안(國語正書法案)과 한글 맞춤법 통일안과의 비교표(比較表)〉. 《국어국문학》 52. 국어국문학회.

하빛나. (2017). 〈남북한 로마자 표기법의 통일을 위한 연구〉. 《한국어문교육》 22. 고려대학교 한국어문교육연구소.

학술원. (1984). 〈맞춤법 개정안, 표준어 개정안, 외래어 표기법 개정안〉

한글학회. (1958). 《한글 맞춤법 통일안》. 한글학회.

한글학회. (1971).《한글학회 50년사》. 한글학회.

한글학회. (1980).《한글 맞춤법》. 한글학회.

한글학회. (1984).〈우리말 로마자 적기〉.《한글 맞춤법 통일안》. 한글학회.

한글학회. (1989).《한글 맞춤법 통일안(1933~1980)》. 한글학회.

한글학회 · 현대경제연구원. (2010).《'국어의 로마자 표기법' 영향 평가》. 문화체육관광부.

한선희. (2003).〈새《외국말적기법》작성에서 견지한 원칙과 방법, 그 실행에서 나서는 몇가지 문제〉.《중국조선어문》2003(4). 길림성민족사무위원회.

한재영. (2011).〈외국의 표준어 정책〉.《새국어생활》21(4). 국립국어연구원.

한재영 · 박지영. (2019).《한국어 교사를 위한 한국어 어문 규범》. 신구문화사.

허웅. (1985).〈국어의 변동 규칙과 한글 맞춤법〉.《한글》187. 한글학회.

허웅. (1988).〈맞춤법, 표준말과 국어생활〉.《국어생활》13. 국어연구소.

허동진. (2000).〈일부 불완전명사의 띄어쓰기에 대하여—남북 차이를 두고〉.《중국조선어문》2000(4). 길림성민족사무위원회.

허만길. (1994).《한국 현대 국어 정책 연구》. 국학자료원.

허재영. (2002).〈근대 계몽기의 어문 정책〉.《국어교육연구》10. 서울대학교 국어교육연구소.

허재영. (2011).〈국어 표기 규범화 과정에서 나타난 '역사적 철자법'의 성격〉.《어문연구》68. 한국어문교육연구회.

허철구. (1992).〈표준어와 문화어〉.《국어문화학교》1. 국립국어원.

허철구. (2015).《우리말 규범의 이해》. 역락.

홍연숙. (1990).〈북한의 문화어와 언어정책〉.《공산권연구논총》2. 한국사회주의체제연구협의회.

홍종선 · 최호철. (1998).《남북 언어 통일 방안 연구》. 문화관광체육부.

Cialdini, R. B., C. A. Kalgren & R. R. Reno. (1991). "A focus theory of normative conduct: A theoretical refinement and revaluation of the role of norms in human behavior". In N. Schwarz, H. Bles, G. Bohner, & P. Z. Mark. (Eds.) *Advances in experimental social psychology*. vol.24. Cambridge: Academic Pres. p.201–234.

Democratic People's Republic of Korea. (1992). *GUIDELINE FOR THE ROMANIZATION OF KOREAN*. Pyongyang. Sixth United Nations Conference on the Standardization of Geographical Names. United Nations. New York, 25th August–3 September, 1992.

Democratic People's Republic of Korea. (2012). *The Rules of Latin Alphabetic Transcription of Korean Language*. Tenth United Nations Conference on the Standardization of Geographical Names. United Nations.

McCune, G. M. & E. O. Reischauer. (1939). *Tables of the McCune–Reischauer System for the Romanization of Korean*. (1961. Transaction of the Korea Branch of the royal Asiatic Society 38. 121–128)

Hanks, P. (2013). *Lexical analysis: Norms and exploitations*. Cambridge: MIT Press.

Park, Hee Sun & Sandi W. Smith. (2007). "Distinctiveness and Influence of Subjective Norms, Personal Descriptive and Injunctive Norms, and Societal Descriptive and Injunctive Norms on Behavioral Intent: A Case of Two Behaviors Critical to Organ Donation". *Human Communication Research* 33(2).

ISO/TR 11941. (1996). *Information and documentation—Transliteration of Korean script into Latin characters*.

The UNGEGN Working Group on Romanization System. (2004). *UPDATES TO THE REPORT ON THE CURRENT STATUS OF UNITED NATIONS ROMANIZATION SYSTEMS FOR GEOGRAPHOCAL NAMES*. United Nations Group of Experts on Geographical Names Twenty-second Session.

Vergeiner, Philip C., Elisabeth Buchner, Eva Fuchs & Stephan Elspass. (2020). "Concepts of language norms in the realm of higher education in Austria", *ZEITSCHRIFT FUR DIALEKTOLOGIE UND LINGUISTIK* 86(3).

찾아보기

남북한 어문 규범의 변천과 과제

초판 발행 2021년 5월 6일
초판 2쇄 2025년 3월 25일

지은이 이관규
펴낸곳 고려대학교출판문화원
www.kupress.com
kupress@korea.ac.kr
(02841) 서울특별시 성북구 안암로 145
Tel 02-3290-4230, 4232
Fax 02-923-6311
찍은곳 네오프린텍(주)

ISBN 979-11-91161-10-6 93710

값 25,000원
※ 잘못 만들어진 책은 바꿔 드립니다.